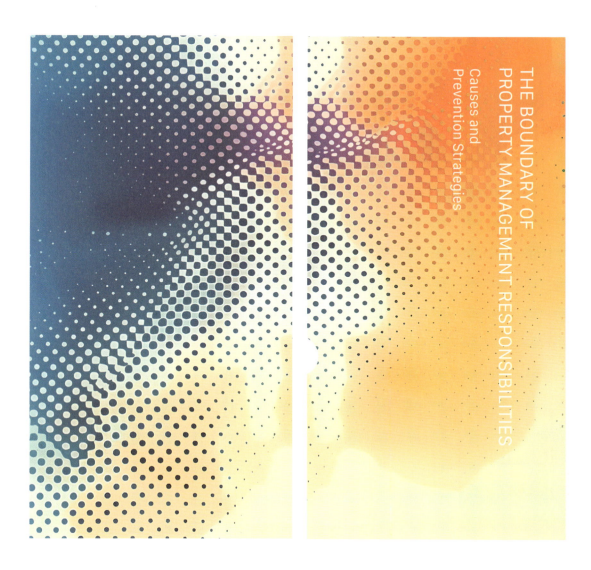

THE BOUNDARY OF
PROPERTY MANAGEMENT RESPONSIBILITIES

Causes and
Prevention Strategies

成因
与
防范化解

物业管理
责任边界问题

艾白露 —— 著

社会科学文献出版社
SOCIAL SCIENCES ACADEMIC PRESS (CHINA)

序　一

40 多年来，我国内地物业管理行业从无到有，取得了长足发展，物业管理科学化、规范化水平不断提升，不仅改善了人居和工作环境，还在解决就业、扩大住房消费、提升业主生活质量等方面发挥了重要作用，得到了社会各界的认可。物业管理作为加强基层社会治理、满足人民群众美好生活的重要方面，近些年越来越得到党和政府的高度重视，迎来难得的发展机遇。

在快速发展中，物业管理行业也面临着诸多问题，其中较为突出的便是物业管理责任边界的模糊与争议，不仅影响了物业服务的质量与效率，制约了物业管理行业的健康发展，更是引发了很多矛盾纠纷，影响了社区和谐稳定和人民群众的美好生活。艾白露先生的新书《物业管理责任边界问题：成因与防范化解》，是第一部对这一关键问题进行深入探讨的力作。

艾白露先生是中国物业管理协会名誉副会长、产学研专业委员会主任，他多年来致力于物业管理责任边界问题的研究，查阅了大量文献，开展了大量实地调查与案例分析工作，并通过撰写文章、课题研究、主题演讲和公益课程等方式，阐释对这一问题的洞察与思考。得知他多年的研究心血即将付梓出版，甚是欣慰。这本书深入分析了不同视角下的物业管理责任边界问题，揭示了物业管理责任边界问题的形成与演变过程，结合国内外经验探索了物业管理责任边界问题防范、化解思路及方法。本书的系统研究有助于业主及各相关方更好地认知和理解物业管理工作，减少或避免因责任边界问题导致的物业管理纠纷和矛盾，对破解困扰物业管理行业发展的难题，促进物业管理行业规范化、法治化、高质量发展具有重要价值。

我们衷心期待本书能够得到业界的广泛关注与应用。期待本书能够为政府部门制定完善物业管理相关政策法规提供决策参考；期待物业服务企业能够学习借鉴本书内容，将研究成果应用于实践，不断提升服务能力；更期待广大业主能够认真阅读本书，增强权责意识，与物业服务企业携手共创美好家园。

推动生活性服务业向高品质和多样化发展升级，助力实现人民美好生活，是摆在物业管理行业面前的重要课题，也给物业管理行业带来了无限发展空间。探讨研究物业管理责任边界问题对物业管理行业的持续健康发展、对人民群众的美好生活和社会和谐稳定都具有极为重要的深远意义。我们也清醒地认识到，随着经济社会的发展，各种新情况、新问题不断涌现，物业管理责任边界的研究还在路上，需要各方主体共同努力、持续探索。期待本书的出版能够引发更多关于物业管理责任边界问题的讨论和研究，共同推动物业管理高质量发展，更好地满足人民群众的美好生活需要。

中国物业管理协会会长

2024 年 12 月 5 日

序　二

我认识艾白露先生已近 30 年。他给我的总的印象是"老总中的学者、学者中的老总"。不论是在原国家注册物业管理师考试的专家出题组，还是在人事部、住建部组织的全国物业管理职业技能大赛（物业管理员）第一至第三届的专家出题组（共 3 人）一起工作时，以及课题评审中，他对物业管理理论问题孜孜不倦的钻研精神，实际工作一丝不苟的认真态度，多年的从业经历和丰富的实践经验，特别是他对水、暖、电、气及特种设施设备和地下空间的相关法律法规和各项标准的熟悉程度，加之炼达的人情世故（这是现阶段从事物业管理的企业老总不可缺少的），都给我留下了深刻的印象，这在物业服务企业老总中是不多见的。

我国物业管理的出现、兴起和发展是伴随着改革开放一路同行的。但值得注意的是，住房制度的改革在先，物业管理的出现在后；房地产开发建设在先，物业管理的推进在后；由于是"摸着石头过河"，导致物业管理实施与推广在先，相关的法律法规及政策的出台和修订在后。直到 2021 年 1 月 1 日《民法典》正式实施，物业管理法治化建设才迈开坚实的步伐。此前，在物业管理活动中由责任、权利和义务范围不明确，加之各方对物业管理认知的偏差及所处位置的不同而引发的岐义、矛盾和纠纷层出不穷。这就是本书的研究背景。

准确区分、把握和界定物业管理参与各方在实际工作中的责任，是解决各类纠纷、矛盾的前提和基础，也是物业管理理论与实践研究的重点。作者主动提出并承担了这一课题，八年磨一剑，写出《物业管理责任边界问题：成因与防范化解》。

本书是一部系统性的研究作品，它不仅对物业管理责任边界的概念、特征、类型进行了详尽的阐述，还对责任边界的界定标准进行了深入的探讨。书中明确了物业管理责任边界涉及的主体，包括政府行政部门、业主及物业使用人、物业服务企业、专业经营企业和建设单位等，为理解物业管理责任边界问题提供了坚实的理论基础。

书中对物业管理责任边界问题的历史沿革和发展现状进行了细致的梳理，揭示了物业管理责任边界问题的形成与发展轨迹。作者指出，物业管理行业责任边界问题的形成与发展具有时代特征，与国家政策法规的制定、经济高速发展的状况紧密相连，各地域发展水平不同，业主对物业管理认知、对管理服务需求不同以及业主的经济收入也存在差异，这些分析体现了作者对物业管理责任边界问题复杂性的深刻洞见。

本书采用实证分析的方法，将建筑物物业管理全寿命周期划分为早期介入、管理权获取、前期物业管理、日常物业管理、物业服务企业更迭和物业管理撤场等阶段，并针对每个阶段的物业管理责任边界问题进行了详细的探讨。这一实证分析不仅丰富了我们对物业管理责任边界问题的认识，也为解决实际问题提供了具体的参考。

书中还提出了物业管理责任边界划定的原则、思路和方法。通过对国内外物业管理责任边界问题发展现状的归纳分析，提出了解决物业管理责任边界问题的原则和要点，为物业管理行业提供了可借鉴的专业分析研究成果。这些原则和方法的提出，对于指导实践具有重要的意义。

需要特别指出的是，虽然责任边界的确定可以促进各类纠纷、矛盾和问题的解决，但不能保证使各方一定达成共识、彻底解决纠纷。我最初学的是测绘，在测量与绘制严谨的地形图时，对两幅图相邻的边界的测绘是必须要深入到对方范围内多测一公分（图上面积），如果拼接时的差异过大，则必须重测；如果差异在误差范围内，则取均值。这种边界的测绘方式对责任边界的处理也有一定的启发，即任何矛盾、纠纷和问题的解决仅靠毫无生气的法律法规政策条文很难达成双方均接受的理想结果。纠纷的双方应在遵守法律法规政策的大前提下各自做出必要的妥协、让步，以求得一种平衡。这时就会产生一个"法、理、情"关系的顺序问题。我们说法在先，是最低层次，其次是应争取做到合法又合理，最后止于情。从物业管理责任边界出发，达到合法合理合情的处理，就是解决物业管理各类纠纷矛盾问题的最高境界。当然这不属于本书讨论的内容，但这是本书带给我的更深层次的思考，也想与作者、读者共思共勉，共同致力于创造一个有序、和谐的物业管理发展环境。

我想向所有致力于物业管理行业的同仁推荐这本书，也热切期盼物业管理行业各位同仁有新的佳作问世。

清华大学教授

2024 年 12 月 5 日

序 三

一位物业管理行业企业家的深刻洞察与凝思

《物业管理责任边界问题：成因与防范化解》一书是北京物业管理行业协会会长、中国物业管理协会名誉副会长艾白露先生几十年从业实践经验凝练和近8年持续深入研究探索的结晶。10多年前我与艾总进行专业交流时，他就提出必须厘清物业管理责任边界，不解决这一问题，物业管理的许多纠纷矛盾就无法得到根本性化解。2017年，他正式就该专题申报中国物业管理协会年度重点研究课题，并以优秀研究成果结题。2018年至今，这项研究成果作为中国物业管理协会公益大讲堂的专题内容，在中国物业管理协会很多重要会议和网络平台上被反复宣讲、展示，获得了广大从业人员的广泛认同和好评。历经多年的不断深化、充实、完善，该项研究成果现在以专著形式出版，可喜可贺！作为见证者，我深知此过程之不易，相信随着本书的出版与传播，必将对提高物业管理行业各方认知水平和实操能力，促进物业管理行业的健康发展，带来有益和深远的影响。

物业管理责任涉及法律责任、经济责任、社会责任、道义责任等方方面面。仅法律责任，就有民事责任、行政责任、刑事责任，直接责任、间接责任，主要责任、次要责任，独立责任、连带责任，过错责任、公平责任、非过错责任（严格过错责任），主责任、补充责任等之分，要想条分缕析地全部讲清楚十分不易。与此同时，物业管理责任边界问题更为纷繁复杂，既有狭义的责任边界（从业企业执业的责任边界），又有广义的责任边界（政府、企业、业主、各相关方的责任边界）。一般从业人员关注的主要是物业服务人常规执业的法律责任范围和边界，本书不仅仅从法律角度分析，也从习惯、自然、实务、社会责任等角度深入阐述物业管理各方主体在建筑物不同生命阶段的物业管理责任边界，对物业管理责任边界问题的揭示更系统、更全面、更深刻，也更具前瞻性。

由于认知视角和认知基础的差异，物业服务人、业主、政府部门、司法审判人员认知的责任边界不尽相同。本书不局限于作者自身的理论认知和经验总结，更针对行业企业与从业人员、业主、政府部门等物业管理相关方做了大量调查佐证，作者力求以全面立体的视角审视物业管理责任边界问题。具体来说，本书以建筑物全寿命周期理论为依托分析物业管理各方的时间责任边界；以区分所有权理论为依托分析物业管理的物理（空间）责任边界和源头法律责任；从法律、政策、标准、合同等角度分析物业管理责任边界的法规、政策、标准规定源头和契约范围与合理性；从物业管理实务角度，分析物业管理各项基础工作、专项工作、延伸业务的责任边界；从行政监管和司法审判的角度，阐述行政监管方和司法审判方与物业服务企业、业主视角的差异，修正惯性认知；吸收国内外的实践经验和研究成果，进一步强化物业管理责任边界界定的合理性与普适性。总之，本书对业主认知自己的责任和义务，从业人员和企业明晰自己的职责范围和责任边界，监管部门与工作人员清晰界定各方和自身职责，司法审判人员提升物业管理纠纷案件的审判水平等方面均有极高的理论与实践指导价值。

本书在健全法律法规、建立与完善行业标准化体系、明确各相关方主体责任、规范合同管理、建立信用管理体系、加强对业主的宣传教育、提高政府行政部门监管力度、赋予行业协会一定的监管职责、规范物业服务企业行为、建立司法对接机制等方面，给出了明晰物业管理责任边界、解决物业管理责任边界关联问题的全面对策。相关对策建议不仅有助于推进行业的健康发展，也将有力推动物业管理行业不断践行党的二十大倡导的"人人有责、人人尽责、人人享有"理念。

物业管理责任边界问题是社区治理的子问题，本书特别有利于扩展社会治理问题研究视角，为社会治理问题的研究深化提供借鉴与指引。当然，现实中即便责任边界界定得十分清晰，运行中也会面临相关责任主体故意推诿责任、不愿履责、模糊边界、无力履责等问题，投机主义、利己主义、不作为、不愿为等是社会经发展过程中众多领域普遍存在的问题，这并非一本物业管理专著所能解决的，需要社会建立起激励守信、互助、合作，惩戒失信、投机、背德行为的健全机制。

广州大学教授

2024 年 11 月 27 日

目　录

第一篇　理论概述

第二篇　实证分析

第三篇 边界划定

第一篇
理论概述

第一章 导论

第一节 研究背景、目的、内容和意义

一 研究背景

1981 年 3 月 10 日，深圳市第一家从事涉外商品房管理的专业企业，深圳市物业管理公司正式成立，标志中国物业管理行业的诞生。随后，广州、大庆等市基于涉外商品房管理服务和职工住房改革配套管理服务的需要也陆续探索成立企业化运作的物业管理公司，这种探索逐步扩展到大连、青岛等沿海城市。时至 1994 年，由深圳市人大颁发了全国第一部物业管理地方法规：《深圳经济特区住宅物业管理条例》。因此，从 1981 年至 1994 年，为物业管理的探索阶段。

1994 年 3 月，建设部在广泛吸收各地探索经验的基础上，借鉴香港、新加坡等地的立法经验，颁布了 33 号令，即《城市新建住宅小区管理办法》，这是物业管理行业的第一部全国性部门规章，标志着全国的物业管理特别是住宅小区的物业管理进入有法可依时代。此后，《全国物业管理优秀小区（大厦、工业区）评比办法》《城市住宅小区物业管理服务收费暂行办法》《关于实行物业管理企业经理、部门经理、管理员岗位培训持证上岗制度的通知》《物业管理企业财务管理规定》《住宅共用部位共用设施设备维修基金管理办法》《物业管理企业资质管理试行办法》等规章和规范性文件的陆续出台，有力地促进了物业管理规范化发展，物业管理市场化也在内地大中城市逐步铺开并形成一

定规模。1994 年至 2003 年，为物业管理的试验阶段。

2003 年 5 月 28 日，国务院第 9 次常务会议通过了《物业管理条例》，2003 年 9 月 1 日起施行，物业管理行业从此有了正式的国家法规。自此以后，物业管理覆盖率、发展规模不断扩大，服务质量稳定提升，为推动社会进步发展发挥了巨大作用。2003 年 6 月，建设部颁布了《关于印发〈业主大会规程〉的通知》，主要是为了规范业主大会的活动，保障民主决策，维护业主合法权益，也从实际操作运行层面，开启了物业管理的业主规范化自治时期。2007 年 10 月 1 日《中华人民共和国物权法》正式实施，其第六章"业主的建筑物区分所有权"，首次以国家法律的形式，明确提出了业主的建筑物区分所有权概念，并对建筑物区分所有权的构成、行使等做了具体明确的规定，从某种意义上开启了物业管理的最高层级法律规范发展时期。2012 年 12 月国务院颁布的《服务业发展"十二五"规划》，针对物业管理行业提出"进一步明确物业管理行业的责任边界，健全符合行业特征和市场规律的价格机制，规范物业管理行业市场秩序。建立和完善旧住宅区推行物业管理的长效机制，探索建立物业管理保障机制。鼓励物业服务企业开展多种经营，积极开展以物业保值增值为核心的资产管理。继续推进物业管理师制度建设，提升服务规范化、专业化水平。提高旧住宅区物业服务覆盖率，城镇新建居住物业全部实施市场化、专业化的物业管理模式。"确立了行业发展方向、目标和工作重点。2017 年 12 月 15 日，住建部发布《关于做好取消物业服务企业资质核定相关工作的通知》，2018 年 2 月 12 日，住建部第 37 次部常务会议审议通过《关于废止〈物业服务企业资质管理办法〉的决定》，降低物业管理行业从业门槛，对行业自律性提出更严格的要求，行业发展进入了"后资质时期"。2020 年 12 月 25 日，住建部等 10 部委发布了《关于加强和改进住宅物业管理工作的通知》，强调从融入基层社会治理体系、健全业主委员会治理结构、提升物业管理服务水平、推动发展生活服务业等多个方面提升住宅物业管理水平和效能。2003 年以后，物业管理行业发展与市场需求和社会进步密切相关，从法规、规章和规范性文件的实效角度看，物业管理行业历经业主自治、按规划发展、资质到后资质、业务转型升级、标准化逐步推行等发展过程。

2003 年至 2020 年，为物业管理的规范阶段。

2021 年 1 月 1 日《中华人民共和国民法典》（以下简称《民法典》）正式实施，标志着我国物业管理全面进入法制化发展轨道。2021 年 3 月颁布的《中华人民共和国国民经济和社会发展第十四个五年规划和 2035 年远景目标纲要》，为促进服务业繁荣发展，加快生活性服务业品质化发展，针对物业管理行业提出新的要求，即"以提升便利度和改善服务体验为导向，推动生活性服务业向高品质和多样化升级。加快发展健康、养老、托育、文化、旅游、体育、物业等服务业，加强公益性、基础性服务业供给，扩大覆盖全生命期的各类服务供给。持续推动家政服务业提质扩容，与智慧社区、养老托育等融合发展。鼓励商贸流通业态与模式创新，推进数字化智能化改造和跨界融合，线上线下全渠道满足消费需求。加快完善养老、家政等服务标准，健全生活性服务业认证认可制度，推动生活性服务业诚信化职业化发展。"加强生活性服务导向，成为行业长远发展方向和目标。2021 年 10 月 10 日，国务院印发的《国家标准化发展纲要》提出，新时代推动高质量发展、全面建设社会主义现代化国家，迫切需要进一步加强标准化工作，并要求健全社区服务、物业服务标准。标准化体系建立和实施是破解困扰行业发展诸多问题的捷径。这一系列法规和政策的颁布和实施，进一步凸显物业管理在社会经济生活中的重要地位，对促进和规范物业管理行业的健康发展意义重大。从 2021 年起，物业管理行业步入高质量发展阶段。

总之，经历了 40 多年的风雨历程，中国物业管理行业不断壮大、进步和发展，取得举世瞩目的成就，为社会经济发展做出非凡贡献，成为现代服务业的重要组成部分。中国的物业管理行业已经成为世界上管理面积和管理规模最大、涉及面最广、增长速度最快、企业数量和从业人员最多的行业。截至 2022 年底，中国物业管理行业的企业数量约 19 万家，从业人员过千万，管理物业规模 368 亿平方米，年营业收入 1.4 万亿元，物业管理行业已然成为国民经济的重要组成部分。

同时，物业管理行业的发展也备受社会关注。从 2021~2022 年度媒体报道状况对比可见一斑（见表 1-1）。

表 1-1 2021~2022 年度媒体报道状况对比

序号	媒体	项目	2021 年度	2022 年度
1	纸媒报道物业管理	报道媒体数	801 家	811 家
2		总报道量	1063 篇次	883 篇次
3	法治类媒体报道物业管理	报道媒体数	17 家	16 家
4		报道量30 篇以上媒体数	11 家	10 家

其中：2021 年度，《法治日报》报道量为 278 篇次，《江苏法制报》《浙江法制报》《检察日报》《青海法制报》《上海法治报》《重庆法制报》《人民法院报》《安徽法制报》《宁夏法治报》《法治时报》等报道量均在 30 篇以上。

2022 年度，《法治日报》报道量为 307 篇次，《江苏法制报》《浙江法制报》《青海法制报》《安徽法制报》《上海法治报》《人民法院报》《西部法制报》《宁夏法治报》《山东法制报》等报道量均在 30 篇以上。

第一，媒体关于物业管理行业的报道量大，表明两个问题：一是社会群体对物业管理行业活动的关注度很高；二是 2021~2022 年度正处于新冠疫情防控期，物业服务企业处于防控第一线，为抗疫发挥了巨大作用。

第二，法治类媒体对物业管理行业关注度提高，表明两个趋势：一是物业管理行业发展的法治化进程加快，制度、规范、标准等越来越受重视；二是物业管理行业司法纠纷较多。

物业管理行业的诞生和快速发展，恰处于改革开放、建立社会主义市场经济阶段，积累了诸多社会进步发展过程中遗留的主客观难题，涉及各相关方复杂的经济利益、专业性和需求性问题。这些是构成物业管理责任边界问题的社会大背景。其中，物业服务企业与政府行政部门、建设单位、专业经营企业、业主等之间的问题尤为突出。

宏观方面。物业管理行业生存和发展环境需维持和改善；政府对物业管理行业认识、理解、支持和监督指导不足；政策、法律法规及标准尚需健全；业主及各相关方依然存在对物业管理不理解、不认同和不支持的现象；注册物业管理师制度取消之后，尚无新的物业管理岗位执业资格和能力评价体系建立；符合行业特征和市场规律的价格机制的建立与实施，尚处于政策理论层面，具体操作干扰因素难以解决，行业发展面临重重困难。

微观方面。物业服务企业运营管理的标准化体系不完善；人才匮乏依然困扰物业管理行业发展；设施设备维修养护使用服务费还是使用住宅专项维修资金争议不断；设施设备维修养护由物业服务企业还是专业经营企业或业主负责纠纷不断；住宅小区的安全管理由业主及物业使用人负责还是公安机关负责长期存在争议；政府各行政管理部门委派的工作，物业服务企业是否需要承担？承担范围、承担的责任等均有争议。因此，物业管理究竟应该做什么、承担什么责任、承担多少责任等问题，长期困扰着行业的发展，尚没有彻底厘清解决思路。追本溯源，物业管理行业与相关主体间的管理边界和管理责任边界模糊不清是导致各种矛盾纠纷发生的主要原因之一。

多年来，关于物业管理责任边界问题，各相关方或研究人员极少论及，仅偶见零散的针对某个点、某个环节的探讨性文章；政策、法律法规及标准往往也只触及一点或一个方面而不成体系，更未见系统性探讨研究边界方面问题的论文或著作。但是，物业管理行业的发展始终绕不开物业管理边界和物业管理责任边界问题。所以，在这种大环境和背景之下，需要物业管理行业各相关方群策群力、凝聚共识，共同厘清和破解这个难题。

二 研究目的

本书对物业管理责任边界问题进行系统分析、探讨和研究。旨在明晰、梳理、确定物业管理责任边界问题，思考物业管理责任边界问题形成的原因，探索物业管理责任边界问题防范、化解思路及方法，为物业管理各相关方提供可借鉴的专业分析研究成果，助力各相关方减少或避免因边界问题导致的物业管理纠纷和矛盾，破解困扰物业管理行业发展的瓶颈，促进物业管理行业规范化高质量发展和人民美好生活愿望的实现。

三 研究内容

本书拟在国内外文献及可借鉴经验梳理的基础上，展开物业管理责任边界问题探讨研究，旨在突出物业管理边界和物业管理责任边界界定。在物业管理事务的管理责任方面，需要阐述清楚的是物业服务企业在物业管理事务中的管理责任或工作责任内容，而非泛化的经济、法律、社会、道义等责任，虽然工作责任必然更多地牵连或表现为经济、法律责任，但是本书阐述的不是泛化的经济、法律责任。

物业管理责任边界问题探讨研究的具体内容，从形成原因的角度，主要包含相关政策、法律法规及标准、主观客观因素和实际管理运行结果等方面；从形成客体的角度，主要包含物业管理实际运营、多种经营实务运作和边界问题各相关主体等方面。其中，物业管理实际运营包含各业态、各发展阶段、各相关专业、各焦点问题和各行政监管部门等；多种经营实务运作包含延伸服务、专项委托和创新经营等；边界问题的各相关主体包含政府行政部门、街道办事处（以下简称街道）①、居民委员会（以下简称居委会）、建设单位、业主及物业使用人、物业服务企业和专业经营企业等。

综上，对边界问题发展现状进行市场调研分析，对边界问题涉及的各相关主体进行剖析，从不同角度对边界问题进行实证分析，对边界问题及成因进行归纳总结，形成边界划定原则、思路、方法并指出注意事项，提出破解边界问题的要点和建议，最后拟定物业管理责任边界划定清单。

四　研究意义

推动生活性服务业向高品质和多样化方面发展升级，助力实现人民美好生活，是摆在物业管理行业面前的重要课题，也给物业管理行业带来了无限发展空间。练好内功、打好基础、抓住机遇，精准设计、精准管理、精准实施，全方位引领物业服务企业转型升级，接轨并向现代服务业方向发展。因此，探讨研究物业管理责任边界问题对行业及企业发展具有极大的现实意义：可以促进物业经营管理活动回归物业管理本质；益于保障物业管理活动各相关主体的合法权益；利于减少物业管理活动各相关主体间的矛盾纠纷；利于减轻物业服务企业经营管理发展的负担；有助于明确物业管理行业的社会角色定位；有助于政府行政部门的政策、法律法规及标准的制定和颁布；有助于业主及各相关方对物业管理活动的认知和理解，进而为司法机构处理相关纠纷提供物业管理活动相关的专业依据，等等。

---

① 街道办事处属于政府的派出机关，本书研讨的物业管理责任边界问题，街道办事处是很重要的相关方，故将其单独列示并展开论述。

总之，物业管理责任边界问题的深入研究，能为物业管理行业扫清障碍、铺平道路、卸掉包袱，更好地助力从业各方以专业化、规范化的优质管理，满足社会进步发展的需求，满足业主及物业使用人高品质和多样化的服务需求，既能创造经济效益又能实现社会效益。

第二节　研究理论、思路和方法

由于物业管理事务涉及的因素繁多，物业管理责任边界问题的研究必然是一个复杂艰难的过程。因而，要做好这一专题性研究，首先要遵循一定的原则，即依法守约、实事求是，公平、公正、合理，谁投资、谁受益、谁履责，产权所属、责任所系，具体问题具体分析。其次，从物业管理项目切入，深入开展物业管理责任边界问题的系统性研究工作。物业管理项目是在特定的物业服务区域内实施的物业管理活动。物业服务区域是依据城市规划、物业权属、物业共用设施设备、建筑规模、社区建设等因素划分的实施物业管理的地域范围。物业管理项目能够全面展现物业管理责任边界问题，是研究探讨边界问题的最佳实践平台。

一　研究理论

物业管理责任边界问题研究涉及一些理论，主要包括建筑物全寿命周期理论、建筑物区分所有权理论、公共产品与公共选择理论和公共治理理论等。

（一）建筑物全寿命周期理论

寿命周期概念源自生物学，最初是指具有生命现象的有机体从出生、成长到成熟衰老直至死亡的整个过程。随着社会的发展和学科间的融合，寿命周期概念被逐步引入经济、管理、社会组织和环境等领域，并衍生出一系列基于寿命周期思想的理论和研究方法。

物业管理项目开发建设周期比一般的商品生产周期要长，从土地征用到"七通一平"（七通，即道路通、给水通、电通、排水通、热力通、电信通、燃气通；一平，即平整土地），到施工、安装，再到竣工验收和交付使用，一般需要1~3年或更长的时间。

建筑物全寿命周期，包括建筑物自然寿命周期和经济寿命周期。本书主要采用的是建筑物自然寿命周期概念。从建筑物角度的开发建设、投入使用到拆除停止使用；从开发建设角度的物业管理项目规划设计、建筑施工、营销策划到竣工验收各阶段；从物业管理服务角度的早期介入、前期物业管理、日常物业管理到撤场管理各阶段，各相应工作过程和环节均涉及物业管理的责任边界问题，并且每个阶段的特点鲜明，责任主次体、责任范围易于辨析确定。比如，规划设计阶段的红线设定、水电气暖计量设计、物业管理用房设置等；营销阶段的权属、销售面积、使用面积、建筑面积的登记和确定等；前期物业管理阶段的承接查验、管理服务范围、管理服务内容、管理服务标准、管理服务费用等确定；业主入住阶段的房屋验收、保修、装修等；日常物业管理阶段的业主产权变更、房屋租赁、能源管理、安全管理、消防管理、设施设备维修养护、绿化养护等。

所以，从建筑物全寿命周期这条线索切入研究物业管理责任边界，从建筑物全寿命周期的不同阶段、各工作环节、各责任节点等，对物业管理责任边界进行辨别分析、划分确定，脉络清晰，逻辑关系合理，利于满足物业管理责任边界问题研究所需要的科学性、严谨性、系统性和覆盖性。

（二）建筑物区分所有权理论

建筑物区分所有权是指由区分所有建筑物的专有权、共有权以及基于共同关系而产生的成员权所构成的特别所有权。即指业主对建筑物内的住宅、经营性用房等专有部分享有所有权，对专有部分以外的共有部分享有共有和共同管理的权利。

《民法典》第二百七十一条规定，业主对建筑物内的住宅、经营性用房等专有部分享有所有权，对专有部分以外的共有部分享有共有和共同管理的权利。业主的建筑物区分所有权是物权上一项重要的不动产权利，是高层或者多层建筑物产生，并在一栋建筑物存在多个所有权人后出现的物权种类。建筑物区分所有权，一般是指数人区分一处建筑物而各有其专有部分，并就共有部分按其专有部分享有共有的权利。按照本条规定，业主的建筑物区分所有权包括以下三方面内容。（1）业主对专有部分的所有权。即对建筑物内的住宅、经营性用房等专有部分享有所有权，有权对专有部分占有、使用、收益和处分。（2）业主对建筑区划内的共有部分的共有的权利。即业主对专有部分以外的共有部分，如楼宇占地、建筑主体结构、过道、楼梯、电梯、外墙面等享有共有的权利。（3）业主对建筑区划内的共有部分的共同管理的权利。即业主可以自行管理建筑物及其附属设施，也可以委托物业服务企业或者其他管理人进行管理。业主的建筑物区分所有权三个方面的内容是不可分离的整体。

业主的建筑物区分所有权是一个集合权，对专有部分享有的所有权、对建筑区划内的共有部分享有的共有和共同管理的权利，这些权利具有不可分离性。因此，业主转让建筑物内的住宅、经营性厢房，其对共有部分享有的共有和共同管理的权利一并转让。

在这三个方面的权利中，专有部分的所有权占主导地位，是业主对共有部分享有共有权以及对共有部分享有共同管理权的基础。如果业主转让建筑物内的住宅、经营性用房，其对共有部分享有共有和共同管理的权利必须也一并转让。业主享有建筑物区分所有权的同时，也必须履行相应的义务。如行使专有部分所有权时，不得危及建筑物的安全，不得损害其他业主的合法权益，例如，装修房子时不能破坏建筑物的整体结构；在住宅里面不得存放易燃易爆等危险物品；对公共部分行使共有权时，要遵守法律的规定和业主委员会的约定；认缴建筑物共有部分的维修资金等。

建筑物区分所有权的特征表现在以下几个方面。（1）建筑物区分所有权的客体具有整体性。建筑物区分所有权是建筑在整体的建筑物上区域所有的所有权形式。（2）建筑物区分所有权的内容具有多样性。建筑物区分所有权是由专有权、共有权和管理权（成员权）三个部分组成。（3）建筑物区分所有权的本身具有统一性。建筑物区分所有权不是权利的组合，而是一个独立、统一、整体的权利。（4）建筑物区分所有权中的专有权具有主导性。建筑物区分所有权的权利人拥有了专有权就必然拥有共有权、管理权。

从业主的共有权、专有权和共同管理权角度，以及建筑物区分所有权的特征中，可以明晰物业管理的法律地位、法律范围和权利来源。在建筑物区分所有权框架下，物业管理选择、提供、消费等活动有法可依。但是，在物业管理实际运作中，仅仅依靠建筑物区分所有权制度则很难处理、解决一些边界划分、确定的具体问题。尚需在建筑物区分所有权规定的相关内容范围内，进一步明晰政府、物业服务企业和业主的边界。比如，房屋装饰装修时装修人破坏建筑物整体结构的确定标准，物业费减免、拒绝支付的条件，住宅内不得存放易燃易爆等危险物品的种类、数量、期限规定，等等。由此可得，建筑物区分所有权理论是物业管理责任边界问题研究的基础理论。

（三）公共产品与公共选择理论

公共产品与公共选择理论属于新政治经济学或政治学的经济学范畴，是介于经济学和政治学之间的新的交叉领域。它以微观经济学的基本假设（尤其是理性人假设）、原理和方法作为分析工具，来研究和刻画政治市场上主体的行为和政治市场的运行。

公共产品与公共选择，是指人们提供什么样的公共物品，怎样提供和分配公共物品以及设立相匹配规则的行为与过程。公共产品与公共选择理论研究上述过程，并期望研究结果影响人们的公共产品选择过程，从而实现社会效用的最大化。

公共产品无论以何种理论界定，都包含两个特征，即非排他性和非竞争性。物业服务企业为业主提供的产品即物业管理，主要包括两个方面：一是房屋及共用设施设备和共用部位的运行维护管理；二是向业主提供有偿或无偿的综合服务。由此可见，物业管理具有两重性，既具有商品性，又具有社会性，介于私人产品与公共产品之间，可归属于准公共产品。公共产品的供给不能仅仅依靠市场，因为其在物业服务区域内具有一定的非排他性和非竞争性，所以业主不加区分地共同享有，不需要额外付出相应代价。若仅依靠市场，则由于缺乏相应的回馈，必然导致产品供应不足。此时，负有促进和实现公共利益义务和责任的政府自然要适当介入，以保证公共利益的实现。

在公共产品与公共选择理论框架下，物业管理的选择、提供、消费等过程和环节，均涉及物业服务企业、业主、政府行政部门等。随着住房制度的改革，物业管理由过去的企事业单位管理过渡为社会化的物业服务企业提供综合服务，这种变化必然导致物业管理的深层次问题出现，其中，边界问题尤为突出。物业服务企业通过制定和实施规章制度、管理操作指导手册等履行物业服务合同，为业主提供物业管理服务；业主在物业服务合同、管理规约规定下享受物业管理服务；政府行政部门拟定法规政策等指引、监督管理物业管理服务的提供和实施过程。但是，在这一过程中，由于公共性产品特性导致责任归属模糊不清，比如，业主专有部分与共有部分的边界，物业本体设施设备及附属部分与市政设施对接的边界，物业服务企业秩序维护与社会治安的边界等。当物业管理提供和消费过程中发生具体问题时，物业服务企业躲避责任、业主误解物业管理、政府安排无关工作等，会使简单问题复杂化，导致业主难以享受性价对应的服务、物业服务企业承担不应承担的法律责任和经济负担，政府也会反复应对处理各相关方的投诉、纠纷、矛盾等。所以，作为公共产品的物业管理，物业服务企业、业主、政府行政部门三者在其中所承担的责任如何划分、确定一直困扰着物业管理行业发展。界定三方的管理边界和管理责任边界，需要以公共产品与公共选择理论为研究指引。

（四）公共治理理论

治理一词的基本含义是政府的或民间的公共管理组织在一个既定的范围内运用公共权威维持秩序，满足公众的需要。治理的目的是在各种不同的制度关系中运用权力去引导、控制和规范公民的各种活动，以最大限度地增进公共利益。所以，治理是一种公共管理活动和公共管理过程，它包括必要的公共权威、管理规则、治理机制和治理方式。

公共治理理论中的治理指的是对合作的管理，即为实现与增进公共利益，政府行政部门和非政府行政部门等众多公共行动主体彼此合作，在互相依存的环境中分享公共权力，共同管理公共事务的过程。公共治理理论表明，政府运用的手段发生了较大转变，从单纯的强制性行政控制逐步转向对经济与法律的调节；政府与社会的支配式关系逐步转向政府、其他角色以及市场三方面的合作关系。

治理对于政府行政部门来说，意味着从统治转向掌舵，而对于非政府行政部门，治理则是从被动参与到主动参与的变化。由于合作管理强调多中心的公共行动者通过制度化的合作机制，互调目标，共同解决冲突，增进彼此的利益。所以，从这一角度来讲，治理实质上是一种合作管理，是公共权力部门整合全社会力量，管理公共事务、解决公共问题、提供公共服务，进而实现公共利益的过程。

公共治理理论认为社会资源的配置可以由政府、企业和社会三个角色来实现。三个角色分别履行不同的职责，各主体地位平等、互相依存、协调发展，共同促进社会和谐发展，即构成社会治理体系。目前，中国社会组织发育不全，民众容易对政府产生依赖性，在一定程度上不利于社会资源的优化配置。

在社会治理体系中，政府、企业、社会三个主体之间的地位不平等的状态并不是朝夕之间可以改变的，需要政府、企业和社会三方的共同努力。社会治理体系需要政府的引导，也正在对物业管理活动发挥着作用。政府发挥引导作用，就意味着不能强制管理，而物业服务企业和业主委员会在住宅小区管理资源优化配置中具有不可替代的作用，因此，在物业管理中，正确处理好政府、企业和社会三者的关系，明晰政府、企业和社会三者的责任和作用，才能进一步推进物业管理行业健康发展。

二　研究思路

物业管理责任边界问题的研究思路，是在指导原则之下，遵循物业管理本质，沿着物业管理责任边界问题的形成轨迹，结合物业管理实际运行管理过程等方面内容，以一个具体的物业管理项目为基本探讨研究单位，对物业管理边界和物业管理责任边界问题、成因和所涉及的各相关主体进行梳理分析，从政策、法律法规及标准、操作管理经验、主客观因素等角度予以解析，即以一个轴心、一个轨迹、两个维度、三个层面、三个主体和四个辅助，对物业管理责任边界问题进行全方位的实证分析和论证，最终明晰边界的划分。

一个轴心。以物业管理本质为轴心，顺延展开物业管理责任边界问题的探讨研究。这是本书研究的核心部分。

一个轨迹。沿着物业管理责任边界问题形成的痕迹，对边界问题进行梳理、分析。这是本书关于物业管理责任边界问题探讨研究的主要思路。

两个维度。沿着物业管理实际运行管理轨迹，遵从政策、法律法规及标准和物业管理实践两个维度确定物业管理责任边界，对边界问题进行探讨研究。这是本书边界划分确定研究的重要部分。

三个层面。在物业管理项目、物业服务企业和物业管理行业三个层面，从物业管理的内涵、本质、特点和规律等多方因素着手，对物业管理责任边界问题进行探讨研究。这是本书边界问题实证分析和论证的主要部分。

三个主体。三个主体即政府、企业和业主，企业中包含建设单位、物业服务企业和专业经营企业。对物业管理责任边界问题的形成与解决，从三个主体所发生的作用和影响等方面，进行深入探讨研究。这是本书边界问题实证分析和论证的基础部分。

四个辅助。即对边界问题发展现状进行市场调研分析，对国内外物业管理责任边界问题发展现状进行归纳分析，对国内外相关边界划定经验进行总结思考，对边界问题形成原因及破解路径进行综合实证分析，为物业管理责任边界问题研究探讨和界限划定梳理脉络、探索方向、确定相关因素、思考途径和措施方法等铺垫基础。

实证分析也可称为经验分析，就是用事实来支持本书所提出的观点，或通过事例和经验等从理论上推理说明物业管理责任边界问题及破解方法。本书的实证分析是在"一个轴心、一个轨迹、两个维度、三个层面、三个主体和四个辅助"基础上，从一点、二纵和三横等方向展开。

一点。从焦点、重点、痛点问题展开，对物业管理责任边界问题进行实证分析。涉及内容包含产权、共有部分与专有部分、权利义务、业态等方面。

二纵。以物业管理政策、法律法规和物业管理标准两条线路，纵向贯穿物业管理活动全过程。从政策、法律法规及标准等方面，对物业管理责任边界问题进行实证分析，是边界问题探讨研究应遵循的主要和基本方向，具有提纲挈领的作用。

三横。从物业管理责任边界问题相关方、建筑物物业管理全寿命周期和物业经营管理三个方面，横向覆盖全面物业管理活动。从物业管理运作经营的不同时期、各个专业、不同经营内容和不同相关方等方面，对物业管理责任边界问题进行实证分析。这是清晰确定边界具体问题和界限划分的主要探讨研究方向。

三　研究方法

（一）文献检索法

围绕物业管理责任边界问题，归集分析书刊、论文、法律法规、政策文件、专业标准、研究报告等，了解研究成果及国内外的发展现状，结合物业管理行业实际现状，对边界问题进行梳理和归纳并予以分析探讨。

（二）资料分析方法

针对物业管理责任边界问题的预防、形成和解决的过程，对物业管理责任边界问题相关资料的收集、分类和分析，对各相关主体、具体问题和相关因素进行探讨研究和论证。

（三）比较分析法

对国外、国内，政府行政部门、街道和居委会，不同区域、业态和类型的物业服务企业，物业管理行业和其他相关行业，不同地域和业态的业主等，以物业管理责任边界问题为主题，对相关主体和事项进行比较分析。

（四）实证分析法

通过观察物业管理责任边界预防、形成和解决的相关活动，本着具体问题具体分析的原则，对物业管理行业、物业服务企业、物业管理项目、政府行政部门、业主及物业使用人等进行事实归集分析，探讨研究预防和解决物业管理责任边界问题的路径。

（五）综合分析法

从各角度、各层面对物业管理责任边界问题进行分解和剖析，梳理形成、影响或干扰边界问题解决的核心因素，再对其予以分析判断、归纳整合，以探讨研究边界问题形成的原因和解决的路径。

（六）定性与定量结合分析法

依据成熟经验，对物业管理责任边界问题的成因进行推理判断，或依据各相关方主体对物业管理责任边界问题的关注程度等量化关系，进行描述分析，从而认识和揭示边界问题解决的各相关因素间的关系、变化规律及发展趋势。

第三节 物业管理内涵、基本特征及发展

一 物业管理内涵

（一）物业管理实施的必要基本条件

物业管理是具有一定范围和限度的委托管理服务型工作，既具有管理内涵，又具有服务特质。涉及政府行政部门、建设单位、业主及物业使用人、专业经营企业和物业服务企业等相关方，涉及客户服务、房屋及设施设备维修养护、秩序维护和保洁绿化管理等内容，因此，开展和实施物业管理活动，须满足四个必要的基本条件。

1. 物业产权清晰

物业产权清晰是物业管理实施的基础，包括土地、房屋、设施设备等事项所涉及的范围、内容、权利、责任和义务。是建立物业管理市场化体制与机制的基础，是物业管理服务合同成立的必备条件，也是合同各方当事人应享有的权益和应尽义务的基本依据。

2. 物业管理权责明确

物业管理权责明确是物业管理实施的基础。物业管理活动涉及政府行政部门、物业服务企业和业主三个方面，即政府行政部门、物业服务企业和业主共同搭建起物业管理活动的架构。那么，物业管理的持续、稳定、安全发展，要求物业管理活动各相关方，依据政策、法律法规、标准和合同等准绳，明确各方的工作范围、内容、责任、权利和义务等。

3. 费用保障

物业费是物业管理得以实施的血液，是物业在漫长使用期间各项功能正

常运行的基础保障条件，是为物业使用功能效果不降低而对该不动产项目必须进行的再投资。物业管理资金有保障以及使用形成良性循环，是有效开展物业管理工作的关键。

4. 规范化管理

规范化管理是物业管理的质量保障。确定物业服务企业发展战略、经营目标和服务理念，选用适合的管理模式、组织机构和管理机制，建立标准化管理体系，制定投诉处理、质量管控、奖励惩罚、成本管控和培训考核等管理机制，是持续保障物业管理服务质量的基石。

（二）物业管理服务产品特点

物业管理作为服务产品具有一定特点。物业服务企业活动的内涵就是把多项专业、多个领域的经营管理和服务型业务进行有机组合，进行经济核算，最终实现利润。该过程自然形成了物业管理产品本身特点，主要体现在以下几个方面。

（1）物业管理是后验性服务产品，对服务产品的质量情况是先判断后检验；

（2）物业管理产品的生产科技含量相对不高，基础服务产品的同质化程度高；

（3）物业管理产品的生产相对风险低、门槛低，易于实现；

（4）物业管理产品的个性化强，主要存在两个变数，即物业管理项目类别多元和业主及物业使用人多样；

（5）物业管理产品涉及社会面广，服务对象多，信息量大；

（6）作为物业管理产品的项目管理服务，既有一体性，又具有一定的相对独立性、专业性和技术性；

（7）同一物业管理项目，对服务项目产品的层次要求和质量标准等各有不同；

（8）不同物业管理项目，对管理人才的综合素质、组织能力、协调能力、沟通能力和经营能力等方面的要求各有不同。

二　物业管理行业特征

物业管理属于服务型行业。由于受社会经济、房地产发展状况及特性和业主及物业使用人需求变化等因素影响，相对于其他服务型行业，物业管理行业具有一定的自身发展特点。主要体现于以下几个方面。

（一）物业服务需求多样化

业主及物业使用人对物业管理服务的需求多种多样，不仅仅局限于客户服务、房屋及设施设备维修养护、秩序维护和保洁绿化等工作内容，还有大量类似于街道、居委会等政府性质方面的工作，比如，邻里纠纷、宠物饲养纠纷处理及邮政快递、托幼养老、家政性服务等。

（二）物业管理项目差异性大

不同业态以及同一业态下的物业管理项目，其本身差异明显；同样的物业管理服务内容，面对不同区域、物业状况、服务需求，也存在规程、规范和质量等方面的差异。由此引发形成物业管理服务的多样化和多元化。

（三）物业管理服务价值难以体现

物业费是衡量物业管理服务价值的尺子之一，但是物业费的定价标准、交纳等受诸多主客观因素影响，最后结果难以体现物业管理服务的真实价值，比如，政府指导价、市场竞争、业主接受能力、定价机制和业主需求等方面因素。相对物业服务企业而言，业主在定价和调价方面处于弱势地位，少有话语权；另外，物业费的一对多协商机制，也难以保证物业服务定价遵循市场规律。

（四）物业管理质量难以评价

物业管理涉及质量评价因素多且复杂，特别是在主观因素方面，感知、感受成分更重；法规尚在完善过程中，标准尚未成体系并难以统一、达成共识；物业费支出与享受的服务是否匹配、物业费收取与物业管理支出是否匹配等，性价比认知方面矛盾普遍存在，直接影响着质量评价过程和结果。

（五）物业管理责任边界难以界定

物业管理责任边界相应法规、标准缺失，尚处于惯性划定阶段，界定划分权基本在话语权一方；服务型行业的边界本身就难以界定，物业管理又属于新兴发展性行业，而且，涉及物业管理活动时，任何相关方均可赋予物业服务企业工作和责任等。因此，物业管理责任边界划定将是一个漫长的过程。

（六）相关监管指导主体比较多

一个物业管理项目的物业管理服务工作，会涉及监管指导的政府行政部门及派出机构（主要是街道）和居委会，约 27 个组织机构。物业管理项目服务提供方会接受各行政部门直接、间接监管指导，并且越来越直接接受街道及居委会指导监督或协助。

随着先进技术引入、互联网时代到来，物业管理服务的分工日益精细，覆盖面越来越广，涉及的其他相关行业越来越多，物业管理行业的组织形式亦由分散型向联盟型转变、由劳动密集型向资本和技术密集型转型，上市已成为一些物业服务企业的追求目标和发展方向，凡此种种，势必影响物业管理行业的发展方向并形成新的需求和特质。

三　物业管理行业发展面临问题

经过 40 多年的艰苦发展历程，我国的物业管理行业已经发展到一个特殊阶段，呈现新的局面，产生新的问题，形成新的发展趋势。比如，在国家经济的快速发展背景下，行业在高速发展；行业发展过程所积累的瓶颈问题依然存在，尚无破解之道；并购上市、跨地经营和"后资质"等现象涌现，致使一些旧的问题没解决，又出现新的问题；在"放管服"大背景下，政府行政部门的监管指导尚处于摸索期等。面对新的发展局面，物业管理行业所面临的问题有了新的变化，主要反映在以下几个方面。

（1）物业管理市场调节机制缺失，刚性成本不断提高，部分物业服务企业经营存在政策性亏损；

（2）物业管理市场主体缺失，尤其是住宅类物业管理，业主委员会成立的物业管理项目所占比例较少；

（3）物业服务企业发展不均衡，良莠不齐，大部分物业服务企业存在"四低"现象，即服务质量低、经营效益低、人员素质低、诚信度低；

（4）物业服务企业产品同质化程度高，核心技术缺乏，品牌效应没有或较弱等；

（5）物业管理行业缺乏长效稳定的人才供应渠道，专业人才极度缺失，技术人员断档，操作人员稀少，管理人员匮乏等；

（6）物业管理服务市场发展尚不成熟，行业竞争不规范，低价竞争等现象频现；

（7）资本力量介入，导致物业管理行业动荡，需寻找新的市场发展平衡点；

（8）传统物业管理基础上的创新发展、供给侧改革、新技术引进融合等方面，尚处于初级阶段；

（9）物业管理责任边界模糊不清，物业服务企业为社会、业主、政府等各相关方承担着延伸性工作和责任，干扰和阻碍着行业的规范化发展；

（10）政府对物业管理行业发展重视程度不够，存在监管指导错位、缺乏针对性等问题，影响行业的规范化发展。

总体而言，物业管理问题很多是社区和社会性问题，很难靠单一主体解决，因而才出现了社会建设、社会发展、社会团结、社会冲突、社会资本、社区营造、社区治理等理论与专项工作，最后倡导的是人人有责、人人尽责、人人享有，激励守信、互助、合作，惩戒失信、投机、背叛。

四　物业管理行业未来发展

从国务院下发的《服务业发展"十二五"规划》，到《中华人民共和国国民经济和社会发展第十四个五年规划和2035年远景目标纲要》，可以看到，物业管理行业从确立发展方向、目标和工作重点，已经演变发展为以提升便利度和改善服务体验为导向，推动生活性服务业向高品质和多样化升级，加快物业服务行业发展。随着国家的进步和发展，对物业管理行业的要求也发生质的变化。总之，物业管理未来发展将与人民美好生活紧密相连，阶段性未来发展方向将主要体现于以下几个方面。

（一）夯实基础

打铁还需自身硬，做好物业服务企业自身建设工作是提升企业综合竞争力的基础，由此才能应对业主及物业使用人日益增长的服务需求，才能使企业不断进步和发展。企业基础建设应围绕物业管理的核心本质和业主及物业使用人的服务需求展开，比如，标准化体系建立与实施，人才引入、培养与使用，专业技能和管理水平培训与提升，遵法守法意识宣传与考核等，实现管理服务质量、水平持续稳定并不断提升，是物业管理行业发展永恒不变的基石。

（二）精细化、个性化发展

原有的粗放型物业管理服务运营发展模式已经不能满足业主及物业使用人日益增长的、不断变化的服务需求，已经不能满足社会快速发展的要求，也不能满足企业自身变强、变大的目标需求。比如，大健康、居家养老、幼儿托育、文化旅游、体育娱乐、入室家政、金融理财和邮政快递等生活性服务，使得精细化、个性化、多样化的物业管理服务列入行业发展的日程，满足大众迫切所需将成为物业管理行业未来发展的阶段性目标。

（三）社会治理

随着高度城市化发展，社会治理工作逐步从社区向物业服务区域转移，社会治理与物业管理相辅相成、相互联系，并更多依赖物业管理各相关主体予以实施和推进。物业管理在人居环境、社会秩序、矛盾纠纷、邻里和谐等方面，能够发挥很大的解决问题或协助解决问题的作用，是保持社会稳定的基础性活动。因此将物业管理纳入社会综合治理的整体格局之中已是必然。

（四）转型升级

社会的发展和进步对物业管理提出了更高要求，物业管理行业的发展遇到诸多问题和困难，固有模式、自身局限已经难以突破。物业管理行业正在打破物业"四保"、劳动密集型产业、房产附属等传统标签，进行着变革。联盟模式助力部分物业服务企业成长为航母型公司；资本风口渐大，优秀的物业服务企业接二连三上市；规模企业投入资金研发互联网技术平台，物业管理日趋智能化，规模效益愈发显著，推动物业管理行业转型升级。近年来互联网、大数据、人工智能等技术的出现，正倒逼着物业管理行业走上转型之路，智慧物业、智慧社区等新兴事物不断涌现，物业管理行业整体呈现智能化发展趋势。5G 时代到来，物联网领域将迎来裂变式发展，推动物业管理行业向更高的层级发展，引领物业管理相关生态链不断繁荣和成长，使物业管理的延伸服务更加丰富多元，助力物业管理行业的服务模式转型升级。

从物业管理行业自身禀赋看，大数据时代，物业服务企业扼守流量入口，具有开展多种业务的天然优势。通过大数据智能化，物业服务企业更好地扮演了城市管理"最后一公里"的角色，并从中找到了新商机。比如，以智慧物业平台为依托构建生态圈，通过线上线下的融合发展，外部链接养老、电商、大健康产业、金融、中介服务等与民生息息相关的产业资源，形成以住宅小区为中心的生态网络；通过建设无人超市、智能充电配套设施等，打造"100 米智慧生活圈"；通过专有小程序推出线上买菜专区，将新鲜蔬菜配送到业主家里以及提供全科医生 24 小时在线咨询、专人配药到户服务，营造便利生活服务圈。

随着人们对美好生活的重视，促进物业管理行业发展的政策和法规也愈发密集出台，国家层面，把物业管理纳入扩内需的核心领域，明确鼓励物业服务企业依托科技赋能，开展社区增值服务。住宅逐渐回归居住属性，生活品质和服务内涵必然成为业主及物业使用人首要关注点。因此，以人居平台为各方主体开展定制化、个性化、多样化、多元化服务，满足业主及物业使用人的全方位需求，提升物业服务企业的管理水平和服务水平，增强业主黏性，为实现物业管理转型升级的最终目标即资产管理，奠定经济基础，这是物业管理行业发展的大方向。

（五）新科技手段运用

人工智能、大数据等更多的科技手段，被越来越多的物业服务企业应用，将再造物业管理的作业流程，极大地提升工作效率，优化业主及物业使用人的体验。比如，智慧住宅小区的设备安装传感器，电梯、路灯等公共设施上面会有一个对应的二维码，当公共设施出现损坏或者故障，只要扫描该二维码，就能够看到该设施的所有信息以及故障处理步骤，同时通过这些二维码，可以对住宅小区进行数字化管理，为大数据分析提供样本。随着数据处理能力、处理速度、计算能力的进一步提升，物业管理行业必将迎来颠覆性变革，比如，在住宅小区内延伸到与业主智能家居进行联通，对外与智慧城市系统联通，无人驾驶系统与数字人居平台链接，停车难将缓解并有望破解，住宅小区人脸识别系统、数字安防系统等让住宅小区更安全等。因此，新科技是行业进步的助力和引领，积累到一定程度，势必推动物业管理行业发生质的变化。

（六）"+物业服务"模式

《中华人民共和国国民经济和社会发展第十四个五年规划和 2035 年远景目标纲要》把物业服务列入现代服务业范畴，国务院及各部委在政策层面探索"物业服务+养老服务"模式，将物业服务视为实现人民美好生活的基础环节和平台。切实解决美好生活服务与业主及物业使用人的"最后一公里"的问题。对业主及物业使用人而言，切实满足其生活便捷、便利、安全和多样化的服务需求；对物业服务企业而言，利于其开展延伸服务、多种经营，获得相应利益的同时增强业主的黏性。由此，未来物业管理行业的住宅服务将会广泛采取"养老服务+物业服务""养老托育+物业服务""家政服务+物业服务""生活服务+物业服务""邮政快递+物业服务"等，形成"+物业服务"模式，即任何生活服务相关活动均可在物业管理平台上融合，为业主提供安全、便利、快捷的服务。

综上所述，物业管理行业诞生于改革开放时期，发展时间短，发展速度快，政策、法律法规及标准制定与颁布相对滞后，业主及物业使用人对其认知、理解和接受有个逐渐深入的过程，行业生存和发展环境在逐步改善，已经成为人民美好生活实现的基础行业。物业服务企业由少到多，由弱变强，由单一国企发展至混合所有制企业、民营企业和上市公司，不断提高管理服务覆盖率，扩大就业率，承担社会责任，实现经济效益和社会效益的统一。物业管理行业的快速发展，就是在不断解决和再解决问题的过程中求发展。物业管理责任边界问题就是其一，有的问题解决了，有的问题无法解决，遗留的旧问题尚未解决，新的问题又出现且不断累加，严重阻碍了物业管理行业的规范化发展。

第四节 物业管理责任边界内涵、特征、类型与界定

物业管理边界是指物业管理的物理边界，从地域范围角度，是一个物业服务区域与其周边相关区域的界线；从工作范围角度，物业管理边界是在接受委托的物业服务区域内，物业服务人与政府、建设单位、特种设备维保单位、水电气暖等专业运营单位和委托人之间形成的工作范围划分的界限。

物业管理责任边界是物业管理活动过程所涉及的各相关方之间形成的责任、权利和义务范围的界限。

物业管理责任边界问题是因物业管理边界或物业管理责任边界而引发的物业管理相关方之间的歧义、矛盾、纠纷等事宜。

在本书中，为便于研究探讨，笔者将物业管理边界和物业管理责任边界统称为物业管理责任边界或简称为边界，不再分别叙述。同时于此基础之上，对物业管理边界和物业管理责任边界问题进行研究探讨，探讨的内容主要包括边界问题确定、边界问题解决方向、边界问题形成原因与涉及主体，以及边界划分标准、划分路径和划分办法等。

一 物业管理责任边界涉及的主体

物业管理责任边界划分涉及各方主体，主要包含政府行政部门、业主及物业使用人、物业服务企业、专业经营企业和建设单位等，统称为物业管理责任边界相关主体。一个物业管理责任边界划分涉及多个相关主体，每个相关主体所承担的责任又有主要方面和次要方面，一个相关主体也会涉及多个物业管理责任边界划分。一个物业管理责任边界划分涉及的多个相关主体，也有主要和次要之分。各相关主体的自身发展状况、经济状况、战略目标、各类需求及价值取向等方面内容，均会影响对物业管理责任边界问题的研究探讨。

二 物业管理责任边界划分的标准

边界划分标准，是物业管理责任边界问题研究探讨的核心内容，具有差

异性、地域性、多元性和复杂性等特点，所有的实证分析、原因分析和经验借鉴，都是为其提供依据。确定划分标准涉及政府行政部门、建设单位、业主及物业使用人、物业服务企业和专业经营企业等相关方。确定划分标准的形式和载体各有不同，比如，对政府行政部门主要通过政策、法律法规及标准等，对建设单位、业主及物业使用人、物业服务企业和专业经营企业等主要通过政策、法律法规、标准和合同等，对业主及物业使用人的自我约束主要通过管理规约等。所以，物业管理责任边界划分标准，具体有政策、法律法规、国家标准、行业标准、地方标准、团体标准、企业标准、管理规约、合同、实际管理经验和约定俗成等方面内容。

三　物业管理责任边界问题形成的原因

物业管理责任边界问题形成原因比较多且复杂，与时代进步和社会发展阶段密切相关，涉及社会发展、社会价值观、经济形势、市场环境、企业性质和房地产发展状况等方面。比如，物业服务企业与专业经营企业间的，关于供电系统、给排水系统、电梯等维修养护管理的界限；物业服务企业与业主间的，关于共有部位和专有部位的划分界限；物业服务企业与各社会相关单位间的，关于红线周边相应管理规定等，均会导致物业管理责任边界问题发生。形成的具体原因，围绕物业管理活动，可从政策法律法规及标准、历史遗留问题、市场化转型、运营管理、物业使用、服务需求、法律意识、市场经济发展和社会道德行为等方面考虑。

总之，边界问题形成的原因可以简要归纳为两个方面。一方面是物业管理责任边界规定不清晰引发的边界问题，这属于边界划定方面的问题，该方面为本书研究探讨的主线。另一方面是物业管理责任边界规定清晰，但还是会发生边界问题，这属于规定执行方面的问题，形成的原因可以宏观概括为：（1）物业管理相关方故意推诿责任、责任心不强、懈怠懒政等不履责因素；（2）物业管理相关方经济、行为、组织能力不够等无力履责因素；（3）物业管理相关方投机心理、投机行为、搭便车等不尽责的因素。这些都是社会发展过程中各行业普遍存在的问题，是其他社会经济问题在物业管理服务领域的投射。本书部分内容会涉及这些问题，但不做深入研讨。

四　物业管理责任边界问题的特征

物业管理行业是市场化产物，形成期短，发展史，尚处于成熟过渡阶段。物业管理责任边界问题形成的原因、划分的标准和涉及的主体等因素具有一定特质，构成了物业管理责任边界问题的自身特征，具有社会历史发展阶段的余留痕迹，主要表现在以下几个方面：

（1）边界问题涉及的相关主体多而复杂；

（2）边界问题和各主体间可为单边关系也可为多边关系；

（3）边界问题形成的原因复杂，难以梳理，并有较多的影响和干扰因素；

（4）边界问题多涉及各相关主体的经济利益和社会利益，解决比较难；

（5）边界问题的形成受主观因素影响和干扰比较大；

（6）边界问题具有一定的地域差异性；

（7）边界问题具有改革开放、市场化转型等过渡性特质；

（8）边界问题是社会经济高速发展的产物；

（9）对边界问题尚缺乏认知、理解、掌控和破解的理论和实践经验；

（10）边界问题的针对性政策、法律法规体系以及标准体系尚在构建过程中。

五　物业管理责任边界的类型

物业管理责任边界所具备的特征，使得边界呈现的形式各异，可归纳概括为以下几种类型。

（一）红线边界

红线一般是指各种用地的边界线。有时也把确定沿街建筑位置的一条建筑线称为红线，即建筑红线。建筑红线是指建筑物的外立面所不能超出的界线。用地红线是围起某个地块的一些坐标点连成的线，红线内土地就是取得使用权的用地范围，该红线边界内即属物业服务区域，故又可称为物业红线。开发建设这个地块（建筑小区）时，还需要退红线一定距离。小区的建筑必须在退红线范围内，退出的这块地不准占用。用地红线只是标注在红线图上，现场看不到，但退界线一目了然，一般情况下，住宅小区的围墙就是退界线。

（二）管理边界

在物业服务区域内，从所有权的角度，可以划分为共有部分和专有部分；从使用管理的角度，可以有共用部位、共用设施设备。因此，在物业管理范围内就必然存在物业服务区域的内与外、共有与专有、共用与专用间的界线，从而使物业服务企业与政府、各相关单位、业主及物业使用人形成管理边界。一般情况下，物业服务企业为业主提供的是物业共有部分或共用部位、共用设施设备的物业管理服务。

（三）服务边界

无论是《民法典》《公司法》《物业管理条例》，还是其他与物业管理相关的法律法规，都从不同角度规定了物业服务企业的服务内涵。在物业服务区域，维修养护房屋及设施设备、维护业主生活工作环境是物业服务企业的核心本职工作。业主日益增长的多样化工作生活需求与物业服务企业合法合规所能提供的服务之间自然形成了界限。服务边界形成原因比较复杂，涉及政策、地域、民俗、文化和需求，以及物业服务企业经营范围、能力和目标等方面因素。

（四）责任边界

责任边界是在物业服务区域内，物业服务企业对分内事宜的范围、程度等所做的设定或约定。基于法律规定、标准依据、市场约定、心理约定等不同角度，所涉及的每个相关主体都会有不同的衡量尺度，责任边界自然有所不同。所以，清晰、明确的责任边界，以及确定责任边界合理的逻辑关系，能够转化为物业服务企业市场化发展的原始驱动力，反之也可能成为发展的阻力。从《公司法》中可以清晰解读到，物业服务企业承担经济、法律、社会、道德等责任，但是，大部分责任的范围和程度难以划定，无法减轻压在物业服务企业身上的无限扩大的责任，尤为突出的是无限扩大的社会责任。对此，彼得·德鲁克在《管理：使命、责任、实务》一书的"社会责任的限度"这一章中有精辟描述，"企业的社会责任不能无限扩张，还意味着企业与政府功能不能错位，不能把本该属于政府的责任给企业，故企业承担社会责任应该是：尽力而为、量力而行、做到有所为有所不为。"

六　物业管理责任边界的界定

物业服务企业在受托管理服务范围内，实施物业管理活动所应该承担的责任范围、内容和程度，是有界限且相对可以界定的。界定形式可采取定性、定量或定量定性相结合等方法。比如，从业主及物业使用人、物业服务企业、政府行政部门三个主体，可将物业管理责任边界概括为物业服务企业是依据物业服务合同或授权对业主的共有部位、共有设施设备行使管理权，该管理权是有限度和范围的，它不同于政府的监管权和执法权，仅是协助政府监管权和执法权的执行和落实，可以是物业管理责任边界问题的思考方向和解决方法之一。

综上所述，物业管理责任边界问题是时代进步发展的产物，其形成与解决同社会发展的客观环境和各相关主体的主观因素密切相关，不同地域会有不同表现形式和不同的结果。需要在不同视角下梳理物业管理责任边界问题的特质、成因和发展脉络；需要从各相关方主体、形成的主客观因素、产生时的社会历史客观环境等方面，全方位、不同角度、不同层面思考物业管理责任边界问题；需要以政策、法律法规及标准为准绳衡量物业管理责任边界问题，从而研究探索出预防和解决思路，以利于管理责任主体的清晰确定。

第二章　物业管理责任边界问题现状

　　基于物业管理活动涉及的各层面和主体，本章对物业管理责任边界问题的历史沿革和发展现状，从政策、法律法规和实际运行两个方面进行梳理，对物业管理行业发展不同阶段的边界问题现状，在物业管理责任边界问题市场调查分析基础之上，从不同角度进行归纳描述，旨在了解物业管理行业责任边界问题现状、形成的原因以及未来发展的趋势。通过对物业管理责任边界问题的形成、变化与发展的历史过程进行综述，清楚物业管理责任边界问题形成的主客观环境和因素，利于分析和确定物业管理责任边界问题形成原因。通过物业管理责任边界问题的市场调查分析，意在厘清物业管理活动与各相关主体之间的工作状况，利于在物业管理责权利混淆的表象中寻找出物业管理责任边界问题的涉及者、形成原因、未来发展趋势和破解路径。

第一节　物业管理责任边界问题形成与发展

　　物业管理责任边界形成与发展轨迹具有鲜明时代特征，与国家政策法规制定颁布、经济高速发展状况紧密相连，同时，存在各地域发展水平、业主对物业管理认知、业主对管理服务需求和业主经济收入等差异。本节将从物业服务企业起源、物业管理特色和相应法律法规等方面，对物业管理责任边界的形成与发展进行阐述，从而了解物业管理责任边界问题形成的背景和原因。

一 物业服务企业起源

初始阶段，我国物业服务企业来源于两个方面：一方面是建设单位自办的物业管理机构；另一方面是脱胎于原来的房管机构。深圳市成立的深圳物业管理公司，标志着我国物业管理工作从计划经济体制下的福利型模式走上了专业化、企业化、市场化的发展之路，构成物业服务企业新的来源。所以，从企业起源的角度，物业服务企业可分为三种类型，即隶属于建设单位的物业服务企业、房管转型的物业服务企业和市场化形成的物业服务企业。

随着市场化改革不断深入，物业管理行业迅速发展，第三种物业服务企业即独立于建设单位和产权人的市场化物业服务企业迅速发展壮大，包括私营企业、走向市场的建设单位下属企业、后勤改制企业、合资企业和外资企业，这些企业的物业管理项目起源于市场，企业的从业人员来源于市场，企业没有原始的物业管理项目，只能依靠服务理念、质量、专业等市场竞争优势获取物业管理项目，有较强的市场意识和服务意识。同时，市场化形成的企业要生存和发展，就必须能够有效、可行地规避风险，所以，这些企业的物业管理责任边界意识形成得比较早。

随着《物权法》《民法典》的出台，业主作为不动产物权所有人的地位和权利在各界取得共识，物业管理服务领域各个行为主体的法律关系得以理顺，市场化的物业服务企业在这种形势下逐步发展壮大，成为物业管理行业发展的主体。

二 中国特色物业管理

中国物业管理诞生在国家实行改革开放，房屋私有权出现的历史大背景之下。新中国成立以来，中国城市居民拥有私产房屋历史不过 40 多年，物业管理也只有 40 多年历史，随之而来的是物业服务企业大量涌现。市民拥有私产房屋之前大部分是房屋使用人，没有共有部分和专有部分之分，物业管理责任边界问题也无从谈起。深圳经济特区建设初期高速发展，相应的政府机构、城市配套管理体系等处于适应并快速发展阶段，各方主体的职能也在不断完善过程中。此时孕育而生的物业服务企业，主要满足城市快速发展的需要，弥补城市高速发展过程中的管理短板、服务缺口，无所谓物业管理范围、内容等边界问题，有活就干，没活找活干，在市场发展需求之下诞生了物业管理。该时期，物业管理法律法规规章缺位，行业规范要求更是缺失，物业服务企业只能根据市场需求和自身条件提供相应服务，从而形成了特定历史背景下的物业管理理念、范围、内容和责权利。

但是，物业管理行业发展至今，物业管理内涵还在演变，物业管理方面的问题还在堆积，并没有伴随着市场进化发展而减少，比如，物业管理定位和模式尚存模糊之处，物业管理质量参差不齐，物业管理内容十分庞杂且边界不清等。2003 年 9 月《物业管理条例》的出台，使行业现实状况发生一定变化，对物业管理的认识有了一些转变，确定了相应的管理服务范围、权责等内容。此时，中国物业管理已经快速发展了十多年，产业链已经形成，在物业管理实践中形成了约定俗成的物业管理责任边界。其中两个方面最为显著：一是由于缺失专业服务市场作支撑，物业服务企业包打天下，比如，自行提供保安、保洁、园艺、工程机电运行等所有服务，不但在物业服务区域实行所谓"一体化服务"，还将保安工作延伸至公安机关范畴、将保洁工作延伸至市政区域、将园艺延伸至园林局工作范围，等等；二是没有明确的管理服务界限，比如，不仅提供一般意义上的物业管理服务，还无限制扩展至街道、居委会和社区的工作之中，从社区文娱、社区体育活动的管理服务一直延伸到社区文化等精神文明服务领域。物业服务企业自诩在住宅小区"上管天、下管地、中间管空气"，什么都做，无所不为，无所不能。物业服务企业怎么做，业主就怎么消费，习惯成自然。"中国特色物业管理"就这样形成了。

三 物业管理法律法规建设

1994 年，建设部制定了第一部有关物业管理的部门规章《城市新建住宅小区管理办法》，规定住宅小区的管理模式、管理体制、物业管理责任、物业管理合同的内容等，标志着物业管理法律法规体系建设的开始。2003 年 9 月 1

日开始实施的《物业管理条例》，至今依然是我国物业管理活动实施和监管的最重要法律依据。2004 年 1 月 1 日开始实施《物业服务收费管理办法》，其对物业服务收费的原则、监管机构、物业服务价格类别（政府指导价和市场调节价）以及处理纠纷的方式等内容做了较为详细的规定。2004 年建设部出台的《物业管理企业资质管理办法》对物业服务企业市场准入进行了规范，该办法已于 2018 年废止。2007 年 10 月 1 日起开始施行的《物权法》，在第六章"业主的建筑物区分所有权"中的第七十五条至第八十三条规定了物业管理部分内容，侧重角度是建筑物区分所有制度。2021 年 1 月 1 日起开始实施的《民法典》，在第二编物权第一分编中的第六章"业主的建筑物区分所有权"、第三编合同第二分编典型合同中的第二十四章"物业服务合同"、第七编侵权责任中的第九章"饲养动物损害责任"和第十章"建筑物和物件损害责任"等，相对全面地规定了物业管理部分内容。

1994 年 7 月，深圳市人大颁布了我国第一部地方性物业管理条例《深圳经济特区住宅区物业管理条例》，这部条例对业主大会、业主委员会的建立及规制都做了详细的规定。随后，其他地区也相继制定了符合本区域特色的物业管理条例。比如，上海市在 1997 年颁布的《上海市居住物业管理条例》，广东省在 1998 年 7 月颁布的《广东省物业管理条例》，北京市在 2010 年 10 月 1 日施行的《北京物业管理办法》。此外，还有一些规范具体物业管理活动并与地方性法规相配套的地方政府规章出台，比如《北京市居住小区（普通）委托管理收费标准（试行）》《上海市商品住宅物业管理服务收费暂行办法》等。

综上所述，物业管理责任边界问题的形成与发展具有时代特征，物业管理行业 40 多年的发展历程中，物业管理的特点不断变化，法律法规体系在逐步完善，为规避和解决物业管理责任边界问题奠定了良好的基础。但是，法律法规体系完善发展的同时也出现了地域性、适用性、时间性、认知局限性和专业性等新的边界问题，形成新的阻碍物业管理行业发展的因素，对此需进一步研究探讨。

第二节　物业管理责任边界问题发展状况

我国物业管理由计划经济下的房屋管理转化而来，尚有很多计划经济遗留的管理特点和痕迹。比如，没有共有部位和专有部位的区分，支付的费用仅负责专有部位，共用部位、共用设施设备由国家负责，管理体制不成熟，业主购买服务尚处于被动接受期，管理服务提供者和享受者间尚没有建立完善的诚信体系等。另外，就房屋管理主体而言，计划经济时期房屋管理主体是"房管所+街道"，改革开放时期房屋管理主体是"政府行政部门+物业服务企业"，现在房屋管理主体是"街道+物业服务企业"，房屋管理主体随着时代变迁而变化，政府行政部门、街道、物业服务企业也在随之变化，不同时期分别扮演着不同的角色。正是在这样的社会发展基础上，形成了现在的物业管理责任边界问题的特点和内涵。本节从立法、行政监管、司法判决、行业建议和街区制等角度，对物业管理责任边界问题现实状况进行归纳总结，以了解其发展状况。

一　相关立法角度

深圳诞生了内地首个业主委员会和首家物业管理服务企业，也率先出台了地方性物业管理条例。1994 年 7 月 11 日《深圳经济特区住宅区物业管理条例》颁布，同年 11 月 1 日施行，2004 年 6 月 25 日修订；2007 年 9 月 25 日《深圳经济特区物业管理条例》通过，2008 年 1 月 1 日施行，2014 年 1 月 1 日《〈深圳经济特区物业管理条例〉实施若干规定》施行；2017 年 11 月 24 日，《深圳经济特区物业管理条例》（草案征求意见稿）发布，面向社会公开征求意见和建议。

首部地方性物业管理条例颁布至今，随着行业实践的发展及《物业管理条例》《物权法》《民法典》等的颁布，在明确物业管理责任边界上逐渐取得进展，基本确立了以下几个方面内容：（1）物业的所有权人为业主；（2）明确临时管理规约和管理规约的内容及遵守范围；（3）要求物业服务企业应当遵守安全生产的有关规定，履行安全职责；（4）明确公用事业以及通信、有线电视等专业经营单位的责任边界。

当时准备出台的《深圳经济特区物业管理条例》（草案征求意见稿）在物业管理边界问题上尝试寻求突破。该条例增设了第二章"物业管理区域及设施"，明确了共有物业的范围、管理方式并对产权登记提出要求。第三章中，明确业主共有物业范围是实施物业管理的前提和基础；规定业主大会成立后由住建部负责备案，取得统一社会信用代码证书，业主大会可以凭代码证书到合作银行开设业主共有资金账户。第五章中，明确物业服务企业应当按照法律法规的规定和物业服务合同的约定，履行消防、安全职责。增加第六章"业主共有资金管理"，明确业主共有资金包括专项维修资金、物业服务费以及共有物业收益等，业主共有资金用于支付物业服务费用。第七章"安全管理与使用维护"中对各相关方的主体责任加以界定等。这是地方性法规在明确物业管理责任边界方面的一个重大突破。

二 行政监管角度

2017 年 10 月 29 日，国务院办公厅印发了《消防安全责任制实施办法》，规定"机关、团体、企业、事业等单位是消防安全的责任主体，法定代表人、主要负责人或实际控制人是本单位、本场所消防安全责任人，对本单位、本场所消防安全全面负责"。对物业服务企业的责任明确规定："物业服务企业应当按照合同约定提供消防安全防范服务，对管理区域内的共用消防设施和疏散通道、安全出口、消防车通道进行维护管理，及时劝阻和制止占用、堵塞、封闭疏散通道、安全出口、消防车通道等行为，劝阻和制止无效的，立即向公安机关等主管部门报告。定期开展防火检查巡查和消防宣传教育。"该办法再次明确消防安全责任主体是产权人，物业服务企业依据合同约定承担责任，对违规行为要进行劝阻和制止，劝阻和制止无效的，立即向公安机关等主管部门报告。如此，各政府行政部门陆续出台与物业管理相关的行政监管方面的规章，相关规章趋于细化完善，虽然有部分内容要求难以执行落实，但总体而言，大部分内容更利于物业管理责任边界问题解决。

三　司法判决角度

物业管理责任边界清晰与否直接关系到物业服务企业承担责任的判定。高空抛物导致人员伤亡，在《侵权责任法》出台前，曾经有物业服务企业承担部分赔偿责任的判例，该法第八十七条"从建筑物中抛掷物品或者从建筑物上坠落的物品造成他人损害，难以确定具体侵权人的，除能够证明自己不是侵权人的外，由可能加害的建筑物使用人给予补偿"，划清了物业服务企业责任界限。之后，《民法典》第一千二百五十四条规定"禁止从建筑物中抛掷物品。从建筑物中抛掷物品或者从建筑物上坠落的物品造成他人损害的，由侵权人依法承担侵权责任；经调查难以确定具体侵权人的，除能够证明自己不是侵权人的外，由可能加害的建筑物使用人给予补偿。可能加害的建筑物使用人补偿后，有权向侵权人追偿。物业服务企业等建筑物管理人应当采取必要的安全保障措施防止前款规定情形的发生；未采取必要的安全保障措施的，应当依法承担未履行安全保障义务的侵权责任"。

因住户原因导致火灾发生的赔偿责任界定中，根据我国《民法典》的规定，适用过错责任原则和无过错责任原则的前提是法律的明确规定。而《民法典》并未将火灾事故纳入特殊侵权行为范畴，亦未规定火灾事故应适用过错责任原则或无过错责任原则。在无法律明确规定的情况下，涉案事故应适用一般侵权的过错责任原则。对于各相关方当事人的过错程度认定，应在确定火灾发生的具体原因的情况下，分析认定各相关方当事人对于该原因是否有能力和责任进行控制、管理或规避。《民法典》颁布实施之前，发生在2017年的杭州某高档小区保姆纵火案，有关纵火人、公安消防机构、物业服务企业承担责任的判定备受各相关方的关注。

因住户原因发生火灾，物业服务企业在紧急救险时造成公共设施设备损失，处理依据为《最高人民法院关于审理物业服务纠纷案件具体应用法律若干问题的解释》第一条的规定"业主违反物业服务合同或者法律、法规、管理规约，实施妨碍物业服务与管理的行为，物业服务人请求业主承担停止侵害、排除妨害、恢复原状等相应民事责任的，人民法院应予支持"及第四条的规定"因物业的承租人、借用人或者其他物业使用人实施违反物业服务合同，以及法律、法规或者管理规约的行为引起的物业服务纠纷，人民法院可以参照关于业主的规定处理"。

司法判决对物业管理行业发展影响巨大，直接决定物业管理责任边界问题的解决和走向，这是物业管理行业必须要重视并研究探讨的方面。

四　行业建议角度

2015 年初，广东省人大常委会召开了《广东省电梯安全条例》专家建议稿评估会，提出了当电梯发生事故或故障造成损失时，电梯使用管理者对受害者承担第一赔付责任。电梯使用管理者是指具有电梯管理权利和承担管理义务的单位和个人，物业使用前，开发商、建筑单位或聘请的物业服务企业是电梯使用管理者；物业使用后，委托物业服务企业管理的物业服务企业是电梯使用管理者，自行管理的，电梯所有权人为使用管理者。

对此，广东物业管理协会认为，近年的电梯事故最终认定的责任中，设计缺陷、生产问题、维修保养不当和使用不当是主要责任，其中大部分电梯事故与维修保养质量有关，对于电梯事故，更不应该让不是生产者、安装者、保养者和使用者的物业服务企业来承担第一赔付的责任。电梯属于特种设备，应该是生产、安装、检测等各相关方分清权责、各负其责。让物业服务企业一方承担电梯事故责任，既不合理也不合法。2015 年 3 月 25 日正式送审的《广东省电梯使用安全条例（草案）》明确提出，电梯使用管理人是电梯使用安全管理的首负责任人，但删除了之前提出的首负责任人需要承担的第一赔付责任。这是首次通过物业管理行业发声，在立法中进一步明晰行业责任，避免行业承担不该承担的责任。从本事件可以看出，行业的发声、建议是保障行业健康良性发展的重要措施之一，同时也凸显了物业管理行业协会在物业管理发展过程中的重要性。

五　街区制的边界

2016 年 2 月 6 日，《中共中央 国务院关于进一步加强城市规划建设管理工作的若干意见》提出，中国新建住宅要推广街区制，原则上不再建设封闭住宅小区。已建成的住宅小区和单位大院要逐步打开，实现内部道路公共化，解决交通路网布局问题，促进土地节约利用。树立"窄马路、密路网"的城市道路布局理念，建设快速路、主次干路和支路级配合理的道路网系统。

（一）街区制的概念

街区式住宅类似于国际上的 BLOCK 街区设计理念：商业（B）、休闲（L）、开放（O）、人群（C）、亲和（K）。简单概括就是居住和商业的集中融合，街区既要提供居住场所，又要有丰富的商业配套和休闲配套。街区式住宅在国外已经成熟发展，在纽约、巴塞罗那、柏林、布拉格等城市都有享誉世界的 BLOCK 街区。

（二）商业楼盘封闭的原因

商业楼盘封闭式小区主要有两个源头，一个是沿袭计划经济时代的政府、部队机关、大型国有企事业单位的住宅大院管理方式；二是 20 世纪七八十年代的涉外住宅区、别墅区，为减少国人与外国人接触，采取封闭式管理。

实行封闭式小区的主因是社会需要，首先是业主对居住环境安全的需要，其次是政府倡导，20 世纪 90 年代起，从国家到各省市都在开展创建安全文明小区等活动。

（三）街区制的优点

倡导街区制，打通城市道路的"肠梗阻"只是其中一个因素，没有围墙的街区制最重要的是激活城市的神经末梢——社区活力。推广街区制带来的更多公共空间，给整个城市带来新的生活气息和经济活力，同时整合全社会力量确保城市安全。街区制的优点主要体现在以下几个方面。

1. 界定清晰的沿街界面

街区建筑在完成自身营造的同时，也为街道空间提供围合，它们共同组成了一种可容纳多种日常活动的积极空间。

2. 功能混合的布局方式

街区外围及底层一般是多种类型的商业、服务建筑，内部为住宅，也有少量公寓、写字间。人们的居住空间与消费空间、文化娱乐空间及工作空间联系紧密，城市的各项功能得到有机整合。

3. 高效利用的城市资源

由于城市内部的基础设施和各项服务配套较为完善，街区住宅在开发建设中，既可以方便地利用现有城市资源，也可以取长补短，根据周边情况，补充、完善一些服务功能，并对外开放，形成与城市的共存共荣。

4. 多元平衡的交通方式

一定的人口密度、土地的混合使用及宽度适宜的道路是实现多元交通方式的基础，它们为公共交通提供了稳定的客源，创造出适合多种活动的街道空间，还能减少人们不必要的出行需求。

（四）街区制需边界再界定

实行街区制后，应当废止或重新界定物业小区等伴随物业管理行业产生的一些过时概念，重新明确物业管理责任边界、职责范畴、管理服务内容等，确认社会界限。物业管理应该回归原生业态，即以物业为核心，以专业服务为基础。物业管理专业服务与各项专业服务相分离，物业服务企业提供综合服务，当好业主物业服务需求的集成供应商或经纪人，或者成为真正的资产管理者。

街区制带来两个颠覆性的变化。首先是社区服务（物业管理）与市政的权责更加明晰；其次对社区服务（物业管理）的专业服务要求更高，管理的半径缩小，逐渐淡化物业管理等同于社区服务的认知。同时，也许可以构想，公共领域未来将由市政统管，而物业管理将只是专注于楼宇的服务，至于市政统管的市场化问题，则是另一个研究探讨的主题。

综上所述，物业管理责任边界问题的发展状况，与国家经济发展状况紧密相连，与物业管理各相关方发展状况紧密相连。对于物业管理责任边界问题，物业管理各相关方尚处于初级认知和摸索阶段，各种认识正在相互碰撞、摩擦，以寻求新的平衡点。立法、司法、监管及行业自律等各相关方的行为结果，直接或间接影响着、决定着物业管理责任边界问题的形成和解决，是物业管理责任边界问题研究探讨必须触及的部分。

第三节 物业管理责任边界问题现状的市场调研

本节以物业管理项目为对象，采用调查问卷形式，对不同区域的物业管理责任边界问题进行归纳统计分析，旨在了解物业管理行业责任边界问题发展的现行状况，为划分和确定各相关方物业管理责任边界问题提供相应参考依据，为预防和破解各相关方物业管理责任边界问题提供研究探讨方向。

一 物业管理责任边界问题现状调查设计

为保证物业管理责任边界问题调查数据的准确性、严谨性和代表性，从对象、区域、调查内容、调查方式和评估参数等方面，对调查进行整体设计。

（一）调查对象

物业管理责任边界问题调查的基本单元设定为物业管理项目，以住宅小区业态为主，其他业态为辅。

（二）调查区域

物业管理责任边界问题的调查区域，主要设定为物业管理活动发展到一定程度的省份。依据省份物业管理的发展状况，调查区域划分为两种类型：第一种，将调查区域划分为三个等级省份，即发展状况完善的为一级省份，发展状况一般的为二级省份，发展状况相对较差的为三级省份；第二种，从物业管理角度，将调查区域划分为东部、西部、南部、北部和中部五个区域（见表2-1）。两种类型的调查区域划分设定，旨在从不同角度、不同层面，深入了解物业管理责任边界问题的发展现状。

区域划分		省份
第一种类型	一级省份	北京、上海、广东、浙江
	二级省份	天津、重庆、江苏、四川、湖北、湖南、陕西、安徽、福建、山东、河北、河南、海南
	三级省份	辽宁、吉林、黑龙江、内蒙古、山西、广西、云南、贵州、甘肃
第二种类型	东部	安徽、福建、江苏、山东、浙江、上海、江西、海南
	西部	陕西、宁夏、青海、甘肃、西藏、新疆
	南部	贵州、四川、重庆、云南
	北部	北京、天津、河北、黑龙江、辽宁、吉林、内蒙古、山西
	中部	广东、广西、河南、湖北、湖南

表2-1 物业管理责任边界问题调查区域划分

（三）调查时间

物业管理责任边界问题调查内容的时效期限，设定为2021年度。

（四）评估参数

评估物业管理责任边界问题发展状况所涉及的相关参数，主要设定了物业管理覆盖率、物业管理综合水平、行业自律状况、物业管理权获取方式、物业服务企业经营管理现状等方面内容。

（五）调查内容

以物业管理项目的服务管理者为主体，依据物业管理服务中可能涉及的物业管理责任边界的范围、事项、相关方等，设计物业管理责任边界问题调查问卷的具体内容，主要包括以下几个方面：政府主管部门、各相关行政部门及其相关工作，包括街道、乡镇、居委会、派出所、住建委、消防机构、质监局、人防办等；专业经营企业及其相关工作，包括水、电、气、暖、通信、道路等经营单位等；业主（业主委员会）及其相关工作；物业服务企业及其相关工作。

（六）调查方式

物业管理责任边界问题调查方式采取抽样调查。围绕物业管理项目，以住宅小区业态为主，其他业态为辅，以区域为基本单位发放调查问卷，每个物业管理项目发放 1 份调查问卷。调查问卷覆盖三个等级的省份和东、南、西、北、中五个区域，同时保持不同等级省份、不同区域调查问卷数量的均衡性。

（七）调查问卷数量

物业管理责任边界问题调查问卷的发放数量为 1200 份，收回数量为 1120 份。

（八）调查表统计

对物业管理责任边界问题调查问卷，统计数据取小数点后两位数进行统计分析。

二 物业管理责任边界问题现状调查分析

对政府、业主、专业经营企业和街道办事处所涉及的物业管理责任边界事项进行问卷调查，对问卷调查结果进行对比统计分析，相关结果见表 2-2。

表 2-2 各相关方涉及物业管理责任边界工作事项统计分析					
序号	配合单位	内容	数量（次）	月（次）	占比（%）
1	政府行政部门	综合性、临时性工作以及其他相关工作	32051	28.61	53.64
2	专业经营企业	综合性、临时性工作以及其他相关工作	13754	12.28	23.02
3	街道办事处	综合性、临时性工作以及其他相关工作	9358	8.35	15.66
4	业主	综合性、临时性工作以及其他相关工作	4584	4.09	7.67
5	各相关方涉及物业管理责任边界工作事项总计		59747	53.33（平均/年）	

（1）每个物业管理项目涉及各相关方的物业管理责任边界性工作，平均为 53.33 次/年。相对于物业管理项目部，该工作量很大。

（2）政府行政部门涉及物业管理责任边界事项的问题占比 53.64%，比例最大，而后依次为专业经营企业占比 23.02%、街道办事处占比 15.66% 和业主占比 7.67%。如将街道办事处纳入政府范畴进行统计，政府占比则为 69.30%。可见，涉及物业管理责任边界性事项的工作，大部分体现在接受政府相关行政部门的监督指导和临时性工作安排方面。

（3）涉及物业管理责任边界性事项的工作，业主仅占比 7.67%，非业主则占比 92.32%。可见，物业服务企业涉及物业管理责任边界性事项的工作，大部分是代替业主予以处理解决，而该部分工作多为隐性工作，并不为业主所知。

（4）涉及专业经营企业的工作占比 23.02%，排在第二位，比街道办事处的占比还大。可见，在目前相应政策规定比较清晰的情况下，物业服务企业还需承担部分专业经营企业的工作，说明在实际运行管理过程中，物业服务企业属于弱势群体，相关政策规定较难落实。

以上情况凸显了物业管理服务的痛点，即花业主的钱，承担着其他单位、机构、企业的工作和责任。

三　城市物业管理责任边界问题现状调查分析

对三个等级省份的政府、业主、专业经营企业和街道办事处所涉及物业管理责任边界性事项进行问卷调查，对问卷调查结果进行对比统计分析，结果见表 2-3。

序号	配合单位	内容	区域等级	数量（次）	月（次）	占比（%）
			一级	9499	8.48	54.65
1	政府行政部门	综合性、临时性工作以及其他相关工作	二级	19558	14.28	56.43
			三级	2994	2.67	38.81
			一级	4092	3.65	23.54
2	专业经营企业	综合性、临时性工作以及其他相关工作	二级	5524	4.93	15.94
			三级	4138	3.69	53.64
			一级	2713	2.42	15.61
3	街道办事处	综合性、临时性工作以及其他相关工作	二级	6171	5.50	17.81
			三级	474	0.42	6.15

表 2-3　等级省份各相关方涉及物业管理责任边界工作事项对比分析

序号	配合单位	内容	区域等级	数量（次）	月（次）	占比（%）
4	业主	综合性、临时性工作以及其他相关工作	一级	1077	0.96	6.19
			二级	3400	3.03	9.81
			三级	107	0.09	1.39
5	一级省份各相关方涉及物业管理责任边界工作事项总计			17381	15.51	29.09
	二级省份各相关方涉及物业管理责任边界工作事项总计			34653	27.74	57.99
	三级省份各相关方涉及物业管理责任边界工作事项总计			7713	6.87	12.90

由表2-3相关数据可得出以下结论。

（1）涉及物业管理责任边界事项的工作量，二级省份最多，三级省份最少，呈胡桃形。

（2）一、二级省份各相关配合单位涉及物业管理责任边界性工作事项占比具一定趋同性，差别不大。其中，专业经营企业在一级省份为23.54%，在二级省份为15.94%，有一定差别。可见，因各种原因，一级省份的专业经营企业在市场运行管理过程中更为强势。

（3）三级省份政府行政部门涉及的物业管理责任边界性工作事项占比为38.81%，街道办事处占比为6.15%，比例相对较小。可见，因各种原因，政府相关行政部门对市场进程的实际干预相对较少。

（4）三级省份专业经营企业涉及的物业管理责任边界性工作事项占比为53.64%，比例相对大，主要体现在费用代收代缴方面，不规范运营现象更为严重。

（5）三级省份业主涉及的物业管理责任边界性工作事项占比仅为1.39%，比例相对较小，显示业主的维权意识有待加强。

四 区域物业管理责任边界问题现状调查分析

（一）各相关单位涉及物业管理责任边界工作事项对比分析

对不同区域政府、业主、专业经营企业和街道办事处所涉及物业管理责任边界事项进行问卷调查，对问卷调查结果进行对比统计分析，相关数据见表2-4。

区域	配合单位	内容	数量（次）	月（次）	占比（%）
		表2-4 各相关单位涉及物业管理责任边界工作事项对比分析			
东部	政府行政部门	综合性、临时性工作以及其他相关工作	7682	6.85	42.58
	专业经营企业	综合性、临时性工作以及其他相关工作	5592	4.99	30.99
	街道办事处	综合性、临时性工作以及其他相关工作	1680	1.50	9.31
	业主	综合性、临时性工作以及其他相关工作	3087	2.75	17.11
		区域合计	18041	16.10	30.19*
西部	政府行政部门	综合性、临时性工作以及其他相关工作	572	0.51	57.48
	专业经营企业	综合性、临时性工作以及其他相关工作	197	0.17	19.79
	街道办事处	综合性、临时性工作以及其他相关工作	185	0.16	18.59
	业主	综合性、临时性工作以及其他相关工作	41	0.03	4.12
		区域合计	995	0.88	1.67*
南部	政府行政部门	综合性、临时性工作以及其他相关工作	9013	8.04	65.13
	专业经营企业	综合性、临时性工作以及其他相关工作	1501	1.34	10.84
	街道办事处	综合性、临时性工作以及其他相关工作	3189	2.86	23.04
	业主	综合性、临时性工作以及其他相关工作	134	0.11	0.09
		区域合计	13837	12.35	23.16*
北部	政府行政部门	综合性、临时性工作以及其他相关工作	11194	9.99	54.27
	专业经营企业	综合性、临时性工作以及其他相关工作	5284	4.71	25.62
	街道办事处	综合性、临时性工作以及其他相关工作	3005	2.68	14.57

续表

区域	配合单位	内容	数量（次）	月（次）	占比（%）
北部	业主	综合性、临时性工作以及其他相关工作	1141	1.01	5.53
	区域合计		20624	18.43	34.52*
中部	政府行政部门	综合性、临时性工作以及其他相关工作	3590	3.20	57.44
	专业经营企业	综合性、临时性工作以及其他相关工作	1180	1.05	18.88
	街道办事处	综合性、临时性工作以及其他相关工作	1299	1.15	20.78
	业主	综合性、临时性工作以及其他相关工作	181	0.16	2.89
	区域合计		6250	5.58	10.46*
各相关单位涉及物业管理责任边界工作事项总计			59747（次）		

* 区域合计占比数据为本区域相关工作事项合计占总计数据之比例。

由表 2-4 相关数据可得出以下结论。

（1）涉及物业管理责任边界事项，各区域依递增排序为：西部平均为 0.88 次/月，占比 1.67%；中部平均为 5.58 次/月，占比 10.46%；南部平均为 12.35 次/月，占比 23.16%；东部平均为 16.10 次/月，占比 30.19%；北部平均为 18.43 次/月，占比 34.52%。

（2）政府行政部门与专业经营企业涉及的物业管理责任边界性工作事项，二者成反比关系。

（3）政府行政部门与业主涉及的物业管理责任边界性工作事项，二者成反比关系。

（4）政府行政部门与街道办事处涉及的物业管理责任边界性工作事项，二者成正比关系。

（二）政府行政主管部门涉及物业管理责任边界工作事项对比分析

对政府行政主管部门涉及物业管理责任边界事项进行问卷调查，对问卷调查结果进行对比统计分析，相关数据见表 2-5。

区域	配合单位	内容	数量（次）	月（次）	占比（%）
			表2-5　政府行政主管部门涉及物业管理责任边界工作事项统计		
东部	政府行政主管部门	综合性工作	243	0.21	52.71
		临时性工作	146	0.13	31.67
		其他相关工作	72	0.16	15.61
		区域合计	461	0.41	24.80*
西部	政府行政主管部门	综合性工作	43	0.03	44.32
		临时性工作	33	0.02	34.02
		其他相关工作	21	0.01	21.64
		区域合计	97	0.08	5.22*
南部	政府行政主管部门	综合性工作	44	0.03	41.50
		临时性工作	36	0.03	33.96
		其他相关工作	26	0.02	24.52
		区域合计	106	0.09	5.70*
北部	政府行政主管部门	综合性工作	366	0.32	53.43
		临时性工作	252	0.22	36.78
		其他相关工作	67	0.05	9.78
		区域合计	685	0.61	36.85*
中部	政府行政主管部门	综合性工作	404	0.36	79.21
		临时性工作	83	0.07	16.27
		其他相关工作	23	0.02	4.50
		区域合计	510	0.45	27.43*
政府行政主管部门涉及物业管理责任边界工作事项总计			1859（次）		

*占比合计数据为本区域相关工作事项合计占总计数据之比例。

由表2-5可得出以下结论。

（1）政府行政主管部门涉及的物业管理责任边界事项，各区域依递增排序为：西部平均为0.08次/月，占比5.22%；南部平均为0.09次/月，占比5.70%；东部平均为0.41次/月，占比24.80%；中部平均为0.45次/月，占比27.43%；北部平均为0.61次/月，占比36.85%。

（2）各区域政府行政主管部门涉及的物业管理责任边界性工作的综合性工作与其他相关工作之间成反比关系。

（3）各区域政府行政主管部门涉及的物业管理责任边界性工作的综合性工作与临时性工作之间成反比关系。

（三）政府行政主管部门与政府行政相关部门涉及物业管理责任边界工作事项对比分析

对政府行政主管部门与政府行政相关部门涉及物业管理责任边界工作进行问卷调查，对问卷调查结果进行对比统计分析，相关数据见表2-6。

区域	内容	配合单位	数量（次）	月（次）	占比（%）
东部	综合性、临时性工作以及其他相关工作	政府行政主管部门	461	0.41	6.13
		政府行政相关部门	7058	6.30	93.86
		合计	7519	6.71	22.88*
西部	综合性、临时性工作以及其他相关工作	政府行政主管部门	97	0.08	8.86
		政府行政相关部门	997	0.89	91.13
		合计	1094	0.97	3.33*
南部	综合性、临时性工作以及其他相关工作	政府行政主管部门	106	0.09	1.18
		政府行政相关部门	8826	7.88	98.81
		合计	8932	7.97	27.18*
北部	综合性、临时性工作以及其他相关工作	政府行政主管部门	685	0.61	6.11
		政府行政相关部门	10509	9.38	93.88
		合计	11194	9.99	34.06*
中部	综合性、临时性工作以及其他相关工作	政府行政主管部门	510	0.45	12.35
		政府行政相关部门	3618	0.32	87.64
		合计	4128	3.68	12.55*
政府行政部门涉及物业管理责任边界工作事项总计			32867（次）		

表2-6　政府行政主管部门与政府行政相关部门涉及物业管理责任边界工作事项对比分析

*占比合计数据为本区域相关工作事项合计占总计数据之比例。

由表2-6可以得出以下结论。

（1）政府行政部门涉及的物业管理责任边界事项，各区域依递增排序为：西部平均为0.97次/月，占比3.33%；中部平均为3.68次/月，占比12.55%；东部平均为6.71次/月，占比22.88%；南部平均为7.97次/月，占比27.18%；北部平均为9.99次/月，占比34.06%。

（2）各区域政府行政相关部门涉及的物业管理责任边界性工作事项占比远大于政府行政主管部门。

（3）各区域政府行政主管部门涉及的物业管理责任边界性工作事项占比与政府行政相关部门涉及的物业管理责任边界性工作事项占比成反比关系。

（四）街道办事处涉及物业管理责任边界工作事项对比分析

对街道办事处涉及物业管理责任边界事项进行问卷调查，对问卷调查结果进行对比统计分析，相关数据见表2-7。

表2-7 街道办事处涉及物业管理责任边界工作事项统计				
区域	配合单位	内容	数量（次）	占比（%）
东部	街道办事处	综合性工作	914	55.15
		临时性工作	574	34.64
		其他相关工作	169	10.19
		合计	1657	17.70*
西部	街道办事处	综合性工作	83	39.90
		临时性工作	102	49.03
		其他相关工作	23	11.05
		合计	208	2.22*
南部	街道办事处	综合性工作	2014	63.15
		临时性工作	722	22.64
		其他相关工作	453	14.20
		合计	3189	34.08*
北部	街道办事处	综合性工作	1504	50.04
		临时性工作	1212	40.33
		其他相关工作	58	1.93
		合计	3005	32.11*
中部	街道办事处	综合性工作	349	26.86
		临时性工作	854	65.74
		其他相关工作	154	11.85
		合计	1299	13.88*
街道办事处涉及物业管理责任边界工作事项总计			9358（次）	

* 占比合计数为本区域相关工作事项合计占总计数据之比例。

由表 2-7 可得出以下结论。

（1）街道办事处涉及的物业管理责任边界事项，各区域依递增排序为：西部占 2.22%、中部占 13.88%、东部占 17.70%、北部占 32.11%、南部占 34.08%。

（2）各区域街道办事处涉及的物业管理责任边界性事项的临时性工作所占比例较大。

（3）各区域街道办事处涉及的物业管理责任边界性事项的综合性工作占比与临时性工作占比成反比关系。

（五）居委会涉及物业管理责任边界工作事项对比分析

对居委会涉及物业管理责任边界事项进行问卷调查，对问卷调查结果进行对比统计分析，相关数据见表 2-8。

表 2-8 居委会涉及物业管理责任边界工作事项统计

区域	配合单位	内容	数量（次）	占比（%）
东部	居委会	综合性工作	969	7.88
		配合执勤	1209	9.84
		入户调查	726	5.90
		配合消杀	3511	28.57
		配合通知	1888	15.36
		社区活动	558	4.54
		其他相关工作	489	3.98
		合计	12285	21.68*
西部	居委会	综合性工作	413	33.44
		配合执勤	397	32.14
		入户调查	29	2.34
		配合消杀	121	9.79
		配合通知	175	14.17
		社区活动	79	6.39
		其他相关工作	21	1.70
		合计	1235	2.18*

续表

区域	配合单位	内容	数量（次）	占比（%）
南部	居委会	综合性工作	368	2.24
		配合执勤	3859	23.56
		入户调查	297	1.81
		配合消杀	6208	37.91
		配合通知	4517	27.58
		社区活动	144	0.87
		其他相关工作	980	5.98
		合计	16373	28.89*
北部	居委会	综合性工作	2308	9.60
		配合执勤	4321	17.98
		入户调查	1533	6.38
		配合消杀	8532	35.52
		配合通知	4595	19.12
		社区活动	600	2.49
		其他相关工作	2131	8.87
		合计	24020	42.38*
中部	居委会	综合性工作	354	12.81
		配合执勤	132	4.77
		入户调查	158	5.72
		配合消杀	1266	45.83
		配合通知	657	23.78
		社区活动	132	4.77
		其他相关工作	63	2.28
		合计	2762	4.87*
居委会涉及物业管理责任边界工作事项总计			56675（次）	

*占比合计数为本区域相关工作事项合计占总计数据之比例。

由表2-8可得出以下结论。

（1）居委会涉及的物业管理责任边界事项，各区域依递增排序为：西部占2.18%、中部占4.87%、东部占21.68%、南部占28.89%、北部占42.38%。

（2）各区域居委会涉及的物业管理责任边界性事项的综合性工作占比与

其他工作占比基本成反比关系。

（3）各区域居委会涉及的物业管理责任边界性工作，涉及面较广，除配合性通知工作和配合性执勤性工作占比偏大外，其余社区活动、入户调查和其他相关工作等占比趋同。

（4）因问卷调查活动处于疫情防控时期，各区域物业服务企业的配合消杀性工作占比相应偏大。

（六）专业经营企业涉及物业管理责任边界工作事项对比分析

对专业经营企业涉及物业管理责任边界事项进行问卷调查，对比统计数据见表2-9。

区域	配合单位	内容	数量（次）	占比（%）
			表2-9 专业经营企业涉及物业管理责任边界工作事项统计	
东部	专业经营企业	综合性工作	1546	26.87
		代收缴费用	3407	59.23
		其他相关工作	799	13.89
		合计	5752	41.82*
西部	专业经营企业	综合性工作	188	40.60
		代收缴费用	145	31.31
		其他相关工作	130	28.07
		合计	463	3.37*
南部	专业经营企业	综合性工作	751	48.54
		代收缴费用	315	20.36
		其他相关工作	478	30.89
		合计	1547	11.25*
北部	专业经营企业	综合性工作	1825	41.26
		代收缴费用	1711	38.68
		其他相关工作	887	20.05
		合计	4423	32.16*

续表

区域	配合单位	内容	数量（次）	占比（%）
中部	专业经营企业	综合性工作	462	29.44
		代收缴费用	330	21.03
		其他相关工作	777	49.52
		合计	1569	11.40*
专业经营企业涉及物业管理责任边界工作事项总计			13754（次）	

*占比合计数为本区域相关工作事项合计占总计数据之比例。

由表 2-9 可得出以下结论。

（1）专业经营企业涉及的物业管理责任边界事项，各区域依递增排序为：西部占 3.37%、南部占 11.25%、中部占 11.40%、北部占 32.16%、东部占 41.82%。

（2）各区域专业经营企业涉及的物业管理责任边界性事项的代收代缴方面工作占比较大。

（3）各区域专业经营企业涉及的物业管理责任边界性事项的综合性工作、代收代缴性工作和其他相关工作之间占比关系不规律。

（七）业主涉及物业管理责任边界工作事项对比分析

对业主涉及物业管理责任边界事项进行问卷调查，对比统计数据见表 2-10。

表 2-10　业主涉及物业管理责任边界工作事项统计				
区域	配合主体	内容	数量（次）	占比（%）
东部	业主	综合性工作	2387	77.32
		其他相关工作	700	22.67
		合计	3087	67.34*
西部	业主	综合性工作	31	75.60
		其他相关工作	10	24.39
		合计	41	0.90*

续表

区域	配合主体	内容	数量（次）	占比（%）
南部	业主	综合性工作	112	83.58
		其他相关工作	22	16.41
		合计	134	2.92*
北部	业主	综合性工作	1111	97.37
		其他相关工作	30	2.62
		合计	1141	24.89*
中部	业主	综合性工作	169	93.37
		其他相关工作	12	6.62
		合计	181	3.95*
业主涉及物业管理责任边界工作事项总计			4584（次）	

*占比合计数为本区域相关工作事项合计占总计数据之比例。

由表 2-10 可得出以下结论。

（1）业主涉及的物业管理责任边界事项，各区域依递增排序为：西部占 0.90%、南部占 2.92%、中部占 3.95%、北部占 24.89%、东部占 67.34%。

（2）各区域业主涉及的物业管理责任边界性事项的综合性工作占比远大于其他相关工作。

（3）各区域业主涉及的物业管理责任边界性事项的综合性工作占比与其他相关工作占比成反比关系。

综上所述，通过对不同层面、不同角度，对不同区域、不同等级省份的物业管理责任边界问题现状的统计对比分析，可见，不同等级省份和不同区域的物业管理责任边界问题，在政府部门、专业经营企业、业主等方面，存在无规律、不均衡等特征。不同层面、不同角度的统计分析结果各异，具一定复杂性，主要呈现以下几方面问题。

（1）在全国范围内，物业管理发展极度不均衡。涉及物业管理责任边界方面问题较为复杂多样，具有较强的地域特性和城市发展特性。政策、法律法规、标准、企业专业管理水平和业主需求意向等均可能导致该现象发生。

（2）区域之间、城市之间，政府对物业管理行业的监督管理，无论是政策制定，还是执行落实，均存在一定差异。不排除区域、城市经济发展差异等方面的问题，尽管如此，还是应该充分考虑并重视物业管理行业市场发展的客观规律。

（3）涉及专业经营企业方面的问题比较突出，部分属于政策执行问题，但无论如何，其结果决定业主对物业管理服务的满意度，损害业主的利益，干扰物业服务企业运行管理，深刻影响着物业管理行业的未来发展。

（4）业主涉及的物业管理责任边界问题，从统计结果可见比例偏低。一方面，大部分业主缺乏对物业管理责任边界问题的认知，尚停留于服务结果感知阶段；另一方面，物业服务企业直接或间接代替业主处理了该方面问题。无论是哪一方面的问题，最终结果均会使物业管理责任边界问题的解决变得更加缺乏保障基础、更加困难。

（5）政府缺乏对物业管理责任边界的认知和实际指导，习惯性地安排物业服务企业工作，缺乏政策性思考、法律规定和相应标准等，最终必然损害业主的利益，影响物业管理行业的规范化发展。

（6）每年要接待处理合同外延性工作53次，对一个物业管理项目部而言，可谓不堪重负。业主也会由此对物业管理项目部产生不满和怨气，而物业管理相关方又理所当然地认为，这些工作就应该由物业管理项目部负责。物业管理项目部既出钱又出力，承担不应该承担的工作和责任，同时又得不到相应的支持和理解，处境非常尴尬。

（7）面对诸多单位、机构和企业，需要具有较强综合管理能力的物业管理项目负责人和项目部管理团队。而从管理服务工作内涵看，该岗位也不是常规意义上的项目负责人能够胜任的，其服务效果可想而知，这也成为物业管理行业被社会诟病的原因之一。

（8）在市场发展的特殊阶段，物业服务企业是较为弱势的一方，缺乏话语权、决策权，相对被动，其中也不乏违规操作、恶性竞争，特别是在"后资质时代"，难免形成恶性循环、积重难返的局面。

第二篇
实证分析

第三章 物业管理责任边界问题相关方

在为业主及物业使用人提供服务过程中，物业管理活动会涉及诸多相关主体。相关主体是指与物业管理活动有关的人、组织机构或企业，具体包括政府行政部门、业主及企业，其中政府行政部门包括主管部门和其他相关部门；业主包括业主和物业使用人；企业包括建设单位、物业服务企业和专业经营企业。物业管理相关主体具有多元化、多样化、区域化等特质。处置物业管理责任边界问题，就是在物业管理活动过程中，协调、沟通和解决各相关方之间由于边界问题所产生的矛盾、纠纷等，使各相关方对物业管理责任边界问题逐渐达成共识。

本章从各相关方角度，对物业管理责任边界存在的问题、形成原因和解决措施进行梳理分析。

第一节 各相关方与物业管理责任边界问题

政府行政部门、业主、物业服务企业、专业经营企业和建设单位等相关主体，是物业管理责任边界问题产生的源头和主体。因各相关方的性质、范围、作用等方面因素，产生的物业管理责任边界问题各不相同。本节主要是从各相关方角度找出涉及物业管理责任边界的问题，或可能涉及物业管理责任边界问题的方面，对各相关方可能导致的物业管理责任边界问题予以阐述。

一　建设单位

建设单位是建设工程的投资方和产权人。监理单位、各专业施工企业归属于建设单位，与物业服务企业存在直接或间接工作关系，上述各方均会直接或间接影响物业管理责任边界问题的形成和解决。

建设单位方面形成物业管理责任边界问题的相关内容，主要体现在物业立项规划、建筑物设计、房屋及设施设备施工质量、配套设施、物业环境、产权出售、能源使用协议、前期物业管理合同等方面。涉及相关方主要为政府行政部门、业主和物业服务企业。物业管理责任边界问题形成的原因相对清晰，但是，与经济利益紧密联系，解决难度比较大，容易形成群体性事件，引发社会纠纷和矛盾。

二　物业服务企业

物业服务企业是依法设立从事物业管理活动的具有独立法人资格的企业。物业服务企业营业执照的经营范围中应包含物业管理的相关内容。物业服务人包括物业服务企业和其他管理人，本书主要基于物业服务企业进行论述，不涉及其他物业服务人。物业服务企业主要包含产品供应商、检测机构、家政服务企业等，这些企业、机构直接或间接影响物业管理责任边界问题形成和解决。关于物业服务企业的义务，《民法典》第九百四十二条规定："物业服务人应当按照约定和物业的使用性质，妥善维修、养护、清洁、绿化和经营管理物业服务区域内的业主共有部分，维护物业服务区域内的基本秩序，采取合理措施保护业主的人身、财产安全。对物业服务区域内违反有关治安、环保、消防等法律法规的行为，物业服务人应当及时采取合理措施制止、向有关行政主管部门报告并协助处理。"相较于国务院《物业管理条例》和其他法规规章，《民法典》此条对物业服务企业主要义务界定得更严谨，突出强调了"采取合理措施保护业主的人身、财产安全"的义务。即明确界定物业服务企业的合同义务不仅是管好物业，而且要采取合理措施保护业主的人身、财产安全。为此，物业服务企业应当进一步细化合同内容，清晰界定采取合理措施的类型和方式，一一对照，严格履行，妥善保留痕迹与证据。只有这样，才能避免此项义务被随意解释、无限放大。《民法典》第九百四十三条规定："物业服务人应当定期将服务的事项、负责人员、质量要求、收费项目、收费标准、履行情况，以及维修资金使用情况、业主共有部分的经营与收益情况等以合理方式向业主公开并向业主大会、业主委员会报告。"该条款强化了物业服务企业的信息公开义务，加大了对业主知情权的保护力度。因此，为了尽量减少在合同履行期间围绕此条产生争议，物业服务企业应当尽量在物业服务合同中明确信息公开或报告的方式、内容、范围和频度。

物业服务企业方面的物业管理责任边界问题的相关内容，主要体现在业主入住、承接查验、装修管理、物业费、违规处置、专业委托、政府工作安排、服务过程、物业周边环境、延伸服务和多种经营等方面。涉及相关方主要为政府行政部门、业主、建设单位和专业经营企业。物业管理责任边界问题形成原因复杂，难以厘清，缺乏相应的法律法规及标准依据，解决的难度大，更多是采用沟通、形成共识、管理规约与合同约定等方式解决。

三　业主及物业使用人

业主是物业的所有权人。物业使用人是未取得物业专有部分所有权，但取得物业专有部分的占有权、使用权、收益权的自然人、法人或其他组织。物业使用人包括居住权人、承租人、借用人及其他取得物业使用权的自然人、法人或其他组织。

关于业主的相关义务及责任，《民法典》第二百八十六条规定："业主应当遵守法律、法规以及管理规约，相关行为应当符合节约资源、保护生态环境的要求。对于物业服务企业或者其他管理人执行政府依法实施的应急处置措施和其他管理措施，业主应当依法予以配合。业主大会或者业主委员会，对任意弃置垃圾、排放污染物或者噪声、违反规定饲养动物、违章搭建、侵占通道、拒付物业费等损害他人合法权益的行为，有权依照法律、法规以及管理规约，请求行为人停止侵害、排除妨碍、消除危险、恢复原状、赔偿损失。业主或者其他行为人拒不履行相关义务的，有关当事人可以向有关行政主管部门报告或者投诉，有关行政主管部门应当依法处理。"该条款强化了业主配合物业服务企业执行政府依法实施的应急处置措施和其他管理措施的义务，并且赋予了物业服务企业申请行政介入的权利及政府行政部门应当依法处理不履行义务业主的责任，更加有效地将相关工作落到实处，减少物业服务区域内的不良行为，优化管理服务秩序。

按照《最高人民法院关于审理建筑物区分所有权纠纷案件具体应用法律若干问题的解释》第十五条精神，业主或者其他行为人违反法律法规、国家相关强制性标准、管理规约，或者违反业主大会、业主委员会依法做出的决定，实施下列行为的，可以认定为"损害他人合法权益的行为"：（1）损害房屋承重结构，损害或者违章使用电力、燃气、消防设施，在建筑物内放置危险、放射性物品等危及建筑物安全或者妨碍建筑物正常使用；（2）违反规定破坏、改变建筑物外墙面的形状、颜色等损害建筑物外观；（3）违反规定进行房屋装饰装修；（4）违章加建、改建、侵占、挖掘公共通道、道路、场地或者其他共有部分。

关于业主合法权益的保护，《民法典》第二百八十七条规定："业主对建设单位、物业服务企业或者其他管理人以及其他业主侵害自己合法权益的行为，有权请求其承担民事责任。"这里的业主合法权益主要是指业主在建筑物区分所有权方面的合法权益。

业主主要是通过业主大会选举产生的业主委员会行使其权利。虽然业主是形成物业管理责任边界问题的主体，但是，物业使用人对物业管理责任边界问题形成与解决也存在着一定的影响和干扰。业主形成物业管理责任边界问题的相关内容，主要体现在收房与迁出、物业费标准与支付、违规违法、私搭乱建、装饰装修、饲养宠物、停车位使用、应尽义务和应享受权利等方面。涉及相关方主要为政府行政部门、物业服务企业、建设单位和专业经营企业。物业管理责任边界问题形成原因复杂、难以辨析，干扰因素多，感性认知程度大，缺乏相应的法律法规及标准依据，客观解决难度很大，更多的是采用沟通、形成共识、管理规约与合同约定等方式解决。

四 专业经营企业

物业管理对外业务委托活动所涉及的企业，包括专业经营企业和专项委托企业两种类型。本书论述主要涉及专业经营企业部分，为便于清晰探讨，将专业经营企业和专项委托企业合并统称为专业经营企业，不再分别阐述。

（一）专业经营企业

专业经营企业经营内容主要与能源供应管理有关，包括供水、排水、供电、供气、供暖、电信等企业，其中，供水、供电、供气、电信等为国有企业。供暖既有国有企业，也有私营企业。

专业经营企业涉及物业管理责任边界问题的相关内容，主要体现在物业管理服务具体实施运作管理过程中，具体内容有房屋及设施设备维修保养范围、生活用水水质、供暖温度、电梯维保标准、消防设施功能状态、交通事故和入室盗窃等方面。涉及相关方主要为政府行政部门、物业服务企业、业主和建设单位。专业经营企业可通过物业服务企业与边界问题形成间接关系，也可以与边界问题发生直接关系。物业管理责任边界问题形成原因相对清晰，能捋顺确认，更多是与经济利益相关。相对物业服务企业，能源方面的专业经营企业比较强势，边界问题解决难度大，同时还缺乏具有针对性和适用性的法律法规及标准依据，更多是采用沟通、形成共识、合同约定等方式进行解决。所以，专业经营企业是形成和解决物业管理责任边界问题必须要思考研究的主体。

（二）专项委托企业

专项委托企业也可以称为物业服务专业供应商，物业服务专业供应商则是受需求方委托，在物业服务区域内按照合同约定提供专业保洁、绿化、秩序维护、范围及设施设备维修保养，以及其他专业服务的组织。专项委托企业经营内容主要与物业管理专业活动有关，是将物业管理项目中的房屋及设施设备管理、秩序维护管理、保洁管理和绿化管理中一项，或将秩序维护管理、保洁管理和绿化管理中的任意两项或三项工作委托给物业服务专业供应商负责的委托管理。

专项委托企业经营的具体内容包括专业公司提供的保安、清洁、绿化养护、外墙清洗、化粪池清掏、电梯维保、消防设施维保、制冷供热机组维保及劳务派遣等服务工作；还包括检测机构提供的压力容器、压力表、水质化验、避雷和绝缘体等检测工作。专项委托企业一般多为私企，检测机构一般多为事业单位。从物业管理专业角度，专项业务委托可以视为物业管理的专业衍生性管理服务。专项委托企业相对弱势，直接或间接影响物业管理责任边界问题形成和解决，解决难度不大，但需要持之以恒地规范化管理。

五　政府行政部门

国家行政机关包括中央行政机关和地方行政机关两级。中央行政机关由国务院、国务院组成部门（包括各部、委员会、中国人民银行和审计署）、国务院直属机构（如海关、税务、工商、环保总局等）等组成。地方行政机关包括地方各级人民政府、县级以上人民政府组成部门（如民政局、人社局、住建局、审计局等）、县级以上人民政府的直属机构和特设机构（如工商、质量监督、环保、药监局等），以及各级人民政府的派出机构（包括区公署、区公所、街道）。公安局的地位比较特殊，既是一级行政机关，又是司法机关，根据其行使的具体职能确定。

涉及对物业管理行业监督管理活动的政府行政部门比较多，可分为政府行政主管部门和政府行政相关部门两种。以北京市政府机关为例，北京市政府行政部门涉及物业管理行业的约计18个部门，分别是民政局、发改委、教委、公安局、司法局、财政局、人社局、规委、环保局、住建委、城管委、交通委、水务局、商委会、文旅局、卫计委、审计局、国资委。北京市政府共计17个直属机构，其中涉及物业管理行业的约计9个，分别是法制办、民防局、园林局、统计局、广电局、安监局、质监局、工商局、税务局。北京市政府机关约计有27个委办局的工作涉及物业管理行业，均与物业管理责任边界问题形成与解决有关，是预防和解决责任边界问题应考虑的。

政府行政部门形成物业管理责任边界问题的相关内容，主要体现在政策颁布、法律法规及标准制定、监督检查等方面。涉及相关方主要为业主、物业服务企业、建设单位和专业经营企业。物业管理责任边界问题形成主观原因居多，客观环境复杂，难以论证辨析，而且干扰因素多，需因势利导予以解决。现有法律法规规章及标准化体系不健全，相关责任方更多是遵循政策前行，需要在熟悉和掌握社会主义市场化运作规律过程中不断厘清和解决问题。

六 街道办事处及居委会

街道办事处是我国乡级行政区街道的管理机构。市辖区、不设区的市级人民政府，经上一级人民政府批准，可以设立若干街道办事处，作为政府派出机关。街道与乡和镇等同属乡级行政区。《中华人民共和国城市居民委员会组织法》第二条规定："居民委员会是居民自我管理、自我教育、自我服务的基层群众性自治组织。"《北京市实施〈居委会组织法〉办法》赋予居委会的基本职责包含"加强对物业管理委员会的指导，监督物业管理企业，协调物业管理委员会、业主委员会和居民之间的关系"。

街道办事处及居委会形成物业管理责任边界问题的相关内容，主要体现在政策、法律法规及标准的宣传执行，上传下达执行落实相关工作，物业管理现场监督检查，协调处理业主、业主委员会和物业服务企业间关系，调解业主之间纠纷等方面，具体工作包括筹备组建业主大会，更换住宅小区物业服务企业，垃圾分类管理，组织居民共建性活动，公共性配套设施建设及管理，疫情防控组织安排、监督管理等。涉及相关方主要为业主、物业服务企业、建设单位和专业经营企业。街道办事处及居委会工作与物业管理责任边界问题形成与解决紧密衔接，是预防和解决物业管理责任边界问题较为直接的部分。

综上所述，政府行政部门、业主、物业服务企业、专业经营企业和建设单位等相关主体的内涵和特质，决定着物业管理责任边界问题预防、形成与解决的程度。每个相关方对物业管理责任边界问题产生的作用都具有自身特性；每个相关方均可能成为物业管理责任边界问题形成或解决的主要因素。对相关方的了解和认识，是解决边界问题的思考方向和切入点。所以，应该对各相关方进行充分的研究分析，全面掌握与物业管理责任边界问题相关联的信息，以利认清和解决物业管理责任边界问题。

第二节　各相关方间关系与物业管理责任边界问题

关于物业管理各相关方的关系，《民法典》第二百八十五条规定："物业服务企业或者其他管理人根据业主的委托，依照本法第三编有关物业服务合同的规定管理建筑区划内的建筑物及其附属设施，接受业主的监督，并及时答复业主对物业服务情况提出的询问。物业服务企业或者其他管理人应当执行政府依法实施的应急处置措施和其他管理措施，积极配合开展相关工作。"此处，物业管理各相关方之间的关系是指，在物业管理责任边界问题形成与解决过程中，政府、企业和业主相互之间所产生的影响和作用。本节主要是对物业管理责任边界问题涉及的各相关方之间的关系进行探讨分析，厘清物业管理责任边界问题所涉及的各相关方之间的关系，以便从不同角度深入剖析物业管理责任边界问题的形成、预防与解决路径。

一　各相关方之间关系

物业管理各相关方的目的、规定、需求等，在物业管理项目运行管理过程中相互交错混淆，构成了形形色色的物业管理责任边界问题。一个边界问题会涉及一个或多个相关主体，一个相关主体也会影响一个或多个边界问题的形成与解决，构成了相关主体与边界问题之间的内在关系。各主体相互交织，涉及因素互相干扰，难以区分主次，即各相关方的目标和需求促使边界问题产生，而边界问题又导致各相关方间发生矛盾纠纷，两方面互为因果。比如，业主及物业使用人占用公共区域放置私人物品，物业服务企业劝阻无果，直接处置会涉及管理规约或法律法规规章问题，仅是劝阻而未采取其他措施，会被行政处罚。但实际情况是，物业服务企业除劝阻之外并没有更好的解决办法。此处，将各相关方视为一个整体予以分析阐述，不单独赘述，以利准确辨析主体与物业管理责任问题的复杂关系。

各相关方与物业管理责任边界问题均存在直接或间接的关系，主要体现在物业管理相关事项发生与确定、活动组织与开展等方面。比如，在住宅小区中，依据建筑物区分所有权，需要明晰六个方面的情况，方能明确业主或产权人的权属关系及合法权益：（1）土地使用权，范围、部位、场地清晰；（2）业主对其物业项目专有部分的所有权清晰；（3）各业主对物业项目专有部分外的不可分割的共有部分的权属清晰；（4）政府行政部门或公建配套的房屋，各类公共建筑权属清晰；（5）建设单位的房屋权属清晰；（6）市政公用系统的设备设施权属与具体物业项目中业主的专有部分和共有部分权属分界清晰。供水、排水、供电、供热、电信、绿化和道路等组建成市政公用设施设备系统。在物业服务区域内，需要满足四个方面的基础条件，物业服务企业方可实施和开展物业管理活动：（1）签署物业服务合同；（2）能够收取物业服务费；（3）接受相关行政主管部门监督检查；（4）委托其他专业经营企业提供服务。在住宅小区中，需要满足六个方面的基础条件，业主或物业使用人方可享受良好的居住环境：（1）房屋位置、装修、质量等状况良好；（2）居住环境整洁、秩序安全；（3）提供专业管理服务；（4）良好的邻里关系；（5）完善的生活配套设施；（6）爱民、助民的政府机构。由此可见，每个物业管理责任边界问题涉及一个或多个相关方，每个相关方则涉及一项或多项物业管理责任边界问题，形成直接或间接的内在关系。与物业管理责任边界问题存在直接或间接关系的各相关方，可以有政府机构、业主或物业使用人、相关专业经营企业或物业服务企业等，不同主体在物业管理责任边界问题的形成与解决中，造成的影响、发挥的作用、扮演的角色各异。一项具体事务活动会涉及一个或多个相关主体；一个主体能够影响一个或多个物业管理责任边界问题的形成和解决，所以，该角度是破解物业管理责任边界问题的重要切入点。

不同相关方与物业管理责任边界问题之间的关系有一定差异，有的相关方直接导致物业管理责任边界问题产生，有的则是具有间接影响，在预防和解决物业管理责任边界问题时，应予以充分考虑，分清物业管理责任边界问题的矛盾主要方面和次要方面、主体和次体。比如，在住宅小区供水系统中，业主和专业经营企业之间的维修养护边界分界点问题。首先需要解决的是政府行政部门的法律法规规章及标准问题；其次要协商处置业主和专业经营企业之间的具体事宜等。

各相关方之间的关系，对物业管理责任边界问题的形成和解决有一定影响和干扰。各相关方之间的关系符合逻辑则会避免物业管理责任边界问题，否则将会诱发物业管理责任边界问题或阻碍物业管理责任边界问题的解决。比如，业主与政府行政部门和物业服务企业之间的监督指导、合同履行和具体事宜处置等；物业服务企业与业主和政府行政部门之间的合同履行、监督指导以及具体事宜处置等；政府行政部门与业主和物业服务企业之间的监督指导；专业经营企业与物业服务企业和政府行政部门之间的合同履行、监督指导等。

每个相关方自身的运行管理状况，也会转化成为物业管理责任边界问题形成和解决的原因。相关方内部管理的矛盾纠纷少、内耗小、合理合法等，会减少或规避物业管理责任边界问题产生，否则将会诱发物业管理责任边界问题或阻碍责任边界问题的解决，比如，对组织机构科学管理，对政策、法律法规及标准正确认识和解读，监督指导的形式和综合能力，各项工作有效执行与落实，部门间、岗位间、员工间的工作相互顺畅配合，实际综合管理能力等方面的管理状况。

二　政府行政部门与各相关方

中国的物业管理行业兴起于计划经济向市场经济转化阶段，遵循政府指导前行发展，具有一定市场过渡发展阶段的特点。涉及物业管理行业的政府行政部门有 27 个之多（见图 3-1），还没包含外派机构街道办事处、居委会。各相关方包含物业服务企业、业主及物业使用人、专业经营企业和建设单位等。对于物业管理行业和建设单位，住建委是行政主管部门；对于物业管理协会和业主委员会，民政局是行政主管部门，政府行政部门与各相关方形成的关系自然最为复杂。

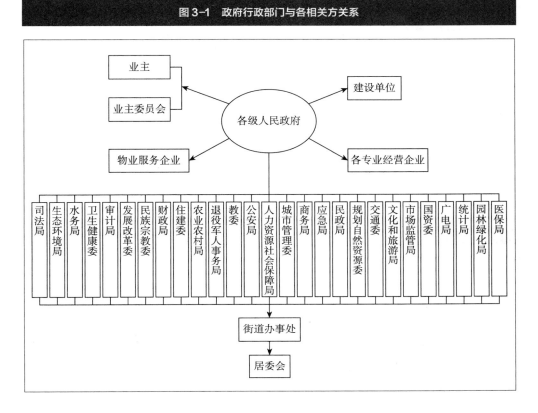

图 3-1　政府行政部门与各相关方关系

各级政府的各行政部门负责监督指导业主委员会、建设单位、物业服务企业和专业经营企业的工作，与物业管理责任边界问题密切相连。政策、法律法规及标准的颁布和执行，是预防、形成和解决物业管理责任边界问题的源头和基本点，处于核心位置，是首先要考虑的因素。

在物业管理项目运作平台上，一般会形成政府行政部门与业主及物业使用人和物业服务企业之间的物业管理责任边界问题。

三　物业服务企业与各相关方

对于物业管理行业而言，住建委是政府行政主管部门，对于物业管理行业协会和业主委员会，民政局是政府行政主管部门。物业管理项目是物业服务企业与业主及物业使用人建立经济关系的桥梁，项目负责人率领团队管理服务一个住宅小区的物业服务项目，需要面对 27 个委办局的直接或间接监督指导，同

时要与业主及物业使用人、业主委员会、专业经营企业等发生工作关系（见图
3-2），而获得直接内在支持的仅有物业服务企业和物业管理行业协会。物业服
务企业与业主及物业使用人、专业经营企业和建设单位之间的关系是经济合作
关系，与政府行政部门之间的关系是监督指导与被监督指导的关系，致使在物
业管理责任边界问题形成与解决等方面存在一定的特性，是预防和解决物业管
理责任边界问题的思考路径之一。面对政府多头监督管理，项目负责人如何保
证服务质量，获得业主认可，减少或规避物业管理责任边界问题，特别是在政
府各相关部门指导意见相左之时。这是物业管理行业经营管理面临的难题。

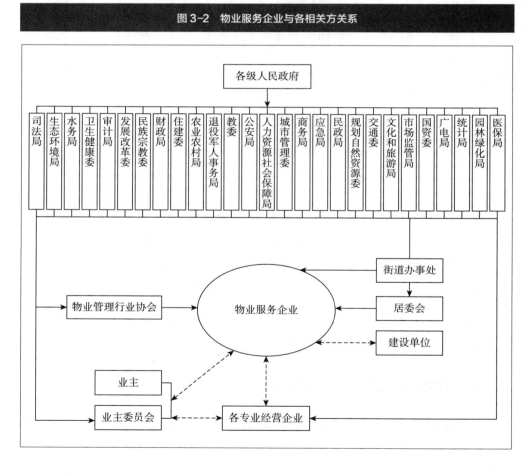

图3-2　物业服务企业与各相关方关系

在物业管理项目运作平台上，一般会形成物业服务企业与政府、建设单

位、专业经营企业和业主及物业使用人之间的物业管理责任边界问题。

四 业主与各相关方

业主是物业管理责任边界问题的核心主体，所涉及边界问题主要围绕业主对物业的使用和需求而形成。相关行政部门、街道办事处和居委会是业主的政府管理部门；建设单位、物业服务企业和各专业经营企业是业主的经济合作企业（见图3-3）。就边界问题而言，主要还是考虑业主与物业服务企业之间的关系，该关系状况影响着边界问题；物业服务企业与各专业经营企业间存在经济合作关系，二者间的合作状况影响着边界问题；业主主要通过业主委员会行使其责任、权利和义务，业主委员会运作状况影响着边界问题。随着业主的需求越来越多元化、多样化，业主及物业使用人、物业服务企业和

图3-3 业主与各相关方关系

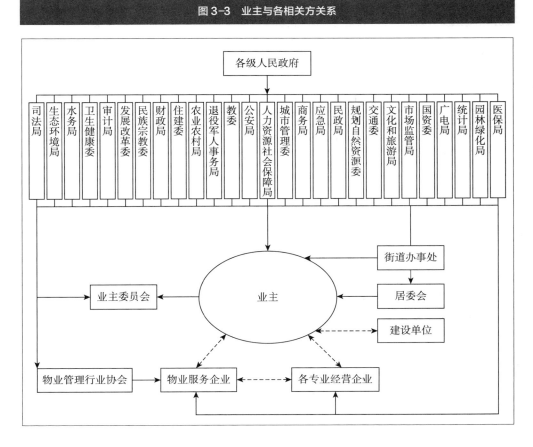

专业经营企业三者之间的关系将会越来越紧密，矛盾纠纷也会越来越多，并会形成新的物业管理责任边界问题焦点。

在物业管理项目运作平台上，一般会形成业主及物业使用人与政府、建设单位、物业服务企业和专业经营企业之间的物业管理责任边界问题。

五　专业经营企业与各相关方

专业经营企业在政府行政部门、街道办事处和居委会监督管理指导下，与物业服务企业和业主及物业使用人进行经济合作，为其提供服务产品。专业经营企业的产品可以通过物业服务企业服务于业主，或者直接为业主提供服务，是物业管理服务的基本运行保证，也是物业管理服务多元化、多样化的基础，在物业经营管理过程中处于重要地位（见图3-4）。因此，专业经营企业的诚信、

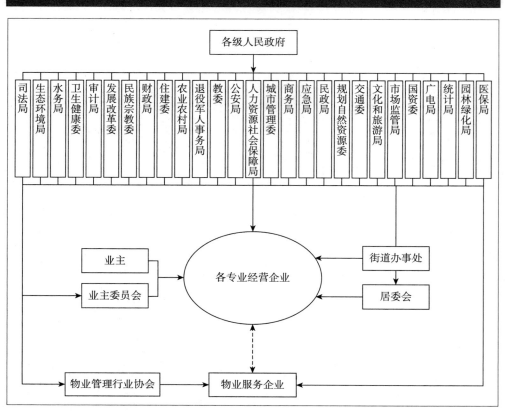

图 3-4　专业经营企业与各相关方关系

理念和实力等状况，以及对产品的选择等是非常重要的管理环节，应遵循以业主需求为核心，以企业诚信为基础，以实现业主美好生活为目标的管理原则。

在物业管理项目运作平台上，一般会形成专业经营企业与物业服务企业和业主及物业使用人之间的物业管理责任边界问题。

六 街道办事处与各相关方

街道办事处是政府派出机构，负责基层行政管理工作，作为居民自治组织主体的居委会，在现实中已经成为街道的派出机构，行使部分政府职能。政府行政部门对住宅小区行使监督指导职责，主要是通过街道办事处、居委会执行落实，或在街道办事处、居委会协助下完成工作。街道办事处对业主委员会、物业服务企业、专业经营企业和建设单位进行监督、协调和指导，居委会则是配合街道办事处工作（见图3-5）。但现实状况是，由于街道办事

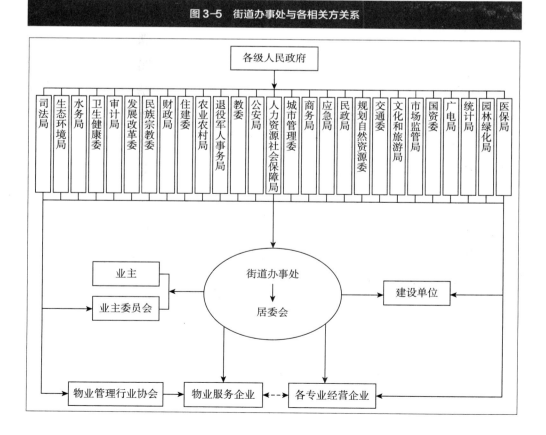

图3-5 街道办事处与各相关方关系

处、居委会等各方主体对物业管理活动认知水平、专业水平、处置能力等存在差异，以及街道办事处、居委会和业主委员会之间关系的混淆，使得物业管理责任边界更加模糊，极易引发社会矛盾。

在物业管理项目运作平台上，一般会形成街道办事处、居委会与物业服务企业和业主及物业使用人之间的物业管理责任边界问题。

七　各相关方与物业管理责任边界问题

物业管理责任边界涉及的相关主体，主要有政府行政部门 27 个，政府派出机构 1 个，居民自治组织 1 个，还有业主及物业使用人、建设单位、物业服务企业和专业经营企业等。

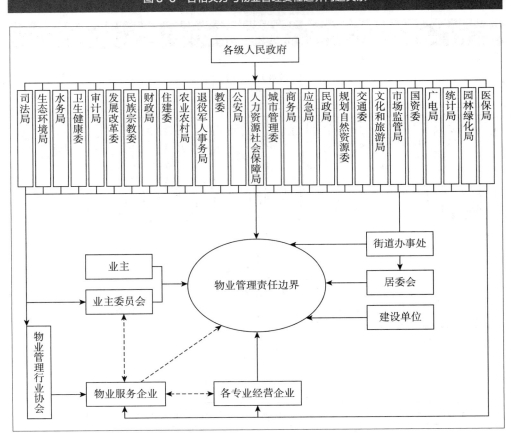

图 3-6　各相关方与物业管理责任边界问题关系

在物业管理责任边界问题形成与解决过程中，各相关方所起的作用和表现不尽相同。政府各行政相关部门主要表现为政策、法律法规及标准的制定与执行等；街道办事处及居委会主要表现为实际工作监督、协调和指导等；业主及物业使用人主要表现为对物业的使用和需求等；专业经营企业主要表现为提供各类产品等；物业服务企业主要表现为物业管理活动等。

政府行政部门、街道办事处和居委会对物业管理责任边界问题形成和解决有直接影响，业主及物业使用人、物业服务企业、建设单位和专业经营企业除具直接影响外，还有间接性影响。比如，物业服务企业为业主及物业使用人提供的管理服务效果，物业服务企业与专业经营企业的合作效果，物业服务企业与建设单位的合同履行效果，等等。此外，还有政府各行政部门对建设单位、物业服务企业、专业经营企业、业主委员会和物业管理协会的监督指导效果。所以，无论是纵向的政府行政部门对各相关方的监督指导，还是横向的各相关方之间的相互影响和作用，都是预防和破解物业管理责任边界问题应予以关注的重点。

综上所述，各相关方以及各相关方之间的关系与物业管理责任边界问题之间，与预防、形成与解决物业管理责任边界问题相关的影响因素，分为四个层面：第一个层面，各级政府的行政部门对建设单位的政策、法律法规及标准；第二个层面，各级政府的行政部门、街道和居委会对建设单位、物业服务企业和业主委员会工作的监督指导；第三个层面，建设单位、专业经营企业、物业服务企业以及业主委员会的运行管理，业主及物业使用人的需求等；第四个层面，物业服务企业与业主、建设单位和专业经营企业之间，业主与建设单位和专业经营企业之间的合作结果。从这四个层面的影响因素中，逐次剥离出与物业管理责任边界问题相关的原因进行分析和判断，为精准预防和解决物业管理责任边界问题奠定基础。

第三节　各相关方与物业管理责任边界问题形成的诱因

各相关方均会成为物业管理责任边界问题的涉及者，即各相关方的行为结果均可能成为物业管理责任边界问题形成的诱因。本节从不同角度进行梳理、分析，确定各相关方的行为结果与物业管理责任边界问题形成诱因之间的关系，使各相关方从中整理出各自边界问题形成的关键点，利于各相关方在实际工作中尽量避免、减少或解决边界问题。

一　建设单位

新建设物业项目，在立项、设计、施工、营销、竣工等阶段，建设单位均会为物业管理责任边界问题的形成埋下隐患。比如，在制订物业管理方案、确定物业服务标准、确定物业费标准、制定管理规约、编制物业使用说明和选择物业服务企业等事宜时，建设单位往往以房屋销售和销售价格为导向，相对忽略日后业主使用管理物业方面的因素，同时，建设单位处于主导地位，具有决定权，是导致物业管理责任边界问题形成的主体，同时也会涉及业主、物业服务企业、专业经营企业、政府等各相关方。

（一）建设单位与物业服务企业相关的物业管理责任边界问题形成诱因

建设单位与物业服务企业相关的物业管理责任边界问题形成诱因主要为日后涉及物业管理方面的事宜，相对较多。比如，施工质量缺陷，施工遗留问题，物业管理用房缺失或面积不足，售房时过度宣传及对业主过度承诺，物业管理方案和标准针对性差、不能满足业主的服务需求，管理规约约定的事项不全面、不合理、操作性差等不能满足实际管理的需求等，均会导致物业管理责任边界问题的形成。

（二）建设单位与业主相关的物业管理责任边界问题形成诱因

建设单位与业主相关的物业管理责任边界问题形成诱因，主要为日后物业实际使用方面的事宜，相对较多。比如，房屋质量、房屋状况等没实现设计功能问题，隐蔽性工程遗留问题，售房时的承诺、房屋使用面积与公摊面积计算、误差等问题，物业使用手册合理性、适用性等问题，物业费标准确定、物业管理方案和标准不能满足实际需求和个性需求等问题，管理规约合理性问题，质量保修处理流程、方式、结果等问题，车位分配及再分配问题，选择确定的物业服务企业不能满足业主需求问题等，这些都是形成与业主相关的物业管理责任边界问题的主要诱因。

（三）建设单位与专业经营企业相关的物业管理责任边界问题形成诱因

建设单位与专业经营企业相关的物业管理责任边界问题形成诱因，主要涉及能源方面的事宜，相对较少。比如，相关设施设备维修养护、临时用电、双路供电、电费标准及缴纳、污水排放处理、垃圾处理、供暖等方面问题，这些是产生物业管理责任边界问题的主要诱因。

（四）建设单位与政府及街道相关的物业管理责任边界问题形成诱因

建设单位与政府及街道相关的物业管理责任边界问题形成诱因，主要涉及政策、法律法规、标准及监督管理方面事宜，相对较少。比如政策、法律法规及标准合规性问题，房屋使用面积与公摊面积计算、误差等问题，物业服务区域、红线划定与落实等问题，车位设计及分配问题，相关配套设施问题，建设各阶段问题的处理结果，等等，这些是形成物业管理责任边界问题的主要诱因。

二　物业服务企业

在物业管理责任边界问题形成过程中，物业服务企业经常处于弱势地位，多是被动接受。在早期介入、物业管理权获取、前期物业管理、日常物业管理等各项具体工作实施过程中，物业服务企业会遗留导致物业管理责任边界问题形成的诱因。

（一）早期介入阶段

早期介入阶段，主要为咨询性工作产生的物业管理责任边界问题，比如，建议、方案、纠错等事宜的专业性、合理性和针对性差，呈现的专业咨询能力不够，过度依附建设单位而未能为业主及日后物业管理考虑等。

（二）物业管理权获取阶段

物业管理权获取阶段，物业服务企业在获取物业管理权过程中，为拿到物业项目，可能会使用夸大其词、过度承诺等手段，以小博大，以弱充强，最后无法实现，给项目物业管理埋下隐患。

（三）前期物业管理阶段

前期物业管理阶段，具有合同无期限、建设单位为委托方等特点，形成的物业管理责任边界问题具有一定的阶段性特点。比如，利润最大化目标，对竣工验收情况了解的程度，施工遗留问题的处理，质量保修的配合方式和范围时间等。

（四）日常物业管理阶段

日常物业管理阶段，涉及物业管理责任边界问题的事项较多且复杂，处理解决的难度相对较大。比如，合同约定的管理标准、服务内容未能履行落实，侵占、非法使用共用部位，违法违章事宜未处理或处理不到位，政策、法规及标准未执行落实或执行落实不到位，公共能源费、消防、私搭乱建及充电桩安装使用等管理不当。

总之，在物业管理活动过程中，物业管理责任边界问题形成的诱因具有阶段性特征。该阶段性特征使物业管理责任边界问题的辨析思路变得相对清晰、容易，同时，也有助于物业服务企业在实际管理中及时解决物业管理责任边界问题，并避免物业管理责任边界问题再生。

三 专业经营企业

专业经营企业多是国有企业或事业单位转为国有企业，其经营管理模式、服务理念、工作作风等仍有计划经济的痕迹，在物业管理责任边界划定方面具有话语权，基本是确定物业管理责任边界问题的主体，在能源政策、法规规章及标准制定和能源供给、供给形式、费用收缴、费用收缴方式、设施设备维修养护及大修更新改造等方面，均会留下形成物业管理责任边界问题的诱因。目前，水、电专业方面产生的物业管理责任边界问题相对比较多，燃气、供暖企业专业方面产生的责任边界问题极少，主要是燃气、供暖工作直接到户，负责到散热片、燃气表甚至燃气灶等设备末端。

涉及因专业经营企业形成的物业管理责任边界问题诱因，主要是能源使用与管理方面。比如，居民、工业、农业等用电性质确定，电费定价、公共区域电费收缴等管理，供电基地问题，住宅小区、老旧小区能源设施设备维修养护、小修、中修、大修及更新改造费问题，污水排放、处理等问题，碳排放指标、评估等管理问题。

专业经营企业形成的物业管理责任边界问题诱因，是物业服务企业代替业主与专业经营企业对接处理，物业服务企业相对弱势、被动，很难得到公平公正的结果。

四　业主及物业使用人

居民转变成为业主的时间尚短、还不完全具备产权人的环境条件以及其他种种客观因素，致使业主在物业管理责任边界问题形成过程中处于被动地位，对住宅业态少有话语权，所以，由业主及物业使用人的原因导致的物业管理责任边界问题相对较少。在商品住宅、政策性住宅、公租房、保障房、私有房之间，物业管理责任边界问题形成的诱因存在差异性。诱因主要有不懂法、不遵法，共有即我的、共用我亦可用，他能做我就可以做的心态，以及对物业管理服务不满产生的报复性行为，还有私欲重、觉悟低等因素。这些诱因形成的物业管理责任边界问题与社会发展紧密相连，与个体素质、修养及经济收入相关，处理解决相对复杂，一事一例，有些只能依赖时间解决，特别是历史遗留问题。

业主及物业使用人形成的物业管理责任边界问题，更多是在使用物业时违法、违规、违章造成的。比如，改变房屋用途、搭建露台、封闭阳台、搭建鸽子房等私搭乱建的违法违章行为；占用绿地、占用楼道、占用地下空间等擅自侵占使用公共部位行为；堵塞消防通道、堵塞交通、垃圾混倒、无证饲养宠物等违法违规行为；车辆乱停乱放、拒绝支付物业费、殴打谩骂歧视物业服务人员等违章行为。

五　政府行政部门

物业管理行业发展离不开政府行政部门的监督指导，物业管理责任边界问题也是在政策、法律法规和标准执行落实过程中产生的。十全十美的政策、法律法规和标准不存在，行业在发展，政策、法律法规和标准在完善，自然会产生物业管理责任边界问题。所以要解决物业管理责任边界问题，首先，要正确认识政策、法律法规和标准；其次，面对政策、法律法规和标准，要端正态度；最后，将政策、法律法规和标准落实到实际行动中，逐条逐项执行、修订。与物业管理行业责任边界问题形成息息相关的政策、法律法规和标准，主要包含安全生产、房屋及设施设备维修养护、环境维护、物业费、保险等管理内容，这些内容基本包含了形成物业管理责任边界问题的诱因。

因政策、法律法规、标准及监督管理等方面诱因形成的物业管理责任边界问题覆盖行业，触及各专业、各领域、各管理环节，该诱因具有一定特性。比如，政策、法律、法规规章及标准制定、修订的难度大，耗时长、程序复杂、干扰因素多，满足不了市场发展速度；监督管理效果难以评估，监管形式、标准、内容、措施等均会形成影响因素；地方与国家政策、法律法规和标准难统一，具有较强地域性，地域发展不平衡，等等。政策、法律法规及标准应全覆盖、具体、可操作，此外，主观性、外延性内容应少，引导性应强；避免宏观、概念化、理论化，仅仅大而全。关于政策、法律法规及标准，核心部分主要包含《民法典》《物业管理条例》及其他物业管理相关标准等；支持性部分主要包含《安全产生法》《消防法》《劳动法》及其他技术类相关标准等。

房屋管理主体变化，也是物业管理责任边界问题产生的原因之一。计划经济时代房屋管理主体是"房管所+街道"，改革开放时期房屋管理主体是"政府行政主管部门+物业服务企业"，现在房屋管理主体是"街道+物业服务企业"。房屋管理主体随着时代变迁而变化，政府行政主管部门、街道、物业服务企业也在变化，边界问题随之或消失或产生。

六 街道办事处及居委会

作为政府外派机构，街道及居委会的工作内容繁杂而具体，被赋予监管物业管理行业的职责较多，是非常重要的物业管理监管机构，直接影响物业管理责任边界问题形成的诱因自然也多。

解决物业管理责任边界问题，就街道及居委会而言，相对要求比较高，难度比较大，往往难以实现，比如，岗位职责执行落地的实际效果，执行各相关方的强制性指令的效果，协调监督指导相关具体工作的综合能力，对政策、法律法规和标准的理解、认知和执行能力，原则性下灵活处理问题的能力，解决物业管理矛盾纠纷的专业管理经验，满足行业监督管理工作的岗位编制、人才储备，等等。解决上述问题的实际效果将会形成物业管理责任边界问题产生的诱因。先解决街道及居委会存在的问题，是解决物业管理责任边界问题的前提之一。

涉及街道及居委会导致物业管理责任边界问题形成的诱因，更多表现在具体问题的处理结果上。比如，对服务质量、停车、装饰装修等物业管理事宜的处理；对业主与物业服务企业之间产生的共用部位收入、物业费、企业选择和更迭等矛盾纠纷的处置；对业主委员会违规、违章等监管问题的处理；对会议、节日、运动会及文化娱乐等重大性活动的组织安排；对扰民、污染、居民纠纷等环境、秩序方面事宜的处理；对宠物、快递、盗窃等其他行政部门所负责工作的协助配合管理等。

综上所述，各相关方导致物业管理责任边界问题形成的原因各不相同，均体现在各相关方的具体管理内容和管理范围方面。原因主要包含：物业管理责任边界不清；渎职、推诿、不作为、不履责、责任心不强、专业水平低、综合管理能力弱等具体执行落实行为；社会道德缺失、不尽责、不尽义务、失信违法等行为。就物业管理行业而言，仅能从边界不清方面入手，切实预防和解决物业管理责任边界问题。至于其他导致物业管理责任边界问题形成的因素，仅依靠行业自身力量很难解决。本书也将以物业管理责任边界界定为研究探讨主线。

第四节　各相关方特性与物业管理责任边界问题

物业管理诸多问题中，与各相关方有关的物业管理责任边界不清晰是诸多矛盾纠纷产生的根源之一。相关方各具特性，在物业管理责任边界问题形成与解决过程中发挥着不同的作用。明确共性和个性关系，抓住主要矛盾的主要方面，是研究探讨物业管理责任边界问题形成与解决的主要路径。本节主要从各相关方共性角度，对物业管理责任边界问题进行归纳、梳理和分析，使复杂问题简单化，以便更加清晰地认知物业管理责任边界问题。

一　针对性方面

虽然物业管理相关法律法规已颁布，对物业管理当事者及相关主体的权利义务、职能职责等已有相应规定，但这些法律法规相对笼统、宏观，缺乏系统性、适用性和针对性，实际管理过程中各种矛盾问题仍然存在，各相关方各执己见，仅见己利，相关政策、法律法规执行的结果不公平、不合理，部分管理职责还需进一步完善健全。比如，对业主委员会体制机制的建立、监督管理；对物业服务企业在物业"硬件"方面的维修养护，与物业的"软"服务产品质量上的监督管理；物业管理行业专业人才培训体系建立与实施落实的监督管理等。

对于这些在物业管理行业发展中长期存在的问题，除了需要对相关的政策、法律法规和标准等内容条款进行重新定位、修改和调整之外，还可以考虑对实际操作管理办法和措施进行提炼整合，保证其针对性和有效性。比如，就一项具体事例制定政策、法律法规并监督管理，不同企业执行落实，业主感受结果。政策、法律法规就是一条线，对其不同阶段进行研究，找出原因，解决相应的问题。

二　认识度方面

各相关方对物业管理责任边界问题的认识，对边界问题形成和解决具有一定的影响，可形成助力，也可变为阻力，该认识主要体现在物业管理责任边界问题的层次、角度和程度等方面。

政府将物业管理服务视为政府行政部门工作的延伸，实际操作使物业服务企业被赋予一定的政府"角色"。行政部门将物业服务企业视为其"助理"，将一些行政部门的管理职责或义务转由物业服务企业无偿承担。比如，开展"安全文明示范小区""卫生示范小区""环境示范小区"等评比活动，由物业服务企业承担实施，而该项活动应该由环保、城管、公安等相关行政部门负责。工会、妇联、环保、残联、科协和老龄委等社会团体，经常会依托物业服务企业在物业服务区域开展社区活动，相关工作往往由物业服务企业负责实施。虽然这些工作可能是行政部门的授权性活动，但是物业服务企业作为业主的委托方，本质是为业主提供管理和服务，大量参与这些活动势必影响物业管理实施，也会使物业管理的社会责任边界进一步复杂化。

《物业管理条例》第四十五条规定："对物业服务区域内违反有关治安、环保、物业装饰装修和使用等方面法律、法规规定的行为，物业服务企业应当制止，并及时向有关行政管理部门报告。"将具有执法权部门应该采取的手段"制止"，设定由物业服务企业执行，将物业服务企业等同于执法部门，如果强行制止涉嫌违法，而口头劝解很难达到效果，现实中物业服务企业根本没有能力解决。

物业服务企业对物业管理责任边界的认识存在一定偏差。当业主或物业使用人的财产被盗并向物业服务企业索赔时，大部分物业服务企业往往采取协商赔偿，息事宁人，认为承担部分经济赔偿责任是正常之责。《物业管理条例》第四十六条规定："物业服务企业应当协助做好物业服务区域内的安全防范工作。发生安全事故时，物业服务企业在采取应急措施的同时，应当及时向有关行政管理部门报告，协助做好救助工作。"该条文为物业服务企业设定秩序维护责任边界，规定了物业服务企业应当承担协助做好安全防范工作的责任，即物业安全服务的性质是一种有限的安全防范服务，物业管理的秩序维护员负责维护的安全不是广义上的社会安全，而是一种群防群治的、有限的安全防范服务。物业服务企业不是安全防范工作的责任主体，在处置违法行为和开展安全防范工作时，安全保障责任是有限的，是承担从属、辅助的责任。而对于打击违法犯罪行为，做好安全防范工作，承担主导或主体责任的应当是国家行政机关。

企事业机关单位不履行职责，而由物业服务企业无偿替其承担。在水、电、气、暖、公共交通、公共绿化、公共环境、公共安全、消防设施维护等领域，均存在将收费、修缮、纠纷处理等工作无偿转嫁给物业服务企业的乱象，不仅增加物业服务企业的工作量，影响了服务质量，也混淆了物业管理责任边界，产生一定社会问题。

业主对物业管理责任边界问题的认知偏差广泛存在，也是问题难以破解的原因之一。例如，下水道堵塞，无论是业主使用不当，还是疏于修缮、疏通，或是市政管道施工导致的，业主都会找物业服务企业处理解决，解决不成，业主就会投诉、上诉，将物业服务企业送上法庭，以求减免物业服务费或获取经济赔偿。业主遇到邻里纠纷通常会找物业服务企业寻求帮助，也将此项作为对物业服务企业的考核指标，但是宪法规定，"居民委员会、村民委员会设人民调解、治安保卫、公共卫生等委员会，管理本居住地区的公共事务和公益事业，调解民间纠纷，协助维护社会治安，并且向人民政府反映群众的意见、要求和提出建议。"此外，业主或物业使用人对公共事项不关心、不参与，但是一旦涉及自身利益就反应强烈，只维护自己的利益等，从而使物业管理更难以实施。这些情况的发生归根结底还是缺乏相应的具有针对性和操作性的政策、法律法规及标准，导致物业管理责任边界问题发生。

三 地域性差异方面

各相关方对物业管理责任边界的影响存在一定的地域性差异。不同地域的相关行政部门对物业管理责任边界形成与解决的影响存在差异性，主要表现在政策法规、监督管理、管理标准、服务需求和规范流程等方面。比如，2015 年，上海突破性地将物业管理纳入社区综合管理和公共服务范畴，政府主导，综合施策，强化政府在住宅小区中的公共管理职责。从完善细化明确各相关部门和专业服务单位的责任清单入手，按照"谁监管行业谁负责、谁主管市场谁负责、谁收费谁负责"的原则，明确牵头部门责任和具体配合部门责任，细化确定了 20 多个部门和服务单位的职责分工，理顺专业部门在公共服务中的主体责任。比如，水电气等有收费任务的专业服务单位，应当承担的维修养护管理责任，边界是到分户计量表。强化政府在社区管理中的责任，实现专业服务进社区，落实物业服务企业与业主作为市场主体的权利和义务。

部分地区在老旧小区的社区综合治理过程中采取综合治理方案，比如，由政府出资给多层老旧楼宇加装电梯就是其中一项利民活动。但实际操作时还是有部分受益人持反对意见，阻挠该举措实施。这里需要解决的都是一些具体细则问题，比如，电梯运行管理费标准以及收取方式，电梯运行管理责任主体确定，如何处理社区有和没有物业管理状况下的电梯管理等，均应于加装电梯之前就予以充分考虑，并辅以相应规定和标准，否则又会给日后管理服务工作遗留新的物业管理责任边界问题。

综上所述，各相关方促成物业管理责任边界问题的因素，具有一定共性和相似性，其形成与解决既涉及各相关方，各相关方之间又相互干扰。同时，不同的主体形成不同的物业管理责任边界问题，一个物业管理责任边界问题可由一个主体形成，也可能由几个相关主体集合而成，难以分辨成因的主次。因此，实际问题处置时，首先，需分析判断形成物业管理责任边界问题的主要原因和次要原因，以及原因的主要和次要方面；其次，需理顺各相关方自身特性，并找出各相关方的共性，思考、辨析，有针对性地予以处理；最后，结合已掌握的相关信息，拟定适合并具针对性的解决措施和方案。当然，物业管理责任边界问题解决的整个过程必须依托相关政策、法律法规及标准的支持。

第五节　行政监督管理与物业管理责任边界问题

政府行政部门对物业管理行业监督管理体系主要由三个方面组成，即行业行政主管部门、相关行政职能部门和街道及居委会。目前，对物业管理的监督检查性工作正在逐渐向街道和居委会转移。国务院《关于加强和完善城乡社区治理的意见》（中发〔2017〕13号）第四项第五条改进社区物业服务管理中规定："加强社区党组织、社区居民委员会对业主委员会和物业服务企业的指导和监督，建立健全社区党组织、社区居民委员会、业主委员会和物业服务企业议事协调机制。探索在社区居民委员会下设环境和物业管理委员会，督促业主委员会和物业服务企业履行职责。探索完善业主委员会的职能，依法保护业主的合法权益。探索符合条件的社区居民委员会成员通过法定程序兼任业主委员会成员。探索在无物业管理的老旧小区依托社区居民委员会实行自治。有条件的地方应规范农村社区物业管理，研究制定物业管理费管理办法；探索在农村社区选聘物业服务企业，提供社区物业服务。探索建立社区微型消防站或志愿消防队。"《关于加强和改进住宅物业管理工作的通知》（建房规〔2020〕10号）在融入基层社会治理体系的落实街道属地管理责任中规定："街道要建立健全居住社区综合治理工作制度，明确工作目标，及时研究解决住宅物业管理重点和难点问题。鼓励街道建立物业管理工作机制，指导监督辖区内物业管理活动，积极推动业主设立业主大会、选举业主委员会，办理业主委员会备案，并依法依规监督业主委员会和物业服务企业履行职责。指导开展物业承接查验并公开结果，监督物业项目有序交接。突发公共事件应对期间，街道指导物业服务企业开展应对工作，并给予物资和资金支持。委托物业服务企业承担公共服务事项的，应当向物业服务企业支付相应费用。"在强化物业服务监督管理的建立服务信息公开公示制度中规定："物业服务企业应当在街道指导监督下，在物业服务区域显著位置设立物业服务信息监督公示栏，如实公布并及时更新物业项目负责人的基本情况、联系方式以及物业服务投诉电话、物业服务内容和标准、收费项目和标准、电梯和消防等设施设备维保单位的联系方式、车位车库使用情况、公共水电费分摊情况、物业费和业主共有部分经营收益收支情况、电梯维护保养支出情况等信息，可同时通过网络等方式告知业主公示内容。物业服务企业开展家政、养老等服务业务也应对外公示，按双方约定价格收取服务费用。物业服务企业不得收取公示收费项目以外的费用。"在强化物业服务监督管理的建立物业服务企业信用管理制度中规定："建立物业服务信用评价制度，制定统一的信用评价标准，建设全国信用信息管理平台。根据合同履行、投诉处理、日常检查和街道意见等情况，采集相关信用信息，实施信用综合评价，依法依规公开企业信用记录和评价结果。依据企业信用状况，由城市住房和城乡建设部门授予信用星级标识，实行信用分级分类监管，强化信用信息在前期物业管理招标投标、业主大会选聘物业服务企业、政府采购等方面的应用。"在指导和监督、议事协调机制、政府购买服务、信息公示、物业服务信用评价制度等方面进行了具体描述，尚需探索的内容也很多。可见，物业管理的实质性工作是在国家相关政策指导下和政府各级行政部门监督管理下实施展开的。

一　政府行政部门

从对物业管理监督管理的角度，政府行政部门可以分为主管部门、相关行政职能部门和基层管理部门。主管部门如住建委；相关部门如市政管委、人力资源和社会保障、应急管理等行政职能部门；基层管理部门是指街道及辖下的居委会。

（一）物业管理行业行政主管部门方面

住建委是物业管理活动的行政主管部门，主要负责物业管理行业整体运行的监督管理。国务院颁布的《物业管理条例》及各省市依据本地域具体情况制定的《物业管理条例》规定，其职能主要是指导和监督管理相应物业管理工作，包括登记备案工作、物业服务企业诚信管理、物业服务项目招投标、业主大会成立、物业服务收费、物业管理的投诉处理等内容。

（二）相关行政职能部门方面

相关行政职能部门是指各相关专业职能主管部门，主要负责对物业管理专项活动的监督管理。比如，质量监督部门对安全生产的监督管理，特种设备管理部门对电梯、锅炉等设施设备的监督、检测，环保部门则是对物业服务区域内的环境卫生、垃圾处理、污水排放的监控。

（三）基层管理部门方面

基层管理部门是指街道及其辖下的居委会，主要负责对物业管理具体工作进行指导、监督和协调管理。比如，物业服务企业与业主及业主委员会间的矛盾调解，业主大会成立组织指导，安全、环境监督检查等内容。

政府各相关部门依据相应规定履行其职责，监督指导物业管理工作，对物业管理行业发展起到了一定的积极作用。但是，在实际指导工作过程中，物业服务企业被赋予较多的政府职能性工作。在物业管理活动中，政府行政部门处于监督指导辅助地位，履行监督指导责任，针对物业管理，其工作具有多元性、多边性、多样性和交叉管理等特性，同时，习惯于将物业管理服务视为政府职能性工作的延伸，自然使物业服务企业的服务管理行为被赋予太多的政府角色和内涵，直接或间接导致物业管理与政府行政管理之间的边界模糊不清，这是影响物业管理责任边界明晰的重要因素之一。

二　政府行政部门在物业管理中的作用

政府行政部门在物业管理行业发展过程中起到了很大的促进作用。首先，物业管理行业有明确的监督、指导管理行政主管部门，在实际物业管理活动中起到领导性作用；其次，各相关行政部门之间相互协作，确保物业管理所涉及的专业管理问题得到相应解决；最后，各相关行政部门均作为辅助角色参与物业管理的监督指导活动，尽可能降低了行政权力的干预，保证了业主自治的充分实现。

在物业管理行业发展中，虽然政府行政管理体系具有一定促进作用，但由于诸多主、客观因素干扰，该体系不可避免地存在一定缺陷和不足，导致政府行政部门难以发挥更加重要的作用。物业管理服务涉及多个政府行政部门，从行政部门角度，各行业、各区域、各专业都有人监管；从实际物业管理角度，这种多头交叉管理导致谁都管、谁都不管、谁管理的都不算、谁都管理不到位等怪象频发。比如，高压配电室，供电局、住建委、质监局、街道等机构均有对其监督检查的责任；防疫工作，住建委、爱卫会、卫生局、街道等机构都有对其监管的责任。但是，没有统一的管理规范和执法标准，监督检查管理机构对现场管理要求各异，具体执行人员的综合监管能力、专业水平参差不齐，经常导致物业管理现场的工作改了再做、做了再改，使物业服务企业无所适从，何谈监督检查管理效果。这种状况导致物业服务企业不仅无法受益，反而增加管理成本，影响工作效率，阻碍了行业的发展。

三　政府行政部门与责任边界问题

从行政监督管理角度，梳理影响物业管理责任边界明晰的因素，主要有以下几个方面。

（一）物业管理行业行政主管部门监管力量不足

在实际物业管理中，住房和城乡建设部下属的住宅与房地产业司负责综合管理全国住宅小区的物业管理，各直辖市、省，一般设立物业处，各省级市和较大的市，一般在房地产局设立物业管理科。在物业管理科，一般仅有几名工作人员，有的还是兼职。人力所限，物业管理科很难系统地解决问题，只能将问题或转移至相关部门，或下派给物业服务企业，或委托给社会力量实施解决。那么，如何保证问题解决得公平、公正、及时有效？

（二）物业管理行业行政主管部门归口不统一

物业管理行业的行政主管部门归口不统一，在各直辖市、省级市呈现多样性。国务院颁行的《物业管理条例》第五条明确规定"……县级以上地方人民政府房地产行政主管部门负责本行政区域内的物业管理活动的监督管理工作。"但是，全国各地对具体负责的行政主管部门的规定并不统一，例如，《北京市物业管理办法》第三条明确规定，"市房屋行政主管部门负责全市物业管理活动的监督管理工作。区县房屋行政主管部门负责本行政区域内物业管理活动的监督管理工作。"兰州市、无锡市、南京市等地区就将市、县（区）人民政府确定为行政主管部门；天津市物业管理的行政主管部门细化为市国土资源与房屋管理；也有地区并未明确相应的行政主管部门，例如，《长春市物业管理条例》规定，"市物业管理行政主管部门依法对本市行政区域内物业服务管理活动进行监督。"对监管主体的行政主管部门规定不统一，容易导致其他相关方对物业管理责任边界问题认知、划分的混乱。

（三）物业管理行业行政主管部门职责不清

《重庆市物业管理条例》第三条规定，涉及物业管理的政府职能部门主要包括价格、规划、土地、建设、市政、公安、工商、民政部门等。这项规定中，主管部门与相关部门的职能交叉混合，工作流程不明确。比如，物业服务区域的划定，既需要参考物业的建设用地规划许可证确定的红线范围，也需要区县（自治县）房地产行政主管部门备案。但是，在出现物业服务区域划定有误的情况下，没有明确应当由城市规划行政管理部门还是房地产行政主管部门主导重新划定。职责划定不清容易导致行业行政主管部门与各相关职能部门的工作重叠、相互推诿和利益争夺，直接或间接导致物业管理责任边界不清晰，影响工作落地执行。

（四）相关行政职能部门职责不清

《北京市物业管理办法》第三条明确规定："供水、排水、供电、供气、供热、环境卫生、园林绿化、停车管理、秩序维护、设施设备维护等专项服务的行业主管部门和专业监管部门依法按照职责负责相关监督管理工作。"该规定形式上将各专业细归至各专业行政职能部门监管，但在实际监管过程中，各专业行政职能部门间职能相互越位、交叉不清，缺失指导性的工作细则。比如，装饰装修监管活动具体由物业服务企业执行，有的需要到主管部门或消防管理部门备案，但装修人发生违法违规时，会涉及水、电、气、暖、设施设备维护等相关专业职能部门。该烦琐过程造成的后果是办事效率低下，难以解决问题。公共事业单位不履行其管理服务职责，而由物业服务企业代为其无偿服务，增加物业服务企业的工作量和运营成本，将不应承担的责任推卸到物业服务企业身上，误导业主，形成矛盾焦点，模糊物业管理责任边界，影响管理服务质量，不利于相关责任问题的解决。所以，划清各专业职能部门相互交叉部分的物业管理责任边界，制定相应的具有操作性的工作标准和流程势在必行。

（五）街道及居委会不堪重负、力不能及

街道承担过多工作职能，但是相关专业知识、专业人员和管理经验严重匮乏，监管力量严重不足。在物业管理中，街道和居委会的作用毋庸置疑。无论是国务院制定的《物业管理条例》或各省市制定的规则，基本都把街道作为物业管理活动的基础行政机构。比如，2020 年 12 月 25 日，住建部《关于加强和改进住宅物业管理工作的通知》规定，"街道要及时积极推动业主设立业主大会，选举业主委员会，选聘物业服务企业，实行专业化物业管理。暂不具备设立业主大会条件的，探索组建由社区居民委员会、业主代表等参加的物业管理委员会，临时代替业主委员会开展工作。"但是，街道的工作和

职能涵盖了经济、教育、科学、文化、卫生、体育等多项事务，以及财政、民政、公安、司法、计划生育等多项行政工作，同时，还负有保障公民和各种经济组织利益的义务。这些工作不仅加重了街道工作人员的负担，同时降低行政效率，直接或间接影响着物业管理行业的发展。

物业管理"大而化之"的行政职能划分结果，加大了街道的工作负担，往往不得不由一个部门来承担多种行政工作和职责，难以运转时，经常将政府管理职责或服务义务转嫁到物业服务企业身上。另外，虽然街道承担了对物业管理的监督管理职能，但是，该部门或具体管理操作人员，可能实际上缺乏相关的管理知识和经验，这种情况下，更谈不上指导和引领作用。街道与物业服务企业间相互抱怨、矛盾重重的局面，无益于物业管理行业纠纷和矛盾的解决，甚至还会产生新的物业管理责任边界问题。

居委会的专业能力、管理能力和人员配备，往往不足以实现对物业管理行业的监督指导。居委会工作人员通常缺少专业管理能力，仅凭朴素的生活经验和观念行政，既难以讲求行政监督管理效率，也可能损害政府执法过程中所追求的公平和正义，甚至会激化社区管理、社区治理的矛盾，混淆物业管理责任边界。此时，清晰界定居委会予以物业服务行业监督指导的范围和内涵，充分发挥居委会一线政府职能部门的作用，对于物业管理行业的良性、健康、持续发展非常重要。

综上所述，政府行政部门与物业管理责任边界问题的关系既因其产生，又需其才能化解，解铃尚需系铃人，这是破解物业管理责任边界问题必须面对的局面。首先，在政府行政部门领导下，制定、修订和颁布物业管理行业的相关政策、法律法规及标准，从而预防物业管理责任边界问题形成，切实解决物业管理责任边界问题；其次，有的放矢，切合实际地贯彻执行物业管理责任相对应的政策、法律法规及标准，解决实际问题并预防新的问题发生；最后，政府行政部门建立相对完善的监督管理体系，切实引领物业管理行业持续、健康、有序地发展，并为其保驾护航。所以，政府行政部门的领导组织行为准则，以及制定颁布的政策、法律法规及标准，是物业管理行业存在与发展的基石和准绳。

第四章　建筑物全寿命周期视角下
物业管理责任边界问题

建筑物全寿命周期是指建筑物从规划设计、施工、使用至灭失为止的全过程。从建筑物角度，从建筑物开始实施物业管理到结束的全过程则为建筑物物业管理全寿命周期，即经历一次或多次物业管理招投标、签订合同、项目入驻、管理服务、项目撤场、项目再入驻，至建筑物灭失、物业管理结束的全过程。从物业管理角度，从物业服务企业接管物业管理项目至项目撤场的全过程则为物业管理全寿命周期，即物业服务企业经历物业管理招投标、签订合同、项目入驻、管理服务等，至项目撤场、物业管理结束的全过程。在建筑物物业管理全寿命周期中，可能包含一个或几个物业管理全寿命周期。

依据物业管理的特点，建筑物物业管理全寿命周期可以划分为早期介入、管理权获取、前期物业管理、日常物业管理、物业服务企业更迭和物业管理撤场等阶段；物业管理全寿命周期可以划分为管理权获取、前期物业管理、日常物业管理和物业管理撤场等阶段。在建筑物物业管理全寿命周期和物业管理全寿命周期，相关物业管理责任边界问题均具有一定的阶段性特点。

本章将从建筑物物业管理全寿命周期视角，对各阶段物业管理责任边界问题进行梳理、归纳、分析和总结，剖析各阶段物业管理责任边界问题的特点及成因，思考探索破解方向、路径和方法。

第一节　早期介入阶段物业管理责任边界问题

早期介入广义上指物业前期策划、规划设计、建设和竣工验收阶段的物业管理活动；狭义上指物业前期策划、规划设计、建设和竣工验收阶段的物业管理专业技术咨询性活动。物业管理早期介入阶段，是从物业项目立项到竣工验收的阶段，其间更多开展的是物业管理专业技术咨询性活动。该阶段，物业管理责任边界问题涉及建设单位、业主、政府相关部门，物业服务企业工作多属于技术支持和顾问咨询性质，主要包含：使用物业管理经验和专业知识，为建设单位提供合理化建议；了解掌握工程质量状况，以便日后开展物业管理服务工作；发挥物业服务企业资源优势，协助建设单位开展销售工作等。

本节仅以物业服务企业为主体展开论述，不包括其他相关咨询机构。从早期介入阶段物业管理责任边界问题的特点切入，对物业管理责任边界问题进行实证分析。

一　早期介入阶段的物业管理责任边界问题特点

早期介入阶段的物业管理责任边界问题，多发生在物业服务企业为建设单位提供专业咨询的过程中，共性特点主要有：

（1）边界问题涉及对象包括建设单位、业主及政府相关部门；

（2）利润追求、规划设计、专业水平和施工质量等因素是边界问题形成的主要原因；

（3）边界问题包含于规划设计和施工质量等相关内容中，隐蔽性强，难以发现和剥离，在日后物业管理时期才可能显现；

（4）从业人员的专业知识和管理经验构成边界问题形成的因素；

（5）边界问题具有阶段性，在该阶段可直接有效地预防部分边界问题形成。

二 早期介入阶段的物业管理责任边界问题实证分析

早期介入阶段，物业管理多体现在咨询性工作方面，即物业服务企业利用本身对物业管理的认知、丰富的管理服务经验、专业的技术力量，给予建设单位专业性支持。

物业管理咨询性工作主要是针对建筑施工过程中可能会对日后物业管理造成影响的事项，从业主使用和物业管理角度为建设单位提供合理化建议，同时针对易形成物业管理责任边界问题的事项进行深入梳理，便于指导和开展物业管理责任边界问题预防与解决工作，涉及规划设计、建筑用材、施工质量、能源节省、维修和使用便利等多个方面内容。这就需要物业服务企业具有丰富的专业知识和管理经验储备，能够从物业管理项目实际出发，有理有据地提供切实可行的建设性意见，避免专业知识误导、管理经验后置等不当行为发生。

物业管理责任边界问题主要涉及建设单位、业主、政府相关部门，相关主体通常习惯于将物业服务企业定位为"代替业主、为业主或站在业主角度"开展早期介入阶段的物业管理咨询性工作，很多物业服务企业及从业人员也这样认为。其实这是一个认识误区，它混淆了早期介入阶段相关方之间的物业管理责任边界。该认知为业主投诉、维修养护和日后形成物业管理责任边界问题等埋下了隐患。首先，从该阶段的特点来看，一是建设单位聘请委托物业服务企业担任物业管理咨询顾问，并为此支付相应咨询费用，物业服务企业服务的对象是建设单位，提供的是有偿服务；二是物业服务企业与业主之间没有任何委托关系，即物业服务企业开展的物业管理咨询性工作与业主没有关系；三是缺失相关的物业管理政策、法律法规及标准。所以，该阶段，物业服务企业与业主之间不存在责任、权利及利益关系，也就无从谈起物业服务企业对业主的责任。其次，从物业服务企业的角度，其考虑的更多是自身利益，如能否续签物业服务合同等，而对建设单位在规划设计、施工质量、建筑材料等方面的违规或不合理行为，一般情况下，物业服务企业很难纠正，致使物业管理责任边界问题逐步形成并持续存在。

综上所述，早期介入阶段，能够从源头第一时间预防物业管理责任边界问题的形成；能够深入了解相关物业管理责任边界问题产生的原因和过程，以利于日后的处理和解决。早期介入阶段是防止物业管理责任边界问题产生的最佳时期。所以，对早期介入阶段的物业管理咨询性工作，应给予重视。应该清晰各相关方在早期介入阶段的责权利，明确影响业主未来利益的各相关方的责任和义务；对早期介入阶段涉及的物业管理责任边界问题展开进一步的研究探讨，形成指导性意见；完善相关的政策、法律法规及标准。

第二节 管理权获取阶段物业管理责任边界问题

物业管理项目管理权获取多是通过物业管理招投标实现的。物业管理招标是通过制定招标文件，邀请特定或非特定的物业服务企业参加投标，并按规定程序从中选聘物业服务企业的一种市场交易活动。物业管理投标是应招标人的邀请，按招标文件要求，在规定的时间和地点，物业服务企业以中标为目的向招标人递交投标文件的活动。物业管理权获取有协商、竞争性谈判、投标等方式，投标平台有政府采购平台（如中国政府采购网）和社会招标代理机构。物业管理项目管理权获取阶段涉及招标人、投标人和招标机构三方。在招投标过程中，各相关方的物业管理责任边界依据《中华人民共和国招标投标法》确定，相对明确，但在实际运行中也存在一定问题。

本节从物业管理项目管理权获取阶段的物业管理责任边界问题特点切入，对物业管理责任边界问题进行实证分析。

一 管理权获取阶段的物业管理责任边界问题特点

在获取物业管理权的过程中，物业服务企业与物业管理需求方或招标代理机构发生一定工作关系，在物业管理模式、标准、物业费、定岗定编、中标承诺等方面形成具有一定普遍性的物业管理责任边界问题，主要特点有：

（1）边界问题具有隐蔽性，难以预防；

（2）对于边界问题的预防和解决，物业服务企业处于被动地位，缺失话语权；

（3）关于边界问题，各相关方信息不对等，难以判定，且边界问题往往在不知情状况下被接受；

（4）边界问题具有阶段性，一旦形成，难以修正，将至少影响一个合同期；

（5）仅依赖政策、法律法规及标准，难以解决具体问题。

二　管理权获取阶段的物业管理责任边界问题实证分析

物业管理项目管理权获取阶段，主要包括招标、投标、评标和物业服务合同签署等方面的内容。物业管理项目管理权获取阶段的物业管理责任边界问题的实证分析将从这些方面展开。

（一）招标文件编制

招标文件以满足项目物业管理服务需求为编写原则，由招标人负责编写，招标代理机构负责修订、确认。其构成主要包括招投标流程和规定、投标人资格、物业管理项目状况、招标人服务需求和范围、拦标价、样式合同、评比标准及办法等内容。由于招标人和招标代理机构对物业管理的认知存在局限性，以及招标人多以自身利益为核心确定招标文件编写原则，导致需求方和服务方的责任、权利和义务模糊、不对等，产生物业管理责任边界问题，主要表现在物业管理范围、服务标准、规定要求、服务方案、评比标准及办法等方面。

由于物业管理属于"后验品"，招标人仅仅依赖投标文件中投标人的管理服务设想、人员配备标准、定岗定编标准、目标实现保障措施等承诺，进行纸面上的核实、确认和评比，结果的实效性、准确性、针对性等可想而知。所以按照现行的评分标准、评比办法以及评比方式，很难评选出适合的、优秀的物业服务企业。即便如此，在招投标环节，处于弱势地位的物业服务企业也必须参与投标，否则哪还有获取物业管理项目的渠道和机会？还有，投标人一旦中标，即使发生违法违规、职责不清、需求不满足和承诺不履行等行为，中标结果也无法更改了。

（二）投标文件编制

投标文件以响应招标文件需求为编写原则，由投标人负责编写，主要包括管理服务方案、定岗定编、管理服务人员配备、目标实现保障措施、报价、相关承诺等内容。物业服务企业主要通过招标文件的规定和要求、物业管理项目现场踏勘、招标方质疑答复等渠道了解有关投标的信息，再结合本企业的管理服务经验，进行投标文件编制。

招标文件关于服务范围、需求和标准等的描述相对宏观，不那么详细具体，特别是责权利边界不清晰，往往与实际有很大差异。比如，具体事项维修者、清洁用品品牌、消防管理负责范围和安全管理程度等方面，均存在要求和操作的差异问题。一般情况下，在招标文件中，关于这些问题很难见到明确清晰的描述。

物业管理项目现场踏勘是投标文件编写前的一项重要准备活动。但是，物业管理项目现场踏勘往往流于形式，投标方对招标方实际需求、设施设备现场状况、原管理服务方情况、管理服务特点、管理服务重点难点和招标方与原管理服务方的矛盾等，均难清晰了解，多数只依靠自身的综合管理经验和能力予以分析和判断，基本无法满足物业管理服务方案制订、岗位人员配备和物业费用测算等方面的要求。投标文件更多是投标方依据管理服务综合经验和能力予以编制，缺乏针对性，主观成分占比大，并不能真正反映、满足业主的实际需求，与未来物业管理服务的实际提供存在很大差异和错位，这也是造成业主和物业服务企业间矛盾的原因之一。

单一来源采购文件往往设置拦标价，这类招标一般是向上设置管理服务费用上限，向下限制管理服务人员数量，物业服务成本主要是人力成本，投标方案可设计空间不大，自然限制了物业服务企业展示自身特点与优势的空间，这种情况下投标更多是流于形式，这尚属计划经济思维模式。

（三）评标专家的作用

招标机构依据招标文件中的相关规定和评分标准确定中标者，评标专家依据投标资格、企业实力和专业能力等判定投标者的实力。可见，能否获取物业管理项目管理权的关键点，一是物业服务企业是否符合、满足、超出评分标准，是否被评标专家认可；二是评分标准是否客观，评标专家是否公平。但是，物业管理的后置性特点、评标专家的职业道德和专业能力不同等，导致招投标结果很难实现绝对的公正，必然造成需方与供方的不满。以客观标准为主，减少主观因素干扰，通过标准化评估等措施，开展招投标活动，成为破解该难题的方向之一。

针对部分评标专家评标的不公平、不公正等现象，虽然部分招标人或招标代理机构采取多种措施破解该难题，但效果十分有限。比如，价格评比法，即拟定评价标准 100 分，均为价格分，结果就是，只要投标方符合投标资格且投标报价为最低价，就得 100 分，自然中标，其他投标条件均不予考虑；客观评比法，为解决评标专家主观因素对投标评比结果的干扰，评标专家掌控的主观分由招标方代表决定，即评标专家要遵从招标方代表评定的主观分值，评标专家无权自己打分，致使评标专家在招投标过程中的作用更多是验证、签字，招标方代表则起主导作用，招投标的所谓的专业性对比、性价比多流于形式。这些招标管理措施，不仅没有从根本上解决因评标专家专业水平、职业操守不一而带来的公平问题，还使招投标市场变得愈加混乱，构成原发性物业管理责任边界问题的基本诱因。

（四）招投标市场管理

《中华人民共和国国民经济和社会发展第十四个五年规划和 2035 年远景目标纲要》（以下简称《纲要》）中规定："扩大服务业对内对外开放，进一步放宽市场准入，全面清理不合理的限制条件，鼓励社会力量扩大多元化多层次服务供给。"《关于加强和改进住宅物业管理工作的通知》（建房规〔2020〕10 号）（以下简称《通知》）中规定："加强物业服务企业登记注册信息部门共享，探索建立健全物业服务合同备案、项目负责人备案制度。完善物业管理招标投标制度，加强招标投标代理机构、评标专家和招标投标活动监管。引导业主委员会通过公开招标方式选聘物业服务企业。住房和城乡建设部门在征求街道意见的基础上，建立物业服务企业红黑名单制度，推动形成优胜劣汰的市场环境。对严重违法违规、情节恶劣的物业服务企业和直接责任人员，依法清出市场。"由此可见，《纲要》给物业管理行业的未来发展指明了方向，《通知》则对物业管理行业的未来发展做了更进一步规定。但是，保障服务需求和服务提供双方合法利益的，保障招投标公开、公平、公正组织开展的，符合、满足并规范招投标市场现状的具体招投标管理办法，以及能够指导招投标市场健康良性发展的政策、法律法规及标准等，正是行业发展所欠缺的，也是招标者和投标者所期盼的。

（五）物业服务合同签订

物业服务合同是指物业服务企业与业主委员会订立的合同，规定由物业服务企业对房屋及其配套设备、设施和相关场地进行专业化维修、养护、管理以及维护相关区域内环境卫生和公共秩序，由业主支付报酬。物业服务合同应当采用书面形式，内容一般包括服务事项、服务质量、费用标准和收取办法、维修资金使用、服务用房管理和使用、服务期限、服务交接等条款。

《民法典》将物业服务合同作为典型合同予以规范，一方面，明确物业服务交易规则，有利于业主和物业服务企业明确自身的权利与义务，并以此规范和约束自身的行为，保障物业服务工作规范有序进行；另一方面，明确物业纠纷裁判依据，有利于法院提高物业服务合同纠纷案件的审判水平和效率，防止法官审案的随意性和滥用自由裁量权，确保"同案同判"。

物业服务合同属于通用性合同，缺乏针对性。实际运作中，服务事项、费用标准等内容多不合理，为规避责任，需求方均不愿调整，结果导致招投标文件描述、合同约定和实际运作之间存在较大差异。提供示范文本合同是一项有效措施，但是，还需要结合实际情况，提出辅助性要求，进一步完善示范文本合同。

物业服务合同是供需双方履行物业管理服务承诺的重要依据，但是，合同责权利部分的描述普遍笼统、宏观，物业管理责任边界含糊不清，无法界定责任主体，给未来实际操作运行留下很大隐患，是形成物业管理责任边界问题的原因之一。对此，可将招投标文件作为合同附件，对物业管理中重要事项的责权利进行清晰、明确、详细、具体的描述。当然，最佳办法就是列出物业管理责任边界划分清单。

综上所述，涉及物业管理范围、内容、标准和责权利等方面的问题，在物业管理服务过程中始终存在，只是在物业管理项目管理权获取阶段的招标、投标、合同签订等环节就已经开始初步显现，同时，这一阶段还存在招投标过程所形成的特有的边界问题。所以，在该阶段，相关物业管理招投标方面的政策、法律法规及标准的合理和细化，对物业管理责任边界问题的解决尤为重要，既有利于在此阶段解决原有的物业管理责任边界问题，又能遏制并修正新的边界问题，如购买服务与验证服务结果方面的问题、招标代理平台的管理与考核方面的问题、评标专家的管理与价值作用方面的问题、招标方的专业需求与需求认知方面的问题等。但是，要从根本上解决该阶段物业管理责任边界问题，尚需借助招投标市场的持续改进和净化，更需借助社会大环境、竞争氛围等诸多客观条件的改善。

第三节　前期物业管理阶段物业管理责任边界问题

前期物业管理是在业主、业主大会选聘物业服务企业前，由建设单位选聘的物业服务企业实施的物业管理活动。前期物业管理相对日常物业管理而言是一个过渡期，即从物业具备使用功能，到业主入住并开始使用，再到进入正常使用期的物业管理，具有业主集中入住、大量保修返修、业主装饰装修活动比较集中等特点。该阶段，物业服务企业的工作除承接查验、入住管理和装饰装修管理外，其他物业管理服务内容与日常物业管理内容没有本质上的差别。该阶段的物业管理责任边界问题，涉及建设单位、业主、物业服务企业、专业经营企业和政府行政部门等相关主体。

本节从前期物业管理阶段的物业管理责任边界问题特点切入，对物业管理责任边界问题进行实证分析。

一　前期物业管理阶段的物业管理责任边界问题特点

前期物业管理是日常物业管理正式开展之前的过渡性物业管理工作，这一时期的物业管理服务工作内容具有较强的阶段性，在管理形式、服务内容、处理问题的方式和措施以及业主关系处理等方面，均形成了前期物业管理阶段具有一定普遍性的物业管理责任边界问题，共性特点主要有：

（1）边界问题涉及具体事项多且复杂；

（2）边界问题涉及的客观对象多，客观对象间相互关联，关系较为复杂；

（3）属于业主对物业管理初始认知时期，对物业管理专业问题处理不妥便容易形成边界问题；

（4）解决边界问题的干扰因素多且复杂；

（5）边界问题具有阶段性、敏感性，处理不妥易引发社会矛盾。

二　前期物业管理阶段的物业管理责任边界问题实证分析

前期物业管理主要包括：竣工验收配合、承接查验、项目接管、业主入住准备、业主入住管理、质量保修协助、装饰装修管理、与各相关方协调等工作内容。前期物业管理阶段的物业管理责任边界问题的实证分析将从这些方面展开。

（一）前期物业管理阶段划分

《物业管理条例》规定，前期物业管理阶段是从物业管理项目竣工验收到业主大会成立选聘出新的物业服务企业止，即前期物业管理阶段是以选聘新物业服务企业为节点进行划分的。这种主观性的阶段划分，给物业服务企业运行和未来管理构成障碍。若物业管理全寿命周期已经结束，但是住宅小区依然没有成立业主大会，这在理论上还属于前期物业管理阶段。这样的问题普遍存在。在实际物业管理工作中，前期物业管理和日常物业管理存在一定差别。各相关方对前期物业管理和日常物业管理的要求不尽相同，经常会导致一些不合理的现象发生。比如，临时用电无法转成正式用电导致电费支付增多，以及业主对建设单位选聘的物业服务企业不认可却难以更换，质疑物业服务企业管理权获取的合法性，不承认物业费标准而拒绝支付物业费，不承认物业服务企业而不配合、不支持物业管理工作等。

一般情况下，在实际物业管理工作中，物业服务企业往往依据物业管理的实际内容、特点和运行规律，对前期物业管理阶段进行划分。比如，物业管理项目从承接查验到业主入住率达到60%以上，或物业管理项目从承接查验到业主装饰装修率达到30%以上，或物业管理项目从承接查验到业主入住1年以内为前期物业管理阶段。这种划分方式，符合业主对前期物业管理服务需求的阶段性特点，符合物业管理运行基本规律，可以减少不必要的物业管理纠纷，为前期物业管理确定了一个相对明确、易于划分的时间节点，便于业主理解支持物业服务企业的工作，有利于规避物业管理责任边界问题。

（二）竣工验收

竣工验收是物业管理项目建设竣工后，由建设单位组织设计、施工、监理等相关单位，对项目规划设计、建筑施工和设备安装质量进行全面检验，取得竣工合格资料、数据和凭证的过程。该过程与物业服务企业无关，但是，物业服务企业的参与，直接关系后期物业管理服务的质量和效果、业主的满意程度以及边界问题的处理和解决等事宜。所以，一般情况下，物业服务企业都会积极参与竣工验收工作，以了解掌握建筑施工质量、遗留工程、隐患工程和隐蔽工程等，判断是否构成物业管理责任边界问题、是否需要返修等，熟悉房屋及设施设备状况，为业主入住做好必要的专业准备工作。

为规避物业管理责任边界问题，或使物业管理责任边界问题能被及时发现并解决，竣工验收配合性工作的规定、模式和流程等规范标准，尚需物业管理行业或物业服务企业予以制定。

（三）承接查验

物业承接查验分为新建物业管理项目承接查验和物业管理权更迭承接查验两种类型。

1. 新建物业管理项目承接查验

承接查验涉及两个主体，即物业服务企业与建设单位，按照相关规定或前期物业服务合同约定，共同对物业共用部位、共用设施设备等进行检查和验收，此时，物业服务企业代表全体业主行使验收权。这里存在几个问题：（1）前期物业服务合同是建设单位与物业服务企业签订的，但物业服务企业并不能全权代表业主；（2）物业服务企业与业主没有任何关于物业承接查验的约定，物业服务企业是否能代表业主实施承接查验，没有相关的政策、法律法规及标准予以明确规定；（3）承接查验实际操作过程中，在专业人员构成、查验时间和组织安排等方面，严格按照标准实施承接查验均难满足，流于形式；（4）无论承接查验结果如何，物业服务企业都会接管该物业管理项目进而实施物业管理服务。如此，承接查验将为后期物业管理遗留诸多物业管理责任边界问题。

2. 物业管理权更迭承接查验

物业管理权更迭承接查验涉及两个主体，即物业服务企业与业主，物业服务企业分为原物业服务企业和新物业服务企业；业主的管理权一般由业主委员会代表业主行使。承接查验的实施有两种形式，一种是原物业服务企业与业主进行承接查验后，业主再与新物业服务企业进行承接查验；另一种是新物业服务企业接受业主委托，直接与原物业服务企业进行承接查验。新物业服务企业接管物业管理项目之前，亦即原物业服务企业撤离物业管理项目之前，新、原物业服务企业均应与业主按照规定和物业服务合同约定，对物业共用部位、共用设施设备、物业费预收或拖欠情况以及相关档案资料等物业管理项目运行状况进行检查和验收。

承接查验过程中，发生的矛盾纠纷较多集中在遗留问题处置方面。比如，物业费收缴、维修、投诉处理和运行管理等问题。承接查验过程中，仅以房屋及设施设备维修养护涉及的物业管理责任边界问题为例予以描述，比如，设施设备维修保养做没做，是否符合规定要求，效果如何等；设施设备维修养护是否符合设计标准；设施设备存在的问题是维修养护不到位导致，还是设施设备老化的自然结果等。还有，原物业服务企业急于撤场而新物业服务企业无法提前接管，或不愿撤场而新物业服务企业想接管符合相关标准的物业管理项目，自然就构成矛盾，成为物业管理责任边界问题形成的诱因。

有关承接查验的政策、法律法规及标准相对比较健全，但总体比较宏观，不够细化，缺乏实际操作性。所以，要切实避免或解决因承接查验引发的物业管理责任边界问题，尚需对各相关方资格、行为做出相应详细的规定，对承接查验的时间、人员、程序等方面，以及对各相关方违规行为应有的处罚措施等予以详细规定。如此，解决承接查验具体事项时，才会有法可依、有章可循，才会提高规章标准的可操作性和适用性，减少主观操作空间。

（四） 第三方评估

在承接查验过程中，因政策、法律法规、标准、专业要求等方面的信息不对称，业主能发挥的作用有限。为解决该问题，出现了聘请第三方评估机构的方式，即业主委托承接查验专业企业实施承接查验。同时，该模式也在制定物业费标准、评估物业服务企业等方面被采用。目前，该模式是确定物业费标准、确保承接查验公正性、合理评定物业服务企业的有效措施和途径。但是，第三方评估模式还有一些问题需要解决，否则亦会成为物业管理责任边界问题形成的诱因。（1）评估的主要专业人员基本来源于物业管理行业，其专业性、公平性和客观性如何保障；（2）谁出资为谁评估，那么如何保证第三方评估机构评估的公平性和公正性；（3）如何保证第三方评估机构评估的权威性等。所以，关于委托第三方评估机构开展评估活动，尚需在规范发展方面进一步深入探讨研究；在评估机构资格、人员资格、职责、资金等方面，尚需出台相应的规章、标准予以规范。

（五） 业主入住管理

入住是业主从建设单位接收已具备交付使用条件的物业并办理相关交接手续的过程，是物业管理的一个重要环节和内容。物业管理责任边界问题涉及对象有建设单位、专业经营企业、物业服务企业、业主和政府。业主入住管理工作主要包括入住手续办理、签订相关文件、协助验房、交接钥匙和处理相关问题等。

为便于业主使用物业、便于物业管理工作的开展和清晰规定双方的责权利，业主须签收住宅质量保证书、住宅使用说明书、管理规约（临时管理规约）、物业管理手册等文件。其中，按相关规定，除物业管理手册外，其余文件均应由建设单位负责编写，由物业服务企业代为发放。

1. 住宅质量保证书

住宅质量保证书是向购房人交付其所购买的新建住宅时，建设单位向购房人做出房屋质量承诺的法律文件，是物业管理实施过程中界定物业管理责任边界的重要依据。住宅质量保证书描述是否准确、详细等直接关系到物业管理责任边界划定。实际使用的住宅质量保证书源于统一示范文本，缺陷在于对内容缺乏具体详细规定，不利于解决实际问题。比如，仅从建筑、设备等大类上规定了保修期，虽减少了建设单位与业主间的纠纷，却增加了日后物业服务企业与业主间的矛盾。因此，细化住宅质量保证书的内容，是预防和解决物业管理责任边界问题的有效途径。

2. 住宅使用说明书

住宅使用说明书是向购房人交付其所购买的新建住宅时，建设单位提供的对住宅的结构、性能和各部位（部件）的类型、性能、标准等的说明，以及使用注意事项的法律文件，是日后业主使用物业的主要参考和依据，也是对业主违规使用物业的重要判断依据。实际使用的住宅使用说明书源于统一示范文本，内容缺乏针对性，应充分考虑不同物业、楼栋、单元和居室使用功能的差异性，这对物业管理责任边界问题的判断和解决尤为重要。

3. 管理规约

入住阶段，业主签收确认的是临时管理规约，待业主大会成立后，转换为管理规约。临时管理规约是在物业管理项目前期管理阶段，为明确业主在物业服务区域内的权利、义务和责任，由建设单位制定的临时性文件。当物业服务区域内成立业主大会，表决通过本物业服务区域的管理规约后，临时管理规约自动失效。管理规约是由全体业主共同制定的明确业主在物业服务区域内的权利、义务和责任的具有约束力的文件。管理规约内容包括：物业使用、维护和管理，专项维修资金筹集、管理和使用，物业共有部分使用、经营与收益分配，业主共同利益维护，业主共同管理权行使，业主义务，违反管理规约应当承担的责任等。对于物业管理责任边界问题的预防与破解、规避和减少、处置和解决，管理规约发挥着重要作用，是非常重要的管理性文件。目前，由于法律地位问题，管理规约难以执行落实，在实际使用时比较尴尬。所以，明确管理规约的法律地位，是解决物业管理责任边界问题的迫切需求和必要方式。

4. 物业管理手册

物业管理手册是物业服务企业向业主或物业使用人提供物业管理项目基本情况、物业管理项目使用规定和注意事项、物业管理服务内容及流程、应急处置措施等物业管理方面的介绍文件。物业管理手册编制内容的适用性、准确性、可操作性和合理性，直接影响业主享受管理服务和使用物业的感受，是容易形成物业管理责任边界问题的一个焦点，主要体现在与业主密切相关的服务管理事项方面，如出入、收费、报修、装修、投诉、车位、入室服务、延伸服务及共用部位使用等事项。详细编写物业管理手册，特别是细化业主敏感的、关注度高的、容易产生问题的事项和环节，可以预防责任边界问题的发生，也有利于物业服务企业与业主沟通、解决具体问题。

5. 验房交钥匙

业主验房与向业主交钥匙的工作，属于物业服务企业代替建设单位开展的工作。该过程中物业服务企业与业主之间容易产生矛盾。业主收房过程中，带领业主验房、现场记录、业主确认和问题汇总等工作，均属于物业服务企业的协助性工作，需要建设单位的委托授权或合同约定。房屋验收不合格项，应由建设单位负责返修，物业服务企业可协助处理。直至业主同意、接受返修结果，物业服务企业方可代建设单位向业主交钥匙，并要向业主清晰介绍验房交钥匙的责权，要记录准确，避免遗留问题，从而避免形成物业管理责任边界问题。比如，房屋质量责任主体的确定，保修与修缮间的界限划分，协助性工作的范围、职责和界限等。

（六）室内装饰装修管理

室内装饰装修管理是物业服务企业依据规定和协议，对业主或物业使用人装饰装修行为的监督管理活动。室内装饰装修管理对于物业服务企业而言，本质上属于有偿服务，即谁受益谁支出。在新建住宅小区，业主的室内装饰装修活动比较集中，多发生于前期物业管理阶段，即物业服务企业与业主的矛盾频发期。该时期，物业管理边界问题主要涉及建设单位、专业经营企业、物业服务企业、业主和政府等相关方。

室内装饰装修过程中，物业服务企业有告知义务，装修人有告知、协助义务。《民法典》第九百四十五条规定："业主装饰装修房屋的，应当事先告知物业服务人，遵守物业服务人提示的合理注意事项，并配合其进行必要的现场检查。业主转让、出租物业专有部分、设立居住权或者依法改变共有部分用途的,应当及时将相关情况告知物业服务人。"《物业管理条例》第五十二条规定:"业主需要装饰装修房屋的,应当事先告知物业服务企业。物业服务企业应当将房屋装饰装修中的禁止行为和注意事项告知业主。"这些条款规定,有利于物业服务企业防范和监督违规装修的情况,以便采取对应的防范和服务措施,规避和减少物业管理责任边界问题。但是尚需完善执行细则,比如"报告"的内容、对象、时间、流程等还应细化处理,以利于具体实施,规避相关责任边界问题。

室内装饰装修过程中,物业管理责任边界问题一般容易在共有部分与专有部分、共用设施设备与专用设施设备使用与管理过程中产生。这主要源自建筑工程遗留、共有部分占用、共用设施设备使用及损坏、室内装饰装修施工和管理等方面的问题。比如,对阳台、户门、卫生间、厨房、承重墙、用水和用电等实施的装饰装修活动。虽然有关室内装饰装修管理的政策、法律法规及标准相对比较成熟,但是,相关内容还需要进一步细化。比如,严格室内装饰装修申报审批程序,编制室内装饰装修操作管理规定细则,消除室内装饰装修管理的灰色区域,减少室内装饰装修操作与要求间的矛盾点,尽量避免不必要的室内装饰装修管理行为,加大室内装饰装修违规违章成本等。

装饰装修管理手册是物业服务企业向业主或物业使用人提供装饰装修协议、装饰装修承诺、装饰装修程序、装饰装修管理规定等方面的介绍文件,是减少装饰装修矛盾纠纷和对装饰装修实施管理的重要措施,也是解决装饰装修矛盾纠纷的依据。物业服务企业负责装饰装修管理手册的编制,目前,装饰装修管理手册普遍存在一些需要注意和解决的问题。比如,监督管理内容、事项需要细化,需要覆盖装饰装修全过程;监督管理标准等规定,还需要具体、清晰、明确;监督管理流程要合理、便利,并具有可操作性和针对性等。

综上所述,前期物业管理阶段的物业管理责任边界问题具有较强的阶段性特点。物业管理项目承接查验、业主入住管理和室内装饰装修管理期间的工作,影响建设单位、业主、专业经营企业、物业服务企业和政府行政部门之间的关系。从阶段划分角度,如何划分和确定物业管理前期阶段,直接或间接影响物业管理责任边界问题的形成和解决，关系到能否避免物业管理责任边界问题的升级，是否使物业管理责任边界问题变得更加复杂；从管理服务内容角度，辨析、处理和解决具体问题的理念和方式，直接关系到物业管理服务质量、业主满意度和物业管理责任边界问题。比如，业主集体投诉时，采取何种处理方式对于物业服务企业而言非常重要。处理不当，易引发群体性事件。该阶段，虽然有相关物业管理政策、法律法规及标准，但是它们缺乏系统性和适用性，不能满足实际物业管理需求，需要予以完善和细化。这对于物业管理责任边界问题的预防和解决至关重要。比如，合理划定前期物业管理截止时间，明确承接查验具体管理操作细则及指南，确定管理规约法律地位，明确室内装饰装修管理中物业服务企业协助管理的责任、权利和义务，明确物业费应该包含的管理服务内容和范围等。

第四节　日常物业管理阶段物业管理责任边界问题

物业管理责任边界问题，在日常物业管理视角下，包含横向的项目管理和纵向的专业管理两个方面。本节将从横向的项目管理角度对物业管理责任边界问题予以阐述。在本书第五章"日常物业管理视角下物业管理责任边界问题"的研讨中，将从纵向的专业管理角度对物业管理责任边界问题予以阐述。

日常物业管理阶段，是从业主大会成立到物业服务企业撤场这一时期。该阶段的物业管理，涉及政府行政部门、业主、专业经营企业和物业服务企业等主体。物业服务企业的工作内容主要包含客户服务、房屋及设施设备维修养护、秩序维护、环境维护等。这一阶段是物业管理责任边界问题相对集中的阶段。

本节从日常物业管理的物业管理责任边界问题特点切入，对物业管理责任边界问题进行实证分析。

一　日常物业管理阶段的物业管理责任边界问题特点

日常物业管理阶段的物业管理工作涉及面广，涉及具体事项多，触及物业管理各个专业板块，在客户服务、房屋及设施设备维修养护、秩序维护、环境维护等方面，形成具有一定普遍性的物业管理责任边界问题，共性特点主要有：

（1）边界问题涉及范围广、内容多、事项复杂；

（2）边界问题相互交织、交错；

（3）涉及边界问题形成的因素复杂，形成时间长，判断难度大；

（4）涉及边界问题解决的相关因素及客观对象多且繁杂；

（5）边界问题与其他行业边界问题相互交织、交错，边界问题的产生和解决均受其他行业政策、法律法规及标准的影响。

二 日常物业管理阶段的物业管理责任边界问题实证分析

日常物业管理阶段，从横向的项目管理角度，工作内容主要包括项目部管理、人力资源管理、财务管理、采购管理、质量与安全管理和对外接待等，基本覆盖物业管理工作全部范围。该部分以物业管理责任边界问题为导向，从质量与安全管理、优秀示范物业管理项目评选、项目部管理等方面，对物业管理责任边界问题进行实证分析。

（一）质量与安全管理

质量与安全管理的实现，是物业服务企业永恒的追求，是物业管理工作中的难中之难，也是物业管理责任边界问题形成与解决的敏感点。

良好的质量管控与安全管理，需要物业服务企业的有效管理和相关行政部门的监督指导。物业服务企业标准化体系的建立与实施，是保证质量与安全的基础；标准的全覆盖、严格执行是质量与安全实现的根本保障；培训推广、改进提高和监督检查是持续保障质量与安全的有力措施；等等。除此，行业从团体标准角度弥补、完善标准化体系的同时，还应着力于监督检查与考核评估，并树立标杆和榜样，推广好的经验和做法，为破解难题提供合理化建议等。

但是，不同的物业服务企业在对质量与安全管理的认知、管理方式、重视程度等方面差异很大，且相关工作主要依靠企业自身力量开展，投入与产出不匹配，尚需行业和政府予以支持。比如，政府行政部门加大监管力度，以查代管，帮助企业逐步提升质量与安全管理水平；监督检查措施合理有效，使用标准统一，助力企业的持续改进与提高，避免以罚免责，发挥指导性作用。

部分地区推行安全生产等级评定，目的是提高物业服务企业对安全管理的重视程度和促进物业服务企业实现安全管理。但是，实际效果未必合乎人意，主要在于主体与客体错位、服务与安全错位、形式与内容错位、检查者与被检查者错位和投入与产出错位等方面。其中，关键的是忽略了物业管理项目安全责任承担者、物业服务合同约定、服务业与制造业的安全生产差异性、具体标准内容的适用性和评估对象的定位等因素。比如，实际操作中，业主对于安全生产等级评定难以接受和认可，安全管理资金难以筹集，安全管理效果难以实现从而增加物业服务企业运行管理成本，若超出物业费范畴，还会引发业主对物业服务企业运行管理本质是服务提供还是安全管理的质疑。物业管理项目的质量安全管理，应该由物业管理项目的全体业主负责，相关行政部门的等级评定应具有权威性并被接受鉴定方认可，否则极易扰乱市场，妨碍物业管理行业规范化发展，从而引发物业管理责任边界问题。

（二）优秀示范物业管理项目评选

从行业发展角度，优秀示范物业管理项目评选，对物业服务企业持续提高服务质量具有一定促进作用。原优秀示范项目评选分为国优和市优（直辖市），目前，国优评选已取消，市优评选部分地区也已取消，但还有部分地区依然坚持进行市优评选，组织者可能是政府或物业管理协会。从物业管理行业发展历程分析，评选标杆性物业管理项目，对阶段性促进行业发展具有积极意义。优秀示范物业管理项目评选，就是对物业服务企业的监督检查、培训考核、标准推广和现场指导等工作提升的过程。优秀示范物业管理项目评选，有利于规范物业服务企业的运行管理；有利于快速提升部分物业服务企业的服务质量；有利于物业管理人才培养；有利于增加业主、行政部门及社会对物业管理行业的理解和认知等。所以，大力推广、开展优秀示范物业管理项目评选活动，将持续助力提高物业管理行业的整体管理服务水平，有利于避免物业管理责任边界问题的产生，也有利于化解由物业管理责任边界问题引发的矛盾和纠纷。

（三）项目部管理

项目部管理工作结果，是评估物业服务企业发展状况的基本要素，也是物业管理责任边界问题预防和破解需要思考的基本要素。项目部管理工作主要包含团队建设、工作计划制订、日常工作管理、信息安全管理、沟通管理、培训管理、突发事件处理和资料管理等内容。项目部管理各工作环节，都包含物业管理责任边界问题预防与破解的相关内容，对政策、法律法规及标准的适用性、准确性和时效性要求高，是执行和落实政策、法律法规及标准的基本单元。

1. 团队建设方面

团队建设主要包括人员招聘与离职管理、培训考核、晋升降职、奖励惩罚、思想教育等人员管理工作。以物业管理从业人员选聘为例，分析物业管理责任边界问题。职员选聘是双向的，对企业而言，招聘要求应符合企业需要，企业文化建设应符合企业的发展方向，日常管理应有利于员工主观能动性的发挥等。涉及应聘者的信息则有从业人员的工作经历、专业经验、服务态度和精神面貌等。这些内容将直接反映在管理服务质量、业主满意度等方面。在物业管理责任边界问题方面，良好的团队建设是预防和破解物业管理责任边界问题的重要内容。

2. 工作计划制订方面

工作计划是符合物业服务合同履行条件，为满足业主服务需求和实施标准化等工作而采取的管理措施。工作计划制订主要涉及工作范围、工作内容、工作时间、工作安排、工作实施者和监督管理者等方面内容。在物业管理责任边界问题上，工作计划的制订与执行是预防和破解物业管理责任边界问题的直接有效措施。比如，设施设备维修养护范围、具体事项和费用标准等内容，秩序维护范围、时间、路线和要求等内容，员工培训时间、科目、形式等内容，会议服务内容、会议等级及保密等级等内容，入室保洁人员要求、清洁区域、清洁时间和清洁具体事项等内容。

3. 日常工作管理方面

日常工作管理，是实现服务承诺、履行合同和开展现场管理等物业管理服务的具体措施，是提升客户服务感知的重要过程。日常工作管理主要包括标准化执行、组织安排、巡视检查、延伸服务、问题处理和预判防范等方面的管理内容，是预防和破解物业管理责任边界问题的具体操作过程。比如，员工违规行为的纠正、客户违规行为的处罚、有偿或无偿服务的提供、标准流程的调整、服务承诺的实现、风险隐患事件的预防管理等工作。

4. 沟通管理方面

沟通管理对象主要涉及业主、专业经营企业、行政主管部门等相关方。在物业管理责任边界问题方面，物业服务企业的沟通艺术和沟通效果，直接或间接影响物业管理责任边界问题的预防和解决。比如，行为举止、言谈气质、仪容仪表和主观态度等，都会成为物业管理责任边界问题解决的影响因素，或者成为物业管理责任边界问题形成的诱因。不过，为业主切实解决具体问题永远是最佳的方式。

5. 信息安全管理方面

信息安全管理工作主要包括信息安全管理标准和信息安全管理流程的制定、信息安全管理制度适用岗位和适用对象的确定、信息安全管理方案的执行落实等方面内容。信息安全管理的合理性、针对性和适用性是实现信息安全的基本要素。在物业管理责任边界问题方面，信息安全管理是预防和破解物业管理责任边界问题的直接影响因素。特别是网络发达的今天，信息安全管理方面形成的新的物业管理责任边界问题，是物业管理面临的新课题。采取净化企业自身、责任具体到人和严格控制管理过程等措施，从源头进行预防控制，是应予以考虑的方向。

6. 资料管理方面

资料管理工作主要包含资料管理规定要求、资料管理流程、资料收集归档和资料现场管理等方面内容。在责任边界问题方面，资料准确性、清晰度、完整状况以及能否成为法律层面的证据等，都会直接或间接影响责任边界问题的解决。该问题在实际运行管理中容易被企业所忽略。比如，某件事企业按合同完成了，但是，因证据不足等因素，企业被判为责任承担者。此类案例很多，物业服务企业应予以高度重视。

7. 突发事件处理方面

突发事件处理要求物业服务企业在保障客户人身安全的基础上，使经济损失降至最低。突发事件处理工作主要包括突发事件清单制定、处理预案编制、实操演练和宣传管理等方面内容，企业针对突发事件处理的工作布置，直接影响突发事件的实际处理效果。在物业管理责任边界问题方面，突发事件的处理过程、处理形式、处理结果等均会影响物业管理责任问题的形成和解决。

高空抛物、坠物是物业服务区域频繁发生的一类突发事件，物业服务企业应高度重视对该类行为的警示与管控，稍有不慎就可能承担连带侵权责任。《民法典》侵权责任编中关于高空抛物、坠物的治理规则，一方面，明确"禁止从建筑物中抛掷物品"，从法律层面将高空抛物定性为违法行为，法律对此行为的否定性评价会最大限度降低此类行为发生的可能性；另一方面，侵权责任编对高空抛物、坠物造成实际损害的救济途径做了制度安排，明确要求公安机关应当依法及时调查，查清责任人，同时规定物业服务企业如果未采取必要的安全保障措施防止高空抛物坠物的，应承担未履行安全保障义务的侵权责任。对物业服务企业来说，重点在于明确到底哪些是必要的安全保障措施。不同项目的安全保障措施不可能完全一样。比如，开展建筑附着物安全隐患排查整治时，对责任人不履行整治职责的向有关部门报告，对物业使用人进行宣传教育、提示警示，在合理范围内公示违规行为人信息，在可能有坠落物的地方张贴标语、用围护装置防止通行等是不是必要的安全保障措施，尚需明确规定。

综上所述，日常物业管理阶段是物业管理责任边界问题的频发期，也是物业管理责任边界问题形成、复杂化和解决的关键时期。该阶段，部分物业管理责任边界问题已经形成，须妥善处置和解决，处理不当则会引发新的矛盾。每个物业管理责任边界问题均具有自身特性，是政策、法律法规及标准制定应当关注的焦点。涉及的具体工作事项有：楼道等公共区域存放杂物，单元楼上水管道修改线路，非规定区域停放车辆，共用部位搭建宠物屋，草坪种植蔬菜等。所以，在日常物业管理阶段，对物业管理工作，应予以及时梳理、归纳、分析和总结，厘清物业管理责任边界问题形成的主观、客观因素，便于针对性地预防和解决物业管理责任边界问题。

第五节　物业服务企业更迭阶段物业管理责任边界问题

物业服务企业更迭是指新物业服务企业与原物业服务企业管理权的交替过程。在建筑物物业管理全寿命周期中，物业管理权交替一次或多次，次数不等。业主对物业服务企业更迭具有决定权。物业管理权交替主要涉及原物业服务企业、新物业服务企业和业主等相关方。物业服务企业更迭的主要工作包括管理方案制订、组织机构筹备、资金准备和沟通协商等方面。每次物业管理权交替，均可能引发物业管理责任边界问题。比如，人员分流管理、物业管理用房、物业管理设备工具、物业管理标识和物业管理费用等相关事宜。

本节从物业服务企业更迭阶段的物业管理责任边界问题特点切入，对物业管理责任边界问题进行实证分析。

一　物业服务企业更迭阶段的物业管理责任边界问题特点

物业服务企业更迭阶段，在物业管理项目交接、承接查验、遗留问题处理、物业服务企业撤场与进场等方面，形成具有一定普遍性的物业管理责任边界问题，共性特点主要有：

（1）边界问题具有一定的时效性；

（2）物业服务企业更迭时易形成新的边界问题；

（3）边界问题的相关政策、法律法规及标准相对缺乏；

（4）物业服务企业更迭时各相关方的边界不清；

（5）原物业服务企业形成的边界问题，将会遗留给新物业服务企业。

二　物业服务企业更迭阶段的物业管理责任边界问题实证分析

对物业服务企业更迭涉及的新物业服务企业、原物业服务企业和业主的物业管理活动进行梳理、分析，确定各相关方之间存在的物业管理责任边界问题，寻找预防、解决物业管理责任边界问题的方向和办法，并提出相应建议。

（一）新物业服务企业

在物业服务企业更迭过程中，新物业服务企业属于获取管理权一方，准备进入物业管理项目实施管理服务。这个过程将涉及物业管理责任边界问题。比如，管理权获取合法性、物业管理方案制订、遗留问题处理方案制订、管理操作人员准备、设备工具及物料准备、物业管理用房接收、房屋及设施设备基础资料和运行管理资料接收、标识体系建立与完善、与原物业服务企业的沟通协商等方面。该时期，需要新物业服务企业规范化操作管理，尽量避免产生新的物业管理责任边界问题，同时，及时解决原物业服务企业遗留的物业管理责任边界问题。比如，设施设备修缮、遗留工程处理、费用支付、遗留投诉问题处理、物业人员留用与离职处理等方面。

（二）原物业服务企业

在物业服务企业更迭过程中，原物业服务企业属于失去管理权一方，准备撤离物业管理项目。这个过程将涉及物业管理责任边界问题。比如，物业管理撤场方案制订，遗留问题处理方案制订，管理操作员工解雇与留用，设备、工具、物料撤场，物业管理用房交还，房屋及设施设备基础资料和运行管理资料交还，与新物业服务企业沟通协商等方面。该时期，需要原物业服务企业规范化操作管理，及时解决物业管理责任边界问题，尽量避免产生新的物业管理责任边界问题，即使撤离物业管理项目，因己方原因形成的物业管理责任边界问题，尚需承担相应责任。比如，处理好设施设备修缮、遗留工程、费用、投诉、物业人员留用与离职等方面的问题。

（三）业主

在物业服务企业更迭过程中，业主对物业服务企业更迭具有决定权；业主对新旧物业服务企业交替过程中产生的问题、发生的矛盾负有协调解决的责任。该时期，在物业管理责任边界问题方面，业主扮演着非常重要的角色。关于物业管理责任边界问题，除物业服务企业与业主之间的物业管理责任边界问题外，还有物业服务企业与其他相关方之间的物业管理责任边界问题。实质上，它们均应该由业主负责处理。但是，在实际管理服务过程中，往往是由物业服务企业代替处理。比如，与垃圾清运企业及专业经营企业之间的工作，与快递、家政服务、装饰装修及专业修缮等供应商之间的工作，与政府相关行政部门及街道、居委会之间的工作等。

综上所述，物业服务企业更迭时，物业管理处于非常规运营管理状态。在实际管理过程中，容易产生矛盾纠纷，导致原有物业管理责任边界问题没有解决，又产生新的物业管理责任边界问题，如在管理权合法性、原标准与管理模式延续和新标准与管理模式提出等方面。无论是在政策、法律法规及标准方面，还是在物业服务企业规范运行管理方面，以及业主实际操作、监督管理方面，都应该予以重视。应该进一步完善相应的操作管理规定和监督指导细则。

第六节　物业管理撤场阶段物业管理责任边界问题

物业管理撤场是物业管理供需双方在合同履行期满或经双方协商提前解除合同，按规定程序办理终止物业管理交接手续后，物业服务企业终止物业管理服务并撤出物业管理项目的过程。物业管理撤场阶段的合同终止，涉及的相关主体可能为建设单位、业主和物业服务企业三方。前期物业服务合同终止涉及的主体为建设单位和物业服务企业；这一阶段物业服务合同终止涉及的主体为业主和物业服务企业。该阶段，物业服务企业工作主要包括项目承接查验、项目交接、遗留问题处理等内容。

本节从物业管理撤场阶段的物业管理责任边界问题特点切入，对物业管理责任边界问题进行实证分析。

一　物业管理撤场阶段的物业管理责任边界问题特点

物业管理撤场阶段，部分物业管理责任边界问题已经形成，无法规避，必须处理解决。部分物业管理责任边界问题会于该阶段得到解决，部分物业管理责任边界问题还会存在，在撤场管理、遗留问题处置、人员安置等方面形成的物业管理责任边界问题具有一定普遍性，主要特点如下：

（1）历史遗留性边界问题多，盘根错节，难以厘清、判断及解决；

（2）边界问题成因错综复杂，存在时间长，处理解决需要综合考量；

（3）边界问题处理解决必须及时有效；

（4）物业管理撤场时易形成新的边界问题；

（5）在物业管理撤场阶段，部分边界问题已至处理解决的节点或得到处理解决。

二　物业管理撤场阶段的物业管理责任边界问题实证分析

物业管理撤场工作主要包括物业管理项目承接查验、物业管理项目交接、遗留问题处理等方面内容。物业管理项目承接查验，既是对原物业服务企业管理服务工作的评估，也是新物业服务业企业未来实施管理服务工作的基准点和依据。在物业管理责任边界问题方面，承接查验结果、进场及交接、撤场及交接、遗留问题处理等事项，均会成为物业管理责任边界问题的形成诱因和破解方向。

（一）物业管理项目承接查验

物业管理撤场阶段的承接查验，是在接受业主授权委托后，新物业服务企业对原物业服务企业的物业管理项目的现场管理状况、委托管理内容和资料管理状况等进行的检查验收。检查验收对象是原物业服务企业。按规定，物业服务企业接管的物业管理项目应符合相关标准。比如，房屋及设施设备完好并具备使用功能，物业管理用房、工具等符合条件，物业费收缴账目清晰等。在物业管理责任边界问题方面，查验形式、安排、过程、内容、结果等均会引发边界问题。比如，配备的承接查验人员的专业能力和数量，应满足物业管理项目检查验收的需求；承接查验时间应依据物业管理项目实际状况而定；承接查验应重点关注客户资料、收费情况、客户反映的问题、设备功能状况和遗留问题等方面的内容；承接查验记录应全面、详细、清晰、完整和准确；承接查验确认单应有原物业服务企业、新物业服务企业和业主三方的签字确认，避免由此引发新的物业管理责任边界问题。因此，该阶段是新物业服务企业解决原有物业管理责任边界问题的时间节点，也是规避新的物业管理责任边界问题形成的主要阶段，应予以重视。

（二）物业管理项目交接

物业管理项目交接是物业管理项目承接查验后，物业服务企业与业主交接物业管理项目的物业管理权的过程。物业管理权交接有两种形式：一种是，物业管理权由原物业服务企业移交至业主，再由业主移交至新物业服务企业；另一种是，物业管理权由原物业服务企业直接移交至新物业服务企业，此时，新物业服务企业须持有业主书面授权委托书。物业管理项目交接，涉及原物业服务企业、新物业服务企业和业主三个主体。原物业服务企业的工作主要包括物业管理项目交接和撤场；新物业服务企业的工作主要包括物业管理项目承接和进场；业主主要负责物业管理项目的承接、再交接或委托交接以及监督管理工作。物业管理项目交接过程产生的物业管理责任边界问题主要涉及物业管理移交方面的事宜。比如，物业管理项目交接协议、物业管理项目交接确认单及签收工作、物业服务企业的撤场与进场、物业服务企业交接与承接时间节点的确定、物业管理项目交接遗留问题的处理等。

1. 不撤场

不撤场发生在原物业服务企业方面，原因多是对新物业服务企业管理权获取、业主决定的事项、物业费支付和遗留问题处理等方面存在质疑或不满，试图以不撤场的形式促进问题的解决，或达到强行持有管理权的目的。这种情况下，交接双方极易形成对峙，给物业管理工作造成一定的负面影响。不撤场是一种极其不可取的方式，势必激化矛盾，不利于问题的解决，也会扰乱行业发展秩序。对此，应积极沟通或借助街道、行政主管部门等力量予以解决。此方面，《民法典》第九百四十九条规定："物业服务合同终止的，原物业服务人应当在约定期限或者合理期限内退出物业服务区域,将物业服务用房、相关设施、物业服务所必需的相关资料等交还给业主委员会、决定自行管理的业主或者其指定的人,配合新物业服务人做好交接工作,并如实告知物业的使用和管理状况。原物业服务人违反前款规定的,不得请求业主支付物业服务合同终止后的物业费;造成业主损失的,应当赔偿损失。"该条明确,物业服务合同终止后,物业服务方擅自不退出、不配合移交的,即使提供服务也不能收费,同时还可能要赔偿业主的损失。对此种行为,可考虑进一步加大对违规者的处罚力度,提高企业违规成本。比如,对于造成恶劣影响的企业,将其从物业管理行业中剔除。

2. 不进场

不进场发生在新物业服务企业方面,原因多是遗留问题多、边界问题形成风险大,物业管理项目不符合接管标准,或因业主或原物业服务企业原因导致不具备实施物业管理服务的环境条件,等等。对此,新物业服务企业应借助各相关方面的力量积极沟通解决,以为业主服务为核心拟定解决方案和措施。这是展示企业综合实力、服务理念、接管态度,并获得业主认可的绝佳时机。在物业管理责任边界问题方面,应尽量注意了解涉及原物业服务企业的物业管理责任边界问题,处理遗留的物业管理责任边界问题,同时规避新的物业管理责任边界问题产生。

3. 交接与承接的时间节点

交接与承接的时间节点应以合同的约定为主。一般情况下,无特殊约定,交接与承接的时间点为合同终止当日的 24 点,这也是管理权移交的时间点、物业管理责任边界的划分点。现实操作过程中,时有提前交接现象发生,此时,提前进场和提前撤场的物业服务企业双方,应详细、明确约定该时间段的管理责任承担者、管理责任范围、管理责任内容以及突发事件处理等事项。

(三) 遗留问题处理

无论查验、交接和承接等活动组织实施到什么程度,一定会有需要解决的遗留问题。这些遗留问题,原则上是留给了业主,但是,在实际管理过程中,还是需要新物业服务企业解决或协助配合解决。比如,欠缴和预收物业费、项目维修、投诉处理、客户问题处理、延伸服务和委托管理等方面的遗留内容。遗留问题处理解决的原则为遵循法规、执行标准，履行合同、坚守信誉，抓大放小、避轻就重，重视大局、维护秩序。实际操作时，要注意原则的灵活使用，涉事三方责任主体应协商，确定遗留问题的解决原则和方法，拟定遗留问题清单，逐条、逐项地制定处置细则，明确具体责任人、时间节点、追踪跟进和确认结果等事项。比如，欠费追缴委托新物业服务企业代为实施，但须明确以下内容：欠费人、欠费理由、欠费收缴人、收费标准、转交对象、收缴期限以及收缴无果后的处理办法等。在物业管理责任边界问题方面，遗留问题解决处理过程中易导致业主和新物业服务企业形成物业管理责任边界问题。应注意，在解决原物业管理责任边界问题的同时，尽量避免形成新的物业管理责任边界问题。

由于特殊的管理服务环境和条件，物业管理撤场阶段，一些物业管理责任边界问题依然存在，必须要解决，街道、政府行政主管部门又相对比较关注。所以，对于物业管理责任边界问题涉及的各相关方而言，该阶段是解决物业管理责任边界问题的良好时机，特别是对业主来说，此时问题解决得当可为日后减少矛盾和纠纷、营造良好生活居住环境奠定基础。该阶段的相关政策、法律法规及标准，除了要具体、详尽、适用并具指导性外，更需要具备一定的强制性。比如，对拒不进场、拒不撤场、恶意破坏公共财物、恶意毁坏管理结果、恶意煽动业主闹事等违法违规行为要严厉惩处。

第五章　日常物业管理视角下物业管理责任边界问题

日常物业管理工作内容，从企业管理角度，包括业务部门和职能部门两方面工作，职能部门工作包括行政管理、人力资源管理、培训管理、财务管理、市场拓展管理、企业文化建设等。业务部门工作一般包括客户服务、房屋及设施设备维修养护、秩序维护、环境维护等。就物业管理责任边界问题而言，该部分内容多、涉及面广。边界问题涉及的相关方有业主及物业使用人、政府行政部门和专业经营企业。在日常物业管理视角下，涉及的物业管理责任边界问题包含横向的项目管理和纵向的专业管理两个方面。第四章已从横向的项目管理角度对物业管理责任边界问题阐述，本章将从纵向的专业管理角度，对物业管理涉及的责任边界问题进行实证分析，归纳、总结、分析和思考物业管理责任边界问题在管理方面形成的根源，探索边界问题的解决思路和方案，为物业管理责任边界划定奠定基础。

第一节　客户服务方面物业管理责任边界问题

客户服务是为响应并满足业主和物业使用人需求而开展的一系列活动。客户指业主和物业使用人。客户服务工作包括入住、迁出、装饰装修等手续办理，接待管理，投诉处理，违规行为处理，档案管理，信息管理，满意度（率）调查，沟通管理，物业费收取以及特约服务等内容。可见，客户服务更多是直接面对客户群体，直接与业主及物业使用人打交道，直接展示物业服务企业的形象、专业能力和服务理念，是建立物业服务企业与客户良好关系的桥梁。物业管理责任边界问题涉及业主及物业使用人、政府行政部门和专业经营企业等相关方。

一　客服工作物业管理责任边界问题的特点

客服工作内容繁杂，大多需要与客户直接接触，是物业服务企业树立良好形象的关键环节。在客户接待、投诉处理、实际问题解决、与各相关方协调、安全防护措施管理等方面形成的物业管理责任边界问题具有一定的普遍性，主要特点如下：

（1）边界问题种类、形式多样且复杂；

（2）边界问题判定涉及范围广、主客观对象多；

（3）边界问题判定的干扰因素多且复杂，地域差异大；

（4）边界问题判定涉及的政策、法律法规及标准繁多，包含地方、行业、国家的相关规定和标准；

（5）边界相对难以界定，各方难以达成共识，方案难以执行落实。

二　客服工作物业管理责任边界问题实证分析

客户服务工作比较烦琐，涉及物业管理责任边界问题的内容自然多。本部分以物业管理责任边界问题为导向，选择部分重点内容，对其进行实证分析，旨在阐明客户服务工作物业管理责任边界问题的存在及缘由。

（一）合同外附加性工作

物业服务企业经常会承担政府行政部门、街道、居委会的指派性工作，无论是否属于物业管理范围内的工作、是否符合物业服务合同约定，物业服务企业只能遵照执行。据调查统计，合同外附加性工作主要有宠物伤人、私搭乱建、装饰装修违规、邮件快递件丢失、社区精神文明建设等。面对这些事项，物业服务企业是否应该承担？如果承担，物业服务企业应该承担什么责任？物业服务企业所应承担责任的程度？是直接责任还是间接责任？是主要责任还是次要责任？成本费用谁支付？是业主支付还是政府支付？面对这些问题，有的政策、法律法规及标准做出了规定，有的则没有。而有政策、法律法规及标准规定的，或阐述不清或规定不详细或无法操作落实。在物业服务合同中，对该部分内容的界定也相对宏观、模糊。实际工作中，一般情况下是物业服务企业无条件执行并承担相应的风险。

（二）业主违规行为处理

面对业主私搭乱建、装饰装修违规、电动自行车违规充电等行为，物业服务企业须承担上报责任，即物业服务企业将具体事宜上报政府相关行政部门即可免责。但是，在实际工作中，经常会受到报告时效、频次、方式等问题影响，导致物业服务企业需要承担相应的管理责任，接受行政处罚。更有甚者，即使合法合规处理，物业服务企业依然需要承担管理责任而被处罚。当然这属于执法方面的问题，而非边界界定问题，但确实掺杂着边界问题。业主违规行为是产生边界问题的重要诱因。比如，单元楼内浴室因地面防水问题漏水，导致楼下受损，责任界定前须清晰界定地面防水问题。地面防水问题涉及保修期、施工质量、防水材料等因素，目前保修期内有相应规定，其他方面则没有相关规定，干扰实际问题的解决。所以，对于这些问题，均须予以界定，明确涉事各相关方的责任边界，以利于在问题发生时能够及时准确判定相关主体的责任。

（三）物业费

《民法典》第九百四十四条规定："业主应当按照约定向物业服务人支付物业费。物业服务人已经按照约定和有关规定提供服务的，业主不得以未接受或者无需接受相关物业服务为由拒绝支付物业费。业主违反约定逾期不支付物业费的，物业服务人可以催告其在合理期限内支付；合理期限届满仍不支付的，物业服务人可以提起诉讼或者申请仲裁。"同时也规定："物业服务人不得采取停止供电、供水、供热、供燃气等方式催交物业费。"可见，物业费，即物业服务费用，是指业主购买或享受物业服务并按照物业服务合同的约定向物业服务企业支付的费用。支付物业费是业主最基本的合同义务，违反该义务应当承担相应的法律责任。

物业费收取是客服的主要工作，同时也是业主与物业服务企业间主要的矛盾点。一个主要原因是管理服务成本与管理服务成果方面等存在诸多不透明、不完善之处。物业管理成本方面，存在成本构成复杂混乱、费用使用和支付不透明等灰色区域；业主支付物业费方面，存在费用水平不符合预期、服务效果不满意等方面问题；企业专业管理方面，存在物业费定价机制、物业管理质量评估机制、物业服务企业评价机制、物业管理项目评价机制、业主欠费惩罚机制等方面内容的不足或缺失。综上所述，最后形成物业费收不上来，服务质量上不去，物业费更难收取的恶性循环。所以，目前物业费收取、支付过程形成的矛盾纠纷，无论是在企业层面还是在法律层面，都很难公平、公正、合理地解决。

业主拖欠物业费的行为构成违约的要件如下。（1）业主逾期没有支付物业费。（2）业主欠缺正当理由。业主逾期不支付物业费构成违约必须是欠缺正当理由。物业管理具有公共服务特性，业主不得以未接受或者无须接受相关物业服务为抗辩的理由拒绝向物业服务企业支付物业费。（3）物业服务人进行了催告。业主违反约定逾期不支付物业费的，物业服务企业可以催告其在合理期限内支付。一般情况下，在业主逾期未支付物业费时，物业服务企业都要先进行催告，而不是直接起诉业主。业主逾期不支付物业费的，物业服务企业可以通过协商、调解、诉讼或者仲裁等合法途径主张权利，但是无权采取停止供电、停止供水等措施。

物业费定价遵循的是政府指导价和市场调节价相结合的原则。在市场运作中，由于市场调节机制缺失，现实中也就只剩下政府指导价了，而政府指导价多涉及物业管理活动中的能源费用方面，再加上其他诸多因素，造成物业费标准长期未上调。但是，市场的人员、物料等成本费不断上涨，各个地方的社会平均工资标准不断上涨，导致聘用人员的保险基数不断上调，物业服务企业成本亦不断增加。市场经济发展至今，无论是政府指导价，还是社会平均工资标准的规定，都是在规范市场发展，而对于物业管理行业市场化发展而言，则有可能成为干扰和阻碍的因素。

《关于加强和改进住宅物业管理工作的通知》（建房规〔2020〕10号）第十一条完善物业服务价格形成机制中规定："物业服务价格主要通过市场竞争

形成，由业主与物业服务企业在物业服务合同中约定服务价格，可根据服务标准和物价指数等因素动态调整。提倡酬金制计费方式。城市住房和城乡建设部门要公布物业服务清单，明确物业服务内容和标准。物业行业协会要监测并定期公布物业服务成本信息和计价规则，供业主和物业服务企业协商物业费时参考。引导业主与物业服务企业通过合同约定物业服务价格调整方式。物业服务价格实行政府指导价的，由有定价权限的价格部门、住房和城乡建设部门制定并公布基准价及其浮动幅度，建立动态调整机制。"该规定相对全面地描述了物业费标准涉及的相关因素。但是，市场调节机制的具体执行和落实、从业人员定岗定资的市场机制等问题，尚需进一步落实解决。这是真正助力物业管理行业健康发展的核心要素。

（四）运营过程中发生的相关费用

从物业服务企业角度，物业服务合同约定内容之外发生的延伸服务成本，特别是有偿服务部分，应该收取相应的费用，并确定相应费用标准、方式及管理办法等。但是，客户不认可、不执行，从而形成客户和管理服务者之间的矛盾。比如，装饰装修押金、装饰装修管理费、装饰装修垃圾清运及消纳费等。费用是否可以收取、如何收取、收取标准等，不同区域的要求不同，不同企业执行情况各异，仅仅依靠市场很难解决。本着谁负责、谁承担、谁支付的原则，应在管理规约中明确规定，既便于执行操作，也可以减少不必要的矛盾纠纷，使物业服务企业的关注点落在服务质量上。

（五）邻里关系协调解决

《民法典》第二百八十八条规定："不动产的相邻权利人应当按照有利生产、方便生活、团结互助、公平合理的原则，正确处理相邻关系。"可见，相邻关系，是指不动产的相邻各方因行使所有权或者用益物权而发生的权利义务关系。维系客户邻里关系和睦是客服工作的重要内容之一。因宠物、噪声、占地、遮光、生活习惯等各种原因诱发的邻里纠纷，需要物业服务企业处理解决，这可能耗费较高的管理成本，而且处理的过程和结果直接或间接地影响业主对物业管理的满意程度。但是，该项工作是不是物业服务企业应该做的呢？在街道的行政职能中明确规定，街道负责辖区内民事调解，或指导社区居民委员会调解民间纠纷。在解决处理具体问题时，如确实需要物业服务企业协助，那么尚需政府行政部门予以明确规定，细化责任范围和界限，在物业服务合同中予以明确清晰体现，让业主了解物业服务企业在该类事件处置过程中所承担的范围、内容和责任。

（六）邮政管理

随着快递业务的高速发展，邮政业务与住宅小区物业管理之间存在一些需要界定的业务关系。在住宅小区，邮政业务的体现形式主要有将邮件放进邮政柜或快递柜或约定位置客户自取和将邮件直接送给客户两种。如此便给住宅小区的物业管理带来了边界问题，需要加以确定。比如，邮政柜或快递柜的清洁、安全巡视、维修养护谁负责，快递员如何进入住宅小区，邮政车辆行驶停放如何管理，快递员离开邮政车时的邮件安全谁负责，快递员入户的安全谁负责，放置在客户和快递员约定位置的邮件丢失、破损等事宜谁负责，因邮政业务形式发生变化所产生的相应费用是客户承担还是邮政方面承担等。面对此类物业管理责任边界问题，可以考虑在管理规约中做出清晰、具体、准确的规定。

综上所述，客服工作以客户服务为核心，涉及很多社会性工作，远远超出物业管理工作范围。但是，由此而发生的费用是由物业服务企业或业主承担；由此产生的物业管理边界责任问题是由物业服务企业承担。比如，宠物管理、业主间矛盾调解、室内装饰装修管理、垃圾分拣、污水排放等。这是业主不能真正享受到具有性价比的物业管理服务的原因之一，也是掣肘物业管理行业持续规范化发展的原因之一。要解决这类问题，须追根溯源，划分与确定物业管理责任边界。但是，该部分物业管理责任边界划分涉及的因素众多，是物业管理中比较难以界定划分的部分。

第二节　房屋及设施设备维修养护方面物业管理责任边界问题

房屋及设施设备管理是依据房屋及设施设备管理要求，通过技术、经济和组织等，对物业管理全寿命周期内房屋及设施设备进行的综合管理活动，是物业保值升值的核心工作，也是物业管理最具专业性的工作。房屋及设施设备管理主要包括制度管理、档案管理、计划管理、分包管理、施工管理、安全管理、维修保养管理和成本管理等内容。房屋及设施设备维修养护工作主要是对房屋及设施设备进行计划性维修养护、日常维修养护、抢修、急修、节能管理、绿色管理，以及配合进行更新改造、大中修等。物业管理责任边界问题涉及业主及物业使用人、政府行政部门和专业经营企业等相关方。

一　房屋及设施设备维修养护物业管理责任边界问题特点

房屋及设施设备维修养护是物业保值升值的重要工作环节，是物业管理的核心工作，具有较强的专业性，在各相关方之间、房屋及设施设备使用与管理、房屋及设施设备更新改造、安全防护等方面，形成具有一定普遍性的物业管理责任边界问题，主要特点有：

（1）边界问题地域差异大、专业性强；

（2）边界问题确定因素与专业性紧密联系，比如专业经营企业提供的供电、供水、供气、供暖等服务；

（3）小修（日常维修）与大中修、更新改造间的边界问题难以区分和界定；

（4）房屋及设施设备出现问题时，责任主体、主体责任难以确定，界定的干扰因素复杂；

（5）边界问题涉及的政策、法律法规及标准繁多，包含地方、行业、国家的相关规定和标准。

二　房屋及设施设备维修养护物业管理责任边界问题实证分析

房屋及设施设备维修养护专业性要求高，管理内容多，与客户生活工作质量和安全紧密相关，操作不当易引发客户的不满和投诉。本部分以物业管理责任边界问题为导向，就几项重要内容进行实证分析，旨在了解设施设备维修养护涉及的物业管理责任边界问题的基本状况。

（一）保修期

保修期分为建设工程保修期和物业保修期。建设工程保修期是指在正常使用条件下，施工单位对建筑工程出现的质量问题承担保修责任的期限。物业保修期是建设单位在物业交付使用后对业主承担保修责任的期限。保修期内，房屋及设施设备修缮责任归建设单位，维护工作由物业服务企业负责。因房屋及设施设备保修引发的物业管理责任边界问题比较普遍，解决难度大、耗时久。比如，设施设备发生故障时，是维护不到位、不及时所致还是施工质量、设备质量问题所致，就需要专业机构评估进行评估，这是一个比较复杂的过程，最终也不一定有结果；保修期结束后，设备正常使用过程中会出现质量问题、设备老化等，这时，需要使用物业费来支付维修成本，但物业费往往不足以覆盖，可是设施设备又没到大修程度，无法启动维修资金，此时的修缮责任、事故责任应该由谁承担？对此并没有明确详细的规定。结果，本应在保修期内通过维修可以解决的问题，只能等到大修和更新改造时才可能解决，如此，直接增加了设施设备维修成本。

（二）专项维修资金

住宅专项维修资金是业主共有的资金，专项用于住宅共有部分质量保修期满后的维修和更新改造。就房屋及设施设备管理而言，专项维修资金的使用应当高效顺畅，避免"沉睡"和"紧急"滥用。对此，业主和物业服务企业可能会观点相左。

虽然有相关的政策法规或规章约定了维修资金使用的条件，但是，实际操作难度很大。《住宅专项维修资金管理办法》（建设部和财政部令第 165 号）第三章仅规定了维修资金的使用范围。《北京市住宅专项维修资金管理办法》（京建物〔2009〕836 号）第三章虽对维修资金使用范围进行了细化，但还是相对宏观。如第二十一条规定，住宅共用部位的维修和更新改造范围包括"屋面防水层破损，顶层房间渗漏"，这里有两个问题需要注意：一是，屋面防水层破损到什么程度方可使用；二是，屋面防水层破损，但顶层房间没漏水时，是否可以使用。所以，专项维修资金的使用需要相应针对性的政策、法律法规及标准予以明确，并结合现场实际情况加以确定。但是，判断的条件和标准又受项目差异、地域差异、人为活动等因素干扰，较难落地使用。

大修及更新改造，需要动用专项维修资金时，涉及物业管理责任边界问题的原因就比较复杂。比如，是日常维修养护不善造成的，还是设备自然使用寿命已到期造成的，对此没有责任划分依据。最后可能的结果就是资金的浪费。这些都是维修资金使用困难的重要原因。所以，解决该问题，需要细化并形成易于操作执行的维修资金使用条件和标准，出台刚性政策，制定颁布强制性国家标准等。

专项维修资金使用，存在时而难以动用，时而快速大量使用的现象。一方面，相关政府部门、业主难以把握和决策；另一方面，有时物业服务企业不予配合。针对维修资金使用乱象，《关于加强和改进住宅物业管理工作的通知》（建房规〔2020〕10号）第十六条提高维修资金使用效率中规定："优化维修资金使用流程，简化申请材料，缩短审核时限。"第十七条健全维修资金管理制度中规定："提高维修资金管理机构专业化、规范化管理水平。"第十八条加大维修资金归集力度中规定："业主共有部分经营收益应当主要用于补充维修资金。逐步实行商品房与已售公房维修资金并轨管理。"这些内容，从政策层面对专项维修资金收取、使用和管理等方面做出规定，有利于减少业主与物业服务企业之间的矛盾纠纷。

（三）客户的能源使用

在业主和物业使用人使用能源过程中，物业管理责任边界问题较为普遍，不易解决。比如，业主用电时应与供电单位签署供电合同。《中华人民共和国电力法》第二十七条规定："电力供应与使用双方应当根据平等自愿、协商一致的原则，按照国务院制定的电力供应与使用办法签订供用电合同，确定双方的权利和义务。"而实际运作中，则是建设单位与供电方签订供电合同，作为直接利害关系人的业主则没有参与其中。所以在月电过程中，业主、物业服务企业对此没有话语权、决定权，只能被动接受。

住宅小区部分业主或其他用电者，有时会欠缴供电专业经营企业电费，原因多且复杂。供电专业经营企业采取的解决办法往往简单粗暴，就是要求物业服务企业代为支付，否则超过规定期限将停止供电，物业服务企业此时属弱势群体，只能被迫代替业主缴纳。虽有相关政策明确规定供电专业经营企业直接向用电者收取电费，但是并没有完全杜绝该现象发生。所以，尚需明确规定供电专业经营企业的违规责任及处罚方式，明确物业服务企业在用电缴费过程中各环节的职责，以维护业主、其他用电者、物业服务企业及供电专业经营企业的合法权益。

（四）维修养护

房屋及设施设备维修养护是物业服务企业的重要技术性工作，也是物业管理责任边界问题频发区，成因复杂，判断难，解决难。比如，进入住宅小区的供水、供电、供气、供暖设施设备属于全体业主的共用设施设备，维修养护由业主负责或委托物业服务企业负责，这是共识。如果高压配电室属于住宅小区的共用设施设备，维修养护费自然由业主支付。在住宅小区物业管理项目中分有高压配电室和没有高压配电室两大类，那么向供电专业经营企业缴纳电费时，有没有包含高压配电室的电费差价？《中华人民共和国电力法》第二十八条规定："供电企业应当保证供给用户的供电质量符合国家标准。对公用供电设施引起的供电质量问题，应当及时处理。"这里所提到的"公用供电设施"包括哪些并没有详细阐述，供电系统维修养护的物业管理责任边界也没有相应的规定。

1. 供电系统

住宅小区共用设施设备中的供电系统，路径走向可以简单理解为供电外网→高压配电室→低压配电室→输电电缆→单元配电盘→楼层电表→输电电线→入户供电。供电系统设施设备维修养护过程中，关于物业管理责任边界的划分，一般情况下，实际操作的责任区域划分是供电专业经营企业负责供电外网→高压配电室；物业服务企业负责高压配电室→低压配电室→输电电缆→单元配电盘→楼层电表；业主负责楼层电表→输电电线→入户供电。但是，在政策、法律法规及标准等规范性文件中，都没有对供电系统中的物业管理责任界限予以明确规定。

2. 供水系统

住宅小区共用设施设备中，供水系统中的生活水系统，供给形式一般分为市政直给、经过水箱或水泵供给和自采水三类。供水系统路径走向可以简单理解为供水外网→总水表→水箱或水泵→供水竖管→供水横管→楼层水表→供水横管→入户供水。供水系统设施设备维修养护过程中，关于物业管理责任界限的划分，一般情况下，实际操作的责任区域划分是供水专业经营企业负责供水外网→总水表；物业服务企业负责总水表→水箱或水泵→供水竖管→供水横管→楼层水表；业主负责楼层水表→供水横管→入户供水。但是，在政策、法律法规及标准等规范性文件中，都没有对供水系统中的物业管理责任界限予以明确规定。

3. 供暖系统

住宅小区共用设施设备中，供暖系统的供暖形式一般分为市政供暖、自采暖两类。关于供暖系统维修养护管理责任，从供暖设备的起始端到末端全部由供暖专业经营企业负责，有明确规定。但是，在实际管理操作中，经常会发生供暖设备末端的散热器维修更换责任界定不清的问题，现实操作往往是以散热器是否移动、改造过等作为管理责任界定条件，尚不能很好地解决实际问题，应从政策、法律法规及标准层面对维修、更换方面的物业管理责任边界予以详细明确划定。

4. 燃气系统

住宅小区共用设施设备中，燃气系统的设施设备维修养护物业管理责任边界相对比较清晰，即燃气系统设施设备维修养护全部由燃气专业经营企业负责。但是，在燃气设备实际使用中，燃气公司只是定期或偶尔维修、检查，物业服务企业实际起到了一定的配合作用。因此，对物业服务企业配合燃气专业经营企业开展工作的内容、范围、责任等事项应该予以界定，以使业主、燃气专业经营企业和物业服务企业明确各自的责任、权利和义务。

（五）电梯维修养护

电梯维修养护是对运行的电梯部件开展定期检查、加油、清除积尘、调试安全装置等相关专业性活动。电梯的维修保养由专业电梯维修养护企业完成。依据国务院公布的《特种设备安全监察条例》第三十二条："电梯的日常维护保养必须由依照本条例取得许可的安装、改造、维修单位或者电梯制造单位进行"，物业服务企业没有权利对电梯进行维修养护，必须聘请具有资质的专业电梯维修养护企业实施。各地方均遵循该条例拟定本地方的电梯维修养护工作管理办法。

实际上，物业服务企业接受业主的委托，代替业主聘请有资质的专业电梯维修养护企业对电梯实施维修养护工作。但是，发生电梯伤害事故时，物业服务企业在完成本职工作的前提下，往往还需要承担一定的管理责任，这样的案例时常发生。比如，电梯门夹人、电梯突然快速降落伤人、电梯急停伤人、电梯失控伤人等。虽然，电梯维修养护由具备资质的电梯维修养护企业负责，物业服务企业仅仅是聘请企业并对其进行监管，但还是要承担一定的管理责任。

电梯的使用和管理直接关系客户的生命安全，因此，关于电梯维修养护的管理责任划分必须明确，厘清业主、电梯维修养护企业和物业服务企业在电梯管理方面的责任、权利和义务，以切实解决电梯使用者与维修养护者之间的物业管理责任边界混乱不清的问题。

（六）小修与中修、大修

住宅小区共用设施设备的日常维修（小修）与中修、大修之间物业管理责任边界如何确定，是依据设施设备使用年限，还是依据修缮发生的综合费用或更换配件的单价，还是依据设施设备功能状况等，没有相关的政策、法律法规及标准予以明确规定。为此，有的地方设置了专项维修资金使用绿色通道，规定了部分设施设备在什么状态下可以使用专项维修资金，以解燃眉之急。但是该措施并没有从根本上解决专项维修资金使用问题，也没有清晰划分小修、中修与大修之间的界限。

对于非住宅物业管理项目，实际运作中，一般在物业服务合同中约定，设施设备修缮费在500元或1000元以下的，修缮由物业服务企业负责；设施设备修缮费在500元或1000元以上的，修缮由业主负责。但是，如何确定设施设备修缮费用，是按照修缮事项单体价格还是按照修缮事项的综合价格，也是各相关方争论的焦点。

大、中、小修物业管理责任界限的划分非常复杂，涉及修缮具体设备状况、修缮工作量及难度、修缮成本、费用定额等因素。但是，这又是必须要解决的问题，是否能快速、合理、规范解决直接关系到业主的满意度。笔者认为，具体解决该问题可以从三个方面予以考虑：一是编制大、中、小修物业管理责任界限划分清单；二是修订物业管理费的构成；三是借鉴保险经营管理模式，用保险模式代替专项维修资金。

综上所述，关于设施设备维修养护，物业服务企业应该做的工作，是保证物业实现保值升值的目标。但是，要实现保值升值目标，首先要对房屋及设施设备维修养护的物业管理责任边界进行划分，且划分必须要清晰、准确、合理，相关责任主体必须要明确。比如，设施设备自然损坏与维修养护导致损坏的界定，小、中、大修间的边界，电梯维修养护企业的维修养护与物业服务企业协助管理之间的界限，物业费与专项维修资金使用的界限等。这是实现物业保值升值目标的基础保障，直接关系到物业管理的核心。从该角度看，房屋及设施设备维修养护物业管理责任边界的确定，是物业管理责任边界划分中最重要的部分。

第三节　秩序维护方面物业管理责任边界问题

秩序维护管理是协助政府行政部门为保证和维护物业服务区域内公共安全和公共秩序而开展的综合管理活动。秩序维护管理包括公共安全防范管理、消防管理、停车管理三个方面。管理模式包括自行管理、外包管理和混合管理。秩序维护管理内容包括计划管理、档案管理、制度管理、标志管理、巡视检查管理、安全管理、应急处置和外包管理等。"秩序维护员"一词，是中国物业管理协会于 2008 年根据物业服务企业秩序管理人员的工作性质，将"保安员"一词修改而成，意在区分"安全管理"和"协助安全防范"，旨在明确物业管理的秩序维护特征。物业管理责任边界问题涉及业主及物业使用人、政府行政部门和专业经营企业等相关方。

一　秩序维护物业管理责任边界问题特点

治安、交通等秩序维护是客户直接感知物业服务企业管理服务的关键环节之一，是客户获得安全感的基础。其中，安全防范管理、消防管理、停车管理等方面形成的物业管理责任边界问题具有一定的普遍性，主要特点如下：

（1）秩序维护管理工作责任重大，边界不清，难以判定；

（2）无条件承担的边界外的秩序维护管理工作相对较多，易产生矛盾纠纷；

（3）秩序维护与社会安全责任相融合，难以清晰界定；

（4）物业服务区域的消防安全管理是城市消防管理的末端，与消防管理存在必然的内在联系，边界难以区分；

（5）消防管理方面的政策、法律法规及标准，对于物业管理而言，难以落实；

（6）关于物业服务区域内车辆行驶、车辆停放等事宜，缺乏针对性政策、法律法规及标准。

二　秩序维护物业管理责任边界问题实证分析

秩序维护工作，是客户感受物业服务企业的服务理念、服务态度的重要环节，易产生纠纷、不满和投诉，涉及物业管理责任边界问题的事项多，对物业管理从业人员遵法守法性、安全管理意识、灵活处理问题的综合能力要求高。本部分以物业管理责任边界问题为导向，对秩序维护工作中安全、消防、车辆等方面的管理活动进行实证分析，了解、确定秩序维护涉及的物业管理责任边界问题，为边界划分做相应准备工作。

（一）安全防范管理

安全防范管理是协助政府行政部门，为保障物业服务区域内物业运行、灾害预防、施工监管等的安全而开展的综合管理活动。安全防范管理的工作对象为危害源、危害载体以及危害承载体，涉及预防、准备、应对、恢复四个方面。安全防范管理的内容包括出入管理、公共安全秩序维护、灾害防治、施工现场管理、应急处置和标志管理等。从工作范围和内容可见，安全防范管理是物业管理责任边界问题的多发区。比如，物业服务企业、政府行政部门、业主等各相关方，习惯性地将安全防范管理工作视为物业管理项目的安全保障，物业服务企业更是习惯于将物业管理项目的安全管理视为己任。没有执法权的秩序维护人员做的却是需要执法权予以支持和保障的秩序维护工作，可以想象该项工作的难度与复杂性，这必然会成引发业主和物业服务企业间的矛盾，形成物业管理责任边界问题。

物业服务区域内的安全防范管理并不等同于社会安全管理。何时见到，公安机关对社会安全管理责任进行区域划分？比如，住宅小区范围内的安全管理责任归物业服务企业，范围外的安全管理责任归公安机关，如此一来，住宅小区的治安管理便不归公安机关负责。物业服务区域内的安全防范管理是社会安全管理的末端，可以在主体工作和协助工作等方面进行相应分配，不能将治安管理责任按区域进行人为的分割。

《物业管理条例》第四十五条规定："对物业管理区域内违反有关治安、环保、物业装饰装修和使用等方面法律、法规规定的行为，物业服务企业应当制止，并及时向有关行政管理部门报告。有关行政管理部门在接到物业服务企业的报告后，应当依法对违法行为予以制止或者依法处理。"第四十六条规定："物业服务企业应当协助做好物业管理区域内的安全防范工作。发生安全事故时，物业服务企业在采取应急措施的同时，应当及时向有关行政管理部门报告，协助做好救助工作。"其实，该规定已将物业管理项目安全防范管理的责任做了宏观划分，即政府行政部门是安全管理的责任主体，物业服务企业仅起辅助性、协作性作用。

业主被盗、遭遇抢劫、打架斗殴或闲杂人员进入物业管理项目等事宜，均会构成业主拒绝支付物业费的理由，甚至有业主因此将物业服务企业告上法庭。面对这些事项，物业服务企业应如何处置，物业服务企业应承担什么责任，是解决问题的关键点。

安全防范管理责任边界的不清晰，是物业管理行业发展至今，业主与物业服务企业间形成矛盾的一个重要原因。在物业管理实际运作中，关于安全防范管理，尚有诸多边界性内容、细节、焦点等需要予以明确、权威的规定，如发布相关的国家政策、法律法规、强制性国家标准等。安全防范管理的性质、范围、内容以及采用的措施等事宜，应予以明确规定。如物业服务企业应如何协助、配合公安机关工作，物业服务企业协助、配合公安机关工作的规定和要求，物业服务企业在协助、配合过程中应该承担的责任等，均需要予以明确。现行政策、法律法规及标准，是否适合实际的安全防范管理工作，是否需要重新定位、重新调整等，尚需物业管理行业进一步探讨研究。

（二）消防管理

消防管理是协助政府行政部门，为保障物业服务区域内火灾预防、火灾处置等活动的进行而开展的综合管理活动。消防管理的内容包括消防知识宣传、消防安全检查、监控值守、标志管理、应急处置、志愿消防队伍建立、消防管理制度完善以及消防设施设备的维修保养等。2021年修订的《中华人民共和国消防法》第十八条规定："住宅区的物业服务企业应当对管理区域内的共用消防设施进行维护管理，提供消防安全防范服务。"2010年国家质量监督检验检疫总局和国家标准化管理委员会发布的《建筑消防设施的维护管理》规定了建筑消防设施维护管理的内容、方法和要求。物业管理中与消防有关的政策、法律法规的特点是专业要求高、内容详尽、事项多、宏观规定多、责任承担范围大、投入大、惩罚严厉等。但是，在实际运作管理中，存在执行落实难、责任边界判定划分难等问题。更关键的是，存在消防管理和监督管理的职责不对等的问题。如果按照现行消防管理的政策、法律法规及标准对物业管理项目的消防管理状况进行评估，能够满足标准要求的物业管理项目只会很少，绝不会多。

发生火灾造成损失时，谁承担责任，承担什么责任，承担多少责任，判断因素极其复杂，相关责任很难界定。比如，消防泵启动时间要求、消防水箱补水速度规定、火灾状况判断与报火警的时间要求、消防车到火灾现场的时间规定、志愿消防队救火规定等，均与火灾损失、火灾责任密切相关。但是，现行相关政策、法律法规及标准等文件，很难对相应内容予以明确的规定和要求。《建筑消防设施的维护管理》6.1.4中规定："消防安全重点单位每日巡查一次"，按这一要求，物业服务企业很难定岗定编，因为住宅小区、楼宇的消防设施配备情况各有不同，差异大。6.1.2中规定："从事建筑消防设施巡查的人员，应通过消防行业特有工种职业技能鉴定，持有初级技能以上等级的职业资格证书；"对于物业服务企业而言，这一条很难执行。物业管理属于人员密集型且门槛较低的服务行业，管理服务资金依赖于业主支付的物业费。没有强制性要求，业主不会单独支付相关费用，那么，专业人才的高成本如何解决？只有规定而没有相应的、具体的支撑性措施，法律法规只能束之高阁。《建筑消防设施的维护管理》对"巡查"的解释是对建筑消防设施直观属性的检查，直观属性检查的结果与消防设施功能状况并不一定存在直接必然联系，即检查结果正常并不能保证消防设施功能正常。《国务院办公厅关于印发消防安全责任制实施办法的通知》（国办发〔2017〕87号）第十八条规定："物业服务企业应当按照合同约定提供消防安全防范服务，对管理区域内的共用消防设施和疏散通道、安全出口、消防车通道进行维护管理，及时劝阻和制止占用、堵塞、封闭疏散通道、安全出口、消防车通道等行为，劝阻和制止无效的，立即向公安机关等主管部门报告。定期开展防火检查巡查和消防宣传教育。"此规定很清晰，但是，实际操作很难，楼道占用、堵塞现象屡禁不止，难以达到法律法规所设想的消防管理效果，原因直接涉及业主义务的履行情况。

消防管理的执法标准不统一，执法尺度不一致。比如，消防标识使用、消防通道设置、电动自行车管理、消防设备使用等消防管理活动，因消防管理监督检查者不同，检查结果各异，有时消防管理者还面临约谈或行政处罚。这给消防管理工作带来很大困扰，也额外增加了管理成本，是阻碍消防管理工作顺利开展的症结之一。其形成原因较复杂，如地域的差异性，政策、法律法规及标准理解的差异性，物业管理项目构成的复杂性，执法人员的主观性等。建议编制《消防监督管理检查指南》，并应充分考虑该指南的指导性、操作性和适用性。该指南应尽量实现消防管理标准与监督检查标准的统一，从而提高检查者的专业水平，减少、修正检查者的主观判断行为，同时，提升全民参与消防活动的积极性，提高消防管理的实际效果。

类似政策、法律法规及标准束之高阁的现象很普遍，不能为了制定法律法规而制定法律法规，为了编制标准而编制标准，要确实满足并引导、帮助消防管理工作开展，在现实物业管理中真正做好消防管理，从而保障人民的生命安全，避免人民财产的损失。

（三）停车管理

停车管理是维护物业服务区域内行车、停车秩序和管理停车场（库）设施设备及相关场地的综合管理活动。停车管理的内容包括车位规划与分配、车辆出入管理、车辆停放管理、停车收费管理、应急处置和标志管理等。物业服务区域内的车辆，由物业服务企业的秩序维护员实施车辆出入登记、行驶指挥、车辆巡查、车辆停泊等管理。物业管理项目中的车辆行驶与停泊管理是业主与物业服务企业间的矛盾焦点，特别是车辆停泊，由于车位资源有限，显得尤为突出。但是关于车辆行驶与停泊方面的管理，物业服务企业应承担什么管理责任，暂无相关法律法规方面的详细、具体规定，尚需深入分析探讨。

住宅小区道路上，秩序维护员对服务区域内行驶的车辆是否有指挥权，能否代替交通警察行使交通指挥权，小区内发生交通事故应由谁负责，没有相关法律法规规定。发生事故时，不可避免地要划分相应责任，而该责任是物业服务企业应该承担的吗？不能一概而论。

《关于推动城市停车设施发展的意见》（国办函〔2021〕46 号）第十一条规定："鼓励居住社区在保障安全和满足基本停车需求的前提下，错时向社会开放停车设施。鼓励城镇老旧小区居民夜间充分利用周边道路或周边单位的闲置车位停放车辆。"该政策，涉及决定主体、建筑红线内安全责任、管理者、费用收取等方面的问题，需要各相关方认真贯彻落实。

住宅小区车位资源紧张，物业服务企业也无能为力。虽在管理细节方面尽量做到位，但也只是杯水车薪，毕竟车位配备已定，停车管理只能解决局部问题。可以考虑，由相关行政主管部门拟定车位分配办法、标准，以供需求者、使用者和管理者参考。

在物业服务企业对停泊车辆管理的内容和程度上，是对车辆保管还是仅仅提供车辆停泊场地，在发生车辆被盗、停泊车辆内物品丢失时，该职责范围直接影响物业服务企业所承担的管理责任。车主占道停泊、跨位停泊、占位停泊等违规停泊行为，应该由谁负责管理，如由物业服务企业负责管理，其是否有执法权，对此没有相关法律法规规定。交通警察的职责仅仅是负责住宅小区建筑以外的交通管理。当然，该方面规定和要求可以考虑在管理规约中予以添加。

对于物业管理而言，停车场（库）管理属于有偿服务，即适用谁享用谁支付的原则。物业费中不包含停车管理费，停车管理费需单独向泊位车主收取，该费用分为停车场（库）共用设施设备管理费和车位管理费两部分。从停车管理费构成中，可以辨析泊车物业管理责任边界问题。在完成泊车管理规定动作后，一般情况下，因车辆停泊而发生的相关事宜与物业服务企业基本没有关系，然而，在实际管理服务过程中却不尽然。

住宅小区的禁停、限速、限高、导向等车辆交通标识，在物业服务企业接管住宅小区时，已经由建设单位规划安装完毕并通过竣工验收。但是，在实际管理服务中，物业服务企业还会因标识设置、安装等问题，承担相应管理责任。面对物业管理这一新兴行业，诸多政策、法律法规及标准尚在健全、完善过程中，执法依据混乱是必经过程，但从自治角度出发，完善管理规约还是应该率先做到的。

综上所述，在实际管理中，在秩序维护工作方面物业服务企业经常代替公安机关行使权力。所以，就秩序维护工作而言，物业服务企业始终处于做也不是不做也不是的尴尬地位，这成为矛盾纠纷和投诉的焦点、物业管理责任边界问题多发区，也就不足为奇。秩序维护物业管理责任边界问题，实际也是我国在改革开放过程中，由计划经济向市场经济转变的遗留性问题。比如，秩序维护无边界性外延，物业服务人员在无执法权的情况下开展执法工作，物业服务人员参与物业服务合同约定之外的秩序维护工作等。在现行的管理框架下，将秩序维护与社会治理、各相关方的物业管理责任边界划分清晰，虽然是一件非常难的事情，却是一件非常重要且有意义的工作。因此，必须从历史发展的角度来看待和处理该问题。

第四节　环境维护方面物业管理责任边界问题

环境维护工作包括卫生清洁、绿化养护两部分内容。环境维护专业性工作主要包括卫生清洁、防疫、垃圾分类、垃圾收集清运和绿化养护等；管理工作主要包括人员管理、财务管理、资料管理、质量管理、台账管理和工具药剂肥料管理等。工作矛盾主要集中表现在为客户提供干净、舒适、绿色的办公生活环境方面。物业管理责任边界问题涉及业主及物业使用人、政府行政部门和专业经营企业等相关方。

一　环境维护物业管理责任边界问题特点

环境维护工作与客户的生活、办公活动息息相关，是客户直接感知物业服务企业管理服务的关键环节之一。在环境污染、低碳管理、药剂使用、安全防护措施管理等方面，形成具有一定普遍性的物业管理责任边界问题，共性特点主要有：

（1）卫生清洁、绿化养护方面的边界问题相对清晰、简单；

（2）绿化养护方面的责任边界相对容易确定；

（3）环境污染方面的边界问题难以辨析、判定；

（4）垃圾分类职责区分、界定相对简单，但是难以追责；

（5）保护性植物养护边界不清晰，边界问题解决有难度。

二　环境维护物业管理责任边界问题实证分析

环境维护工作是客户生活、工作环境的基本保障，是客户直接感知服务专业性、服务理念、服务态度的重要环节，工作开展得不好易造成客户的不满和投诉。本部分以物业管理责任边界问题为导向，对卫生清洁、绿化养护管理活动进行实证分析，了解和确定卫生清洁、绿化养护涉及的物业管理责任边界问题，为划分界限做相应准备工作。

（一）保洁管理

保洁管理是保障和保持物业服务区域内环境卫生的综合管理活动。从保洁区域角度，保洁工作可划分为室内保洁和室外保洁。室内保洁可分为入室保洁、公共部位保洁和清洁高空作业三种类型；室外保洁的范围则分为建筑红线内和建筑红线外两个区域。从保洁内容角度，保洁工作可划分为开荒保洁、日常保洁、专项保洁三种类型。保洁管理模式包括自行管理、外包管理和混合管理三种类型。保洁管理工作内容主要包括人员管理、财务管理、计划管理、制度管理、标志管理、安全管理、应急处置、台账管理和外包管理等。保洁管理涉及的物业管理责任边界问题有很多，相对清晰，但不易划分界定。

清洁高空作业。清洁作业面距离地面多少米以上才属于高空作业，其界定直接关系到清洁现场操作和服务费定价，国家标准《高处作业分级》（GB/T 3608-2008）规定，高处作业为在坠落高度基准面 2 米或 2 米以上有可能坠落的高处进行的作业。根据这一规定，在卫生清洁中涉及高处作业的范围是相当广泛的。在卫生清洁时，若在 2 米以上的架子上进行操作，即为高处作业。如按此规定执行，一是操作人员须持有高空作业证方可上岗，现实管理中无法实现；二是卫生清洁成本费增加，与实际成本管理会有出入，客户也不会认可。所以应结合清洁作业特点拟定清洁高空作业管理规定。

"门前三包"。"门前三包"一般涉及建筑红线外区域，不应由该区域的业主负责，但现实中则不然，大多物业服务企业承担了这一工作。这是物业服务企业代替业主额外承担的社会工作，是计划经济遗留给社会主义市场经济的问题。纳税人、纳税企业缴纳相应税赋后，已经承担了相应的责任，而"门前三包"发生的成本费用实际上是由业主或物业服务企业承担。如果"门前三包"与退红线留下的区域是吻合的，这又涉及退红线管理责任问题，那么应该有相关的规定。

碳排放。物业服务企业接受业主委托，使用燃气锅炉为住宅小区业主供暖。二氧化碳排放总量超过规定指标时，环保部门行政处罚的对象是物业服务企业。这里，消费者、受益者是业主，二氧化碳超标排放的行政处罚对象自然不应该是物业服务企业。还有，碳排放指标设定是否合理，是否能够满足业主的正常生活需求等，尚需探讨。

（二）防疫管理

防疫管理在物业管理中通常称为消杀管理，是对物业服务区域内有害生物进行防治的综合管理活动。防疫管理的对象主要是细菌、病毒和老鼠、苍蝇、蟑螂、蚊子、白蚁等有害生物。预防有害生物是物业服务企业的本职工作，其接受爱卫会、街道、居委会等机构的监管。现实管理中，由于政策、法律法规及标准等方面原因引发的物业管理责任边界问题比较常见。比如，鼠药盒摆放的位置一般为室内、室外公共区域。室内主要是楼道、机房等；室外主要是散水、绿地等。通常将鼠药盒摆放在物业机房，与客户接触少，相对安全。也有将鼠药盒摆放在楼道、绿地等位置的，易引发幼儿、小动物误食等事件。发生误食事件，物业服务企业必然要承担管理责任。但是，关于鼠药盒具体摆放位置没有相应规定，由物业服务企业自行决定。简单办法就是在管理规约或物业服务合同中予以规定。

物业服务企业的防疫管理在新冠疫情防控过程中发挥了重要作用，物业管理项目成为疫情防控管理的重要基础单元。疫情防控实际工作中，广泛涉及物业管理责任边界问题。在 2003 年 SARS 病毒、2020 年 NCP 病毒的防控过程中，物业服务企业产生了较大成本支出，承受来自政府、业主等相关方的巨大压力。对于新冠疫情防控费用，相关行政部门以各种形式给予了一定补贴，但杯水车薪，而且大部分物业服务企业并没有享受到，相关成本支出多为物业服务企业自行消纳解决，给企业运行带来很大压力。疫情防控期间，部分企业受到行政处罚，处罚的事项不尽相同，原因各异，企业意见较大。事后总结，处罚多为临时性决定，责任边界划分不明确。疫情虽属不可抗力引发的突发性事件，但疫情防控方面国家有相关的法律法规，只是要求相对宏观、可操作性差，部分企业没有有效执行和落实。比如，配合卫生防疫中心工作的规定、范围、要求和标准，疫情防控上报机制，疫情防控措施合理性，疫情防控专业作业指导与培训等。围绕疫情防控的物业管理责任边界问题，值得深入探讨，以更好保护人民群众的生命财产安全。《中共中央 国务院关于新时代加快完善社会主义市场经济体制的意见》第六项"坚持和完善民生保障制度，促进社会公平正义"中规定："完善优化重大疫情救治体系，建立健全分级、分层、分流的传染病等重大疫情救治机制。完善突发重特大疫情防控规范和应急救治管理办法。"这可能会解决物业服务企业在疫情防控中的角色、运作管理等问题；可能会避免只干活没人管、只付出没人认可、只投入没有回报，以及既尽职尽责又承担责任等现象的发生。

（三）垃圾管理

垃圾管理是对物业服务区域内的垃圾按规定或标准进行分类投放、收集、储存和清运等。垃圾管理可以分为垃圾分类、垃圾收集、垃圾清运和垃圾消纳几个环节，各环节均与物业管理责任边界问题相关联。

1. 垃圾分类

客户是垃圾的制造者，垃圾分类是客户的责任。实际运行管理中，则是物业服务企业负责垃圾分拣，承担垃圾分类的部分管理责任，并且直接面对相关行政部门的行政处罚。这里，物业服务企业的职责应归为协助政府行政部门监督管理，对此，在国家、地方、行业层面均缺失相应的规定。直接的结果就是物业服务企业管理成本增加，更重要的是让客户误以为垃圾分类与他们无关，做不好也是物业服务企业的责任，不利于培养客户自觉垃圾分类、主动承担责任的意识。这与垃圾分类管理的本意相违背。

2. 垃圾收集和垃圾清运

垃圾收集和垃圾清运是对物业服务区域内的垃圾进行收集和运输的活动，就是将垃圾归集到固定位置，然后运送到指定的垃圾中转站的过程。一般情况下，垃圾中转站是由市政环卫专业经营企业负责。那么，市政环卫专业经营企业是到户收取垃圾还是在垃圾中转站收取垃圾，这就需要厘清垃圾处理的各环节和内容，合理地界定住宅小区与市政环卫专业经营企业之间的垃圾收集和清运界线。两种垃圾收取形式之间的费用并没有差别。垃圾处理专业经营企业分一般为国企和私企。部分区域，私企是无法进入收集垃圾的，或者仅由政府选聘的企业全面负责。关于规则，私企、业主和物业服务企业仅能遵从。

3. 垃圾消纳

垃圾消纳是将物业服务区域内的垃圾按照规定运输至垃圾处理场进行处理的活动，就是将垃圾按照规定运输至垃圾处理场，对垃圾进行焚烧、填埋、分解等的过程。从物业费构成来看，物业费中包含的是垃圾收集和清运费用，而不是垃圾消纳费用，这两笔费用的性质不同、差额很大，但物业管理各相关方经常混淆垃圾收集清运和垃圾消纳两个概念。对此，尚需在相关政策、法律法规及标准中予以明确规定。

对于大件垃圾的处理。大件垃圾处理是住宅小区垃圾管理的难点，随着国民生活水平的日益提高，大件垃圾产生量也在逐渐增加。现实物业管理中，大件垃圾处理基本由物业服务企业负责。但是物业服务合同中少有清晰约定。物业费构成中，关于垃圾费，一般是指普通垃圾的处理费用。所以，需要界定大件垃圾，需要明确大件垃圾处理措施、相关费用标准以及管理责任主体。

对于室内装饰装修垃圾的处理。室内装饰装修垃圾属于建筑垃圾。室内装饰装修垃圾处理是将物业服务区域内的室内装饰装修垃圾按规定或标准分类投放、收集、储存和清运的管理活动。物业费构成中不包含室内装饰装修垃圾处理费。室内装饰装修垃圾属于有偿服务过程中产生的，对其处理过程产生的费用，应由装修人负责支付。对此，不同地区的规定具有一定差异，应在政策、法律法规及标准或管理规约中予以清晰明确规定。

（四）绿化养护

绿化养护管理是保障和保持物业服务区域内绿化环境的综合管理活动。绿化养护管理模式一般包括自行管理、外包管理和混合管理三种类型。绿化养护管理内容主要包括人员管理、财务管理、计划管理、制度管理、巡视检查管理、标志管理、防治管理、安全管理、应急处置、绿化养护台账管理和外包管理等。

绿化养护管理涉及物业管理责任边界的问题相对比较少，容易解决。关于住宅小区植物的具体管理，由物业服务企业负责，而需要采伐时，则需要经过园林主管部门审批。住宅小区内有国家级保护植物的，园林部门负责挂牌监督管理，具体养护工作由物业服务企业负责，即物业服务企业既要承担绿化养护费用又要承担绿化养护责任。由于物业服务企业的绿化养护技术水平参差不齐，实际绿化养护效果不如人意，而业主是否有能力出资聘请专业人员养护国家级保护植物，答案肯定是否。这些因素，都会直接或间接地影响绿化养护管理质量，最后转化成绿化养护责任边界问题。可见，物业服务企业配合园林主管部门进行绿化养护的工作流程、范围和职责，上报机制，技术培训、技术支持等方面内容，均需要有政策、法律法规及标准或管理规约予以明确规定。

绿化养护会产生大量的绿化垃圾，处理绿化垃圾将产生相应费用。一般情况下，在垃圾费和绿化费构成中都不包含该笔费用，该笔费用也不进行单独核算。实际运行管理中，该笔费用较大。所以，关于绿化垃圾处理，应该有相关政策、法律法规及标准予以规定。

综上所述，环境维护物业管理责任边界问题多与城市管理、园林绿化密切相关。具体涉及边界问题的事项相对简单，主要为社会快速发展过程中产生的问题，与政策紧密相关。比如，空气污染、污水排放、碳排放、垃圾处理、植物保护等方面问题。预防和解决环境维护责任边界问题的干扰因素有工作习惯、生活习惯和习俗等。解决环境维护责任边界问题，必须从政策、法律法规及标准方面切入，划定相关环境维护责任边界，或者在管理规约中予以规定。

第五节　职能部门物业管理责任边界问题

物业服务企业职能部门的工作主要包括行政管理、人力资源管理、培训管理、财务管理、市场拓展管理、企业文化建设等。业务范围涉及税务、人社、公安、质监、住建等多个政府行政部门及其派出机构。物业管理责任边界问题涉及业主及物业使用人、政府行政部门和专业经营企业等相关方。

一　职能部门物业管理责任边界问题特点

物业服务企业职能部门与群众、政府、社会的接触相对密切，其服务过程是社会信誉建立的重要环节。物业管理责任边界问题涉及的工种多、人员多、事项多、机构多，形成原因复杂，在安全管理、规范管理、实际问题解决、协调配合管理、合同履行等方面，形成具有一定普遍性的物业管理责任边界问题，共性特点主要有：

（1）边界问题构成较复杂，主客观因素多；

（2）边界问题形成原因复杂，具有一定社会性，有历史遗留问题、社会发展中的问题、政策法律法规方面的问题等；

（3）社会发展环境对边界问题的形成与解决影响较大；

（4）边界问题涉及政策、法律法规面广且多，沉淀时间长，解决困难；

（5）边界问题的解决，受处理问题的具体执行者的认知程度、专业水平、职业道德等因素的影响，受具体事件、发生地域、发生时间、事件主体等因素的影响。

二 职能部门责任边界问题实证分析

物业服务企业职能部门为物业服务企业的专业性管理服务提供支持性保障。在企业管理目标、方针、价值观确定，管理制度、标准化体系建立和完善，监督管理措施实施，服务理念传播，企业文化建设等方面，物业服务企业的工作被客户间接或直接感知。对客户纠纷、不满和投诉等方面的问题，对管理标准、管理质量、管理规范、管理措施等方面的事项，职能部门从企业层面和管理体系方面思考解决。本节以物业管理责任边界问题为导向，对职能部门的管理活动进行实证分析，了解和确定职能部门涉及的物业管理责任边界问题，为边界划分做相应准备工作。

（一）行政管理

物业服务企业在行政管理过程中所形成的物业管理责任边界问题，主要归于对口职能部门，专属于企业的较少。物业服务企业更多的工作是解决具体问题，发生工作责任关系的政府行政主管部门更多是专业部门，比如住建委、交管局等。在政府"放管服"改革大背景之下，企业的压力和运营成本明显减小和降低。在政府指导下，为满足人民美好生活的需求，物业服务企业服务的范围得以扩大，扩大到养老、家政、电商等。但是，营业执照经营范围增项相对复杂，较难办理。不同地方营业执照经营范围的描述有一定差异，有的在具体经营项目描述后，括号内为"企业依法自主选择经营项目，开展经营活动；依法须经批准的项目，经相关部门批准后依批准的内容开展经营活动；不得从事本市产业政策禁止和限制类项目的经营活动。"有的在具体经营项目描述后，括号内则为"依法须经批准的项目，经相关部门批准后依批准的内容开展经营活动"等。括号内描述的内容可以理解为企业经营的大范围，非后置许可的业务企业均可以经营相关项目，但又有具体经营项目的描述，是否受其影响，难以理解，实际运行亦不易操作，直接触及边界问题。

（二）人力资源管理

关于用人单位、劳务派遣单位和工作人员的责任划分，《民法典》第一千一百九十一条规定："用人单位的工作人员因执行工作任务造成他人损害的，由用人单位承担侵权责任。用人单位承担侵权责任后，可以向有故意或者重大过失的工作人员追偿。劳务派遣期间，被派遣的工作人员因执行工作任务造成他人损害的，由接受劳务派遣的用工单位承担侵权责任；劳务派遣单位有过错的，承担相应的责任。"该条款理解一，我国对用人单位采取的是无过错责任认定，只要工作人员执行工作任务实施侵权行为造成他人损害的，用人单位就要首先承担赔偿责任，用人单位不能通过证明自己在选任或者监督员工方面尽到了相应的义务来免除自己的责任。当然，用人单位承担侵权责任后，可以向有故意或者重大过失的工作人员追偿。用人单位承担侵权责任的前提是工作人员的行为与"执行工作任务"有关。工作人员应当按照用人单位的授权或者指示进行工作。若与执行工作任务无关，即使侵权行为发生在工作时间内，用人单位也不一定需要承担侵权责任，侵权责任主要由工作人员自己承担。该条款理解二，劳务派遣是指劳动派遣机构与员工签订劳务派遣合同后，将工作人员派遣到用工单位工作。劳务派遣的主要特点就是员工的雇佣和使用分离。劳务派遣机构是与劳动者签订劳动合同的一方当事人。派遣的员工到用工单位工作，但不与用工单位签订劳动合同、产生劳动关系。劳务派遣的用人形式不同于一般的用人单位，劳务派遣机构虽然与被派遣的员工签订了劳动合同，但不对被派遣员工进行具体的管理。在劳务派遣期间，被派遣的工作人员是为用工单位工作，接受用工单位的指示和管理，同时由用工单位为被派遣的工作人员提供相应的劳动条件和劳动保护。所以，被派遣的工作人员因执行工作任务造成他人损害的，其责任应当由用工单位承担。

劳务派遣机构在派遣工作人员方面存在过错的，应当承担相应的责任。物业服务企业通常既拥有大量自己企业的员工，又接受专业企业的劳务派遣，甚至也会向其他企业进行劳务派遣，因此要在员工培训、演练、接收、派出和监督等方面形成严格的制度和有效做法，尽力防范可能出现的用工风险。

物业服务企业运行主要依靠的是人力资源，企业竞争力的核心就是人才，收入水平决定着人才集聚水平与人员构成。最低工资保障制度，在市场运作中虽然能保障低收入职工的利益，但可能会损害大部分优秀员工的利益。一是企业以此作为基准确定工资标准，虽合法但影响了优秀员工工资底线的设定；二是无论员工的工作表现好与坏，企业均应在这个基数之上确定其工资，由于收取的物业费是有限的，奖励优秀员工的资金就会被压缩。企业为了留住人才还要想尽办法增加员工的收入，自然就使物业服务企业运行管理成本增加，难以在现有收入基础上遵循市场规律管理、使用、培养人才。另外，某地区的最低工资标准为每人每月2200元，物业服务企业实际能够支付给保洁员的工资为每人每月2800~3200元，从市场能够招聘到保洁员的工资为每人每月3500~4500元。所以，为支撑并保障行业的正常运行，帮助行业解决收入与用工、人才间的矛盾，在政府层面可以考虑出台相应的配套文件。比如，每年发布物业管理行业从业人员年度收入状况动态统计分析、物业管理行业各专业从业人员年度收入指导建议等相关配套指导性文件。

部分地区用工难，特别是北上广深，在物业管理行业表现尤为突出。比如，北京地区的物业管理人员极其匮乏，一个岗位员工招聘需四选一或五选一，主要原因就是吃住行等成本高但收入少。一名保洁员的税前工资需要达到每月4500元以上方能满足应聘者的要求，这已经大大超出了正常市场情况下每人每月3000~4500元的薪资，这还是在不考虑员工商业保险的情况下，物业服务企业不堪重负。能否在相关用工、就业政策角度方面予以考虑解决。比如，结合本地用工需求、行业特点、社会治理需求等方面因素，出台相应的用工补贴等扶持性政策，可以针对用工企业，也可以针对就业人员。

物业管理行业从业人员的特点是来源复杂、就业经历复杂、学历差异大、专业水平差异大，良莠不齐。为规范人员管理，物业服务企业各显神通，效果各异，从行业发展角度看并没有解决问题。可以考虑，在相应层面建立、落实红黑名单机制，震慑品行不端的从业人员，以实现奖优惩劣，逐步提高从业人员的综合素质。

高校是物业管理行业专业人才的唯一来源。近几年，高校的物业管理专业和物业管理专业学生数量均呈现下滑趋势，虽然毕业生极为抢手，有较好的职业发展前景，但报考人数仍然很少。究其原因，不外乎行业的收入低、工作烦琐、责任重大、荣誉感低等因素，比不上白领阶层、高新技术行业。就此，需要教育机构、相关政府行政部门，出台相关政策，支持、鼓励、帮助学生进入物业管理行业，为行业发展贡献其专业力量。

物业服务企业招聘专业人才难，留住专业人才更难，这就是物业管理行业现状。有效留住专业人才，使其持续服务于本行业，对物业管理行业的未来发展尤为重要，这就需要从行业发展的整体角度予以考量。结合毕业生、企业和行业的特点，企业需要拟定系统化、针对性的人才培养管理计划，行业协会予以相应的指导和帮助，以使其能够成为企业、行业未来发展的中流砥柱。

（三）培训管理

从物业服务企业人员的来源、构成和综合素质等方面分析，要提升从业人员的岗位胜任能力，培训是主要的实现途径，尤为重要。从培训主体角度，物业服务企业的培训分为企业、行业、政府三个层级。企业层面的培训没有统一组织规定、组织形式，以企业自行开展为主，企业以自己的实际需求确定培训计划、内容和形式，实际培训效果一般，无法切实满足企业运行管理所需。行业层面的培训主要依赖社会培训机构。社会培训机构的师资力量主要来源于物业管理行业，专业水平、管理艺术和服务意识等培训内容尚处于经验总结阶段，培训的前瞻性、引导性和准确性等方面有待提升。政府层面组织的培训比较少、针对性差，缺乏系统性。由此可见，物业管理培训尚处于初始阶段，不成体系，不能满足物业管理行业发展所需。

如何提高物业管理行业培训水平，满足企业从业人员需求，实现物业管理专业人才培养，从而提升行业的整体管理水平、服务质量，是行业发展至今迫切需要解决的问题。政府各相关行政部门对行业培训的指导性政策不可或缺，极为重要。从组织形式、培训主体和辅助措施等方面予以关注，出台相应支持性政策将是物业管理行业建立培训体系的基础。行业各级协会结合本地区物业管理和物业服务企业特点，借助政府、优秀企业等相关力量，拟定培训发展纲要、组织企业内训、开展专业技能竞赛等活动，引导企业培训，助力企业培训，服务企业培训。同时，培训收费问题掣肘行业协会作用的发挥，需要政府行政部门协助解决。物业服务企业建立培训机制，系统实施企业内训，采用现场实际操作观摩、演练等形式，充分借力市场培训资源，切实解决企业所需。

随着注册物业管理师执业资格证书的取消，各地方物业管理培训证书也相应被取消，物业管理行业处于执业资格证明制度空白期。去证书化后，物业管理行业从业人员职业能力的培训，由系统性培训又变成各自为战的局面，处于迷茫期。对一个刚刚发展起来的行业而言，物业管理行业人员专业知识匮乏、专业力量薄弱、从业人员素质不高等，"家底"非常薄。执业资格能力测试考核是行业发展不可缺少的一个环节，其体系建立与实施势在必行。《中华人民共和国国民经济和社会发展第十四个五年规划和 2035 年远景目标纲要》在深化服务领域改革开放一节中要求"完善服务领域人才职称评定制度，鼓励从业人员参加职业技能培训和鉴定。"《关于加强和改进住宅物业管理工作的通知》（建房规〔2020〕10 号）第十二条提升物业服务行业人员素质中规定："推动物业服务人员职业技能等级认定工作。开展职业技能培训和竞赛，提高从业人员整体素质和技能水平。"可见，政府对该问题也非常重视。为促进行业人才培养和发展，期盼切实可行的助力行业发展的相关政策出台，期盼现有政策执行落实的具体细则出台。

（四）财务管理

物业服务企业的运行管理成本主要为人力资源费用，占总成本的 65%～75%。因政府行政部门每年确定最低工资标准，物业管理成本每年均有不同程度的调整，主要是基本工资和保险基数的上调。但是，物业服务企业的收入基本处于稳定不变的状态。这种政策与市场发展需求不对等的现象，导致物业服务企业财务压力极大，直接影响物业服务企业的正常运营和健康发展。

税收政策营改增后，物业服务企业使用的税率是6%，实际非抵扣税率是6.72%。物业管理行业属于劳动密集型行业，人力成本占运营成本的比重很高，人力成本却不能抵扣。所以，营改增后有的物业服务企业甚至出现税负增加的情况。预收物业费（开票）就要缴纳增值税，而成本当年没有发生，无法冲抵，导致增值税和所得税有所增加。税收政策表面上针对企业，但业主花钱聘请物业服务企业提供服务，物业服务企业用收取的物业费纳税，最后税费还是由业主承担。那么客户请一名保洁人员为其提供清洁服务，该保洁人员是否需要纳税？如同住宅小区业主自己组织人员实施管理服务，这种非营利行为是否需要纳税？不需要。那么区别就在于是否营利，而物业服务企业属于服务性质的微利行业，因此为减轻业主生活压力而降低税率是必要的。《中共中央 国务院关于新时代加快完善社会主义市场经济体制的意见》第五项"创新政府管理和服务方式，完善宏观经济治理体制"中规定："深化税收制度改革，完善直接税制度并逐步提高其比重。研究将部分品目消费税征收环节后移。"可见，未来税收政策逐渐在向市场需求靠拢，助力企业发展。

现有对物业服务企业管理的相关政策、法律法规，体现在财务方面，成本较高，比如，增值税、保险、基金、残疾人保障金、工会费、教育经费等，给业主和企业造成很大的经济负担。需缴纳的相应税费降低，是社会发展与进步的表征，直接关系到业主的生活，关系到物业管理行业的持续、健康、规范发展。

（五）市场拓展管理

2018年，物业服务企业资质管理取消，物业管理行业进入后资质时代，营业执照的经营范围中含有"物业管理"事项的企业均可以开展物业管理经营活动，均可以参与物业管理项目管理权的市场竞争。后资质时代，物业管理行业乱象丛生。物业管理方面，以利润为导向的质量管理，成本控制下的安全管理，政府行政部门的监管，客户、社会舆论对物业管理的评价等均出现偏颇。物业管理项目管理权获取方面，低价竞争、超低价竞争、人脉关系竞争、围标抢标、比拼专家评委等怪相频现，使本就模糊不清的物业管理责任边界问题，不仅没有解决，又出现了新的问题，变得更加混乱复杂。所以，在诚信度、管理能力、运营能力、专业水平、专业力量、服务理念等综合实力方面，对物业服务企业评估标准、评估形式、评估结果使用等问题需要重新思考和调整，以满足市场需求。在物业管理行业，标准化体系的建立与推广，会成为破解后资质时代问题的有效途径。无论是物业管理项目运作管理服务，还是物业服务企业的评价、选择，以及政府对行业、企业的监督管理，标准化体系都会成为基本的准绳。

综上所述，职能部门管理责任边界问题的成因复杂、事项复杂、构成复杂、关联性复杂、人为因素复杂等，更多是历史发展变革中的遗留性问题，主要表现在市场不规范、市场恶性竞争、行业门槛低、从业人员素质参差不齐、从业人员工资低、部分岗位无资格要求、行业招聘难、企业税负高等方面。这些问题直接影响物业服务企业的服务质量、管理状况和经营发展等指标，关系到物业服务企业的社会效益和经济效益。这种情况下，物业服务企业需要迎难而上，首要任务就是尽量、尽力做好本职工作，协助相关政府行政部门解决问题。问题永远都在，需要逐一解决；困难无时无刻不在，需要一点点克服。其利断金，相关各方要加强协同，在这些方面预防和破解物业管理责任边界问题。

第六章　物业经营管理视角下
责任边界问题

广义的物业经营管理包含物业管理和经营管理。针对物业管理项目，物业经营管理内容包含物业管理和经营管理两个方面。其中，物业管理主要是为业主及物业使用人的生活工作提供基础保障性管理服务；经营管理则是以物业为基础，通过经济手段以维护产权人或经营者利益为主要目标开展的经营性活动。物业经营管理的核心本质和最终目标，是全方位满足业主及物业使用人对美好生活的向往。本章主要是对物业经营管理中的经营管理方面的内容予以阐述，即对经营管理视角下的物业管理责任边界问题进行研究探讨。

第一节　物业经营管理的产生与发展

物业经营管理是以获取经济利益为目的，围绕物业、物业附属资源、物业服务开展的策划、运营、管理等活动，即以物业为核心开展的一系列经营管理活动，包含房屋、设施设备、空间、环境、绿色等方面的经营管理。物业经营管理在满足业主及物业使用人日益增长的多元化服务需求的同时，利用物业、企业及供应商等各方面资源，通过自主经营、与第三方合作经营或委托第三方经营等方式获得经营收入。

延伸服务是物业服务企业为业主或物业使用人提供的物业服务合同约定以外的服务活动。延伸服务包括特约服务、增值服务，也可以分为有偿服务和无偿服务两大类。延伸服务包含于物业经营管理之中，属于经营管理的一部分，是以物业服务企业为主体经营者所开展的多种经营活动。延伸服务有自主经营、联合第三方共同经营等形式。总之，延伸服务是以最大限度满足业主或物业使用人服务需求为目标，由物业服务企业提供的个性化、定制化、多样化的服务。

无论是国家服务行业发展战略，还是物业管理行业自身发展趋势，以及业主或物业使用人的服务需求和各相关合作方的业务领域扩展等，物业管理相关方都在共同营造着物业管理行业的市场经营管理环境。比如，业主对服务更加强调品位、品质和格调；互联网的出现使业主开始习惯和享受送货到门的服务；传统物业管理越来越难以满足业主的个性化服务需求，客户满意度升难降易；住宅小区是产品服务最后对接地，上门推销已让业主深感厌恶；保障性政策逐渐聚焦于生活品质及环境改善方面等。此时已经到了物业服务企业必须提供延伸服务的阶段，是物业管理行业发展的关键转折期。

2012年国务院颁布的《服务业发展"十二五"规划》，针对物业管理行业提出"进一步明确物业管理行业的责任边界，健全符合行业特征和市场规律的价格机制，规范物业管理行业市场秩序。建立和完善旧住宅区推行物业管理的长效机制，探索建立物业管理保障机制。鼓励物业服务企业开展多种经营，积极开展以物业保值增值为核心的资产管理。继续推进物业管理师制度建设，提升服务规范化、专业化水平。提高旧住宅区物业服务覆盖率，城镇新建居住物业全部实施市场化、专业化的物业管理模式。"2021年国务院颁布的《中华人民共和国国民经济和社会发展第十四个五年规划和2035年远景目标纲要》，针对物业管理行业提出："以提升便利度和改善服务体验为导向，推动生活性服务业向高品质和多样化升级。加快发展健康、养老、托育、文化、旅游、体育、物业等服务业，加强公益性、基础性服务业供给，扩大覆盖全生命期的各类服务供给"和"加强物业服务监管，提高物业服务覆盖率、服务质量和标准化水平"。可见，从2012年到2021年，10年间，政府关注物业管理行业发展的角度发生了变化，2012年确立了物业管理行业的发展方向、目标和工作重点，2021年则从服务品质、服务多样化等客户服务感受方面，要求提高物业服务覆盖率、服务质量和标准化水平。相关政策明确了物业管理行业为人民生活服务的角色定位，为物业管理行业未来发展指明了方向、确定了目标。

随着国民经济高速发展，业主或物业使用人的整体生活水平越来越高，追求丰富多彩幸福生活的意愿越来越强，便利、快捷、舒适、安全和多元化的服务需求越来越迫切。产品存量期，生活用品行业的产品质量、产品种类、生产能力、技术水平、供应保障和行业规模等均已发展至高峰期，迫切需要拓展住宅小区业务市场，将产品直接提供给业主或物业使用人。开发客户需求、整合客户资源，以满足客户不断增长和日益丰富的服务需求，传统物业管理已经很难做到。为满足业主或物业使用人的美好生活需求，物业管理行业必须要转变观念，要变革、要创新，以适应新形势。所以，物业服务企业转型升级势在必行，应切实围绕业主或物业使用人服务需求这个核心，调整优化物业管理服务模式、经营方式、服务范围等，引导并促进物业管理行业的发展。

40余载之发展，物业管理面临诸多问题和困难，它们阻碍着行业的发展。比如，物业费收取标准固化，多种经营管理活动相关的政策法规不完善；物业服务质量提升与持续发展不均衡，投入与产出极其不对等；物业管理责任边界外延不断扩大，使其变得更加模糊等。为摆脱困境，行业在探讨，企业在思考，不断努力探索，克服困难持续前行，在这个过程中，多种经营管理模式不断发展成熟，平衡着投入与产出，平衡着需求与供给等，最终形成了以业主或物业使用人的服务需求为核心，物业服务企业拓展业务经营范围和内容，进行跨界经营而实现多元化服务的新局面。所谓跨界经营，即物业服务企业充分利用物业所具备的资源优势，扩大经营服务范围、丰富经营内容、提高经营效率，从而增强风险抵御能力，增加经营收入，提高利润率，并不断满足业主或物业使用人的服务需求。所以，始于物业管理活动，并借助物业管理平台逐步发展形成多种经营管理模式，是物业管理行业发展的必然，也将成为物业管理行业未来发展的一个方向。从某种意义上讲，物业经营管理的成效，决定着物业管理行业的未来发展方向和状况。

经营管理的出现使物业管理的业务范畴得以扩大，服务内容、管理内涵等均得以丰富，同时，也对物业管理提出了更高的要求。比如，企业服务理念的创新与发展，客户黏性的保持与增强，业主及物业使用人需求的了解和实现，经营管理专业人才的引进和储备，产品种类的丰富与质量的提升，信息、绿色、网络等新技术的运用等。这就需要物业管理行业补齐短板，培养专业人才，提升服务能力，厘清各相关方之间的关系，构建并夯实经营管理保障体系。

经营管理的出现给物业管理带来了全新的变化。比如，面对多年困扰行业发展的资金匮乏和难以满足个性化服务需求的问题，物业管理行业找到了突破方向和路径，物业服务企业获得了自身良性循环发展的空间，物业管理业态更加细化，专业服务工作的针对性变得更强，物业管理政策、法律法规及标准保障体系更全面、更明确、更具体等。因此，要分析、判断和预测物业管理行业未来走向和发展趋势，做好充分准备，把握机遇，迎接挑战，全力打造物业管理行业未来发展的新局面。

经营管理的出现使企业转型升级成为可能，企业在资产管理方面跨出一大步。管理服务内容、形式愈加立体化，更能体现物业服务企业的服务本质，符合业主或物业使用人对物业管理的真实需求，企业步入正常的市场发展轨道。从某种意义上来讲，公司上市、企业并购之所以钟情于物业管理的住宅业态，更多是源于住宅小区的经营管理业务未来发展的无限空间和无限可能性，其深远意义远远大于物业及物业管理本身。

经营管理使物业管理责任边界的外延不断扩大，形成新的边界问题，使边界更加模糊不清，边界问题变得更加复杂，边界问题形成与解决的因素更加难以判断，可能产生的负面作用愈加不确定，边界问题可能存在于物业管理服务的各个环节之中。比如，物业服务企业与各种类型产品提供企业间，物业服务企业与业主及物业使用人对接过程，经营管理环境培育过程，产品供给过程和经营政策、法律法规及标准的保障等方面。物业管理行业应厘清物业管理责任边界外延扩大状况，在相应规定中予以清晰明确描述，使物业服务企业尽量避免物业管理责任边界问题。

综上所述，经营管理的产生与快速发展，促进了物业管理行业的全面发展，丰富了物业管理内涵，重新定位了物业管理行业。对此，物业服务企业应予以重视，重新确定企业发展战略，修订相关发展策略，跟上行业发展的节奏和步伐，获得良性发展空间。同时，这一过程会产生新的物业管理责任边界问题。对此，企业应针对自身特征和行业发展规律，关注政策、法律法规走向，围绕客户群体不断变化的服务需求，有的放矢地开展多种经营活动，在获取经济利益和获得良好社会效益的同时，做好物业管理责任边界问题的预防工作。最终，使物业经营管理的广度和深度得到进一步的拓展。

第二节　延伸服务方面物业管理责任边界问题

延伸服务的内容可以分为有偿服务和无偿服务两大类，服务成本应单独核算，不得纳入物业服务成本中。从物业管理责任边界角度，延伸服务主要涉及业主及物业使用人、物业服务企业和合作的供应商等相关方。延伸服务涉及的经营服务业务种类比较多。比如，接受业主或物业使用人委托，为其提供入室维修、卫生清洁和代取快递等服务；利用物业共用部位、共用设施设备进行经营性活动取得的收入，在扣除合理成本之后，使用余额开展的公共活动；接受水、电、气、暖和有线电视等专业经营企业的委托服务；向业主和物业使用人收取相关费用的公共代办性服务等，均属于物业服务企业的延伸服务的业务范畴。委托代办服务过程中，服务方不得向业主和物业使用人收取任何其他相关费用，但可以向委托方收取相应的手续费。

一　延伸服务的物业管理责任边界问题特点

物业管理行业发展至今，延伸服务对于物业服务企业而言，已经到了一定要开展实施的阶段。从物业管理责任边界角度，延伸服务具有自身特性，在服务管理、服务内容、服务形式、服务质量、服务过程及服务价格等方面，形成具有一定普遍性的物业管理责任边界问题，共性特点主要有：

（1）涉及边界问题的政策、法律法规及标准的盲点多，相对滞后；

（2）涉及边界问题的政策、法律法规及相关配套体系尚需完善；

（3）跨界经营涉及其他行业的政策、法律法规及标准，相关规定相互交叉混淆，缺乏针对性和适用性；

（4）跨界经营涉及其他行业的边界问题，判定与解决难度大；

（5）因跨界经营形成新的边界问题，需要再界定。

二　延伸服务的物业管理责任边界问题实证分析

物业服务企业提供服务，业主不满意，拒绝支付物业费，企业支出大于收入，企业降低服务成本，服务质量再下降，业主更不满意，物业费收缴率更低，形成恶性循环。开展延伸服务，通过满足业主及物业使用人的个性化服务需求，增强业主黏性，在提高满意度的同时增加企业收入，最终有利于提升服务质量，是解决资金匮乏问题的最佳途径之一。但是，受政策、法律法规、市场环境、企业综合能力等方面因素的限制，延伸服务的实施举步维艰。国家围绕人民美好生活主题颁布了一系列政策，使延伸服务具备了开展的政策基础和依据。延伸服务既便民利民又能增加企业收入，还能提高业主对物业服务企业的信任度，促进物业管理行业进入正常的发展运行轨道。

住房和城乡建设部等部门颁布的《关于推动物业服务企业加快发展线上线下生活服务的意见》（建房〔2020〕99号）第四项融合线上线下服务第十一条规定："对接各类商业服务。构建线上线下生活服务圈，满足居民多样化生活服务需求。连接居住社区周边餐饮、购物、娱乐等商业网点，对接各类电子商务平台，为居民提供定制化产品和个性化服务，实现家政服务、维修保养、美容美发等生活服务一键预约、服务上门，丰富生活服务内容。通过在居住社区布设智能快递柜、快件箱、无人售卖机等终端，发展智能零售。"可见，为业主及物业使用人提供定制化产品和个性化服务，离不开物业服务企业的支持和保障。目前，物业管理内容，已经由客户服务、房屋及设施设备维修养护、秩序维护、清洁卫生管理、绿化养护等传统版块，延伸拓展到会议服务、餐饮服务、派送服务、洗衣服务、养老托幼、社区金融、电商服务、健康医疗、教育等诸多领域。

（一）延伸服务的物业管理责任边界问题

物业服务区域内，可开展的延伸服务比较多，主要有入室服务、协助性服务、委托服务和咨询性服务等项目，一个延伸服务项目，在不同服务需求者之间可能会涉及几种服务形式。比如，有害生物防治、观赏植物养护、安全管理等服务项目。对此，必须要思考一个问题，即物业服务企业的延伸服务所带来的物业管理责任边界问题。

1. 入室服务方面

入室服务可以为无偿服务，也可以为有偿服务。实际操作时，物业服务企业往往提供的是无偿服务，或采取人工免费仅收取材料费等方式。入室服务主要包括设备家电等维修保养、卫生清洁、观赏植物养护、有害生物防治、物品搬运和安全管理等。入室服务容易引发入室安全、服务效果及质量纠纷、物品损坏及丢失的经济补偿和收费标准异议等方面的边界问题。这些边界问题应在住宅小区的管理规约中，或在服务提供者与服务享受者的双方协议中予以约定。特别是为业主及物业使用人提供免费服务时，更应该加以重视。

2. 协助性服务方面

协助性服务多为有偿服务。协助性服务主要包括快递邮寄、搬家、装修、电商服务和洗衣及衣物送取等方面业务。这些工作多与专业经营企业的业务相关。协助性服务容易引发物件破损及丢失等的经济补偿、服务效果及质量纠纷、假冒伪劣产品投诉、送货时间不准、代收代缴不及时等方面的物业管理责任边界问题。就协助性工作的相关责任、权利和义务等边界问题，在各相关方之间的协议中，应该予以明确约定；就敏感事宜的责任、权利和义务，应及时告知相关业主或物业使用人。

3. 委托服务方面

委托服务为有偿服务。服务提供方与服务购买方应该签署服务协议，明确约定双方的责任、权利和义务。委托服务主要包括房屋托管、上学接送、养老托幼、劳务派遣、洗衣服务、有害生物防治和观赏植物选择与养护等方面业务。委托服务容易引发安全事故、物件破损及丢失等的经济补偿、服务效果及质量纠纷、相关人员人身伤害、收费标准异议和突发性事件等物业管理责任边界问题，多集中于协议履行和产品质量方面。值得注意的是，物业服务企业要避免提供超出营业执照业务范围的服务，否则会构成非法经营。

4. 咨询性服务方面

咨询性服务为无偿服务和有偿服务，界定标准主要取决于咨询方为此投入的人力、物力和财力状况，以及企业发展的战略。咨询性服务主要包括社区金融、家政服务、消防器材选择、有害生物防治、观赏植物选择与养护、安全管理、装饰装修设计、材料选择与施工、保险理赔等方面。咨询性服务容易引发专业性争议、收费异议、结果歧义与纠纷以及需求的满足程度、内容构成与深度等咨询方面的边界问题。在实际操作中，相关咨询内容和标准难以确定。咨询性服务的物业管理责任边界问题规避难度较大。在相关方之间的协议中，应对易产生边界问题的相关内容和标准，采取适当的方式进行准确约定。

（二）延伸服务的物业管理责任边界问题成因

从延伸服务的经营范围、经营内容、边界问题的形成，以及自主、合作和委托的三种经营方式等方面，可见延伸服务物业管理责任边界问题形成的原因很复杂，主要在以下几个方面表现比较突出。首先，不同行业有不同的政府行政主管部门实施监督管理。比如，邮政、养老、劳务和电商等方面业务，分别有对应的行政主管部门。其次，物业管理责任边界问题涉及的相关方较多，主要有业主及物业使用人、各类专业服务供应商、行政部门、物业服务企业以及合作和委托经营方等。再次，涉及的政策、法律法规及标准面比较广。面对不同的客户以及相关的专业经营企业，均有与其相关的国家、地方和行业性的政策、法律法规及标准。政策、法律法规及标准多且复杂，规定和要求相互交叉混淆等。最后，物业管理责任边界问题涉及新领域、新模式和新事物，会导致新的边界问题出现。比如，物业服务企业与业主及物业使用人之间的边界需要再界定，物业服务企业自身承担能力和责任边界也需要再辨析。该状况致使物业服务企业与第三方的责任、权利和义务关系变得更加复杂。

（三）延伸服务的物业管理责任边界问题预防和解决

延伸服务边界问题尚处于初期认识阶段，相应的预防和解决方法仍处于探索阶段。在实际操作过程中，物业服务企业不是很重视。延伸服务发展时间较短，是物业服务企业预防和解决边界问题的有效时期。延伸服务涉及的边界问题范围比较广，往往超过物业管理范畴。比如，餐饮服务、托幼管理、养老服务、家政服务、电商服务、宠物托管等。延伸服务可能形成的边界问题主要体现在延伸服务发生事故时的相关责任方确认、延伸服务与业主黏性的关系、延伸服务与企业信誉的关系、延伸服务突发事件的公关处理等方面。同时，对边界问题还需要进一步探讨和研究的内容有：延伸服务所带来的物业管理责任边界问题的风险能否抵御，延伸服务能否满足业主及物业使用人的实际需求，延伸服务能否产生利润等。这些问题均是延伸服务实施之前及实施过程中必须考虑和解决的。在延伸服务发展过程中，可通过完善政策、法律法规及标准，指导物业服务企业对边界问题进行分析、总结和判断，预防并及时处理边界问题。

综上所述，延伸服务是物业管理行业发展过程中的必然产物，是物业管理行业持续健康发展的必经之路，也是满足业主及物业使用人美好生活需要的有效措施。对于各相关方而言，延伸服务是新的服务模式，相关政策、法律法规及标准相对滞后。延伸服务方面的物业管理责任边界问题不可避免要产生，并形成一定的管理风险。比如，跨界经营管理带来的陌生领域的服务内容、专业、政策、法律法规、运作管理模式、经营许可等方面的边界性问题。只有充分准备，才能规避边界问题，减少相应损失。所以，延伸服务开展之前，需要尽量明晰各相关方的物业管理责任，对可能形成的新物业管理责任边界，进行明确的界定。同时，为相应政策、法律法规及标准陆续出台做好充分准备工作，以便从容面对物业管理新形势，顺利开展物业管理延伸服务。

第三节　经营管理方面物业管理责任边界问题

物业经营管理，从物业管理责任边界角度，主要涉及业主及物业使用人、物业服务企业、合作的供应商和合作的经营者等相关方。经营管理的业务范畴比较广，远远超出传统物业服务企业的经营业务范围。比如，物业的租赁和销售、物业资产整理和利用、金融理财、广告性业务、衣柜整理、餐饮服务、居家养老、幼儿教育和电子商务等业务经营活动。可见，物业经营管理的外延大于物业管理。物业管理包含于物业经营管理之中，仅为物业经营管理的一个方面。大部分从业人员所认知的物业经营管理仅局限于物业管理，近似于物业管理的延伸服务范畴，可谓狭义的物业经营管理，这是将物业经营管理与物业管理相混淆。物业管理行业发展至现阶段，对二者进行区分变得更为重要。

一　经营管理的物业管理责任边界问题特点

经营管理是以业主及物业使用人的需求为核心，以物业服务区域的资源为基础，以物业服务企业为主体或组织者或参与者，实施开展的经营管理性服务活动。在管理模式、经营业务、经营管理过程、规范化经营管理、业主及物业使用人需求的满足等方面形成的物业管理责任边界问题具有一定的普遍性，共性特点主要有：

（1）边界问题的形成与解决和业务内容密切相关；

（2）边界问题广泛涉及其他行业的政策、法律法规和标准；

（3）涉及边界问题的政策、法律法规及标准保障体系尚需建立和完善；

（4）物业经营管理框架下的边界尚需界定；

（5）新事物、新业务、新活动会形成新的边界问题。

二　经营管理的物业管理责任边界问题实证分析

在国家支持性政策引导鼓励下，物业管理行业的经营管理业务快速发展。经营管理涉及业务内容、政策法规、服务需求等方面内容。经营管理给物业管理行业带来新的发展方向，同时也给物业管理责任边界带来新问题。经营管理方面的物业管理责任边界问题多由跨行业经营导致。本部分以满足业主及物业使用人服务需求的经营管理为导向，对经营管理责任边界问题的预防、成因和破解进行实证分析，并为物业管理项目规避经营管理风险提供相应建议。

（一）经营管理的物业管理责任边界问题

物业服务区域内，围绕业主及物业使用人的需求，可以开展物业经营管理的项目有很多，但经营与否取决于物业管理项目的客观环境、企业发展规划和综合实力、合作方意愿和状况、经济价值和社会效益等诸多因素。一旦实施，就必须要面对复杂的物业管理责任边界问题，即经营管理活动所带来的物业管理责任边界问题。

1. 经营管理政策、法律法规及标准方面

物业经营管理必须要有政策、法律法规及标准保驾护航。营业执照的经营范围，保证了运营管理活动的合法性，物业服务企业为拓展业务范围可采取变更经营范围或再办理营业执照两种方式，但应注意相应的后置性条款限制。现行政策具有指导意义，但缺乏相应配套管理体系和具体的指导细则，实际运作遇到很多困难，必然形成相关物业管理责任边界问题。比如，不同行政主管部门、不同地域、不同执行者，对相关政策、法律法规及标准的认识、理解和执行存在差异性，已经成为阻碍物业经营管理发展的关键问题。

为满足人民美好生活需求，政府相关部门陆续密集出台了一系列经营政策，可见政府的重视程度。住房和城乡建设部等部门颁布的《关于开展城市居住社区建设补短板行动的意见》（建科规〔2020〕7号）的第三项第三条规定："建立物业管理服务平台，推动物业服务企业发展线上线下社区服务业，接入电子商务、健身、文化、旅游、家装、租赁等各类优质服务，拓展家政、教育、护理、养老等增值服务。"住房和城乡建设部等部门颁布的《关于加强和改进住宅物业管理工作的通知》（建房规〔2020〕10号）第四项推动发展生活服务业中第十三条规定："加强智慧物业管理服务能力建设。鼓励物业服务企业……建设智慧物业管理服务平台，提升物业智慧管理服务水平。"第十五条规定："促进线上线下服务融合发展。鼓励有条件的物业服务企业向养老、托幼、家政、文化、健康、房屋经纪、快递收发等领域延伸，……引导物业服务企业通过智慧物业管理服务平台，提供定制化产品和个性化服务，实现一键预约、服务上门。物业服务企业开展养老、家政等生活性服务业务，可依规申请相应优惠扶持政策。"住房和城乡建设部等部门颁布的《关于推动

物业服务企业加快发展线上线下生活服务的意见》（建房〔2020〕99号）第四项融合线上线下服务中第十条规定："拓宽物业服务领域。鼓励物业服务企业依托智慧物业管理服务平台，……在做好物业基础服务的同时，为家政服务、电子商务、居家养老、快递代收等生活服务提供便利。"第十二条规定："鼓励物业服务企业线下'代跑腿''接力办'，助力实现公共服务线上'一屏办''指尖办'。"第十三条规定："发展居家养老服务。以智慧物业管理服务平台为支撑，大力发展居家养老服务。"上述政策的信息量很大，政策导向性很强。比如，将全力促使"物业服务+生活服务"模式形成，即将物业服务企业打造成为业主及物业使用人享受生活类服务的基础平台。鼓励物业服务企业为可能涉及的业务搭建物业管理服务平台，开展代办性业务，提供定制化产品和个性化服务，拓展家政、教育、护理、养老等增值服务等。这些政策指明了物业经营管理的内容、范围和发展方向，将积极有力地促进物业经营管理活动的快速开展。换个角度思考，这也为物业管理行业突破发展瓶颈奠定基础，为相关政策、法律法规及标准的制修订提供参考和依据。

2. 经营管理业务方面

经营管理项目的选择，主要由业主及物业使用人的需求及物业资源决定。而经营管理企业能力、投资回报率、经营环境、政策支持和保障等诸多影响决策的因素，也必须予以分析和判断。对可能产生物业管理责任边界问题的方面进行梳理，拟定预防策略和措施，尽量规避相关物业管理责任边界问题。比如，餐饮服务的质量、安全、成本问题；洗衣服务中衣物的损坏、丢失；养老托幼服务中老人突发疾病，幼儿磕碰受伤、被拐骗、丢失；金融诈骗、理财亏损、保险理赔；电子商务的商品质量、送货时间；健康理疗的疗效、副作用等边界问题的确定。预防和解决物业管理责任边界问题，对于跨界经营的物业服务企业而言相对棘手。因此，经营管理项目选择和实施的过程，不仅影响物业经营管理的效果，还直接影响物业服务企业在该物业服务区域内的管理服务质量、信誉和生存。

3. 共有部分经营管理方面

《民法典》第二百八十二条规定："建设单位、物业服务企业或者其他管理人等利用业主的共有部分产生的收入，在扣除合理成本之后，属于业主共有。"共有部分经营管理是物业经营管理的主要内容之一，是多种经营管理服务收入的重要渠道，涉及的经营管理部位主要有建筑物外立面、楼顶、楼道、绿地、车场（库）、道路及广场等。共有部分经营管理是物业管理责任边界问题的多发区，经营管理各相关方之间经常发生矛盾纠纷，涉及的问题主要为经营管理活动方面的内容。比如，经营内容、经营结算、收益分配、收益使用、物业资源使用、管理模式等。就规避物业管理责任边界问题而言，在开展相关经营管理活动时，需要与相关方在物业服务合同或其他相关合同中约定可以实施的经营事项、成本构成、收益开支去向、收益存取方式、收益用途、酬金比例及结算时间与条件等内容。建议共有部分经营管理相关方面内容，在管理规约中予以约定。

4. 大型活动经营管理方面

《民法典》第一千一百九十八条规定："宾馆、商场、银行、车站、机场、体育场馆、娱乐场所等经营场所、公共场所的经营者、管理者或者群众性活动的组织者，未尽到安全保障义务，造成他人损害的，应当承担侵权责任。因第三人的行为造成他人损害的，由第三人承担侵权责任。……经营者、管理者或者组织者未尽到安全保障义务的，承担相应的补充责任。经营者、管理者或者组织者承担补充责任后，可以向第三人追偿。"公共场所既包括以公众为对象进行商业性经营的场所，也包括为公众提供服务的场所。群众性活动，是指法人或者其他组织面向社会公众举办的参加人数较多的活动。比如，体育比赛，演唱会、音乐会等文艺演出活动，展览、展销、促销等活动，游园、灯会、花会、焰火晚会等活动，人才招聘会、员工大会、群众集会等活动。《民法典》对安全保障义务的保护对象规定为"他人"，没有明确具体的范围，实践中哪些人属于保护对象应根据具体情况判断。实施安全保障的目的在于保护他人的人身和财产安全，其主要内容是作为，即要求义务人必须采取一定的措施来保护他人的人身或者财产免受侵害。

随着物业服务区域的延伸和业态的扩展，物业服务企业经常承接各种场所的物业管理经营业务，按照该条的相关规定，物业服务企业既要履行自身服务过程的安全保障义务，还要做好这些场所各方面的安全保障。比如，导视不清、场地湿滑、秩序维护不力、人群拥挤、消防隐患、场所设施器械质量不合格、他人干扰或破坏等各类可能引发安全问题的风险因素，均要加倍注意。另外，组织群众性活动前需要具备安全条件，并及时向公安和应急管理部门报备，做好安全管理服务方案和应急预案；开展活动时做好引导、提示警示、秩序维护等安全保障工作；一旦发生突发事件，应及时报警并快速响应进行应急处置。要科学评估活动场所和活动过程中的各种安全风险，减少在不安全场所开展活动的次数，或适度缩减集体活动的人数，尽量规避或减少物业管理责任边界方面的问题。

5. 经营管理方式方面

经营管理方式主要有自主经营、与第三方合作经营和委托第三方经营三种类型。

自主经营，物业管理责任边界问题涉及主体明确，为物业服务企业。物业管理责任边界问题的产生与解决，皆源于物业服务企业自身的管理运作。比如，经营管理合法性、经营管理项目的选择和确定、为产品提供的保障和管理服务过程等方面。

与第三方合作经营，物业管理责任边界问题涉及物业服务企业和第三方合作经营者，由于第三方合作经营者不固定，物业管理责任边界问题更多取决于所经营的业务种类和服务内容。物业管理责任边界问题，由物业服务企业和第三方合作经营者共同承担，二者之间存在物业管理责任边界划定、承担比重等问题。一般情况下，除需要共同负责的企业管理、经营管理项目选择和确定、运作盈亏等方面内容之外，物业服务企业负责业主及物业使用人的需求采集、客户对接、诉求处置和经营管理环境营造等方面工作内容；第三方合作经营者负责产品提供、质量和创新等方面工作内容。

委托第三方经营，物业管理责任边界问题涉及物业服务企业和第三方合作经营者，由于第三方合作经营者不固定，物业管理责任边界问题主要取决于所经营的业务种类和服务内容。物业管理责任边界问题，主要由第三方合作经营者承担。物业服务企业以协助性工作为主，承担的更多是监督管理方面的责任。

所以，相关物业管理责任边界问题承担者、承担范围、承担内容的确定，要在合作协议中进行详细明确的约定，尽量避免操作过程中发生纠纷和矛盾。但是，要注意的是，对于物业服务企业而言，无论采取何种经营管理模式，均需要承担一定的管理责任。

（二）经营管理的物业管理责任边界问题成因

经营管理方面的物业管理责任边界问题，更多来源于企业运营管理方面。物业管理责任边界问题形成的原因，主要涉及：经营合法性，经营的政策性支持，提供的产品种类和质量，提供产品的交货时间、产品专业能力保障，产品与客户需求，合作经营者，跨界经营许可，产品经营环境，经营行业的相应政策、法律法规及标准等方面内容。这些内容均可构成物业管理责任边界问题产生的诱因，需要经营管理者予以关注和重视。

（三）经营管理的物业管理责任边界问题预防和解决

物业经营管理刚刚起步，尚处于初级阶段。针对物业管理责任边界问题，这是从源头预防和处理解决的有利时机。从物业服务企业的角度，首先，要研究探讨和梳理物业管理责任边界问题，确定形成的原因，拟定预防和解决措施，再具体执行。其次，对解决物业管理责任边界问题的过程进行总结分析，并持续改进。最后，汇总物业管理责任边界问题，为相关政策、法律法规及标准的制修订提供参考。从政府行政部门角度，相关政策、法律法规和标准颁布后，应尽快出台配套管理细则，以满足经营管理企业具体实施所需，减少因政策、法律法规及标准滞后而产生的物业管理责任边界问题。此时，物业管理行业应该抓住机会，在专题讨论、专业性建议、标准制定等方面加大工作力度，增强行业对政策制定、立法等方面的影响力。在政策大方向引导下，物业管理行业组织开展相关助力性活动尤为必要，这些活动均可回馈物业服务企业。比如，专题研究探讨，政策、法律法规及标准宣讲，优秀经验推广，示范案例解析等经营管理环境营造活动；物业经营管理方面的国家及团体标准制定、执行等标准化体系保障活动；经营管理业务的具体要求、规定和流程等管理控制和技术支持等。最终，促进预防和解决物业管理责任边界问题的措施落地执行。

综上所述，物业管理和物业经营管理未来发展的终端，是资产管理。在该角度，物业经营管理是资产管理链条上的一个重要环节，对资产所有者十分重要。目前，虽然还存在市场不成熟，可借鉴经验匮乏，政策、法律法规及标准尚需完善及经营管理人才不足等方面问题，但是，在政府重视、市场需求迫切的大局下，物业经营管理势在必行。如此，物业管理责任边界问题的形成与解决，直接影响着物业经营管理的发展进程；物业经营管理状况，也直接影响着物业管理责任边界问题的形成和解决。跨界经营涉及的一系列相关问题，是物业经营管理初始阶段必须要重视的。比如，经营范围、内容和产品种类，经营政策、法律法规，经营综合能力，经营产品市场环境，经营产品安全性、经营产品持续性，物业资源使用等方面问题。对于物业服务企业而言，物业经营管理关系到企业转型升级，是物业服务企业发展转型的关键影响因素，是物业服务企业突破发展瓶颈的机遇。更重要的是，物业经营管理的发展，促使物业管理行业思考物业管理的本质，这一时期是物业管理回归本质的思考期。

第七章　标准化视角下物业管理责任边界问题

历经40余载，标准化伴随着物业管理行业发展而发展。在物业管理行业发展的各个阶段，标准化均发挥着不同的作用。《中华人民共和国国民经济和社会发展第十四个五年规划和2035年远景目标纲要》在"深化服务领域改革开放"一节中要求："健全服务质量标准体系，强化标准贯彻执行和推广。加快制定重点服务领域监管目录、流程和标准，构建高效协同的服务业监管体系。"将服务行业标准化纳入第十四个五年规划，可见国家对服务行业标准化的重视，以及标准化对物业管理行业未来发展的重大意义。

本章从标准化角度对物业管理责任边界问题进行梳理、分析，旨在从中寻求用标准预防解决物业管理责任边界问题的路径和措施。

第一节　物业管理标准化的内涵与发展

物业管理标准化的发展相对比较缓慢，是在广泛收集、归纳分析、提炼整合相关行业标准规范，再结合行业发展规律、企业运行管理特点，制定企业标准的基础上逐步发展起来的。2015年11月，全国物业服务标准化技术委员会和中国物业管理协会标准化建设专业委员会成立，物业管理行业才逐渐全面开展标准化建设工作。至今，中国物业管理协会标准化建设专业委员会已经颁布多项团体标准，全国物业服务标准化技术委员会还没有发布相关成果。

一 物业管理标准

标准是指为在一定的范围内获得最佳秩序，经协商一致制定并由公认机构批准，共同使用的和重复使用的一种规范性文件。标准、规范、规程和指南都是标准的表现形式，习惯上统称为标准，只有针对具体对象时才加以区分。广义上讲，标准是法律体系的组成部分。在我国，标准包括国家标准、行业标准、地方标准和团体标准、企业标准。国家标准分为强制性标准（GB）和推荐性标准（GB/T），行业标准、地方标准是推荐性标准。强制性标准是必须要执行的。

（一）国际标准

国际标准是指国际标准化组织（ISO）、国际电工委员会（IEC）和国际电信联盟（ITU）制定的标准，以及国际标准化组织确认并公布的其他国际组织制定的标准。国际标准在世界范围内统一使用。目前被国际标准化组织确认并公布的其他国际组织有国际计量局（BIPM）、国际建筑研究实验与文献委员会（CIB）、国际照明委员会（CIE）、国际信息与文献联合会（FID）、国际制冷学会（IIR）等。关于国际标准使用，国家鼓励结合国情采用国际标准，推进中国标准与国外标准之间的转化运用。我国一般采用认可法、封面法、完全重印法、翻译法、重新制定法和引用法六种方法，将国际标准和国外先进标准纳入国家标准。质量管理体系（GB/T 19001-2016/ISO9001：2015）、环境管理体系（GB/T 24001-2016/ISO14001：2015）、职业健康安全管理体系规范（GB/T 28001-2001）等国标，是由国际标准转化而来。

（二）国家标准

国家标准是指对国家经济技术发展有重大意义，需要在全国范围内统一的标准，由国务院标准化行政主管部门编制计划和组织草拟，并统一审批、编号和颁布。国家标准在全国范围内适用，其他各级标准不得与国家标准相抵触。国家标准一经颁布，与其重复的行业标准、地方标准相应废止，国家标准是标准体系中的主体。

强制性标准是为保障人身健康和生命财产安全、国家安全、生态环境安全以及满足经济社会管理基本需要制定的技术要求。其他各级标准不得低于强制性标准要求。强制性标准由国务院标准化行政主管部门会同国务院有关行政主管部门制定，国务院颁布。推荐性标准是为满足基础通用、与强制性国家标准配套、对各有关行业起引领作用等需要制定的技术要求。推荐性标准由国务院标准化行政主管部门制定、颁布。

（三）行业标准

行业标准是指没有国家标准而又需要在全国某个行业范围内统一的技术要求。行业标准是对国家标准的补充，专业性、技术性强，具有行业属性。行业标准是推荐性标准，由国务院有关行政主管部门制定，并报国务院标准化行政主管部门备案。行业标准的制定不得与国家标准相抵触，相关行业标准之间应保持协调、统一，不得重复，国家标准公布实施后，相应的行业标准即行废止。

（四）地方标准

地方标准是指没有国家标准和行业标准而又需要满足地方自然条件、风俗习惯等制定的特殊技术要求。地方标准是推荐性标准，由省、自治区、直辖市人民政府标准化行政主管部门编制计划，组织草拟，统一审批、编号和颁布，并报国务院标准化行政主管部门备案，由其通报国务院有关行政主管部门。地方标准在本行政区域内适用。在相应的国家标准或行业标准实施后，地方标准应自行废止。

（五）团体标准

团体标准是指没有国家标准、行业标准和地方标准的，为满足市场和创新需求，协调相关市场主体而共同制定的技术要求。国务院标准化行政主管部门会同国务院有关行政主管部门对团体标准的制定进行规范、引导和监督。团体标准按照社会团体规定的程序批准，以社会团体文件形式颁布。团体标准实行自我声明公开和监督制度，团体成员约定采用或者按照本团体的规定自愿采用。团体标准的技术要求不得低于强制性标准。鼓励制定高于推荐性标准相关技术要求的团体标准，鼓励制定具有国际领先水平的团体标准。团体标准可以申请转化为国家标准、行业标准或地方标准。

（六）企业标准

企业标准是指对企业范围内需要协调统一的技术要求、管理要求和工作要求所制定的标准。企业标准是企业制定的产品标准。企业可以根据需要自行制定企业标准，或者与其他企业联合制定企业标准。企业标准的技术要求不得低于相应的国家标准、行业标准、地方标准和团体标准。企业标准由企业制定，由企业法人代表或法人代表授权的主管领导批准、颁布。通过自我声明公开和监督制度，企业执行自行制定的企业标准的，还应公开产品、服务的功能指标和产品的性能指标。制定企业标准的一般程序是编制计划、调查研究，起草标准草案、征求意见，对标准草案进行必要的验证，审查、批准、编号和颁布。企业标准应在颁布后三十日内办理备案。企业标准应定期复审，复审周期一般不超过三年。

国家标准是必须要遵守的，行业标准只适用于相关行业，地方标准只适用于特定行政区域，团体标准只适用于团体组织，企业标准只在企业内部有效。通常情况下，选用标准的顺序为：国家标准→行业标准→地方标准→团体标准→企业标准。有国家标准、行业标准和地方标准时，优先选用国家标准、行业标准或地方标准；没有国家标准、行业标准和地方标准时，制定企业标准。在有国家标准、行业标准和地方标准时，制定的企业标准必须高于或不低于国家标准、行业标准或地方标准，标准指标低于国家标准、行业标准或地方标准的企业标准为无效标准。企业标准高于或不低于地方标准、行业标准或者国家标准的，可以执行所备案的企业标准，也就是说，国家标准、行业标准、地方标准、企业标准可以同时存在，但前提条件是企业标准高于或不低于地方标准，地方标准高于行业标准，行业标准又高于国家标准。

二 物业管理标准化

标准化是指为了在既定范围内获得最佳秩序，增加共同效益，对现实问题或潜在问题确立共同使用和重复使用的条款并编制、颁布和应用文件的活动。标准化是现代科学管理的重要手段，既是生产和科学技术发展的产物，又是推动生产和科学技术发展的重要保证。标准化活动主要是编制、颁布和实施标准的过程。服务标准化是指运用标准化的原理和方法，通过制定和实施服务标准，达到服务质量目标化、服务行为规范化、服务过程程序化从而获得优质服务的过程。服务标准化是现代服务业区别于传统服务业的重要特征。

物业管理标准化是指对物业管理活动范围内需要协调、统一的技术要求、管理要求和工作要求，由企业制定，由法人或法人代表授权的主管领导批准颁布并实施，从而实现优质服务的过程。物业管理标准化实质上就是由技术标准、管理标准、工作标准这三大标准所构成的标准体系的建立与贯彻执行。

（一）技术标准

技术标准是标准化管理体系的核心，是提升服务质量的重要前提，即应以高质量的服务为中心，建立完善的技术标准体系，其他标准都要围绕技术标准制定和完善，并为技术标准服务。技术标准可以采用标准、规范、规程、守则、操作卡、作业指导书等形式。

（二）管理标准

管理标准是服务经营活动和实现技术标准的重要措施，它把企业管理的各个方面以及各个单位、部门岗位有机地结合起来，统一到产品质量的管理上，以获得最大的经济效益。管理标准是针对有关服务、技术、经营管理各个环节运用标准化原理所做的规定，它涉及各个管理方面，包括企业经营决策、服务、技术、质量、计划、人事、财务、设备等。

（三）工作标准

工作标准是对企业标准化领域中需要协调统一的工作事项制定的标准，是以人或人群的工作为对象，对工作范围、责任、权限以及工作质量等所做的规定。具体来说，工作标准是对各部门、单位各类人员的基本职责、工作要求、考核办法所做的规定，包括职责权利、工作程序、办事细则、考核标准和相互关系准则等。

三　物业管理标准化意义及发展

随着物业管理行业高速发展，竞争重点逐渐向业态细分与差异化的经营、专业化与精细化的管理、标准化与个性化的服务方向转变。物业管理标准化在实现行业健康可持续发展中，发挥着基础性和战略性作用，对社会各相关方的影响都极为重大。

对市场而言，有利于规范市场秩序。标准化是全面深化经济体制改革、促进市场公平竞争、维护市场正常秩序的强有力举措。对企业而言，有利于提高物业管理服务水平。标准化是降低对人才的依赖性、提高人员工作效率、降低企业管理成本、分解经营管理复杂度、促进企业规模化发展的必要措施，既有利于促进企业管理和技术的进步，又有利于提高物业服务效率，还有利于企业通过培训提升员工执业能力，从而全面保障物业管理服务的质量。对行业而言，标准化是行业自律的基石。标准化对行业发展起重要的推动作用，是行业发展成效的评判因素。对客户而言，标准化是选择物业服务企业、评价物业服务合同履行情况的依据。对政府而言，标准化是指导行业发展、监督不良市场行为，也是行业主管部门开展市场监管的重要依据。对司法而言，标准化可成为司法纠纷解决的依据。对社会而言，标准化有助于全面展现物业管理的工作内容，加深社会公众对物业管理行业的正确认识，减少物业管理纠纷和矛盾的发生。

目前，我国还没有物业管理方面的国家标准和行业标准，仅 2017 年立项了《物业管理术语》《物业服务顾客满意度测评》《物业服务安全与应急处置》3 个国家标准，其中，《物业服务安全与应急处置》为强制性标准，《物业管理术语》和《物业服务顾客满意度测评》为推荐性标准，且处于最后审批阶段。在已颁布的服务类标准中，国家标准有 3 项，即《建筑及居住区数字化技术应用第 3 部分：物业管理》（GB/T 20299.3—2006）、《社区服务指南第 9 部分：物业服务》（GB/T 20647.9—2006）和《物业管理师国家职业标准（2023 年版）》。地方标准，在 2000 年之后，部分地方行政主管部门陆续颁布了相应的地方标准，截至 2022 年，有《办公楼物业管理服务规范》（DB31/T

361—2006)、《住宅物业服务标准》(DB11/T 751—2010)、《非居住物业管理服务规范》(DB31/T 1210—2020)等近 40 个地方标准。在已颁布的服务类标准中，地方标准相对比较多。团体标准近年来发展比较快，2017 年中国物业管理协会颁布了第一个物业管理团体标准《物业管理示范项目服务规范》(T/CPMI 001—2017)，随后，行业陆续颁布系列团体标准，截至 2022 年已有 70 余项团体标准。企业标准，是物业服务企业和业主及物业使用人接触最密切，能够直接感受到效果，要求相对最高的标准。物业管理行业标准化发展很不均衡，中小型企业尚处于有标准但还不成体系的阶段，需进一步完善；规模较大企业、上市公司和信誉较好企业的标准化体系相对比较完善。一些比较重视的企业，已经颁布了自己的企业标准，比如，《物业管理评价体系》(Q/DST 002—2020)、《物业管理评级体系》(Q/ZQW 002—2020)、《住宅物业管理服务规范》(Q/FHWY 001—2020)等。

综上所述，在物业管理发展和向现代化服务业转型升级过程中，标准化是实现物业管理行业的经济价值、社会价值、社会服务功能和社会治理作用的基础和保障。但是，物业管理行业标准化发展缓慢，滞后于行业的需求，所以，应充分调动行业的专业力量，深入挖掘企业管理经验，积极发挥相关资源优势，参考借鉴其他相关行业的标准，致力于物业管理标准化体系的建立与完善，从而解决物业管理责任边界问题。

第二节　标准化方面物业管理责任边界问题

标准化与物业管理责任边界问题的预防、形成、辨析和破解等息息相关。标准化体系建立是物业管理责任边界划定与问题解决的前提，标准化体系完善程度是预防和解决物业管理责任边界问题的关键，标准构成直接或间接影响物业管理责任边界问题，标准制定与执行是预防和破解物业管理责任边界问题的主要路径。

一　标准化视角下物业管理责任边界问题特点

标准化全面覆盖物业管理活动，物业管理实际操作就是标准执行落实的过程，标准的制定和执行能促进物业管理责任边界问题的解决。在标准化管理、标准化体系建立、标准编制、标准使用与执行等方面，物业管理责任边界问题的形成和解决具有一定的普遍性，共性特点主要有：

（1）边界问题涉及标准化体系的内容多；

（2）标准是界定、划分责任边界的有效依据；

（3）标准制定是避免边界问题形成的主要方式；

（4）对标准化的认知、理解和执行的差异性，可成为边界问题产生的诱因和破解的障碍；

（5）在物业业态、物业管理项目、地域和等级等方面的标准，对应的边界问题显现一定差异。

二　标准化视角下物业管理责任边界问题实证分析

标准化体系的建立与实施，是预防和破解物业管理责任边界问题的重要措施。本部分以标准为导向，从物业管理实际出发，对物业管理责任边界问题进行实证分析，厘清物业服务企业物业管理责任边界问题。

现实操作中，涉及标准化的物业管理责任边界问题较多。比如，物业服务企业与业主及物业使用人之间的报修、投诉、监控、入室服务、泊车和出入等事项的管理操作规范和流程；物业服务企业与行政主管部门之间的上报、协助、受托和代管等事项的管理操作规范和流程；物业服务企业与专业经营单位之间的对接、共管、监管和协调等事项的管理操作规范和流程；物业管理项目的各项具体管理工作、各个岗位和各位操作管理人员等相关的管理操作规范和流程等。各项工作、各工作环节均涉及多个相关方，易产生摩擦、纠纷和矛盾。可见，在标准化执行过程中，管理服务保障、管理服务提供和管理服务评价等方面，容易产生物业管理责任边界问题。

物业管理行业对标准化的认识尚不深入，企业间也存在很大差异。一般主要表现在标准融入企业管理体系的过程，结合企业运行管理状况编制管理标准的过程，工作标准对技术标准的支持度等方面。比如，为让客户满意，物业服务企业不仅要在客户服务、设施设备维修养护、秩序维护、环境管理等方面做好本职工作，还需要在物业管理项目平台上，以客户需求为核心，将各专业服务纵横交织，形成网状管理模式，互相搭台助力，才会获得客户持久性满意。此时，需要适合的管理措施，将各专业的技术要求和工作要求融入具体管理操作，实现过程标准和价格标准。标准理解和认知的差异将直接导致管理服务结果的不同，易形成物业管理责任边界问题，也阻碍物业管理责任边界问题的预防和解决。

标准实施范围越广、适用性越强、质量越高，那么边界问题也就越少，就越容易预防和解决。标准执行和实施结果与边界问题数量负相关，与边界问题预防和解决效果正相关。有标准不执行或执行不当或无法执行，是物业管理行业普遍存在的问题，甚至使本不该成为物业管理责任边界问题的问题也成为问题。这些都构成物业管理责任边界问题大量持久存在且难以解决的原因。目前，物业服务企业的标准化工作，基本上全由企业自行开展，而企业必须要执行的，则大部分来源于相关行业标准。没有相关要求或强制性要求，仅依赖市场竞争这个唯一的驱动力，是否能够促进企业健康发展？尚需探讨。遵循市场发展规律，市场引导企业的发展，看似很对。但是，仅仅依赖企业的自律是很难实现健康发展的，不一定适合中国物业管理行业市场发展的需求。比如，《中华人民共和国消防法》属于强制性标准，企业必须要执行，但是结合物业、物业服务企业、物业管理内涵、业主等实际状况，有些条款难以落实。物业管理标准化的贯彻执行离不开各相关方和各层面机构的相关要求和监督管理，这也是标准持续实施的必要条件。所以，政府、行业协会、业主和社会相关机构等相关方的合理要求和有效监督管理，是物业服务企业执行标准化的保障措施之一。

实际物业管理中，法律法规相对宏观，若有效贯彻执行，就必须细化相关细则，这对于物业服务企业是一个难题。在房屋及设施设备管理、秩序维护管理、客户服务管理、保洁管理、绿化养护管理等方面均存在这样的问题。此时，只能利用标准将相对宏观的法律法规进行细化、分解，这是有效途径和办法。比如，依据消防法、电梯管理规定、高压配电室管理规则、城市古树名木保护管理办法、住宅维修资金管理办法等法律法规，编写相对应的标准，可以是团体标准也可以是地方标准，进行推广、实施。比如，可编制的相应标准：消防监控室管理规范、电梯维修养护监督管理规范、高压配电室值班管理要求、城市古树名木保护管理要求、共有部分与专有部分界定规范等。要架起法律法规能够直接落地的桥梁，使物业服务企业能够依规而行，政府、业主能够依规监管。

相对物业管理需求，现行物业管理标准数量很难满足，更不用说全覆盖。就专业标准而言，房屋及设施设备管理方面的标准相对多一些，但基本来源于相关行业标准；保洁、绿化、秩序维护等专业方面的标准基本不能满足实际运作管理需求，其中，消防管理方面的标准相对完善，但均来源于消防机构；客户服务直接相关的标准则基本没有。为保障物业服务企业正常运营，对标准而言，一是要有标准覆盖率，二是要有标准适用性。标准覆盖率首先应考虑物业管理各专业领域的基本要求，然后才是覆盖率问题。比如，设施设备管理规范、秩序维护管理规范、保洁管理规范、绿化养护管理规范等。标准适用性则是要明确标准"颗粒度"，避免"大而全"但不实用的标准。比如，入室维修管理规范、清洁高空作业管理规范、报告管理规范、垃圾分类管理规范等。标准化体系不健全，标准的缺失或难以使用，已经阻碍物业管理行业的健康发展，影响着物业服务企业的服务质量、客户满意度、市场竞争力，侵蚀着物业服务企业运营管理的根基。

物业管理行业发展至今，在实际管理中，物业服务企业运行管理主要还是依赖相关行业的标准，这在物业管理各个专业领域中均有体现。物业管理涉及的行业专业面很广，引用了大量其他的行业标准，特别是技术类标准。比如，电梯维修养护、消防设施设备检测、直燃机维修养护、锅炉运行等。相关行业标准对物业管理行业的影响具有双面性。相对于标准空白期的物业管理行业发展，相关行业标准发挥了很大作用。但是，这同时也延缓了物业管理行业标准化体系的建立和发展。围绕引用的技术类标准，编制为物业管理提供支持保障的管理标准和工作标准，以建立物业管理标准化体系，形成了物业管理行业标准化的特有方式。但是，该过程自然会受其他行业标准编制思想的影响，特别是在管理意识、理念、形式等方面，是促进还是阻碍物业管理行业发展进程，尚需具体问题具体分析，并予以进一步论证。当然，在这一过程中可以寻找到物业管理责任边界问题形成的原因和破解的路径。

综上所述，物业管理行业标准化体系存在结构不合理、体系不完善、运行机制不健全等方面的问题，也存在物业管理标准数量少、质量差、水平低、发展滞后等问题，远不能满足物业管理行业发展对标准的需求。实际运行管理中，物业管理更多是借鉴、依赖其他相关行业的标准，这给物业管理行业未来发展带来诸多潜在问题。标准化与边界问题预防、形成和解决密切相关，比如共有部分与专有部分的边界界定、共用设施设备与专用设施设备的边界界定、共用设施设备维修养护边界界定等。所以，标准化体系的建立和实施，是物业管理责任边界问题预防和化解的重要路径和突破点，应予以重视。

第三节 标准化预防与破解物业管理责任边界问题

标准化对于规范物业服务企业行为、提升并保持物业管理服务质量、预防和化解物业管理责任边界问题等具有重要作用。依据标准化、边界问题、风险的内在规律和特点，就如何预防和化解边界问题、规避物业管理风险、开阔物业管理思路等方面内容，本节提出相应建议。

一 标准化体系建设

标准化体系建设，应从物业管理行业产生、发展历程以及管理内涵特质等方面予以思考。在特殊时期、特殊阶段，应采用特殊办法建立物业管理标准化体系。但是，前提条件是必须要有政策及法律法规予以支持，即在贯彻落实关于标准化的政策及法律法规基础上，建立健全物业管理标准化体系。在标准化体系建设改进提高方面，对建立具有针对性、适用性和操作性的标准化管理体系，组织标准化体系具体实施，以及对标准化体系实施进行管理等方面工作，尚需完善、改进和提高。比如，标准编制表述、过程标准与结果标准、管理与服务、贯标与推广、监督与检查、培训与考核和技术管理工作标准区分等方面。

无论是行业还是企业，标准化体系结构是编制物业服务标准发展规划的依据和基础。物业管理行业通常采用的体系结构，在综合管理方面，建立健全以技术标准为主体核心，以管理标准为支持，以工作标准为保障的标准化体系。在标准内容方面，以服务性质、服务对象和标准级别三个维度对标准体系进行描述。在标准性质方面，采用通用基础标准、服务保障标准和服务提供标准对标准体系框架进行总体构建，形成三个子体系。在标准使用方面，将物业管理分为住宅物业和非住宅物业两类，其中，非住宅物业包括办公楼、高校、工业园区、医院等业态。

物业管理行业对标准化的认知尚处于初始阶段，企业间也存在很大差异。一般主要表现在标准融入企业管理体系过程，结合企业自己的运行管理状况编制管理标准，工作标准对技术标准的支持度等方面。比如，物业管理项目的服务要获得客户的满意，不仅只是依靠客户服务、设施设备维修养护、秩序维护、环境管理等专业人员各自做好本专业工作，还需要在物业管理项目平台上，以客户需求为核心，将各专业纵横交织，形成网状管理模式，互相搭台助力，才会获得客户持久性满意。此时，需要适合的管理措施，将各专业的技术要求和工作要求融合到具体管理操作现场，实现过程标准或价格标准。标准理解和认知的差异将直接导致管理服务结果的不同，易形成物业管理责任边界问题，也不利于物业管理责任边界问题的预防和解决。

建立物业管理标准化体系，要充分整合行业内各方面力量、调配专业精英、促进资源共享、加强协同合作编制团体标准。物业管理行业协会汇聚行业力量，集中优势资源编制和推广行业发展迫切所需的重点团体标准。比如，物业管理行业标准化体系建设要求、物业管理行业标准编写指南、物业管理术语、物业管理责任边界界定指南等。此外特别重要的是，标准化体系建立与执行，应该有相应的政策、法律法规予以支持和推动。标准化体系建立，切忌大而全，要满足针对性、适用性、操作性和前瞻性，避免标准束之高阁。没有最好的标准，只有最适合的标准。

应该发挥物业管理从业人员所擅长的专业能力，自行选择编制团体标准。比如，设备机房管理规范、会议服务管理规范、投诉处理管理规范、满意度调查管理规范等。这将推动行业标准化体系建设的快速发展。梳理物业管理操作各环节，确定管理操作基本单位，从基本单位中选择、确定标准，保证适度的标准颗粒度，尽量提升标准适用性和实用性。比如，生活水箱清洗管理规范、消防箱巡检管理规范、可疑人员处置管理规范、保护性植物养护管理规范、高空清洁操作管理规范、通用钥匙管理规范、除冰扫雪工具管理规范等。

标准化体系建设与完善是一个持续不断循环往复的漫长过程，即不断寻找问题、解决问题、形成新问题、再解决新问题的管理过程。比如，标准化体系是由诸多标准组成，而一个标准需经过编制、审核、颁布、实施等流程，使用一段时间后，该标准还需完成修订、审核、颁布、实施等过程。

标准化体系建立、完善和实施，与物业管理行业责任边界问题预防和破解密切相关。标准化体系建立与实施过程中存在的问题就可能是物业管理责任边界问题，对标准化问题进行预防和化解，实质可能就是预防和破解物业管理责任边界问题。所以，如何建立标准化体系，如何全面开展标准化工作，如何对标准化进行动态管理等，则是物业管理行业及物业服务企业必须要思考、研究和探讨的问题。

二　标准编制

物业管理行业刚起步时，也是物业管理责任边界问题形成的初期，对标准需求非常迫切。但此时标准匮乏，仅有企业标准和其他行业的相关标准，无法满足行业对标准的需要，是物业管理行业初始阶段物业管理责任边界问题偏多的原因之一。近十几年来，随着标准化发展变化，开始逐渐出现地方标准和团体标准，但还是缺乏行业标准，没有国家标准。

物业管理行业形成时间短，又是改革开放市场过渡阶段，行政指令、市场需求交错呈现，行业发展规律还没有形成，可复制的最佳秩序等还在过程中，标准编制、颁布滞后也是必然。同时，面对标准认知理解、编制水平提升和标准化体系建立等活动，物业服务企业也需要时间、积累和过程去完成，特别是标准编制人才和标准管理人才的培养方面。另外，物业管理服务特质决定了标准编制的多元性、复杂性和专业性等，使物业管理标准既不同于管理类标准，也不同于服务类标准，其服务过程就是产品的提供过程，这增加了标准编制的难度。

标准编制需要通过立项、编号、组织起草、征求意见、技术审查和颁布等复杂过程，国家标准和行业标准编制周期较长，地方标准编制周期相对短，但也需要2~3年，团体标准编制时间较短，一般需要1~2年。所以，团体标准管理办法出台，大力推进了物业管理行业的标准化工作进程，但也仅是暂时缓解了物业管理行业对标准的迫切需求。

对行业而言，物业管理基础标准范围、内容等方面的确定，虽有难度，但对实际运行管理意义不大，更多的是有利于标准体系建立、标准编制。不同的视角会有不同的基础标准范围。比如，企业管理、专业技术、业主需求、服务过程、服务结果等不同角度，都会有自己的标准基础范围和内容。在标准实际编制中，该部分内容更适合被确定为标准的基础部分。实践中，各物业管理业态之间的技术标准有一定差别。除物业管理通用标准部分外，每种物业业态都会有自己的、相对突出的标准需求特点。比如，住宅小区的业主委员会、高校的教辅工作、医院的交叉感染预防、办公楼的空间管理等。但是，物业业态之间的物业管理标准则具有一定通用性，差异性较小。无论何种物业业态物业管理的人力资源管理、财务管理、行政管理等，都不会有太大的区别，管理是相通的，标准是可以通用的，特别是服务业。结果就会出现，在不同物业业态的物业管理标准中，会有相似的管理规范要求描述，给标准的实际使用带来一定困扰。

初始阶段，物业管理标准编制相对集中于地方、团体和企业等方面。参与编写者主要有政府主管部门、研究机构、认证机构、行业组织机构和企业等。标准主要有住宅与非住宅物业服务标准、各物业业态物业管理服务指南、物业费标准、物业管理评价指标体系、各物业业态疫情防控指南等。物业服务标准编制有很多问题和困难摆在行业面前，阻碍着行业标准化的发展进程，也是预防和破解物业管理责任边界问题需要面对的重要因素。首先，需要面对管理与服务的关系问题。管理与服务在具体物业管理工作中的体现形式、发挥作用方式，以及二者是否互动、是否干扰等。其次，需要解决过程与结果的问题。这是每位标准编制者都绕不过去的难题，包括：过程标准是否可控，是否能实操；结果标准是否能实现，是否能满足需求；过程与结果是否能保持一致，过程能否形成结果，结果能否实现过程的终极目标等。再次，需要解决标准编制组织安排问题。行业标准体系结构不健全、开展标准编写工作较晚等问题，使行业标准编制管理经验极度缺乏，目前尚处于摸排探索阶段，方案制订、资源整合、进度安排、编制掌控等方面经常会走弯路。最后，需要面对标准编写人才极度匮乏的局面。物业管理行业本身就存在管理人才千金难寻的问题，加之行业对标准的认识尚处于普及阶段，能够掌握并正确使用标准的物业人较少，而接触过或编写过标准的物业人则更少，结果就是标准编制难产、标准编写水平低，有心无力。所以，要从标准编制、标准体系建立与完善角度切入，预防和解决物业管理责任边界问题，就需要先解决上述问题。

标准与质量方面。标准编制要清晰认识物业管理服务本质，要捋顺物业管理与服务的关系，管理即服务，服务即管理，二者为一体。管理是服务的保障，服务是管理目标的实现，二者相互促进，共同融合于实际操作的每项具体管理服务工作中，缺一不可。在物业管理行业标准化体系中，技术标准可以暂时或持久依赖于其他行业标准，管理标准和工作标准则更多地需要行业编写，是行业标准化体系相对比较弱的一个环节。重视管理标准和工作标准是完善标准化体系建设的重要部分，是提升标准质量的重要内容，是解决管理人才匮乏、地域差异大、员工流动性大等问题的基础，是保持良好的服务品质和经营拓展竞争力，减少物业管理责任边界问题发生的关键要素，也是部分企业迅速发展、保持持久的主要因素，而部分企业一经快速发展，质量就下滑，标准制定与执行不力是该现象形成的主要原因之一。

标准表述方面。对过程标准和结果标准如何认知和表述，是编制标准必须要直面的问题。比如，进入办公室清洁作业，完成入室、开灯、擦桌、拖地、收集垃圾、关灯、锁门等系列操作，是在有效控制管理下，保洁员将清洁效果直接呈现给客户的过程，也就是说，同时实现了过程标准和结果标准。

从过程角度对标准进行表述，以及从结果角度对标准进行表述各有利弊，是物业管理责任边界问题预防和解决的重要思考路径。以过程表述标准，更多的是致力于管理标准方面，有利于管理人员提升综合能力，方便管理复制和管理管控；但是对管理人员责任心要求高，易形成本位主义，对标准制定的要求较高。以结果表述标准，更多的是致力于技术标准和工作标准方面，效果直观，简化管理，适合优秀管理人员；但是对管理人员综合能力要求高，对管理人员依赖性强，对过程的监管不足。在实际编制标准过程中，一般采用过程标准与结果标准相结合方式，能量化的标准部分尽量量化，过程标准辅助结果标准的表述，结果标准引导过程标准的表述方向和环节，二者相辅相成，共同构成完整的标准描述。

三　标准覆盖

目前标准发展状况，远不能满足物业管理行业发展的需求，是物业管理责任边界问题产生的直接或间接诱因。随着行业的高速发展，物业业态已经细分至十多种，而标准还没有形成体系，尚无法满足物业管理的基本需求。已颁布的物业管理标准使用率不高，主要是因为存在标准质量低、适用性差、与企业发展需求不符合等问题；没有强制要求，仅有推荐性标准，靠自律性自愿接纳使用，使用者自然少；推广宣传力度不够，需要的企业找不到标准，有标准不知如何使用等。虽然已有部分企业和相关机构积极参与标准编制工作，但基于水平、时间、组织和资金等多方面因素，进度缓慢，质量不高，一定时期内还是无法填补标准空白。为满足物业服务企业发展所需，大部分企业各显其能，通过对其他行业标准的借鉴，编制企业作业指导书，获取相关认证证书等方式，以实现企业对标准的需求。该过程自然导致标准的统一性、准确性、正确性、适用性和权威性等问题发生，造成物业管理行业标准发展的混乱局面，误导企业管理发展方向，增大企业运行管理成本，对物业管理行业发展造成一定的负面影响。

认证管理类标准切入行业，为将物业管理服务纳入管理模式并走入正常发展轨道，给以有力的支持和奠定良好的基础，也是提高标准覆盖率的有效途径和方式之一。目前，涉及物业管理行业的认证标准体系主要有：质量管理体系 GB/T19001-2016/ISO9001：2015、环境管理体系 GB/T24001-2016/ISO14001：2015、职业健康管理体系 GB/T45001-2020/ISO45001：2018、能源管理体系 ISO5001：2018 及 RB/T107-2013、服务 GB/T20647.9-2006、信息安全管理体系 GB/T22080-2016/ISO/IEC27001：2013 等。该类认证，虽然在标准推广、普及、覆盖率等方面具有一定的积极意义，但是，对于物业管理行业而言，其比较侧重于对管理和结果的要求，尚缺乏对行业的针对性和适用性，缺乏与专业的直接对接联系，会出现与现行管理错位、干扰和无果等不适的现象，会形成实施与标准"两层皮"问题。这就需要物业服务企业充分考虑，从标准制定阶段开始，就辅以相应措施，将其融入企业的自身管理体系中。在认证和执行过程中，虽然存在一些为了取证而认证等流于形式问题，但对于物业管理行业现行发展阶段，还是具有一定促进作用。一年一度的认证复查，对物业服务企业运行管理起到监督检查、促进提高和改进完善的作用，直接或间接预防或解决边界问题。

四　标准培训

标准培训应采取丰富多彩的标准化体系培训方式。物业管理多以文字形式体现标准化体系规范文件，如管理手册、操作指南、记录表格等，对标准的掌握、使用和培训带来一定困难，也直接影响培训效果。标准培训应采取多种方式，实现标准可视化，这样可以使标准的理解和使用变得更直观、简单明了，应该予以推广。比如，采用视频演示片、VR、全息投影等多种形式，模拟标准执行操作现场情景，供标准化执行、管控和培训使用等。这可以很好地推进和固化标准化工作，提升物业服务企业对标准执行的管控能力和效果，降低管控成本。

五　监督检查考核

监控管理使标准编制和使用处于检查、处理、改进的良性循环之中，而考核管理是标准持续进步发展的动力。没有监督检查考核，标准化体系的有效实施就无从谈起。比如，标准编制、修订与改进，标准推广、执行与实施，标准过程与结果的控制管理，标准化与个性化服务的融合，标准建设与实施的奖励惩罚等方面。所以，监督检查考核是物业管理标准化体系有效实施的保障，是物业管理标准化进入正常发展轨道并持续健康发展的保障。实现标准化监督检查考核，需要具有专业素养和标准化知识的管控团队，对标准化体系建设、执行落实、改进完善等方面予以现场培训指导，方可保证效果。关于这一点，目前绝大部分物业服务企业很难实现。

六　个性化服务标准

物业管理行业发展至今，物业服务企业市场竞争异常残酷激烈，当然，时而也会有不正当竞争行为和手段发生。那么，目前企业之间竞争的实质性内涵是什么？其实，就是个性化服务，以及个性化服务与客户实际需求吻合度的比拼。基于此，标准化、市场竞争、个性化服务三者间关系应如何处理？个性化包含于标准化之中，标准化是竞争的基础，个性化服务是竞争的核心，竞争是在标准化和个性化服务基础上展开的。通用性标准的形成，促进企业不断向个性化方向发展；个性化标准建立与实施，丰富扩展了标准化内涵；具有可操作性、针对性、适用性的个性化标准，一定是建立在标准化服务的基础之上。如此才能满足于物业服务企业发展的标准化管理实施体系的建立，才能使物业服务企业具备一定的市场竞争力，才能清晰划分物业管理责任边界。

七　团体标准

大力发展团体标准，是解决标准空白期，以及满足行业需求的正确发展方向和有效措施，为贯彻落实《国家标准化发展纲要》，规范团体标准化工作，促进团体标准优质发展，2022 年，国家标准化管理委员会等十七部门联合印发《关于促进团体标准规范优质发展的意见》，对加强规范和引导团体标准发展，分别从提升团体标准组织标准化工作能力，建立以需求为导向的团体标准制定模式，拓宽团体标准推广应用渠道，开展团体标准化良好行为评价、实施团体标准培优计划，促进团体标准化开放合作，完善团体标准发展激励政策，增强团体标准组织合法意识，加强社会监督和政府监管，完善保障措施等十个方面提出指导意见。《关于促进团体标准规范优质发展的意见》的出台，将对物业管理行业的标准化体系建设和发展产生深远意义。

由此，中国物业管理协会开展了大量标准化建设工作，先后陆续出台了一系列团体标准，缓解了部分企业对标准的需求，对行业的标准化体系建设发展，发挥了很大的促进性作用。但是，同时还存在标准化体系不健全，标准编制颁布缓慢，专业性、适用性、操作性弱，宣传、推广、实施力度不够等方面的问题，这些也是物业管理责任边界问题产生和影响解决的因素之一。

八　企业标准

提升并保持物业管理服务质量、增强客户黏性、提高运营管理效益，促使物业服务企业持续稳定发展，企业标准是基本保障。

企业标准尚处于初始发展阶段，无论是在标准体系、编制、覆盖、执行、监管等方面，还是在满足企业实际运行管理具体需求方面，都存在缺失、不足、低质等问题。形式大于内容，为标准而标准的流于形式的表象比较严重。过度重视标准的数量而忽略标准针对性、适用性现象比较普遍。比如，维修养护管理—综合维修—入室维修均会有标准。但是，客户房间因使用者、使用性质的差异和不同，对入室维修存在个性化服务需求，标准内容将会随之发生变化，相应的不同类型房间的入室维修标准比较少见。标准"颗粒化"程度直接影响管理服务效果和客户满意度，更能够体现物业服务企业服务理念和综合管理能力，同时更有利于规避物业管理责任边界问题发生。

企业标准贯彻与实施，首先是企业标准化体系建立。企业标准化体系建立主要考虑以下几点要素：（1）充分考虑标准适用性、针对性、前瞻性、专业性和准确性；（2）充分满足政策、法律法规及上位标准要求；（3）充分融合、分解企业发展战略目标；（4）充分考虑客户特点和不断变化的服务需求；（5）充分考虑物业综合运营管理环境因素；（6）充分考虑企业的实际综合运营管理能力状况；（7）充分考虑岗位管理操作要求；（8）充分考虑从业人员岗位综合能力状况。其次是编制标准。企业标准内容包括技术标准、管理标准和工作标准三个方面。技术标准涉及相关领域的要求较多，取之即用，不能更改，可视实际情况整合。管理标准和工作标准是企业编制标准的主要方向，涉及物业管理各专业板块。最后是执行标准。这是一个非常重要的环节，有标准不执行现象较为普遍，是物业管理行业被污黑、物业管理服务质量被诟病、物业管理责任边界问题纠纷频发的主要因素之一。企业重视是标准化实施的重要基础；规范化管理、规范化监督管理是企业标准化实施的重要保障措施；从业人员正确认识、理解和使用标准，才能最终保障标准化执行实施。企业标准实施是预防物业管理责任边界问题形成和解决责任边界问题的重要路径。

综上所述，物业管理行业标准化体系建设、标准编写、标准执行、企业标准等方面问题的解决程度，关系物业管理责任边界问题。实施的过程，就是清晰物业管理责任边界、预防和解决边界问题的过程；实施的效果，可以直接预防和解决边界问题，也可能成为阻碍并产生新的边界问题。

第八章　政策与法律法规视角下物业管理责任边界问题

随着物业管理行业的诞生和发展，物业管理政策及法律法规也在不断完善中。1989年，建设部发布的《城市异产毗连房屋管理规定》，提出社会化、专业化、企业化、经营性小区管理模式，标志着我国正式进入物业管理立法阶段。1994年，建设部发布《城市新建住宅小区管理办法》，开启了我国物业管理制度建设的全新局面。2003年6月，国务院发布《物业管理条例》，首次以法规的形式，确认了业主、物业服务企业及各相关方在物业管理活动中的地位、范围和作用。2007年3月，第十届全国人民代表大会第五次会议通过《物权法》，明确了物业管理活动的法律基础是建筑物区分所有权、本质是区分所有人行使共同管理权时产生的系列活动。2020年5月，第十三届全国人民代表大会第三次会议通过《民法典》，从各角度对物业管理活动进行了系列的规范和调整，从而奠定了物业管理的民事法律基础。

本章从政策与法律法规、规章、合同角度对物业管理责任边界问题进行梳理、分析，旨在从中寻求用政策与法律法规预防解决物业管理责任边界问题的路径和措施。

第一节　政策方面物业管理责任边界问题

政策是国家为实现一定的政治、经济、文化等目标任务而确定的行动指导原则与准则，通过制定政策确定行动的目的、方针和措施。政策是人类社会发展到一定阶段，阶级社会的产物，具有鲜明的阶级性，是社会上层建筑的重要组成部分，具有普遍性、原则性、指导性和灵活性。在阶级社会中，政策只代表特定阶级的利益，从来不代表全体社会成员的利益，不反映所有人的意志。政策可以主要由或完全由原则性的规定组成，可以只规定行动的方向而不规定行为的具体规则。政策缺失制定程序适用性，缺失强制执行力，具有较强的指向引导作用、正确与错误之分和现实政策特质，有较大伸缩性，会随着社会发展而不断变化。

政策与法律作为两种不同的社会政治现象，虽然存在密切的联系，但在制定主体和程序、表现形式、调整和适用范围以及稳定性等方面，具有各自的特点。政策与法律冲突时适用法律，政策可以上升为法律，只有上升为法律时，才具有法律效力。

物业管理相关政策是物业管理持续发展应遵循的原则和准则，是指导物业管理发展方向的原则性文件，是确定物业管理目的、方针和措施的依据。政策指导物业管理实施的同时，物业管理发展也促使新的政策生成。物业管理行业的健康持续发展与政策紧密相连、不可分割。比如，《国民经济和社会发展第十四个五年规划和2035年远景目标纲要》在深化服务领域改革开放一节中要求："完善支持服务业发展的政策体系，创新适应服务新业态新模式和产业融合发展需要的土地、财税、金融、价格等政策。"还有《关于推动城市停车设施发展意见的通知》《关于加强和完善城乡社区治理的意见》《国务院办公厅关于进一步规范行业协会商会收费的通知》等诸多相关政策。

一　政策方面物业管理责任边界问题特点

政策指导的原则性、导向性、普遍性、阶段性和灵活性等特质，对物业管理服务活动实施具有极其重要的意义，在政策规定、政策导向、政策执行及监督管理等方面，物业管理责任边界问题的形成和解决，具有一定普遍存在的共性特点，主要有：

（1）政策是预防和解决边界问题的基础；

（2）政策执行结果，直接或间接影响边界问题形成与解决；

（3）政策有期限、稳定性弱、变化快、强制执行等特点，易导致边界问题产生；

（4）国家政策与地方政策以及各地方之间相关政策存在的差异性，易导致边界问题形成或干扰边界问题解决；

（5）各相关方对政策的认知、理解和执行存在的差异性，易引起边界问题复杂化，增加解决难度，易形成新的边界问题。

二　政策方面物业管理责任边界问题实证分析

政策与物业管理责任边界问题预防、形成和破解息息相关。政策特质，决定了它在物业管理行业责任边界问题方面的重要作用；政策是解决物业管理责任边界问题的思考方向和切入点；政策变迁，是寻找物业管理责任边界问题形成源头的导引。以政策为对象，对物业管理责任边界问题进行实证分析，可以使物业服务企业在制定、落实政策时尽量少走弯路。

（一）政策原则性和指导性

政策是物业管理行业发展的指向标，涉及物业服务企业发展战略、策略、目标、方针和决策等各个管理环节。在物业管理责任边界问题预防、形成和解决等方面，都存在政策的影响因素。政策或有利或干扰物业管理责任边界问题的预防、形成和解决。比如，政策对物业管理的指导很难具体聚焦到一个企业，必然存在宏观指导与企业发展具体需求不吻合的现象，物业服务企业追寻政策的指导原则和准则自然需要过渡期，会涉及政策把握、利益得失和物业管理责任边界等问题。还有，政策对物业管理指导方向、实用、力度和执行等方面，是否符合市场发展特质和需求，是否保持连续性，是否满足并引导行业发展，是否构成政策保障体系等，均会成为困扰阻碍企业运营和物业管理责任边界问题解决的因素。

物业管理资质的取消，虽然使行业准入门槛降低，但是由此引发企业评价体系缺乏，没有相应的政策支持。结果就是，增大了业主选择一个性价比较高的企业的难度，造成行业竞争市场混乱，成为行业发展的阻力，直接或间接导致边界问题形成。物业管理属于新兴行业，还没有形成操作管理专业人才供应链。物业管理从业人员来源复杂，学历跨度大，执业能力参差不齐。原有的岗位职业胜任能力评价体系虽有不足尚需完善，但对物业管理行业人才培养做出了重大贡献。物业管理员、项目负责人、注册物业管理师等执业资格认证取消，使物业管理行业出现了执业能力培训、执业能力评价的空窗期。此时，物业服务企业主要依赖自身力量解决，靠社会培训机构解决成效很难实现，远远无法满足行业、企业的发展需求。《住房和城乡建设部等部门关于加强和改进住宅物业管理工作的通知》提出，鼓励有条件的物业服务企业向养老、托幼、家政、文化、健康、房屋经纪、快递收发等领域延伸，这些相关政策的出台，方向是清晰明确的。但是，缺乏物业服务企业跨界经营的保障性政策和具体指导细则支持。物业管理行业在其他领域的经营范围、内容，物业管理行业与其他服务行业的衔接性问题等，如何处理、解决没有相应的政策支持。这些政策指导性方面的问题，将引发物业管理责任边界问题，干扰物业管理责任边界问题解决，直接影响物业服务企业运营和行业持续健康良性发展。

（二）国家性政策与地方性政策

国家性政策与地方性政策之间存在一定差异性。国家性政策覆盖整个物业管理行业，而地方性政策覆盖本区域物业管理行业。对于国家性政策行动指导原则与准则，各地方性政策依据相关区域经济、物业管理、各方需求和民风民俗等实际状况，进行相应对接、调整和细化。该过程发生的变化，对物业管理责任边界问题的产生和解决具有一定的直接或间接影响。有国家政策而没有对接的地方政策，有地方政策而没有国家政策的指导，物业管理活动开展实施都将非常困难。遵循国家政策而在地方政策里没有相对应细则规定，可能批准或不允许；超前或滞后的地方政策难以把握，由此，已然形成的物业管理责任边界问题，往往是由物业服务企业自身承担解决。比如，节能管理、绿色管理和低碳管理等方面事项；室内装饰装修、停车位使用、垃圾分类及人防空间使用等方面管理。这些容易导致新的物业管理责任边界问题产生，增大运营成本，干扰物业管理实际运作。

（三）地方政策

各行政区域地方政策存在一定差异性，主要体现在各行政区域物业管理发展状况；业主及物业使用人的需求和民俗；各行政区域经济发展状况等方面。从物业管理发展状况的角度，不同行政区域物业管理方面的政策差别很大。北上广深等一线城市，物业管理行业发展相对比较快，形成问题与解决问题的政策具有一定的相似性；其他行政区域，物业管理行业发展参差不齐，形成问题与解决问题的政策各异，具有一定地域特性。因此，将物业管理方面的国家政策落实为地方政策，各行政区域地方政府之间的政策必然存在规定、要求、范围和标准等方面差异。在不同行政区域，物业服务企业面对相似的物业管理责任边界问题之时，还会面对不同的规定要求、不同的执法标准。该状况，必然使物业管理责任边界问题的解决由简单变复杂，增加企业运营管理难度。比如，垃圾分类管理、室内装饰装修管理、消防安全管理和招投标管理等方面事项。所以，这些地域性政策差异，必然使物业管理责任边界问题的形成与解决变得相对复杂。

（四）政策理解和执行

各地方对政策的理解和执行存在差异性。差异性体现的相关主体主要为政府行政部门、街道、居委会、业主及物业服务企业等。差异性主要表现在对政策认识和理解、政策执行者的落实能力、政策指导企业发展适用度、政策执行主观性和客观性等方面。对政策理解和执行的差异性，会使物业管理责任边界问题的形成和解决，从无到有、从易到难、由简变繁。对此，物业服务企业不易掌控、难以预防、难以破解，往往是被动面对和被动接受。比如，安全检查、消防检查、治安管理、能源管理、社区治理、应急管理、疫情防控、业主纠纷处理及临时性工作等方面事宜。

综上所述，政策与物业管理责任边界问题息息相关，能够直接促进或阻碍物业管理责任边界问题形成与解决。针对物业管理方面的政策，虽无法强求其能够预防和解决物业管理责任边界问题，但可以群策群力、全力以赴、积极面对并逐步解决。通过对政策的培训学习执行、参与制修订、监督检查管理等过程，探索寻求破解物业管理责任边界问题的思路和方法，助力于物业管理责任边界问题的解决。

导致物业管理责任边界问题发生的原因很多。在物业管理方面，主要有行业发展状况、行政区域、物业管理服务需求、物业管理服务水平、企业发展目标和方向、企业综合竞争力、政策执行能力等方面的原因。在政府行政部门方面，主要有经济发展不均衡，政出多门，地域经济发展目标和方向差异，地方政府重视程度不同、政策制定能力和水平不同等方面原因。面对如此多诱因形成的边界问题，应该如何预防和破解，是物业管理行业所面临的问题。对此，物业服务企业应该在立足于企业自身建设之外，首先，应以业主及物业使用人需求为核心，大力开展政策宣传培训活动，贯彻执行相关政策，夯实管理服务基础，预防可能的政策风险，规避可能的边界问题。其次，应积极关注、面对政策及其变化，结合企业实际运行状况及时调整企业发展策略和目标，跟上行业市场发展的步伐和节奏，预防物业管理责任边界问题的产生。最后，应积极参与政策的制修订等方面工作，归纳总结分析相关信息，建言献策，使政策有利于物业管理责任边界问题的预防和解决，更有利于促进物业管理行业未来的规范化发展。

第二节　法律法规方面物业管理责任边界问题

法律是由一定的物质生活条件所决定的，由国家制定或认可并由国家强制力保证实施的具有普遍效力的行为规范体系。其目的在于维护、巩固和发展一定的社会关系和社会秩序。具有普适性、规范性、稳定性。法律有广义和狭义两种理解，从广义上讲，法律泛指一切规范性文件；从狭义上讲，仅指全国人民代表大会和全国人民代表大会常务委员会制定的规范性文件。在与法规规章等共同一起讲时，法律是指狭义上的法律，具有最高的法律效力。法律比较规范化、定型化，通常是以规定当事人权利和义务为内容，对全体社会成员具有普遍约束力。

法规是法令、条例、规则和章程等法定文件的总称，是指国家机关制定的规范性文件，法规也具有法律效力。法规的制定程序由法律规定，比较严格。在法律体系中，法规主要指行政法规、地方法规、民族自治法规及经济特区法规等，即指国务院、地方人大及其常委会、民族自治机关和经济特区人大制定的规范性文件，具有较强的法律效力。

法律法规一经制定，非经法定程序不得随意废止，具有较强的稳定性。法律和法规的区别，一是制定机构的不同，一个是全国人大及其常委会，一个是国务院或地方人大等机构。二是效力层次不同，法律的效力大过法规的效力。

法律法规是开展物业管理活动的规范性文件，是物业管理活动开展的依据和准绳，是物业管理行业持续健康良性发展的保障基石。法律法规保驾护航、规范要求物业管理实施之时，物业管理发展也促使新的立法诞生。比如，《民法典》《个人信息保护法》《安全生产法》《特种设备安全法》《物业管理条例》《生产安全事故应急条例》《特种设备安全监察条例》等。

一　法律法规方面物业管理责任边界问题特点

法律法规对物业管理服务活动的规范发展，具有普适性、规范性、稳定性等特质，为物业管理规范发展保驾护航，对物业管理活动实施具有重要意义。在物业管理服务过程中，法律法规要求、解读、执行和监督管理等，使物业管理责任边界问题的形成和解决具有一定普遍存在的共性特点，主要有：

（1）法律法规是边界问题形成与解决的基石；

（2）法律法规要求相对宏观、严谨，尚需解决针对性问题，尚需规范细则；

（3）对法律法规执行原则性与灵活性的尺度把握不好，易导致边界问题产生；

（4）各地方的法律法规执行存在的差异性，易导致边界问题形成或干扰边界问题解决；

（5）各相关方对法律法规的认知、理解和执行存在的差异性，易引起边界问题复杂化，增大解决难度，易形成新的边界问题。

二　法律法规方面物业管理责任边界问题实证分析

针对物业管理责任边界问题，法律法规既是其形成的原因，又是其解决的对策。要厘清物业管理责任边界问题，就必须要研究探讨法律法规。法律法规是物业服务企业制定发展规划、拟订管理方案、编制实施细则必须遵循的。以法律法规为对象，对物业管理责任边界问题进行实证分析，是探索物业管理行业责任边界问题最本质的有效方法。

（一）法律法规制定与修订

法律法规导致的物业管理责任边界问题，一旦形成，存在期长。因为法律法规制定、使用、修订时期长，不利于物业管理行业、物业管理行业市场、物业服务企业等方面运营的管理法律法规，势必长期存在，阻碍、干扰物业管理行业良性健康发展。比如，物业管理边界界定、物业费标准确定、高压配电室管理、消防控制室管理、秩序维护管理、能源管理等方面法律法规均有涉及。

司法解释，即最高人民法院、最高人民检察院做出的属于审判、检察工作中具体应用法律的解释，是解决法律法规中不适用条款尽快满足市场发展需求的补救办法。比如，《最高人民法院关于审理建筑物区分所有权纠纷案件具体应用法律若干问题的解释》（法释〔2009〕7号）、《最高人民法院关于审理物业服务纠纷案件具体应用法律若干问题的解释》（法释〔2009〕8号）、《最高人民法院关于适用〈中华人民共和国民法典〉时间效力的若干规定》（法释〔2020〕15号）等，仅此还远不能满足物业管理实际问题解决的需要。物业管理各相关方虽尽显其能、手段频出，但均无法律法规依据，属于物业管理的灰色地带。因此，物业管理行业市场频繁出现规避绕行、用政策标准拟补、运营打擦边球等管理现象。但是，无论结果如何，这些现象逃离不了法律责任。

（二）法律法规针对性、适用性和操作性

针对物业管理，无论是刚刚颁布施行的，还是使用一定时间的法律法规，其针对性、适用性和操作性等方面，都存在不能满足实际运营需求的问题。

这是必然存在的问题，也容易引发物业管理责任边界问题。在实际运作过程中，经常通过政策、规章及标准等规范性文件予以拟补。特别是通过行业标准、团体标准和企业标准的制定与实施，以实现企业运行管理所需的针对性、适用性和操作性。但是，同时也存在易触碰法律法规底线，承担相关违法责任的问题。比如，要求物业服务企业对业主及物业使用人的违规行为进行制止。但是物业服务企业没有执法权，应该如何制止、制止的规范要求、应承担的责任都是不确定的；要求物业服务企业配合公安机构工作，那么物业服务企业应该如何配合、配合的范围、应承担的责任，同样是不确定的，否则容易出现"协管员"现象等。

（三）法律法规理解与执行

因不同目的、不同地域、不同角色和不同职业等因素，物业管理各相关主体对法律法规的理解和执行会存在一定的差异。从物业管理角度，该差异主要表现在对法律法规的认识和理解、综合执行能力、适用性和操作性、执行的主观性和客观性等方面。差异性问题处理不当，会引发物业管理责任边界问题形成，也会干扰物业管理责任边界问题的解决。针对法律法规理解和执行问题，涉及的相关主体主要有政府行政职能部门、物业服务企业、业主等。政府行政职能部门是法律法规理解和执行的主角，物业服务企业更多的是致力于信息反馈、专业建议、自我完善等方面。比如，在室内装饰装修过程中，就业主擅自破坏承重墙行为，政府行政部门对物业服务企业的行政处理结果，有的按照承担全部管理责任进行罚款处理，有的按照承担不报告责任进行罚款处理，有的按照承担连带责任进行处理等，不一而足。

（四）地方法规差异性

《立法法》第七十二条规定："省、自治区、直辖市的人民代表大会及其常务委员会根据本行政区域的具体情况和实际需要，在不同宪法、法律、行政法规相抵触的前提下，可以制定地方性法规。设区的市的人民代表大会及其常务委员会根据本市的具体情况和实际需要，在不同宪法、法律、行政法规和本省、自治区的地方性法规相抵触的前提下，可以对城乡建设与管理、环境保护、历史文化保护等方面的事项制定地方性法规。"由于行政区域、制定主体的不同，地方法规间存在一定的差异。出现的具体问题，属不属于物业管理责任边界问题可能都难以确定，物业管理责任边界问题成因与解决也就变得更为复杂，特别是对于跨地域经营的物业服务企业而言。物业管理行业中跨地域经营的物业服务企业占比很大，结果导致一套公司级通用的标准化体系已经无法满足物业服务企业运行管理，需要细化分解，制定具有针对性的标准化体系，以适应各行政区域相关法规要求。比如，业主大会、业主委员会、管理委员会等方面事宜。

综上所述，法律法规是物业管理责任边界问题形成与解决的核心因素。其成因极其复杂，诱因很多。物业管理行业属新兴行业，涉及的相关行业比较多，涉及的政府行政部门比较多。运营管理方面法律法规相对滞后，实施操作方面法律法规相对缺乏，相关行业法律法规对物业管理行业具有较强渗透性和干扰性。同时，物业管理行业市场发展不成熟、行业高速发展、政府行政部门对行业认知的差异和行业法律法规相互关系复杂等因素，导致各行政区域的物业管理发展不均衡，物业服务企业经营管理水平参差不齐，新问题、新现象、新矛盾层出不穷。还有计划经济向社会主义市场经济过度转化过程的遗留问题，地域经济发展不均衡，法律法规理解和执行的差异等，均是物业管理责任边界问题的形成因素，也是物业管理责任边界问题解决的影响因素。面对如此诱因形成的物业管理责任边界问题，应该如何破解，是政府行政职能部门、物业服务企业、专业经营企业和业主及物业使用人迫切需要思考的问题。比如，法律法规的拟定编制是否有的放矢，是否专业的人管理专业的事，是否放眼物业管理行业发展而非"头痛医头脚痛医脚"等方面问题。为减少、避免物业管理责任边界问题产生，提高物业管理责任边界问题解决力度，应该深思熟虑、慎重考虑这些方面的问题。减少这些问题对法律法规在物业管理方面的时效性和权威性的影响。

物业管理责任边界不清问题形成的原因与破解的困难有以下三方面。首先，伴随着物业管理行业高速发展，存在法律法规不健全、不成体系、针对性差、不明晰、相对滞后，相关政策繁杂、相互交织、相互矛盾、变化快、操作性差等因素。其次，政府监管形式、措施与物业管理行业发展规律的吻合度弱，企业管理服务的责权利风险意识淡漠、相关知识匮乏、管理经验不足等问题，使物业管理责任边界问题积少成多，变得越来越复杂。最后，物业管理责任边界问题对行业发展构成的困扰和阻碍变得越来越大，在生存环境、市场环境、社会环境、经济环境等方面已成为行业发展的症结，已经到了必须要解决的阶段。否则，物业服务企业将距离其所承担的城市综合治理、人民美好生活、社会安全稳定等历史责任重担越来越远。

物业服务企业采取制定企业标准、操作流程，培养岗位执业能力，加强监督检查力度等措施，提升企业应变能力，从而规避由法律法规理解差异和执行所带来的风险，是企业破解物业管理责任边界问题的路径之一。业主及物业使用人应该清楚，物业管理服务到位才能使自己的资产保值升值，才能感受到高性价比的服务。了解、支持物业管理工作，尽自己应尽的义务，正确行使自己的权利，尽量减少、避免矛盾纠纷的发生，是物业管理责任边界问题解决的助力和保障。

第三节　规章方面物业管理责任边界问题

规章，即规则章程。主要指国务院组成部门及直属机构，省、自治区、直辖市人民政府及省、自治区、直辖市人民政府所在地的市和设区市的人民政府，在它们的职权范围内，为执行法律、法规，需要制定的规范性文件；或者为本行政区域的具体行政管理事项而制定的规范性文件。规章按其性质、内容，可分为行政规章、组织规章、业务规章和一般规章；可分为国务院部门规章和地方规章。国务院部门规章是指由国务院所属各部、各委员会制定、发布的规章。地方规章是指省、自治区、直辖市人民政府以及省、自治区、直辖市人民政府所在地的市、经济特区所在地的市和国务院批准的较大的市的人民政府，根据法律、行政法规所制定的规章。规章的具体表现形式有规程、规则、细则、办法、纲要、标准、准则等。规章的法律效力低于地方法规。地方规章可以做出规定的事项包括：为执行法律、行政法规、地方法规的规定需要制定规章的事项；属于本行政区域的具体行政管理事项。比如，

《物业承接查验办法》《商品住宅实行住宅质量保证书和住宅使用说明书制度的规定》《生活饮用水卫生监督管理办法》《城市居民住宅安全防范设施建设管理规定》《住宅专项维修资金管理办法》《住宅室内装饰装修管理办法》等。

一　规章方面物业管理责任边界问题特点

规章对物业管理活动的规范具有普遍性、阶段性、地域性、针对性和行业特点等特质，对物业管理活动开展和实施具有规范、监督及指导性作用。在物业管理服务过程中，规章的要求、解读、使用、执行及监督管理等，使物业管理责任边界问题的形成和解决具有一定普遍存在的共性特点，主要有：

（1）规章与边界问题的形成与解决联系紧密；

（2）规章的规定和要求具有一定针对性，相对易于判断边界问题；

（3）规章的原则性相对强，执行的灵活性相对弱；

（4）各地方规章存在的差异性，易导致边界问题形成或干扰边界问题解决；

（5）对规章的理解和执行存在差异性，易导致边界问题复杂化，使解决难度加大，易形成新的边界问题。

二　规章方面物业管理责任边界问题实证分析

规章与物业管理责任边界问题的联系相对具体，对预防和解决物业管理责任边界问题的影响比较直接，是研究探讨物业管理责任边界问题成因和解决的必经路径。以规章为对象，对物业管理责任边界问题进行实证分析，能够相对直接、清晰地辨析物业管理责任边界问题。

（一）规章对接法律法规

规章是各相关机构为执行法律法规的相关规定而制定的规范性文件，是法律法规内容的具体分解、延伸、展开。物业管理与规章联系更直接、更紧密，规章对行业发展更具指导意义，是解决具体问题的法律法规规范性文件。在实际运作中，涉及物业管理的规章很多，相对具体并具有一定的针对性和操作性。物业管理的规章多由各行政职能部门和各级政府发布。规章存在的主要问题有能否满足法律法规要求、能否实现落实执行法律法规、能否与法律法规保持一致、能否实现行业市场发展需求等。缩影到一个具体物业管理项目，规章相对比较集中，规章之间相互交叉、相互干扰，甚至相左。部分规章执行，会使企业管理产生混乱，会影响物业管理服务效果，会导致企业被动接受行政处罚等。比如，对于有害生物防治，爱卫会、各专业主管部门、街道和居委会的规定要求不尽统一，主要涉及消杀药品种类、具体消杀措施和区域、药品摆放位置等具体事项。

（二）规章不稳定性

规章会因社会、经济以及行业发展状况的变化而变化。相对于法律法规，存活期短，具有不稳定特性。对于新兴的物业管理行业，规章不稳定性作用的表现更为突出。废除旧的规章，出台新的规章，在利好行业良性健康发展的同时，也会使行业产生动荡。中小企业抵御风险的综合能力相对较弱，波动期为2~3年的变化动荡，将对其运营造成较大困难。所以，规章的连续性、持续性、稳定性以及内在逻辑关系状况等，对物业管理行业发展具有很大的影响。比如，物业管理资质证书取消，导致准入门槛降低，物业管理行业进入后资质时代，取消原企业评价机制，没有建立新的企业评估机制；在物业管理行业市场评估机制缺失的情况下，为提高行业市场竞争力而被业主认可，物业服务企业通过各种社会评估机构获得各种认证证书。权且不言证书的公正性、有效性和专业性，该认证的实际过程，对企业运营管理综合水平和综合能力的提高没有太多帮助，反而会误导物业服务企业经营发展方向、增大管理操作负担、增加运营管理成本，使经营管理由简化繁从而降低运营管理效率。即便如此，很多物业服务企业还是在努力做各种认证，只是期盼这个认证标签能在市场竞争中发挥作用而已。虽然《国民经济和社会发展第十四个五年规划和2035年远景目标纲要》在深化服务领域改革开放一节中提出："扩大服务业对内对外开放，进一步放宽市场准入，全面清理不合理的限制条件，鼓励社会力量扩大多元化多层次服务供给"，但是，取消物业管理行业评价机制后，并没有出台相应的补救性管理办法和监督管理准则。至今，政府行政部门对物业管理行业实施的监督管理，多采取以罚代管为主的监管方法。这对物业管理行业未来规范化发展必将产生一定的负面影响。

（三）规章理解和执行

不同岗位的物业管理人员、不同职位的公务人员、不同行政部门及各行政主管部门等相关主体，对规章的认识、理解和贯彻执行都会有差异。特别是在街道和居委会，这种现象更为普遍。一般容易形成两个极端，一个是生搬硬套，比"原则"还"原则"，缺乏处理问题的灵活性和针对性；另一个是毫无原则的灵活，为解决问题而随意违反规则。当然，两个方面的极端行为都会导致其他异象。但是，本质上是监管、要求和标准等不一致所导致的。流于形式、缺乏内涵、不见规章利好等因素，导致物业服务企业执行不对，不执行也不对，直接或间接误导物业服务企业发展。在实际运营中，常见由此而引发的物业管理责任边界问题，并裹挟着各种主观、客观因素，致使物业管理责任边界问题梳理难，解决更难。比如，电动车充电桩的管理内容，包含有安装管理、用电管理、使用管理、维修养护等。一种认为，充电桩应该由物业服务企业负责管理；另一种认为，充电桩应该由厂家负责管理。对此尚没有明确的规定。

（四）各行政区域地方规章

由于经济发展状况、企业运营管理水平、业主群体生活需求、民风民俗等诸多因素，各行政区域地方政府的规章之间存在一定的差异性。不同行政区域的地方规章，对同类事宜所规定的范围、内容、标准、流程、监管等均会存在差异，监管执法的结果也会各异。那么，因为这种差异的存在，物业服务企业面对同一类或同一种物业管理责任边界问题，需要采取多种措施和多种方案，接受不同标准的监管指导和处置结果。这给物业服务企业遵法守法造成一定困惑。比如，物业管理所涉及的消防管理、私搭乱建、维修资金使用、房屋租赁和法院诉讼等方面地方规章。特别是，给跨行经营、跨区域经营的物业服务企业造成一定经营管理压力。

综上所述，规章引发物业管理责任边界问题的原因极其复杂，主要表现在制定和执行两个方面，具有涉及面广、涉及事务繁杂、涉及主体多等特性。

比如，规章编制水平、针对性、适用性等；规章执行力度、采取措施和方法是否适合行业市场需求；规章对上位法律法规是否保持内涵的延续，是否满足规定要求，是否能够推广落实执行等；企业面对规章变化所带来的行业市场波动，能否准确判断，能否快速应变及时调整等；对规章认知和理解能否保证实际执行效果，对规章的执行能否避免主客观因素影响等。这些与规章相关的各种因素，均可成为诱发物业管理责任边界问题产生的原因。

面对如此多的诱因，各相关方采用各种形式、使用各种措施，时时刻刻进行着物业管理责任边界问题的预防和破解。从政府行政部门角度，规章执行使用时，除做好相应贯标、宣传工作外，还应建立并完善相应管理机制。比如，实施监督管理机制，以保证及时发现问题和处理问题；建立信息反馈机制，及时收集归纳分析总结相关信息，以确保问题的处理和解决，为规章修订奠定基础；建立应急处理机制，以防规章不健全、不完善所引发的突发事件，减少相应副作用和损失；建立规章完善机制，对规章错误及时修正，制定规章使用补救性措施和方案等。从物业服务企业角度，对规章执行落实采取动态管理，主动出击，发现问题及时修正、调整，建立完善企业标准化体系，增强风险抵御能力；建立信息反馈机制，将相关信息及时反馈给各相关方，助力行政部门的规章修订与完善；及时与相关机构沟通，就相关问题开展研究探讨活动，以提高企业应对解决问题的能力等。从业主及物业使用人的角度，了解掌握规章，对物业管理运营正确认知，与物业服务企业共同直面问题等，有利于对物业管理活动实施监管，减少纠纷矛盾。

对规章的认知、了解和执行，是物业管理责任边界问题形成和破解的关键因素。了解、掌握和使用规章，关注规章变化和发展并及时相应调整和修正运营管理措施等，是物业服务企业管理的重要功课。深入研究探讨规章，就规章存在的问题，代表行业向政府发声，使规章获得业主认知和理解等，是物业管理行业组织机构的职责。保障规章内容条款规定的准确性、针对性及操作性，保证规章对物业管理行业的指导性和权威性，充分发挥规章的作用，为物业管理行业持续健康良性发展保驾护航等，是各级政府、各相关部门、街道办事处及居委会的职责。所以，相对于规章形成的物业管理责任边界问题，应集物业管理各相关方力量，集物业管理行业力量，充分发挥物业服务企业的作用，方可预防或破解。

第四节　合同方面物业管理责任边界问题

物业管理行业涉及的合同主要有物业服务合同、专业经营合同和物业经营管理合同等。通过合同，物业服务企业与业主及物业使用人、专业经营和经营管理等相关方建立法律关系。物业管理责任边界问题纠纷往往体现为合同纠纷。

一　物业管理涉及的合同

物业服务合同。《民法典》第九百三十七条将物业服务合同定义为："物业服务人在物业服务区域内，为业主提供建筑物及其附属设施的维修养护、环境卫生和相关秩序的管理维护等物业服务，业主支付物业费的合同。"物业服务合同应当采用书面形式。物业服务合同中既包含了服务的内容，也包含了基于业主委托而赋予的管理内容。主要有服务事项、服务质量、物业费标准及收取办法、维修资金使用、服务用房管理及使用、服务期限、服务交接等条款。物业服务企业公开做出的有利于业主的服务承诺，也可以为物业服务合同的组成部分。物业服务合同特殊性，主要表现在合同主体、订立程序、合同形式、履行过程和监管主体等方面。物业管理边界问题是引发物业服务合同纠纷的主要原因之一，相对比较集中，是预防和解决的重要角度。

前期物业服务合同。前期物业服务合同不同于物业服务合同。前期物业服务合同是在业主大会选聘物业服务人前，建设单位与其选聘的物业服务企业签订的，明确物业管理范围、责任、权利和义务关系的书面协议。《民法典》第九百三十九条规定："建设单位依法与物业服务人订立的前期物业服务合同，以及业主委员会与业主大会依法选聘的物业服务人订立的物业服务合同，对业主具有法律约束力。"第九百四十条规定："建设单位依法与物业服务人订立的前期物业服务合同约定的服务期限届满前，业主委员会或者业主与新物业服务人订立的物业服务合同生效的，前期物业服务合同终止。"前期物业服务合同与物业服务合同的区别主要在于合同签订主体、合同内容、实施阶段、合同履行期限等方面的不同。前期物业服务合同形成的物业管理责任边界问题具有阶段性、主观性和复杂性等特点，易诱发集体性事件，导致社会矛盾，应在法律法规层面予以重视。

企业内部管理合同。是企业内部运作管理方面的合同，主要包括劳务合同、采购合同、顾问咨询合同等。该类合同中，物业服务企业一般为甲方。预防和解决物业管理责任边界问题的思考角度不同，一经发生矛盾纠纷，容易造成经济赔偿，不可忽略。

专业经营合同。是物业服务企业与专业经营企业、特种设备维保企业、专项业务服务企业等相关方订立的委托合同。《民法典》第九百四十一条规定："物业服务人将物业服务区域内的部分专项服务事项委托给专业性服务组织或者其他第三人的，应当就该部分专项服务事项向业主负责。物业服务人不得将其应当提供的全部物业服务转委托给第三人，或者将全部物业服务支解后分别转委托给第三人。"专业经营企业是指供水、供电、供气、供热、通信、有线电视等类型企业。基于专业经营企业的强势地位、垄断地位，往往形成不平等委托合同。比如，合同履行内容、收费模式、执行标准等方面。专业经营业务中有一类专业性比较强，具有相应资质方可实施的合同，主要是指特种设备。比如，消防设施维修保养、电梯维修保养、锅炉维修保养等类型合同。对于物业管理，电梯是最主要的特种设备之一，需要物业服务企业委托具有资质的专业维保企业对电梯提供维保工作，基于专业性和法律法规的特别规定，物业服务企业往往只能采取"以包代管"的管理形式，电梯一旦发生安全事故或者法律纠纷，物业服务企业需要承担连带责任。随着社会分工细化、物业管理专业细化，市场涌现出以清洁为主业的保洁公司，以绿化为主业的绿化养护公司，以设施设备维修养护为主的维保公司，以秩序维护为主的保安公司等专项业务公司。基于物业服务企业运行管理模式，有的物业服务企业将相应的专项业务委托给专项业务经营企业，签订委托合同，提供相应的专业服务。此时，物业服务企业与委托的专项业务企业之间因规定和要求等方面原因，可能发生合同纠纷，给实际运作造成很大困难。

物业经营管理合同。是物业服务企业开展延伸服务、多种经营管理活动，与各相关方签署的委托合同。该类合同，涉及主体多，主要有业主或物业使用人、各项合作业务的相关提供者等；业务涉猎广，主要围绕业主及物业使用人的服务需求展开，包括入室服务、家政服务、居家养老、房屋租赁、电商和代购等业务；容易产生物业管理责任边界问题，合同纠纷琐碎繁杂。物业经营管理合同责任、权利和义务内容相对复杂。应详细具体、清晰准确予以描述，尽量在合同中划清物业管理责任边界，减少或避免相关纠纷矛盾发生。

二　合同方面物业管理责任边界问题特点

物业管理合同比较庞杂，内容涉及管理、服务、专业、经营和贸易等方面。物业服务合同是记名合同又与其他记名合同不同，物业服务合同既是服务合同又是管理合同。在合同编制、签订、履行、评估、监管和实施等方面，物业管理责任边界问题形成具有一定普遍存在的共性特点，主要有：

（1）合同是形成边界问题的直接因素之一；

（2）合同是规避边界问题产生和解决边界问题的基础规范性文件；

（3）合同制定与履行，是预防和解决边界问题的重要环节和路径；

（4）合同涉及业务比较多，涉及相关主体比较多，使边界问题更加多样化、多元化；

（5）合同主体的不同，易导致边界问题形成或干扰边界问题解决。

三　合同方面物业管理责任边界问题实证分析

合同直接关系到供需双方责任、权利和义务，直接、具体影响着物业管理责任边界问题的预防、形成和解决，也会成为物业管理责任边界问题产生的直接诱因。对合同的分析解读，是研究探讨物业管理责任边界问题的必要环节。以合同为对象，对物业管理责任边界问题进行实证分析，可以为供需双方减少矛盾纠纷，为物业服务企业履行合同、规避合同风险，提供建设性意见。

（一）合同管理服务范围、内容和标准

物业管理实际运行，因合同的服务范围、内容和标准等引发的物业管理责任边界问题比较普遍。该不该做，该谁做，做到什么程度等问题，在合同履行中经常会遇到。管理服务范围，《民法典》对物业服务合同定义相对宏观，一般止于物业服务区域内的设施设备维修养护、保洁绿化、保安和费用等层面，很难具体细化，即使招投标文件为合同附件也很难约定清晰，这是物业管理服务工作特性所决定的。管理服务内容，即使物业服务合同约定得比较细，也很难满足实际履行操作管理的要求。比如，消防监控室管理，需双人双岗 24 小时值守、持证上岗、不许睡觉。内容规定约定已经很详细了。但是，还会有双人同时在岗时间、跑点时间、如厕空岗等问题需要详细约定，否则一旦发生问题就会形成矛盾焦点或构成违约。管理服务标准，物业服务合同约定一般采用定性或量化形式，通过对目标结果提出要求、对实施过程约定控制指标进行管理服务标准规定。比如，一名保洁员负责六个卫生间清洁，每天每个卫生间清洁 6 次，卫生间清洁标准应达到干净、无异味。对保洁的结果和过程均设定了要求，保洁员的工作量趋于满负荷，那么，清洁 6 次之间的卫生间清洁状况无法保证，如何归责，是实际工作中经常发生的责任问题，也往往是物业服务企业被处罚的理由之一。

（二）合同约定的责任、权利和义务

合同签订时，责任、权利和义务是合同双方共同约定的，应共同遵守的边界红线，是物业管理责任边界问题产生与解决的聚焦点。责任、权利和义务三个方面均会形成物业管理责任边界问题。比如，责任划分不清，权利分配不均衡，义务承诺无法实现等。无论是合同还是招投标文件的具体规定，均难以满足物业管理责任边界问题的预防和解决。因为除了对合同相关方的主体规定尽量细化之外，还掺杂着物业管理特性、行政部门监管指导、业主的认知和感受、地域经济发展状况和物业管理行业地域发展状况等诸多影响因素。既是物业管理专业问题，也是社会环境、社会发展问题。比如，按照国家规定，关于员工的五险一金，缴纳与不缴纳、保险基数、工资最低保障、

农民工与城镇工等要求和标准，各地都存在差异。对相关违规者，各地的执法措施和尺度也不尽相同。如果员工个人不主张上保险的，对个体国家没有相应的规定，企业也没有应对措施，而员工因此诉讼企业，企业只能给该员工补交保险并上缴违约金。这自然会形成劳务合同纠纷，给物业服务企业运行管理带来很多困惑和困难。

业主与物业服务企业之间的关系是一种司法上的合同关系，在物业服务合同中应当根据物业服务的具体情形，有针对性地做出相应约定，只要不违反有关法律规定，可以规定任何事项，以利于将来纠纷的解决。特别是依据物业服务区域实际情况，需要特别约定的事项。尽量避免各相关方应当约定而没约定，或虽有约定但约定不明确等事宜，从合同层面规避边界问题发生。

（三）合同履行的监管与评价

在物业管理实际运作中，合同履行实施监管与评价没有步入正常轨道。没有明确的合同履行监管方，各行其道，比较混乱。对合同实施监管和评价，除合同当事人之外，还应有相关行政部门、街道、居委会以及社会机构等。实际状况则是各方监管和评价基本没有。即使对住宅小区类物业服务合同实施监管和评价，也难以得出客观、专业、公平和公正的结果，往往流于形式。物业费标准确定与支付、合同续签、合同终止等物业管理活动开展，应有相应的评价体系予以支持和保障。这是容易发生合同纠纷的主要环节，是物业管理责任边界问题容易产生的部分，也是物业管理责任边界问题解决的重要依据。特别是在物业服务企业更迭时，评价活动的开展更为重要。比如，住宅小区更换物业服务企业需要业主投票决定，即使满足规定的条件，还会存在部分业主不同意更换物业服务企业的问题。通过评价活动，可以使业主对新旧物业服务企业的认知、评价趋于共识。部分地区采取第三方评估形式开展评价活动，这是有效的措施，但也存在权威性、公正性和专业性等方面问题。评估各相关方对评估结果也在争论不休，难以形成共识。对此尚需进一步深入思考，以完善第三方评估机制并寻求未来前行之路。

（四）合同履行的违约责任

在物业服务合同履行过程中，不可避免地会发生合同相关方违约责任问题。违约行为有拒绝履行、履行不能、迟延履行、不完全履行及逾期违约五种类型。《物业管理条例》第三十五条规定："物业服务企业应当按照物业服务合同的约定，提供相应的服务。物业服务企业未能履行物业服务合同的约定，导致业主人身、财产安全受到损害的，应当依法承担相应的法律责任。"该条明确了物业服务合同对于物业服务企业的效力及其违约责任的原则。当事人在履行物业服务合同时，应当遵循全面履行原则与协作履行原则。按照规定，合同一经成立生效，当事人就必须遵守合同的约定，按照合同的约定全面履行合同所产生的义务。违约的界定，如果当事人没有履行合同义务或者虽然履行但是履行未满足合同约定的，就构成违约行为，要承担违约责任。违反合同必须负赔偿责任，追究违约责任须具备不履行合同的行为、不履行合同的过错、不履行合同给对方造成损失的事实等三个条件。如果合同方不履行或不适当履行是由于当事人无法预知或防止的事故所造成的、法律规定和合同约定有免责条件、由于一方的故意和过失造成不能履行合同的可以免除赔偿责任。比如，合同约定的标的、数量、质量，合同履行期限、履行地点，协助相关方履行合同义务等方面。

在物业服务合同履行中，各相关方均可能发生具体违约事宜，主要有：（1）业主违反合同约定，错误地行使权利或不履行相应的义务，使物业服务企业未完成规定管理目标，物业服务企业有权终止合同；造成物业服务企业经济损失的，业主应给予物业服务企业经济赔偿。（2）物业服务企业违反合同，服务质量达不到合同约定的或未能达到约定的管理目标，业主有权终止合同；造成业主经济损失的，物业服务企业应给予经济赔偿。（3）物业服务企业违反合同约定，擅自提高物业费标准的，业主有权要求物业服务企业撤场；造成业主经济损失的，物业服务企业应给予经济赔偿。

（五）合同终止

关于业主解聘物业服务企业，除在《民法典》物权编中对业主解聘权及其共同决定的表决规则明确规定之外，《民法典》还在合同编中规定业主对物业服务合同的解除权，该解除权可视为单方面的。而作为平等合同主体另一方当事人的物业服务企业，则无此项对等权利。《民法典》通过这种规定，宣示对业主基本权利的特别保护。

物业服务合同终止后，尚应履行后合同义务。《民法典》第九百五十条规定："物业服务合同终止后，在业主或者业主大会选聘的新物业服务人或者决定自行管理的业主接管之前，原物业服务人应当继续处理物业服务事项，并可以请求业主支付该期间的物业费。"由于物业服务区域供水供电保障、维修养护、安全值守、秩序维护、垃圾分类与清运等工作不可中断或停止，该条规定意味着即使物业服务合同终止，物业服务企业也不能随意退出物业管理项目。目的是保障物业服务区域不会因为失管失修出现真空而产生重大安全或管理事故，从而更好地保障业主的权益。但是，为避免因为业主不作为导致过渡期或延续期过长，以及避免产生物业管理责任边界问题，物业服务企业在签订物业服务合同时，应该细化合同到期后可以退出的情形和提前通知的时间，以利于督促业主加快选聘新物业服务企业的工作，减少因为退出缺少依据而可能承担的边界问题方面的责任。

（六）前期物业服务合同履行

前期物业服务合同的过渡期特点，导致业主实际履行合同的角色比较尴尬。业主是物业管理服务享用者和物业服务费的支付者，而前期物业服务合同的主体与业主无关。选择谁为自己提供管理服务，业主没有话语权。在物业管理服务实施过程中，业主对前期物业服务合同内容的质疑、不认可等事项频频发生。比如，合同主体、管理服务范围、服务模式、物业费标准、管理承诺、服务质量和服务标准等方面。该现象自然加大了物业管理服务实施的难度和成本，使物业管理责任边界问题变得更加复杂、更加模糊不清。前期物业服务合同期限的不确定性，直接影响着物业服务企业的经营方向和态度，这导致物业服务企业向追求短期利益、服务部分重点业主、注重管理服务形式而牺牲管理服务实质等方向发展，主要体现在成本投入、定岗定编、设施设备维修养护以及对物业管理监督检查和评估考核等方面，必然导致新的物业管理责任边界问题产生。

（七）其他行业规定的干扰

物业管理相关行业涉及绿化养护、秩序维护、设施设备管理、环境管理等，这些方面都设置有相关行政主管部门，相关的政策、法律法规及标准与物业管理相交错，形成实际运行管理干扰因素，直接或间接导致物业管理边界问题发生。比如，秩序维护管理，按照《保安服务管理条例》的规定，物业服务企业聘用人员在物业服务区域内开展的门卫、巡逻、秩序维护等服务工作，被纳入保安服务范畴。物业服务企业在选择秩序维护专项服务时，要严格依照《保安服务管理条例》的有关规定执行，明确与保安服务企业之间的权利义务和责任。有时还会发生物业服务企业无权开展秩序维护业务的情形，需求方必须选择符合《保安服务管理条例》所规定的合格的保安公司。这与《物业管理条例》的相关规定产生交叉，不同解读得出不同的合同履行结果。

综上所述，合同本身所存在的内因引发的成因相对清晰，合同之外所存在的外因诱发因素则复杂、难以梳理。合同之中的管理服务范围划分不清、管理服务内容描述不具体、管理服务承诺不明确、外延服务规定模糊等，以及物业管理服务与专业经营、多种经营管理及社会各相关方的责任、权利和义务不清晰等方面内容，都会导致物业管理责任边界问题形成。与合同签订、履行等相关因素一起，影响着合同内容、责任、权利和义务的构成，可直接诱发物业管理责任边界问题形成。而合同约定一经确立，可直接或间接转化为物业管理责任边界问题，此时已经很难化解。比如，合同签署是追求利润、占领市场，还是满足供需双方需求；合同签署背景的市场、行业、企业等状况；合同当事人相关因素的背景、价值观、经济状况和发展趋势等内容；合同签署的过程、客观环境和地域差别等相关因素。

合同履行的环境背景、社会发展阶段、经济状况和所处地域等，均可诱使物业管理责任边界问题发生。比如，服务管理方面的入室服务、楼道清洁、交通指挥、消防检查等，社会责任方面的配合各行政部门、街道、居委会的工作等，任何一项工作都可能引起矛盾纠纷形成边界问题。客户满意是建立在客户对服务感知基础之上的，无法丁是丁、卯是卯地量化衡量、定质定性，只能通过大数据来认知、确定问题产生的缘由，这也使物业管理责任边界问题更加难以预防和解决。

合同诱发的物业管理责任边界问题，解决路径相对清晰。主要体现于合同签订、内容协商确定、事项具体详细、责任权利和义务清晰描述、未尽事宜以及合同执行落实等方面。围绕合同内因与外因，严格按照法律法规及标准，对物业管理责任边界问题进行细化分解、清晰明确、具体详尽；对疑难的、无法确定的或不可预测的事宜，约定相应解决原则、办法和要求；对合同未尽事宜，约定处理指导原则和要求等；对可能发生问题的环节，可能产生的结果，合同双方都要对责任、权利和义务约定清晰。

合同诱发的物业管理责任边界问题，分析解决相对难度大。原因不仅仅局限于合同，还会涉及政策、法律法规及标准、当事人、问题形成和解决的背景、解决处理问题的综合能力等状况。要具体问题具体分析，抓大放小，抽丝剥茧逐步解决。比如，外墙立面破损，是归物业维修还是启动公共维修基金，没有判定标准就不会有结果，只能扯皮。确系非物业服务企业责任，先处理安全隐患点，同时协商解决资金问题，无法启动专项维修基金，再共同协商解决资金的方法，从多种经营利润中出还是有其他办法等。虽然在合同中很难规定使用专项维修基金的具体标准，但可以确定相关问题的协商解决原则和办法。

合同在物业管理责任边界问题形成与解决过程中的重要性毋庸置疑。行政主管部门也非常重视，发布相应合同示范文本，其中主要明确双方的责任、权利和义务，规范了合同行为，减少了合同方面的物业管理责任边界问题发生，但还远远不能满足实际运作需求。物业服务企业对合同管理重视程度不够，企业自审时，有合同基本框架。但是，合同内容比较宏观，不够具体详尽，专业性、法律性不足；法律顾问，合同主要条款法律保障有。但是专业性保障不足。业主委员会对合同的认知更多地偏重自身的责任、权利和义务，以满足自我要求为主，且相对忽略专业性和社会责任。所以，从合同角度预防和破解物业管理责任边界问题，是捷径，是有效措施，也是必经之路。政府行政部门、物业服务企业、专业经营企业和业主等各相关方，应予以充分的关注和重视。

第九章　其他视角下物业管理
责任边界问题

本章从产权、共有部分与专有部分、权利义务、物业业态等角度，依循其固有的特点和规律，从物业管理实际出发，对物业管理责任边界问题进行实证分析。拟补其他视角下边界问题梳理分析余留的空白区，更加全面、深入地了解和认识物业管理责任边界问题的研究方向、形成原因、破解路径措施，使界定责任边界问题、划分责任边界又进了一步，使物业管理责任边界问题研究探讨内容更加全面、更加准确。

第一节　产权方面物业管理责任边界问题

产权是指合法财产的所有权，是经济所有制关系的法律表现形式，表现为对合法财产的占有、使用、收益、处分。产权首先是指特定的客体，其次是指主体对客体的权利，即不同主体基于对特定客体的权利，相互之间发生的各种各样的经济关系。从权利本身的内容来讲，产权的内容包括两个方面：一是特定主体对特定客体和其他主体的权能，即特定主体对特定客体或主体能做什么不能做什么或采取什么行为的权力；二是该主体通过对该特定客体和主体采取措施能够获得什么样的收益。产权的属性主要表现在产权具有经济实体性、可分离性和产权流动具有独立性三个方面。产权的表现形式，按产权归属和占有主体的不同可分为原始产权、政府产权和法人产权。按产权占有主体性质的不同可分为私有产权、政府产权和法人产权。按产权具体实现形态的不同可分为所有权、占有权和处置权。

本节从大市政与小市政、建设单位与业主等方面，对产权视角下的物业管理责任边界问题进行梳理分析。

一　产权视角下物业管理责任边界问题特点

产权视角下的物业管理责任边界问题，与业主的合法权益直接相关，和业主的生活安全归属感紧密相连。在产权划分、产权归属、产权使用等方面，涉及的物业管理责任边界问题具有一些共性特点，主要有：

（1）边界问题覆盖面广，涉及其他专业领域问题较多；

（2）边界问题的历史遗留问题较多，存在时间较长，解决耗时长、难度大；

（3）边界问题涉及的政府行政部门较多；

（4）边界问题的形成，多源于政策及法律法规等方面；

（5）边界的界定，相对宏观，缺乏具体细则。

二　产权视角下物业管理责任边界问题实证分析

产权视角下的物业管理责任边界问题涉及的相关方有政府、专业经营企业、建设单位和业主。本节在涉及边界问题相关事宜中，选择几个对应的相关主体，对其触及的典型具体事例，从产权视角进行实证分析。

（一）大市政与小市政

从投资建设的角度，可以将市政建设分为大市政与小市政。大市政是指规划道路及其地下综合市政管线。比如，电信、雨水、污水、给水、中水、热力、煤气、电力等。是为城市某一区域服务的，是整个城市路网、管网的组成部分。它的宽度、位置、埋深、管径、路由等必须经规划部门批准。大市政一般由政府投资，由政府相关行政主管部门或其委托的建设单位组织实施。小市政是指用地红线内的道路和地下综合市政管线，是为某地块或住宅小区或某单一建筑服务的。比如，住宅小区内的综合管线，雨水、污水、给水、温泉水、中水、电信、电力、热力、煤气，共计9种管线及道路。该部分一般由建设单位投资建设。大市政的产权属于国家，小市政的产权属于业主或建设单位。该部分的小市政范围可等同于物业项目。大市政与小市政的权属是物业管理责任边界划分的基础。

在现实物业管理中，用地红线内部与外部的管理责任落实过程易引发矛盾，主要涉及对象是政府、专业经营企业和业主。红线划定了用地区域，道路间界线相对清晰。但是，住宅小区内的雨水、污水、给水、温泉水、中水、电信、电力、热力、煤气综合管线与市政的地下综合管线的衔接界线则较复杂。不同专业的相应规定各异，有的专业有相应的国家或地方法规予以界定，有的则没有，通常按管理使用习惯划定。所以，需从政策、法律法规及标准方面做出相应的计划和规定。

1. 供电设施设备分界点

供电设施设备物业管理责任边界规定相对比较详细，但还是无法全面满足实际管理需求。比如，《供电营业规则》（1996 年电力工业部令第 8 号）第四十七条规定："供电设施的运行维护管理范围，按产权归属确定。责任分界点按下列各项确定：1. 公用低压线路供电的，以供电接户线用户端最后支持物为分界点，支持物属供电企业。2. 10 千伏及以下公用高压线路供电的，以用户厂界外或配电室前的第一断路器或第一支持物为分界点，第一断路器或第一支持物属供电企业。3. 35 千伏及以上公用高压线路供电的，以用户厂界外或用户变电站外第一基电杆为分界点。第一基电杆属供电企业。4. 采用电缆供电的，本着便于维护管理的原则，分界点由供电企业与用户协商确定。5. 产权属于用户且由用户运行维护的线路，以公用线路分支杆或专用线路接引的公用变电站外第一基电杆为分界点，专用线路第一基电杆属用户。在电气上的具体分界点，由供用双方协商确定。"此处，需协商确定部分内容及与物业项目实际状况有出入部分内容，是实际管理边界问题的矛盾点。相关方面事宜的规定细则，尚需进一步细化，明确界线划定原则、设定及使用的参考选项。

2. 供水设施设备分界点

供水设施设备物业管理边界问题涉及政策、法律法规及标准很多。总体较宏观不够量化，执行操作较难。比如，《北京市城市公共供水管理办法》（北京市人民政府令第 22 号）第十三条规定："用户供水设施工程竣工并经验收合格后，其计费总表以外的户外管道及附属设施并入公共供水管网，交由供水企业统一维护和管理。"第十四条规定："供水企业安装的计费水表，由供水企业负责统一管理和维护，任何单位和个人不得擅自拆卸、启封。计费水表在用户地域内的，由用户负责保护。"第十五条规定："公用消火栓由供水企业负责维修管理，公安机关消防机构负责监督检查。除发生火灾时，任何单位和个人不得动用。用户安装的无表消火栓，除发生火灾时，平时使用须事先征得供水企业同意。"此处，计费总表是否含在供水企业统一维护和管理中；用户如何管理保护水表，负责到何程度；火灾时用户安装的无表消火栓如何实现事先征得供水企业同意等事项，均需管理细则予以解释和规定。

3. 污水排放及再生水设施设备分界点

污水排放及再生水设施设备物业管理边界问题相关的政策、法律法规及标准较少，缺乏量化。比如，《北京市排水和再生水管理办法》（北京市人民政府令第 215 号）第十二条规定："……专用排水和再生水设施由所有权人负责运营和养护，并承担相应资金。其中，住宅区实行物业管理的，由业主或者其委托的物业服务企业负责；有住宅管理单位的，由住宅管理单位负责。"此处，专业经营企业通常以红线外，接市政主管线前，第一个检查井作为分界点，不管是否合理，对于具体的分界点，无相关政策、法律法规及标准予以细化确定。

4. 供暖设施设备分界点

供暖设施设备存在地域差异，相关的政策、法律法规及标准相对比较完善，但部分尚需细化。比如，《北京市供热采暖管理办法》（北京市人民政府令第 216 号）第二十条规定："供热单位应当对供热范围内住宅用户的室外供热设施和室内共用供热设施承担管理、维护、抢修和更新改造的责任，机关、部队、企事业单位的后勤服务部门提供社会供热服务的，可以按照规定委托专业企业承担。住宅用户发现室内供热采暖设施异常、泄漏等情况时，应当及时向供热单位报修，并承担室内自用采暖设施维修、更新的相关费用。非住宅用户供热采暖设施的维护、管理以及更新改造，由供热单位与用户在合同中约定。"此处，室内共用供热设施与自用采暖设施之间的边界如何确定，自用采暖设施维修、更新是否只能向供热单位报修，自用采暖设施维修专业经营企业有何种资格要求，关于非住宅用户供热采暖设施的维护、管理以及更新改造，供热单位与用户签订合同依据什么标准等方面，无相关政策、法律法规及标准予以支持，应该予以相应划分确定。

5. 天然气设施设备分界点

天然气设施设备相关的政策、法律法规及标准比较健全，相对清晰。比如，2007年5月1日起施行的《北京市燃气管理条例》第二十一条规定："管道燃气供应企业应当对供应范围内的市政燃气设施、居民用户的庭院燃气设施和共用燃气设施承担运行、维护、抢修和更新改造的责任。对于单位用户的燃气设施，管道燃气供应企业应当按照合同的约定承担相应的管理和服务责任。"此处，仅需明确单位用户的燃气设施，管道燃气供应企业应当依据什么标准签订合同、维修养护、实施管理，承担什么管理服务责任。

6. 网络及电话设施设备分界点

网络及电话设施设备专业经营企业通常以位于楼内网络机房内的由网络公司所提供安装的光猫（光端机）为分界点。比如，电信管线及设备设施的管理和维修，应由电信部门负责。电信部门不但要对通信线路负责，还要对电信设备设施进行维修养护；不但要对室外通信线路负责，还要对室内预埋管线线路进行维修养护。就此，应于政策、法律法规及标准等层面予以规定。

上述政策、法律法规及标准对于产权界限的规定，相对比较宏观，不易具体执行操作。从管理角度，有研究者建议，将物业服务区域内共用设施设备管理范围界定采用专业经营企业、物业服务企业和业主三方分段负责制。比如，消防供水管线及在管线上设置的地下消防井、消火栓等消防设施，由供水企业负责管理，公安消防部门负责监督检查；住宅小区内消防供水系统，包括供水管道、室内消防栓、消防水箱、消防水泵等，住宅小区内供电系统，包括消防控制柜、电机等，由物业服务企业负责管理，并接受公安消防部门的监管。排水管道从下水的立杠三通开始至地漏、坐便、洗手盆、洗菜盆等部位，由业主负责管理；从单元下水的立杠三通至住宅小区排水管道（雨水排放管道）、窨井、化粪池，由物业服务企业负责管理；化粪池以外的排水管道和窨井，由专业经营企业负责管理。

物业服务企业在实际运作中，既要面对不同专业、不同行业的标准和规定，又要在同一专业、同一行业认识和理解相关标准和规定，还要面对地域、物业管理项目和管理习惯等方面的差异，结果是形成物业管理责任边界自行标准和规定等。即使在边界清晰的情况下，事故发生的物业管理责任和边界的确定也是相当复杂的。

（二）房屋及设施设备质量保修

建设单位与业主之间的物业管理责任边界问题，更多地产生在房屋及设施设备质量保修方面。《建设工程质量管理条例》（国务院令第 279 号）第四十条规定："在正常使用条件下，建设工程的最低保修期限为：（一）基础设施工程、房屋建筑的地基基础工程和主体结构工程，为设计文件规定的该工程的合理使用年限；（二）屋面防水工程、有防水要求的卫生间、房间和外墙面的防渗漏，为 5 年；（三）供热与供冷系统，为 2 个采暖期、供冷期；（四）电气管线、给排水管道、设备安装和装修工程，为 2 年。其他项目的保修期限由发包方与承包方约定。建设工程的保修期，自竣工验收合格之日起计算。"此处，关于房屋及设施设备其他内容的保修期限没有详细清单目录和规定，而是由发包方与承包方自行约定。该约定自然存在合理性、覆盖性和持续性等问题。在实际操作中极易发生管理责任纠纷，并难以解决。

《商品住宅实行住宅质量保证书和住宅使用说明书制度的规定》（建房〔1998〕102 号）对物业保修期做出相应规定。物业保修期从建设单位交付业主使用之日起计算。业主专有部分的保修期限不得低于建设工程承包单位向建设单位出具的质量保修书约定保修期的存续期。在保修期限内发生的属于保修范围的质量问题，建设单位应当履行保修义务，并对造成的损失承担赔偿责任。因不可抗力或者使用不当造成的损坏，建设单位不承担责任。业主验收后自行添置、改动的设施、设备，由业主自行承担维修责任。在正常使用情况下，各部位、部件最低保修期限为：屋面防水 3 年；墙面、厨房和卫生间地面、地下室、管道渗漏 1 年；墙面、顶棚抹灰层脱落 1 年；地面空鼓开裂、大面积起砂 1 年；门窗翘裂，五金件损坏 1 年；管道堵塞 2 个月；供热、供冷系统和设备 1 个采暖期或供冷期；洁具 1 年；灯具、电器开关 6 个月；其他部位、部件的保修期限，由建设单位与业主自行约定。此处，涉及边界问题主要有物业保修期的计起时间，正常使用、改动的设施设备，自行约定及保修期的合理性等方面。

（三）物业管理项目停车位

《民法典》第二百七十五条规定："建筑区划内，规划用于停放汽车的车位、车库的归属，由当事人通过出售、附赠或者出租等方式约定。占用业主共有的道路或者其他场地用于停放汽车的车位，属于业主共有。"建筑区划内规划用于停放汽车的车位、车库，即建设单位在开发物业项目前，经政府核发的建设工程规划许可证批准同意，规划用于停放汽车的车位、车库。此类车位、车库，在建设单位开发后，通过出售、附赠或者出租等方式，与当事人约定车位、车库的归属和使用。《民法典》第二百七十六条，对车位、车库的首要用途也做了明确的规定，即建筑区划内，规划用于停放汽车的车位、车库应当首先满足业主的需要。有的地方立法进一步明确这类车库、车位需要优先卖给、租给业主，只有在满足特定条件下，才可以对外发售或出租。可见，《民法典》对车位、车库的规定比较清晰。

但是，车位方面的物业管理责任边界矛盾纠纷还是比较多。立项审批时，产权属于建设单位或属于购买停车位的业主。现实车位产权状况是，地下人防区域的停车位，车位产权属于国家所有；停车位全部售出，地下停车库的车位产权属于购买停车位的车主所有；停车位建设单位全部自持，产权属于建设单位所有，此时建设单位多采取停车位租赁的经营方式；停车位尚未全部售出时，在一个地下停车库内，既有建设单位产权又有购买停车位的业主的产权，该现象比较多。在物业管理方面，遵循"谁支出，谁受益"的原则，停车位管理属于延伸性服务。停车位管理费不包含于物业费里，应单独向购买停车位的业主收取。此处，存在的问题主要是停车位管理权委托主体比较复杂。实际管理中多为建设单位统一委托，由停车位产权方直接委托停车位管理服务方较难实现；停车位管理费覆盖的管理内容、设施设备维修养护范围等事宜没有明晰确定，即停车位产权者应该承担的责任范围、内容等事宜没有相应规定。在停车位供不应求的现实情况下，停车难问题不是仅仅依靠产权划分就能解决的，其中涉及资源再分配、合理使用等问题。建设单位产权房屋售空，留有停车位进行租赁经营，势必引起停车位需求方之间的矛盾纠纷，极易引发社会问题。但是，现实往往是物业服务企业被误解，承担管理责任背黑锅，就此，需在相关政策、法律法规及标准或管理规约中予以明细规定。

综上所述，产权视角下，物业管理责任边界问题涉及面广、相对具体。主要涉及政策、法律法规及标准和物业管理实际操作两个层面；计划经济时代的部分政策、法律法规还在沿用；历史发展变革遗留下来的物业管理责任边界问题多且解决难度大、涉及面广、牵动面大，易形成社会性问题等。但是，该视角下物业管理责任边界问题的解决，可以直接避免或简化后续物业管理责任问题的形成，是破解物业管理责任边界问题的重要角度。比如，主要涉及房屋及设施设备界线划定、房屋及设施设备质量保修责任确定、停车位管理主体确定，停车位多产权方统一决策，地下人防区域停车位管理规定，停车位管理范围、内容确定等方面的边界问题。

第二节　共有部分与专有部分方面物业管理责任边界问题

共有部分与专有部分之间界线确定，是避免物业管理责任边界问题形成和解决物业管理责任边界问题的重要节点。本节从共有部分和专有部分切入，对物业管理责任边界问题进行梳理分析，为物业服务企业清晰物业管理责任边界导引方向、提供依据。

一　共有部分与专有部分

物业管理项目可分为共有部分和专有部分。共有部分包括共用部位和共用设施设备。

（一）共有部分

共有部分是建筑区划内，除业主专有部分以外，属于业主共同拥有的建筑物、构筑物及配套设施设备和相关场地。

《民法典》第二百七十三条规定："业主对建筑物专有部分以外的共有部分，享有权利，承担义务；不得以放弃权利为由不履行义务。业主转让建筑物内的住宅、经营性用房，其对共有部分享有的共有和共同管理的权利一并转让。"最高人民法院 2020 年 12 月 29 日公布了《最高人民法院关于审理建筑物区分所有权纠纷案件适用法律若干问题的解释》（法释〔2020〕17 号），其中第三条规定："除法律、行政法规规定的共有部分外，建筑区划内的以下部分，也应当认定为民法典第二编第六章所称的共有部分：（一）建筑物的基础、承重结构、外墙、屋顶等基本结构部分，通道、楼梯、大堂等公共通行部分，消防、公共照明等附属设施、设备，避难层、设备层或者设备间等结构部分；（二）其他不属于业主专有部分，也不属于市政公用部分或者其他权利人所有的场所及设施等。建筑区划内的土地，依法由业主共同享有建设用地使用权，但属于业主专有的整栋建筑物的规划占地或者城镇公共道路、绿地占地除外。"第四条规定："业主基于对住宅、经营性用房等专有部分特定使用功能的合理需要，无偿利用屋顶以及与其专有部分相对应的外墙面等共有部分的，不应认定为侵权。但违反法律、法规、管理规约，损害他人合法权益的除外。"

（二）专有部分

专有部分是建筑区划内，在构造和利用上具备独立性，可以明确区分、排他使用，能够登记成为特定业主所有权的房屋、车位、摊位等实体和空间。专有部分表现为业主单独和共同拥有的独立性建筑物及构筑物，或业主拥有产权的建筑物室内的所有部分，涵盖建筑物本体及门窗、管道、线路等专有设施。

《民法典》第二百七十二条规定："业主对其建筑物专有部分享有占有、使用、收益和处分的权利。业主行使权利不得危及建筑物的安全，不得损害其他业主的合法权益。"最高人民法院 2020 年 12 月 29 日公布了《最高人民法院关于审理建筑物区分所有权纠纷案件适用法律若干问题的解释》（法释〔2020〕17 号），其中第二条规定："建筑区划内符合下列条件的房屋，以及车位、摊位等特定空间，应当认定为民法典第二编第六章所称的专有部分：（一）具有构造上的独立性，能够明确区分；（二）具有利用上的独立性，可以排他使用；（三）能够登记成为特定业主所有权的客体。规划上专属于特定房屋，且建设单位销售时已经根据规划列入该特定房屋买卖合同中的露台等，应当认定为前款所称的专有部分的组成部分。本条第一款所称房屋，包括整栋建筑物。"

（三）共有部分、专有部分相近用语

通过对政策、法律法规及标准的不完全梳理，可见因为法律规定术语不一致、立法者观念差异以及行业认知惯例等原因，与共有部分、专有部分术语含义相近的用语很多，存在不一致、不统一甚至相冲突的情况。比如，在《民法典》中仅使用了共有部分术语，与专有部分术语相对应。在《物业管理条例》《住宅专项维修资金管理办法》等早期由建设部主导制定的行政法规和行政规章中，仅使用了共用部位术语，并同时合并使用了共用设备设施术语。在北京市、广东省、福建省、青海省物业管理条例及上海市住宅物业管理规定等地方性法规以及在中国物业管理协会团体标准中，不同条款分别使用了共有部分和共用部位两个术语。在陕西省、江苏省物业管理条例等地方性法规中，立法者将共有部分和共用设备设施两个术语进行串接，创设了共有部分、共用设备设施术语。相近术语主要涉及共用部位、共用设施设备、公用设施、共有设施、公共场所、公用场地、公用部位、公用部分、公共区域、私有部分等。共用部位术语使用早于共有部分术语，更多地体现了房屋建设及物业管理的适用性需求。而共有部分术语从属于建筑物区分所有权的法律术语，具有房屋所有权权属界定的功能和意义，使用更加精准。本书建议，在物业管理活动中统一使用共有部分术语，替代共用部位术语。同时，在行业内逐步纠正其他术语的不规范说法。

二 共有部分与专有部分视角下物业管理责任边界问题特点

由共有部分与专有部分之间界线而导致的物业管理责任边界问题，往往与业主的服务感受直接相关，与物业服务企业的利益直接相关。在共有部分与专有部分区域划分、使用、管理等方面，物业管理责任边界问题的形成与解决具有一些共性特点，主要有：

（1）边界问题相对具体，发生概率高、随机性强；

（2）边界问题既有共性又有个性，物业管理项目之间亦存在差异性；

（3）边界问题形成原因与业主生活工作行为和习惯、物业服务企业管理过程和结果等方面因素相关；

（4）边界问题解决状况，关系到业主生活的幸福感和物业服务企业运行管理的规范性；

（5）管理规约是解决边界问题的重要法律性文件；

（6）解决边界问题的相关政策、法律法规和标准难以具体和细化。

三 共有部分与专有部分视角下物业管理责任边界问题实证分析

因共有部分和专有部分界线划分不清而产生的纠纷和矛盾，在日常物业管理活动中常见，是物业管理项目的重要管理服务工作内容之一。涉及物业管理各专业，多发生在物业服务企业与业主之间。

从最高人民法院相关司法解释和住建部发布的前期物业服务合同示范文本中可见，共有部分的权利包括共有和共同管理的权利。共有权项主要体现为业主可以依法依约共同使用、收益、处分共有部分以及对共有部分应尽义务。比如，不得在共有部分任意弃置垃圾、违章搭建，不得随意侵占通道等；共同管理的权利，主要体现为业主有权对共有部分的使用、收益、维护等事项行使管理的权利，同时对共有部分的管理也要履行不能使其遭受破坏、闲置、浪费等义务。

最高人民法院2020年12月29日公布了《最高人民法院关于审理建筑物区分所有权纠纷案件适用法律若干问题的解释》（法释〔2020〕17号），其中

第四条规定："业主基于对住宅、经营性用房等专有部分特定使用功能的合理需要，无偿利用屋顶以及与其专有部分相对应的外墙面等共有部分的，不应认定为侵权。但违反法律、法规、管理规约，损害他人合法权益的除外。"该条款中的"合理需要""专有部分对应的共有部分"等具体内容、范围是什么？是实际管理工作的重要依据。如果予以划分、确定，则有利于预防和规避物业管理责任边界问题。

建筑物的专有部分与共有部分具有一体性、不可分离性，故业主对专有部分行使专有所有权应受到一定限制。比如，业主在对专有部分装修时，不得拆除房屋内的承重墙，不得在专有部分内储藏、存放易燃易爆等危险物品，以免危及整个建筑物的安全。再如，业主对自用空调改造后，经物业服务企业验收后开始运行使用，随后在空调使用中发生火灾，导致空调报废。业主认为，物业服务企业已经进行了验收，空调报废的损失应由物业服务企业承担；物业服务企业则认为其验收仅仅是针对公共区域是否受影响、被破坏，是否合理用电，而非空调设备本身，另外空调属于业主私有财产，不在物业管理工作范畴之内。所以不应该承担事故责任。但法院还是裁定物业服务企业承担连带责任。

关于房屋及设施设备的共有部分问题，《住宅专项维修资金管理办法》（建设部和财政部联合签署令第165号）对大部分共用部位和共用附属设施设备具体科目做出了规定。但是，一方面，不够详尽具体，没有包括房屋及设施设备全部内容。比如，同一墙面的户外部分属于业主的共用部分，户内部分属于业主的专有部分；同一屋顶的户外部分属于业主的共用部分，户内部分属于业主的专有部分，那么，共有部分与专有部分二者间的分界点在哪里？如果分界点为水平投影1/2，在实际管理中应该如何运用？另一方面，没有明确房屋及设施设备的共用设备与专有设备具体科目的分界线、分界点。比如，供电线路、供水管线、排水管线等设施设备的共用部分终止点在哪里？业主专有部分的起始点在哪里？这些问题在实际管理中普遍存在，没有相应规定和标准。如此，给物业管理实际运营带来一定困惑和困难，是产生矛盾纠纷的源头之一。

在物业管理实际运作中，房屋及设施设备维修养护责任边界划定，通常采用的是习惯性做法。比如，供水管线及设施设备从单元供水的立杠三通开始到用户总阀门、水表及终端部位，属于业主责任区域；从水泵房输出总阀门至各单元供水管线与立杠，属于物业服务企业责任区域；从供水主干线至水泵房（含水泵房设备设施、水箱）输出总阀门（含总阀门），属于供水企业责任区域。供电线路及设施设备从单元集中电表箱（含电表）至业主家中，属于业主责任区域；从箱式变压器（变电所）输出端总开关至单元控制柜至单元电表箱输入端，属于物业服务企业责任区域；从供电干线至箱式变压器（变电所）输出端总开关（含开关），属于供电企业责任区域。但是，这仅仅是物业管理过程中的习惯性操作，并没有相关的政策、法律法规及标准予以规定。在具体事故处理时，是确定管理责任承担主体、次体所绕不过去的问题，必须予以解决。

住宅小区物业管理项目，业主占用共有部分侵权现象比比皆是。比如，楼道存放鞋柜、自行车、杂物等，一层向外扩建菜园、小花园、活动场所等，车辆乱停乱放等。管理效果如割韭菜，很难杜绝。业主占用消防通道，物业服务企业只能汇报，很难制止。业主不遵守管理规约，物业服务企业没有行之有效的管理办法。但是，发生相关事故时，无论什么情况，物业服务企业都要承担一定的责任。如此，只能从政策、法规规章层面予以考虑解决。除了对物业服务企业的相关规定外，还应对业主及物业使用人进行相应约束。违规就要付出代价，并应提高违规成本。

相对于多业主的住宅小区，单一业主的物业管理项目，从产权视角来看，物业管理应该承担的边界问题相对清晰。即原始边界问题全部归业主方负责。但是，现实状况是，物业管理服务操作实施过程较为复杂，经常会发生各种矛盾纠纷。依据公共区域与专有区域管理服务范围和内容，虽然物业服务委托合同初步划分、确定了合同相关方的责任、权利和义务。但是相对概括宏观而缺乏具体细则，也没有针对性、指导性的法律法规文件。在实际运作中，经常会将公共区域与专有区域混淆在一起。在大甲方小乙方、恶性竞争、尚不成熟的市场经济环境下，作为乙方的物业服务企业少有话语权和决定权，只能被动执行。比如，专有区域办公室内公用或自用设备的修缮，对业主委托的专业经营企业的监督管理，办公室的卫生清洁等方面事宜，往往由物业服务企业负责实施。结果就是，持续恶化物业管理服务工作环境，直接造成合同相关方责权利错位不对等，必然会发生矛盾纠纷。

综上所述，共有部分与专有部分形成的物业管理责任边界问题，与物业服务企业规范化管理和业主使用物业行为密切相关。具有业务相对具体化、碎片化，边界问题发生概率高、随机性强等特点。因此，确立管理规约法律性，细化管理规约内容，提高管理规约的权威性，发挥街道和居委会的重要作用，规范业主委员会管理行为，提高业主委员会管理能力，规范物业服务企业管理行为，监督管理物业服务企业等方面事宜，均是预防和解决物业管理责任边界问题应该思考的方向和内容。所以，管理规约、物业服务合同、物业管理标准等，是直接或间接避免和解决共有部分与专有部分物业管理责任边界问题的重要规范化文件。

第三节　权利义务方面物业管理责任边界问题

在物业管理服务活动中，权利义务视角下，物业管理责任边界问题主要由各相关方之间形成的责任、权利和义务范围的界限所导致。涉及的相关方主要有政府、物业服务企业、专业经营企业、建设单位和业主。本节以各专业板块涉及的各相关方权利义务为线索，对各相关方与物业管理服务的权利义务关系进行探讨；对各专业板块的主要管理活动所涉及的物业管理责任边界问题，以点带面地进行深入梳理和分析。

一　权利义务视角下物业管理责任边界问题特点

物业服务企业、建设单位、专业经营企业和业主间形成的物业管理责任边界问题，均涉及各方主体的经济利益，影响着企业运行管理，影响着业主的生活质量和环境。在工作范围、工作内容、工作规定要求、工作性质等方面，物业管理责任边界问题形成与解决具有一些共性特点，主要有：

（1）历史变革过程中遗留的边界问题较多且复杂；

（2）边界问题涉及的具体主体较多，相互交织；

（3）边界问题涉及专业多并联系密切；

（4）边界问题导致的利益纠纷比较多；

（5）解决边界问题，需较强的专业能力予以支持。

二　权利义务视角下物业管理责任边界问题实证分析

将物业管理活动按照专业板块划分为房屋及设施设备、秩序维护、环境管理、配合性工作等几个方面。在各专业板块中选择几项具有代表性的事项，在责任权利义务视角下，对所涉及的物业管理责任边界问题进行实证分析。

（一）房屋及设施设备方面

在责任权利义务角度，主要是从能源管理、设备检测、道路和建筑物管理等方面，对物业管理责任边界问题进行实证分析。

1. 能源管理

《物业管理条例》第四十四条规定："物业管理区域内，供水、供电、供气、供热、通信、有线电视等单位应当向最终用户收取有关费用。物业服务企业接受委托代收前款费用的，不得向业主收取手续费等额外费用。"第五十一条规定："供水、供电、供气、供热、通信、有线电视等单位，应当依法承担物业管理区域内相关管线和设施设备维修、养护的责任。"从中可见，供水、供电、供气、供热、通信、有线电视等专业，均具有各自的标准和规定。各相关专业规范标准科目繁杂、相互交叉和相互干扰，形成的原因主要是标准及规定的描述者以本行业、本专业人员为主，考虑的更多的是本行业、本专业的需求。缺乏整体的宏观概括、专业集合后的统一标准和规定，缺失对物业管理服务的专业针对性。各行业、各专业规范标准及规定的范围、形式、要求和责权等表现各异。具体实施物业管理时，即使针对物业管理责任边界具有相应的标准及规定，但相比处于弱势地位的物业服务企业，管理责权也很难执行落实。

现实物业管理服务中，物业服务企业无偿代替专业经营企业收取供水、供电、供热等费用现象时有发生。专业经营企业对供水、供电、供气、供热等设施设备的维修养护该实施而不做，不该收取维修费而收费，推诿、扯皮和违规等现象依然存在。究其根本原因还是管理权责边界不清。在权责边界不清的状况下，面对能源管理实施机构，物业服务企业和业主群体很难与其抗争，更多的是物业服务企业代其承担责任，同时承受业主的误解。

2. 设备检测

仪表、避雷、消防设备、高压工具、压力容器等检测，一般由专业检测机构负责。检测机构多为国有，国有亦分企业和事业单位。由此，检测机构的权威性、专业性存在差异。涉及物业管理的有检测频次、检测价格、检测结果等事项。检测机构或相关方依据其制定的标准，确定检测频次、检测价格等事宜。是否合理，使用方无话语权和决定权。即使是使用检测合格产品而引发的事故，也难以界定责任承担者。

3. 道路管理

《民法典》第二百七十四条规定："建筑区划内的道路，属于业主共有。但是属于城镇公共道路的除外。"封闭住宅小区，道路的管理服务权责相对清晰。但是在住宅小区内有市政道路穿行时，物业管理责任边界问题则变得复杂。市政道路养护由专业经营企业负责。道路维修养护不到位、不专业、不及时影响业主出行时，业主的投诉抱怨自然会针对物业服务企业，认为物业服务企业不作为、不专业、不负责。应业主的需求，物业服务企业时有实施道路维修养护工作，但这又不在物业管理范围之内，结果就是出力无回报，还要承担一定责任。总之，物业服务企业处境比较尴尬。

《民法典》第一千二百五十八条规定："在公共场所或者道路上挖掘、修缮安装地下设施等造成他人损害，施工人不能证明已经设置明显标志和采取安全措施的，应当承担侵权责任。窨井等地下设施造成他人损害，管理人不能证明尽到管理职责的，应当承担侵权责任。"该款采取过错推定归责原则，管理人不能证明尽到管理职责的，应当承担侵权责任。那么管理人如何证明尽到管理职责尚需细化规定。

4. 建筑物管理

建筑物、构筑物或者其他设施倒塌、塌陷一旦发生，形成致害责任难以界定。《民法典》第一千二百五十二条中第二款规定，如果建筑物等设施倒塌、塌陷是因超过合理使用期限、维修养护不到位、业主擅自改变承重结构等特殊情形造成的，被侵权人可以根据该条第二款的规定，依法直接请求造成建筑物等设施倒塌、塌陷的所有人、管理人、使用人或者第三人承担侵权责任。实际管理中，无论是使用期限、维修养护、改变承重结构等，均需要相关规定细则予以明确各相关方边界，否则难以追责。

（二）秩序维护管理方面

在责任权利义务角度，主要是从安全管理、消防管理、停车管理等秩序维护管理方面的具体工作内容，对物业管理责任边界问题进行实证分析。

1. 安全管理

此处的安全管理是指物业管理中的部分秩序维护工作。通常情况下，《民法典》第九百四十二条规定："对物业服务区域内违反有关治安、环保、消防等法律法规的行为，物业服务企业应当及时采取合理措施制止、向有关行政主管部门报告并协助处理。"除此之外，物业服务企业在物业服务区域采取的"合理措施"可理解为：对业主和员工进行安全宣传教育，服务场所与过程中必要的提示警示，服务区域必要的值守、监控、查验，争取在合同和管理规约中授权，在取得授权和合理范围内公示违规或带来安全隐患的信息，对明显可能发生安全事故的部位与场所加强监控、看护或使用围栏防护等。但这些内容是不是"合理措施"尚需确定。在实际运作中，如果缺失"合理措施"，物业服务企业将承担相应的责任，会引发物业管理责任边界方面的问题。

物业服务区域经常会有可疑人员、打架斗殴、聚众闹事等事件发生，需要物业服务企业处理解决。物业服务企业无外乎采用制止、劝解、报警等措施。物业服务企业既没有执法权，又不具有街道、居委会的权威性，却发挥着派出所、街道和居委会作用。而这类问题往往处理解决难度大，这就对秩序维护管理操作人员的综合素质要求比较高。所以实践效果与实施结果难以确定。在物业管理项目设定秩序维护岗位以及赋予相应职责，属于中国物业管理特色之一。总之，物业管理项目的安全管理，应该属于社会治安的一部分，但实际运作则是由业主聘请物业服务企业或保安公司来完成，这可能会成为诱发物业管理责任边界问题的原因。

2. 消防管理

物业管理项目消防设施故障率高，经常处于带病运行常态。主要原因可能有，消防设施维修养护不到位；消防设施维修养护成本高，物业费包含不住。消防设施维修养护成本主要包含检测、维修、养护和人工等费用。就消防设施检测、维修而言，如果严格按照现行消防法规要求执行，物业费无法予以满足。所以，物业服务企业很难完成消防设施功能保障工作。但是，发生火灾时，物业服务企业必然要承担相应责任。就此，物业服务企业有心无力，只能被动等待处罚。解决该问题，必须要在政策、法律法规和消防管理机制方面进行深入思考，寻求解决方案。比如，有关消防保险管理机制，消防专业化管理机制、消防管理与监管边界界定、消防设施维护费需要合理确定，方可划清消防管理各相关方边界，从而实现真正的全民消防，这可能是唯一破解路径。

3. 停车管理

物业管理项目的停车管理，一般是由物业服务企业或委托专业停车管理企业负责。委托给专业停车管理企业的主体为物业服务企业或业主。容易形成停车管理矛盾焦点的问题主要有停车费标准、停车位分配、车辆出入和车辆损失索赔等方面事项。

停车费用包括车位租赁费和车位管理费。车位租赁费为车位产权人收取的费用；车位管理费为物业服务企业收取的费用。实际运作中有合并收取或分项收取停车费用两种形式。合并收取停车费用时，更多的是物业服务企业代替车位产权人收取。实际运行中，车位管理费包含的管理内涵不清晰。是停车位的管理费，还是车辆的保管费，还是停在车位上的车辆管理费，均没有准确的相关规定。实际运作中，物业服务企业收取的应该是停车位的管理费。但是，没有相关政策、法律法规及标准予以规定。经常会发生只收取几块钱的停车位管理费，却要赔偿数万元的车辆丢失、车辆损坏或车里物品丢失的赔偿费的情形。同时，也产生"占地费""车辆停放费"等各种规避管理责任的名词。在停车管理协议中，也会相应出现为规避管理责任近似于霸王条款的内容。

停车位的分配工作，一般为建设单位主持负责。物业服务企业只是配合协助，没有任何决定权。但是，业主对获取停车位的不满、意见和怒气，往往会撒到物业服务企业的头上。甚至以此为由而拒绝支付物业费。究其源头，均为政策、法律法规及标准缺失所致。

与物业管理项目中车辆相关的主体有业主及物业使用人、来访客户和物业管理工作人员等。物业管理项目停车位存在车辆停放空置期，部分地区为缓解城市停车难的问题，出台利用物业管理项目停车空置期的时间，实施小时停放车辆等政策，有的车辆停泊管理者也以此作为多种经营项目而获取利润。对此，业主反应强烈，纠纷投诉较多。该车辆停放举措是否可行，一是需要业主投票表决决定，而不是简单的政府政策和要求所能解决的；二是要具有针对性、安全性的小时停放车辆管理措施。

（三）环境管理方面

在责任权利义务角度，主要是从对垃圾处理、绿化养护、道路管理维护、除冰扫雪等环境管理方面的工作内容，对物业管理责任边界问题进行实证分析。

1. 垃圾处理

物业管理项目的环境卫生由物业服务企业负责或委托给专业清洁服务企业负责。委托给专业清洁服务企业的主体为物业服务企业或业主。生活垃圾管理一般是业主将生活垃圾自行分类后，投放到对应的生活垃圾箱（桶）内，物业服务企业则从生活垃圾箱（桶）内取出并清运到生活垃圾中转站，环卫企业再将生活垃圾从中转站运送到处理场，最后由垃圾处理场负责填埋、焚烧、分解处理的过程。由垃圾产生的源头到垃圾处理的末端，线路清晰各负其责，所有环节是业主与物业服务企业间、物业服务企业与环卫服务企业间的合同约定。此处，尚有些垃圾管理问题需相应标准和规定予以支持。业主对生活垃圾分类不符合规范，相关行政主管部门对其管理处罚难以实现，往往由物业服务企业承担处罚或负责监督改正；由物业管理项目到生活垃圾中转站，有时距离较远，必定会发生一定清运费用，亦从物业费中支出，费用的最终承担者为物业服务企业或业主。从对现行相关政策法规规章的解读，该费用应由环卫企业支付。因此，对于环卫企业应该从哪里接收转运垃圾，产生的费用应该由谁支付等事项，应有相应的明确规定或处理指导原则。

2. 绿化养护

物业管理项目的绿化养护由物业服务企业或委托专业绿化养护企业负责。委托给专业绿化养护企业的主体为物业服务企业或业主。

林木折断、倾倒或果实坠落等致人损害的侵权责任，《民法典》第一千二百五十七条规定："因林木折断、倾倒或者果实坠落等造成他人损害，林木的所有人或者管理人不能证明自己没有过错的，应当承担侵权责任。"林木造成他人损害还包括其他情形。比如，实践中出现的果实坠落砸伤路人、树木倒伏压坏路旁汽车等。这些适用过错推定的归责原则，物业服务企业不能证明自己没有过错的，应当承担侵权责任。

极端天气时，物业服务区域的树木就易发生折断、倒塌或果实坠落伤人损物事件，物业服务企业一定要事前加强检查、适度投保，做好及时整枝、加固树木，做好提醒、围蔽危险区域等工作；事中及时抢险，及时处理落枝、断木，加固危险树木，有伤人损物时及时报警、救助或协助专业力量；事后及时清理现场，全面检查，做好善后总结等工作。必要时，在签订物业服务合同时就清晰列明对树木的具体管理、维护内容与职责。但是，这些措施是否能够证明自己没有过错尚需细化规定。在实际物业服务合同中，少见有关内容的描述和约定，致使相关物业管理责任边界问题缺失解决依据。

古树名木保护管理方面，《北京市古树名木保护管理条例》第九条规定："（一）生长在机关、团体、部队、企业、事业单位或者公园、风景名胜区和坛庙寺院用地范围内的古树名木，由所在单位管护；（二）生长在铁路、公路、水库和河道用地管理范围内的古树名木，分别由铁路、公路等单位和水务部门管护；（三）生长在城市道路、街巷、绿地的古树名木，由园林管理单位管护；（四）生长在居住小区内或者城镇居民院内的古树名木，由物业管理部门或者街道办事处指定专人管护；（五）生长在农村集体所有土地上的古树名木，由村经济合作社管护或者由乡镇人民政府指定专人管护。个人所有的古树名木，由个人管护。"该条款在实际运行中，基本是物业服务企业负责古树名木的管护，园林局负责监督管理。园林局主要负责对古树名木进行调查登记、鉴定分级、建立档案、设立标志、制定保护措施、确定管护责任者等。而古树名木管护费用，自然是从物业费中支出，费用的最终承担者为物业服务企业或业主。一般情况下，物业服务企业因工资水平原因，很难聘请到专业绿化养护人才，无法从技术方面保障古树名木生长状况。此时，古树名木养护管理方面易产生纠纷，而往往是物业服务企业承担主体责任。该状况，只能通过进一步完善、修订和细化相关政策、法律法规及标准，方可改变。

开放式物业管理项目的绿化养护管理区域，与市政的绿化区域相互交错在一起，绿化养护管理的责任混杂不清。管理责任问题主要发生于物业服务企业和市政绿化养护管理机构之间。市政绿化养护管理机构一般隶属于园林局。树木修剪、植物枯死、绿化病虫害预防等养护事项，由于不专业、不规范、不及时等原因引发事故时，应该由谁负责，应该由谁赔偿，并没有相应具体的政策、法律法规和标准予以规定。

3. 道路管理维护

《民法典》第一千二百五十六条规定："在公共道路上堆放、倾倒、遗撒妨碍通行的物品造成他人损害的，由行为人承担侵权责任。公共道路管理人不能证明已经尽到清理、防护、警示等义务的，应当承担相应的责任。"为了保障公共道路具有良好的使用状态，公共道路的管理、维护者要及时发现道路上出现的妨碍通行的情况并采取清理、防护、警示等合理的措施。如果没有尽到这种义务，应在未尽到职责的范围内承担相应的侵权责任。物业服务区域存在大量公共道路，随着物业服务领域的延伸，已经有部分物业服务企业开始承接市政公共道路的管理维护，无论哪种情形，都要尽到清理、防护、警示等义务，承担应尽的责任。

4. 除冰扫雪

物业管理项目的除冰扫雪工作。实际运作，是由物业服务企业全面负责清扫。除冰扫雪工作具有一定的社会性特质，尤其是超出常规冰雪量时，应该由所涉及的全体人员共同实施。即使在物业服务合同中有相应的约定，其他相关人员也应该积极参与，不能仅为享用者和旁观者。物业服务企业仅是除冰扫雪工作的主体之一。现实状况是，约定俗成、习惯性地将除冰扫雪工作划入物业服务企业管理负责范畴之内。除冰扫雪导致的物业管理责任事故，自然也就由物业服务企业来承担。所以，有待相关政策、法律法规及标准予以明确规定，或在管理规约中予以约定。

（四）配合性工作方面

在物业管理实施过程中，需要配合其他相关方的工作很多，主要为政府和专业经营企业方面。以下站在责任权利义务角度，主要对社区治理、绿色社区创建等方面进行实证分析。

社区治理，相对于物业管理而言，是一个避不开的课题。社区治理工作包含有一部分物业管理内容，需要物业管理行业参与其中，需要物业服务企业发挥作用。从边界问题角度，物业管理与社区治理交融在一起，边界界定不现实。《民法典》第二百八十五条的规定，一是强化了物业服务企业信息公开、尊重业主知情权、接受业主监督的义务；二是强化了物业服务企业执行政府依法实施的应急处置措施和其他管理措施、积极配合开展相关工作的义务。这是物业管理融入社区治理大背景下的必然趋势。理解贯彻这一点，物业服务企业一方面应当加强社会担当，积极与属地政府配合，主动履行社会责任；另一方面也应学会积极与政府相关部门沟通，取得政府的财力物力支持，特别是应当强化政策法规学习，将协助政府开展的相关工作设计成政府易于量化评价、购买的社会服务项目，从而利于可持续协助配合政府开展相关工作。由此，伴随社区治理实践开展，逐渐确定物业服务企业承担的工作范围、内容和责任，逐步明确社区治理的长期性工作和阶段性工作内容等，最终完成物业管理边界界定。

绿色社区创建方面，住房和城乡建设部、国家发展改革委等6部门共同研究制定了《绿色社区创建行动方案》，从创建目标、创建内容、组织实施、保障措施等四个方面明确描述了创建方案，其中附有《绿色社区创建标准（试行）》。《绿色社区创建标准（试行）》含有建立健全社区人居环境建设和整治机制、推进社区基础设施绿色化、营造社区宜居环境、提高社区信息化智能化水平、培育社区绿色文化五个方面内容，共计 16 条标准。其中，有 15 条直接或间接包含于物业管理行业的工作中，如第 12 条为"物业管理覆盖面不低于 30%"，创建目标中要求"到 2022 年，绿色社区创建行动取得显著成效，力争全国 60% 以上的城市社区参与创建行动并达到创建要求，基本实现社区人居环境整洁、舒适、安全、美丽的目标"。这里有几个问题，一是绿色社区创建行动的费用来源；二是绿色社区创建基本与物业管理工作相融合；三是在两年时间内，实现全国 60% 以上的城市社区参与创建行动并达到创建要求的保障措施。由此所涉及的物业管理范围、内容等是否需要变更，物业服务企业如何实施开展等均需要明确，否则将成为物业管理责任边界问题产生的诱因，这些应该有相关的指导细则予以规定。

在实际物业管理中，住宅小区设置安装的健身器材、儿童乐园的娱乐设施，归业主、建设单位或社会公益机构所有，这三种形式分别形成 3 个不同的责任主体。有合同约定尚可，可以规定设施维修养护、责任承担方；没有合同约定，发生伤害事故则很难确定责任方。虽然该事宜与物业服务企业无关，但是往往物业服务企业还是要承担相应连带责任。还有，业主在地下车库安装电动汽车充电桩，充电桩由专业经营企业负责安装，供电线路按照物业服务企业规定要求进行铺设。充电桩使用一段时间后发生了爆炸，给共有部分造成了一定损失。由此物业服务企业要求车主予以赔偿，车主认为充电桩选用、安装、使用均符合要求，没有责任，不予赔偿。这类事宜，从物业管理责任边界界定角度，需要明确几个问题：充电桩质量谁负责，充电桩的维护谁负责、费用谁承担，由此铺设供电线路的维护谁负责、费用谁承担，充电桩的安全使用谁负责，充电桩的日常安全检查谁负责等。虽然充电桩是刚刚开始推广使用的新事物，但是，相关的物业管理责任边界区分应予以明确。

综上所述，权利义务视角下，涉及物业管理责任边界问题面广、问题多。权利义务有书面约定、口头约定、无约定几种表现形式。在实际运行管理中，这几种形式都与物业管理责任边界问题相关联。物业管理责任边界问题主要形成于以下几个方面：计划经济时期政策法规规章、管理操作习惯等遗留问题；新事物快速变化发展，但相应规定要求滞后；各方主体对物业管理责任边界问题认知缺乏、模糊等。物业管理责任边界问题涉及各方主体的经济利益，相对比较具体。物业管理责任边界政策、法律法规及标准的完善，以及物业管理责任边界实际问题的解决，将形成新的利益再分配，并直接会被各相关方所感知。公平公正的结果将产生良好的社会效益，利于提升人民生活的幸福感，否则即反之。比如，消防方面的监督管理与现场管理的职责划分，垃圾分类各相关方责任主体确定，名树古木养护管理规定的具体细则，社区治理相关物业服务企业工作内容的确定及边界界定，停车管理为有偿服务的确定，设备检测相关规定要求合理性等方面事宜。

第四节　物业业态方面物业管理责任边界问题

物业业态是按照物业使用的主要功能划分的物业类型。从物业使用功能角度，可划分为住宅物业和非住宅物业两大类型。物业管理行业发展初始阶段，物业管理仅有住宅这一种类型。经过 40 多年的快速发展，目前，物业管理服务行业已经完全细化，衍生出公寓、别墅、写字楼、办公楼、商业、各类场馆、幼儿园、中小学校、高等院校、科研机构、产业园区、旅游景点、医院、养老、交通等十几种物业业态。各物业业态之间，具有多主业、单一业主之别，又具有设计功能和使用功能的不同，还具有设施设备、环境差异等，使每种物业业态都具有其本身的特色。同时，每种物业业态，在物业管理实际运作中，又均具有其自身的物业管理特点，主要表现在管理服务内容、管理服务需求、管理服务标准、管理特点、服务方式、客户对象、专业差别、管理服务人员要求等方面，形成了不同物业业态的物业管理责任边界问题特色。

一　不同物业业态视角下物业管理责任边界问题特点

在不同物业业态形式下，物业管理责任边界问题虽然都具有本业态的自身特色。但是，在管理模式、管理内容、管理规范、管理要求、管理专业等方面，物业管理责任边界问题的内涵又具有一些共性特点，主要有：

（1）各物业业态下，边界问题既具特殊性，又具有共性；

（2）因业态固有的专业属性，边界问题更加具象化；

（3）不同物业业态，管理责任关注点、侧重点存在差异性；

（4）不同物业业态边界问题的形成和解决，与其物业业态相关的行业发展过程和特性息息相关；

（5）边界问题形成与解决涉及其他行业政策、法律、法规和标准等。

二 不同物业业态视角下物业管理责任边界问题实证分析

各种物业业态的物业管理内涵，既有相似性又有差异性。在服务理念、管理模式、专业内容等方面具有较多的相似性；在服务对象、服务需求、管理要求等方面具有一定的差异性。该特性直接构成物业管理责任边界问题形成与解决的共性与个性的主要原因。主要表现在主营业务与后勤保障、房屋及设施设备维修养护、环境秩序维护、人力资源管理、相关政策法律法规等相关规定方面，下面将分别予以实证分析。

（一）主营业务与后勤保障

各种物业业态下，物业经营者所经营的主营业务是不同的，业务范围有很大差异。各物业业态的主营业务各不相同，院校是教学、医院是治疗、科研机构是科学研究、交通是运输、旅游景点是接待服务旅游者、产业园区是生产研发、场馆是演出比赛等大型活动等，那么物业管理则是围绕不同物业业态的相应主营业务实施展开。主营业务的专业管理是由业主或经营者负责，通常，物业服务企业则是辅助主营业务的基础管理、支持保障管理等，故而，在不同物业业态的主营业务与为其提供基础、支持和保障性管理服务之间，必然会产生一定的物业管理责任边界问题。比如，医院物业管理主要是围绕医院治病救人的活动展开，为医院治病救人提供后勤支持保障性物业管理服务。在共性方面，主要有房屋及设施设备维修养护、环境秩序维护等。在个性方面，主要有就医引导、辅助配送、医疗垃圾管理、交叉感染预防等。物业管理实施过程，必然会产生医院物业管理责任边界问题。交叉感染、医疗垃圾分类、重症观察室配合等方面均会涉及物业管理责任边界界定。

主营业务影响物业管理责任边界问题形成与解决的干扰因素很复杂，导致物业管理责任边界模糊的因素也很多，主要源于主营业务不同和支持保障管理服务差异两个方面。比如，主营业务的范围、内容、成果和需求等，产品的类型、性质、特征等，管理服务的内容、需求、标准和特点等，均可能成为物业管理责任边界问题形成和解决的干扰因素。所以，从主营业务与后勤保障关系角度看，针对不同物业业态的物业管理责任边界问题，如需明晰、确定和解决，则一定要考虑主营业务这个重要因素。主要涉及主营业务产品特质的诸多外延因素，以及与主营业务相对应的政策、法律法规及标准等。

（二）房屋及设施设备维修养护

在物业管理角度，不同物业业态下的房屋及设施设备可以分为通用和专用两种类型。不同物业业态的房屋及设施设备构成具有普遍性和特殊性；不同物业业态的房屋及设施设备维修养护管理具有普遍性和特殊性。这些均会成为不同物业业态房屋及设施设备维修养护责任边界问题形成和解决的重要因素。该部分主要描述设施设备特殊性方面的内容。

区别不同物业业态，具有不同类型所特有的专业性设施设备。比如，医院的高压舱、呼吸机、核磁共振仪、氧气管道等；科研机构的各种类型的实验室和设备等；剧场的舞台、灯光、观众席、疏散通道等；体育场的消防设施、比赛场地、灯光、观众席、疏散通道等；工业园区的生产、运输、存储等基础设施设备等。围绕各业态特有设施设备形成自有的管理方式、措施和路径。在实际物业管理服务中，这些不同物业业态的专有设施设备，往往由业主方或经营方自行管理或委托相应专业企业负责。此时，对辅助性工作要求的针对性强、专业性高，是物业服务企业服务管理的重点和难点。在房屋及设施设备维修养护管理过程中，通用和专用设施设备维修养护管理相互关联，责任界限难以划分。通用设施设备一般由物业服务企业负责维修养护管理，而专用设施设备则由业主或经营方负责维修养护管理，致使设施设备维修养护和操作使用由两个主体共同实施，因此专用性与通用性设施设备维修养护管理相关方成为物业管理责任边界问题易发点。所以，需要厘清专用性与通用性设施设备管理操作边界红线，划分确定边界范围。一般情况下，针对该方面的相关物业管理责任边界问题的约定，可以在物业服务合同中的甲乙双方责任、权利和义务等方面条款中予以明确约定。

（三）环境秩序维护

在物业管理角度，不同物业业态的环境秩序维护管理内容可以划分为共有和专有两种类型。该部分，主要描述环境秩序维护专有方面内容。比如，各业态的物业管理项目环境秩序维护管理的范围、内容、要求均有一定差异性。环境方面有医疗、科研、工业、生活垃圾收集及处理，产业园区空气、水质、土地污染，医院、学校、旅游景点、养老的绿色植物种植的选择等内容。秩序方面有医院、场馆的协助预防处理"黄牛党"工作，旅游景点"导游"性质的工作，学校"服务育人"的榜样性作用，商业防损防盗的工作等内容。上述差异，均会构成不同物业业态环境秩序维护方面的物业管理责任边界问题形成和解决的重要因素。

环境秩序维护实施过程，遇到的相关物业管理责任边界问题较难处理，主要是缺乏相关解决依据。对于所发生的具体管理责任问题，除物业管理行业政策、法规规章外，还有物业业态所涉及的各相关行业政策、法规规章。但是，除对政策、法规规章需进一步完善外，尚缺乏适用性、针对性和操作性。比如，在高校、医院、银行、工业园区等业态，均涉及该问题。

围绕环境秩序维护专有内容形成的物业管理责任边界问题，涉及专有部分的差异性，涉及相关行业的政策、法律法规及标准。在不同物业业态中表现各异，对其认知及破解也存在各自特性。这是环境秩序维护责任边界明晰确定必须要考虑的因素。

（四）人力资源管理

在物业管理角度，不同物业业态的人力资源管理具有鲜明特色，其对物业管理责任边界问题的形成和解决，具有直接或间接的影响和作用，对不同物业业态的物业管理工作都非常重要。比如，从物业管理服务人员信仰道德、综合素质、专业水平和技术能力等方面的需求差异看，幼儿园、学校、院校物业人的三观要正、要有爱心，其身体力行地影响青少年茁壮成长；旅游景点的物业人要熟知地理、历史、古迹等与旅游相关的知识，同时还要具备处理突发性事件的能力等；医院物业人要具有配合医疗人员工作、预防交叉感染、处理医疗垃圾等相关医学知识和能力；轨道交通物业人要具备安全防范管理、应急事件应对等安全意识和能力等。在实际操作管理过程中，就人力资源管理而言，物业服务企业面临诸多困难。比如，岗位专业水平、岗位胜任能力等评估的缺失；涉及相应专业培训工作，企业各自为战、各显其能，在如何配合医护人员、如何配合实验室和如何协助教师等方面，缺失专业性、系统性培训。此外，物业管理相关专业人才培训方面的教材，无论是在理论知识方面还是在操作指导方面，都远远不能满足行业之需。

（五）相关政策法律法规

虽然专业项目的政策、法律法规是相通共用的，比如，电梯、锅炉、制冷机组、消防等设施设备方面；但是，与物业管理相关的政策、法律法规，基本都是围绕着住宅小区物业管理项目制定、颁布的，而其他业态的物业管理项目则是参照住宅小区的政策等执行，特别是地区性政策和规章。比如，物业管理收费、物业服务标准、物业管理规定及要求等。从这个角度来讲，除住宅小区物业管理项目外，其他业态物业管理项目的物业管理，是在缺失相关政策、法律法规监督、指导和管理之下，自律运行实施的。该状况自然使物业管理责任边界问题形成与解决变得更加复杂和更加多样化。

综上所述，不同物业业态视角下，物业管理责任边界问题产生具有一定特点。新产生的边界问题，比较集中于新业态物业管理项目之中，是物业管理行业快速发展、细化分解的结果。对于物业管理行业、物业服务企业以及政策和法律法规等方面而言，属于新现象、新问题，尚处于发展过渡阶段。比如，各物业业态主业与保障性业务之间的界限划定，各物业业态的专用与通用设施设备维修养护及管理之间的边界界定，各物业业态的物业管理专业综合性管理人才方面的培养，各物业业态的物业管理专业岗位胜任能力提升方面的教材编制，写字楼、办公楼、学校、工业园区等非住宅类物业管理的相关政策、法律法规制定颁布等方面事宜。所以该阶段是预防、解决和处理物业管理责任边界问题的最佳时期。政府行政主管部门、政府行政相关部门、物业管理行业和物业服务企业等相关方都应该给予充分关注，期望于原发阶段预防、处理和解决相应的物业管理责任边界问题。

第三篇
边界划定

第十章　物业管理责任边界
划定经验借鉴

他山之石可以攻玉，本章以物业管理责任边界问题为核心，对国内外及其他行业的政策法律法规、管理模式、管理内涵、管理特性、边界问题及应对措施和服务效果等，进行梳理、总结分析，从中提炼出可借鉴的实践管理经验，旨在寻求解决物业管理责任边界问题的策略和办法。

第一节　国外经验分析及借鉴

就物业管理责任边界问题而言，因诸多因素，各国存在着不同和差异。比如国家体制、边界问题形成的原因和过程、相应政策法律法规及标准等。但是，就物业管理责任边界问题的具体解决措施和办法，欧亚等不同地域的国家，均有一些措施和经验，值得我们学习借鉴。

本节旨在聚焦各国物业管理政策法律法规、管理模式、实际操作管理等方面，予以简要概述、摘取和提炼，从而了解国外物业管理责任边界问题发展状况，为解决国内物业管理责任边界问题开阔视野、积累素材、借鉴经验。

一　国外经验分析

本部分以新加坡、日本、美国、英国、德国为代表，就其物业管理责任边界问题的管理经验、现实做法，进行概括描述、精华提炼、归纳分析。

（一）新加坡经验分析

依据新加坡住宅的类型，新加坡有两种物业管理模式，一种是政府组织管理，另一种是私人房产管理。两者均通过委托专业物业服务企业实施住宅小区的日常管理。新加坡的公共住宅物业管理模式基本上是以建屋发展局为中心，吸引居民与社会参与的共管式管理，即由政府授权的市镇理事会管理为主，政府管理为辅，志愿者补充、协调的多方管理模式。共管式物业管理将小区内所有的公共设施让全体业主共同所有、共同管理，同时实现免费使用，由物业服务企业代表业主行使权利。这一方式较普通的小区配套有偿使用的物业管理方式更受欢迎，对于提高居住小区管理质量，是一种有益的运作模式，从产权、管理权、监督管理权方面为物业管理责任边界划分确定奠定基础。

完善的法律法规对开发商进行约束。新加坡建屋发展局制定的"土地所有权法案"规定了开发商建造住宅时必须遵守的条例。比如，公共组屋的配套设施方面，为给居民提供购物、休息和娱乐的场所，规定每栋楼的底层不得安排住户，而是用于商店和娱乐室，从源头规避了日后商、住混淆引发的物业管理边界问题。

完备的物业管理规定对物业服务企业进行约束。首先，规定每年需要审批核发物业管理执照，如果物业服务企业违反条例或者不按规章办事，被业主告上法庭，建屋发展局将依法进行处罚，严重的将吊销营业执照。物业管理从业人员必须接受两年的房地产管理培训，并通过专业考试才能上岗。政府通过这些方式来发挥其监管职能。其次，规定建屋发展局的"服务"职能。新加坡对建筑物和设备的维修周期有详细的规定。比如，建筑物外墙、楼梯、公共走廊、屋顶5年粉刷1次，增压水泵7年更新1次，屋顶隔热、防水层10~14年更新1次，电梯维修与保养，一旦发生故障，5分钟内电梯维修组人员就会到来，电梯电缆7年更新1次，电梯28年更新1次；户内水电卫生设备的保养和维护，为居民提供24小时服务等。可见，从法规层面对物业管理服务企业规定得相对详细、量化、具体，有利于操作执行，避免物业管理偷工、扯皮、纠纷等现象。

对业主的权利和义务有详细、明确的规定。在业主方面，新加坡法律明确规定相关义务，充分保障业主的权利。比如，业主不得侵犯私人空间，私搭乱建要重罚，房屋的内装修不准改变住宅主体结构，厨房、卫生间的磨石地板和瓷砖 3 年不准更换，室内管线、电源开关等不准改变，楼房外观不准改变等。由维修引起楼下住户漏水等常见的现象，当事人必须赔偿损失。对于欠费或无故拒交管理费的情况进行处理，对于经济困难的介绍到福利机构，由福利机构进行救助，获得救助后再让其交纳管理费。对于故意不交的，第 1 次、第 2 次发律师函，第 3 次就直接拜访，并弄清其可拍卖的财产。工作无效后，将其告上法庭，拍卖财产用以补交管理费和罚款。对业主规定要求详细、具体，较少推脱、扯皮空间，使业主与物业管理责任、权利、义务在同一平面平等对话。

完善的服务和管理体系。新加坡公共组屋由建屋发展局统一管理，建屋局下设区办事处负责各区内组屋的管理和服务。住户根据住房面积大小每月向区办事处交纳维修保养费，由区办事处统一安排进行维修。为了加强对小区的管理，物业管理部门会编写《住户手册》《住房公约》《防火须知》等章程，明确住户的权利、义务以及物业管理部门的权利和责任。制定公共住房室内外装修、室外设施保养等规定，明确物业服务企业和业主之间的权利和义务关系。比如，装饰装修工程必须在领到钥匙后的 3 个月内完成，3 年内不得进行二次装修。规定住户装饰装修必须向建屋发展局申请装修许可证，并且交纳一笔建筑材料搬运和垃圾清理费用。工程装修完毕，由住宅稽查员根据申请装修内容进行工程检查验证等，为物业管理法治化奠定了基础。

公共组屋的定期维修翻新机制，既包括日常维修，也包括定期翻新，在实现改善小区环境、增进社区活力、促进社区可持续性发展等方面做出了很好的示范。其组织形式为"政府主导、公众参与、企业承包"，建屋发展局不仅是组屋的规划与建造者，也是组屋的管理者。为此，建屋发展局特设公共住宅区办事处来负责组屋的申请登记、租售、维修翻新等工作，作为组屋维修翻新的统筹者。组屋日常维修维护资金主要来源于业主或租户。组屋的翻新则与日常维修不同，若家庭里有新加坡公民，则建屋发展局将提供补贴，获益屋主只用承担其中一小部分费用。原则上，公共区域以及组屋单元基本设施的翻新费用由建屋发展局承担。比如，中期翻新计划中楼栋和邻里内的公共区域的翻新，家居改善计划中污水管的更换、剥落混凝土的维修等部分。少数翻新须由获益屋主出资一部分，如家居翻新计划中浴室、入户大门等的翻新，需由获益屋主支付 5.0%～12.5% 的费用，电梯翻新计划也需由获益屋主支付少部分费用。若家庭所有成员都为新加坡永久居民，则需由屋主承担翻新的所有费用。考虑到低收入家庭的支付能力，所有的翻新费用先由建屋发展局统一垫付，待翻新工程完成后，建屋发展局再统一计算每户居民需承担的费用，并支持按月付款或动用公积金支付。若翻新方式为整体重建，则居民可以选择获得建屋发展局的全额赔偿或待组屋重建后迁回原址。建屋发展局之所以能承担组屋翻新过程中的巨额费用，除去售卖或租赁组屋获得的收益外，还归因于政府每年向其提供的低息贷款和资金补贴。

新加坡不单独设立维修资金，而是将维修资金包含在物业费中一并收取，并由物业服务企业进行管理。从收取的物业费中会提取 35% 的资金作为维修资金；商品住宅小区不区分物业费和维修资金，都从物业费中列支。房屋设施设备的更新改造费用从每月的物业费中提取后存入政府指定的账号，当需要使用时，由物业服务企业制订更新改造计划，业主委员会及政府管理部门签章后，物业服务企业从银行提取相应的更新改造费，如有不足，可向业主说明情况，另行收取。

可借鉴内容。新加坡物业管理可借鉴、参考的内容比较多，在预防规避物业管理责任边界问题形成方面主要表现为：物业管理规范性文件相对系统、完整、详细具体，并具较强操作性；在物业管理源头，对各相关方责任、权利、义务予以规定，避免或减少边界问题产生；对业主及物业服务企业的责任、权利、义务规定得相对清晰，体现双方的平等关系；对物业管理活动监管规定层次清晰、责任范围明确等。

（二）日本经验分析

日本物业管理可以分为出租物业管理和住宅物业管理两种形式，其中出租物业管理又可以分为出租住宅物业管理和商业物业管理，多采用的是集成管理模式。日本物业服务企业工作主要注重物业自身的质量和品质的管理。

日本物业管理的法律基础相对比较完善。日本物业管理的基本法律为《建筑物区分所有权法》，确定业主与业主的关系，业主大会和业主委员会的产生规定。针对住宅物业管理的法律为《推进公寓管理规范化相关法律》，涵盖住宅物业管理涉及的所有法律关系。其中包含服务合同内容标准条款，业主和物业服务企业各自的权利和义务，物业服务企业及物业管理从业人员的资格规定，以及维修基金的管理等具体问题都有明确规定等。物业管理法律法规相对系统全面、具体明确，构成物业管理责任边界界定的基础。

维修建设制度。日本的物业企业恪守建筑物的维修保养之道，特别制定了一套维修保养管理制度，在日本买房之前必须交纳一笔维修基金，每个月还要交纳修缮管理费，公摊面积维修费也是所有业主平摊，物业企业会按预先制订的修理计划，每个月再进行预防性维修来保证住户不会遇到生活上的麻烦。日本住宅日常维修保养制度内容包括日常维修、功能改善及防灾减灾措施等。经营者会按照制度要求定期进行保养检查、修缮整改，以保证住户对住宅功能性能等方面的需求。其中日常维修包括保养检查和修缮（应急措施、恢复原状），保养检查包括法定检查、安全检查和计划检查，修缮包括日常修缮、退租后空房修缮和计划修缮。提高性能方面主要是翻新装修等住宅改善、住户内设备改善、公用部位住宅楼改善、小区环境整治和设施改良。日本一户建与套房的维修和使用寿命略有不同，一户建的外墙维修养护大概10年1次，房顶15年重新涂装1次，由于内部大部分都是木质结构，所以一户建的使用寿命大约有50年。日本的一户建是没有管理费的，因为没有公共使用面积，所以其修缮费比公寓要略高一点。套房的外墙维修20~30年1次，套房的使用寿命比较长，最长的现在已在60年以上。相对全面具体的维修养护责任确定，减少了维修养护责任推脱，直接或间接避免维修养护责任边界问题发生。

日本法律规定，每一个公寓都必须设置管理组合，制定管理条约，业主每个月给管理组合支付管理费和修缮基金，管理费主要包括楼道清洗、垃圾管理、擦洗门窗及电梯清洁等，由于日本治安较好，一般不雇用保安人员，个别有雇用的，相关费用列入管理费。修缮费主要指后期公寓的维护费，像外墙翻新、排水设备更换、电梯维修等，不同公寓修缮费也不同，由公寓年代、面积和结构而定。管理费和修缮基金由管理组合和业主委员会共同管理，存在银行专用账户里，当需要使用时由管理组合提出预算再由业主委员会同意后才能使用。管理组合负责整个公寓楼除私有区域以外所有部分的维护及管理，像房门、房间的窗户、纱窗甚至房间里的地板都属于正常维修范围之内，同时每3个月物业服务企业就会安排免费检修1次上下水，无论上下水管道有没有堵，每年都会使用高压疏通设备进行一次全面疏通。屋顶的防漏系统是5年补修1次，10年大修1次，电梯是3个月检查1次，15年更换一次，房间里的消防探测系统1年检修1次。具体量化物业管理活动内容，使物业费标准、支付公正透明，罕见拒缴物业费现象发生。

住宅质量保险制度。为确保住宅的质量，日本2000年施行了《住宅品质确保促进法》，规定新建或旧住宅应实行住宅性能明示管理制度、质量担保责任义务、质量纠纷处理机制等三项制度。《住宅品质确保促进法》规定新建住宅的卖方要对结构主要承重构件以及防雨水渗漏部分，负有10年的质量担保责任。质量担保对象范围比较全面，日本通过寄存担保金和质量担保责任制度确保住宅的质量。日本民法规定"瑕疵担保"的卖方义务，瑕疵担保的定义是依法律规定，在交易活动中当事人一方转移财产给另一方时，应该担保该财产无瑕疵，若转移的财产有瑕疵，则应向对方当事人承担相应的责任，瑕疵担保的年限为10年，买主发现后即可追究卖主的责任。瑕疵担保是一种法定责任，卖方自动承担责任，瑕疵担保包括如下内容。（1）漏水，这里说的漏水不仅仅是天花板上方的漏雨，还包括了墙壁、窗户部分的渗水情况，出现这种情况说明房子没有使用规定的防水材料，这属于房屋瑕疵。（2）白蚁，白蚁的危害性非常大，而且不容易马上发现，因此入住新居前，不仅要好好检查房屋的内部设施，尤其是洗面台、厨房等潮湿区域，更要检查建筑物周边的角落、树丛等区域，以防白蚁入侵。（3）腐蚀，日本的气候总体比较干燥，房屋建造时也会使用规定的防水材料。所以一旦发现新居出现腐蚀的情况，要尽快和房东沟通，行使自己的权利。这里的腐蚀不仅仅是木质部分的腐蚀，还包括金属部分的生锈情况。（4）水管故障，水管故障包括管道破裂、管道漏水、管道堵塞及水龙头出来的水颜色浑浊、有红色锈水等现象，均属于瑕疵。（5）建筑物倾斜，导致建筑物倾斜的主要原因是房屋建造时偷工减料，这个问题在日本发生的概率很小，建筑物倾斜不仅仅是指建筑物的整体倾斜，也包括房屋内部构造的倾斜。比如，上部收纳橱倾斜、厨房台面倾斜等。（6）增建改造，日本的公寓楼虽然每月的管理修缮费比较高，但管理公司对大楼的日常维护很到位，五年一小修，十年一大修，之前的住户搬走之后也会对房屋进行重装或者重新调整户型，在此过程中由于改造、修建工程对房屋耐力构造造成影响的情况属于房屋瑕疵。（7）火灾被害，由于周围发生火灾，而被殃及的情况也属于瑕疵担保范围。（8）越界，越界的情况一般发生在购买一栋别墅的情况中，日本的房产和土地都是所有权，因此在购买别墅时要清楚自己的区域是哪部分，个人的私人物品像自行车等不要放到别人的区域里，避免不必要的纷争。（9）排管状况，排管状况指的是屋内管道的走向情况，有没有经过他人的占地，或者自己领域内是否埋设了他人家的管道，排管走向错误也属于房屋瑕疵的一部分。（10）地基下沉，地基下沉是指造物件用的这片土地由于以前靠近水田池塘或者沼泽等松软潮湿的地方，土地薄弱无法承受房屋的重量而下沉。（11）浸水问题，无论是地板上面还是地板下面，只要有水渗入房内，那就属于房屋瑕疵。另外，如果建筑物周边属于漫水多的地区，这样一个事实情况也属于瑕疵担保的范围。（12）土壤污染，建筑物周围的土壤中含铅、坤、水银等有害物质并对人的健康造成损害的情况也属于瑕疵担保的一部分。（13）噪声、震动、臭气，简单说就是周围居住环境对人造成生活影响的属于瑕疵担保的范围。（14）电波障碍，电波障碍是由于电波收发的障碍造成电视接收不到信号、网络连接不上的情况也属于瑕疵担保。（15）隐患设施，如垃圾处理厂、火葬场等公共设施，虽然没有发生什么事情，但是它的存在给周边的人心理上造成担忧的情况也属于瑕疵担保。瑕疵担保的内容不仅是建筑物内部以及周边出现了瑕疵，还包括周围可能对人心理造成影响的心理瑕疵，例如，周围发生事故的、建筑物内发生自杀事件的。新建住宅根据日本《住宅品质确保促进法》等相关法律规定，卖方和买方在房屋移交的 10 年内，必须担负瑕疵担保责任；另外，《住宅品质确保促进法》规定，即使出现经营者破产等情况，也可以履行其责任的体系，包括由卖主购买商业保险等。法律规定内容明确、具体、全面，对物业管理实际运行具有较强的指导性作用。日本物业管理质量高并持续稳定就是很好的佐证。

房屋修缮基金。日本有一项法定的制度，那就是买了公寓楼的房子，就要交纳修缮基金，而且是依据"平等均分"的原则实施的。日本的房屋修缮基金就相当于国内的专项维修基金，两者最大的不同是，国内往往是一次性交齐，而日本则是在购房后每个月还要继续交，中国很多楼盘的物业专项维修基金从收上来开始就很少动用，但在日本这笔钱会用于大楼的日常维护，并且还会定期公示。日常修缮如换水管水泵、楼顶防水等，较大的开支就是每隔二三十年会进行一次大规模修缮，如粉刷外墙、铺贴瓷砖、升级电梯等。在购买新房时，购房者就必须交纳一笔修缮基金。3 室 1 厅的房子，第一次需要交纳大约 10 万元人民币。然后，每一个月再交纳 1000 元到 2000 元人民币不等的物业修缮管理费。如果是租房，只需要交纳相当于 100 多元人民币的管理费就行。开发商在卖楼时，也必须交纳一笔修缮基金，且必须超过所有业主交纳的修缮基金的总和。修缮基金不是由政府管理的，而是由业主委员会和物业服务企业共同管理，钱放在银行里。需要使用时，由物业服务企业提出预算，业主委员会审核批准支付，政府无权，也不能介入此类民间事务。

值得注意的是，和我国将公共使用面积均摊到用户使用面积中不同，日本只把房屋墙壁中心线的使用面积作为专有部分面积。另外，如果修缮工事实施时出现修缮基金不足的情况，还可以从住宅金融公库或者民间金融机关借入。等到修缮工事结束后，再从新的修缮基金中偿还。

从一栋公寓楼建成之后，物业管理委员会和业主委员会共同商定出一个长达 50 年的公寓楼维修计划表，什么时候该维修哪些地方，都清清楚楚地写明具体的施工年份和施工时间，并印成册子，业主人手一份。到维修节点时，由物业服务企业提前通知业主委员会开会审核，批准预算，并书面通知所有业主。

此外，相关制度很多、很具体、很详尽。比如，对物业服务企业实施政府部门登记注册制度，有效期为 5 年，期满后必须重新登记；物业管理从业员必须通过考试领取执业牌照，高层的商业管理设立有大楼经营管理士制度，认证高层的商业管理人员的专业资格；在规范与优化监督管理方面，日本物业管理行业成立推进物业管理正规化中心，其主要任务是协助业主改善物业管理服务，为行业订立标准和守则，向业主组织提供技术支援，为实现物业管理行业的长远正规化提供计划和监督。

在规范与优化监督管理方面，除上述外，日本有多个物业管理专业团体负责推动行业的发展，如日本公寓管理协会、日本高层楼宇管理协会、日本公寓大厦管理士学会等，旨在提升执业水平，培训专业人才和向公众推广宣传优质物业管理的信息。此外，政府会同法律界、学术界、行业协会和一些地产企业组成联盟，旨在对改善物业管理的有关法规条例、行业生态环境、防灾措施、旧楼维修和重建、空置楼房处理、住宅区规划以及环境保护等方面进行研究。

可借鉴内容。日本物业管理基础建设比较完善，整体管理服务水平比较高，在各环节预防、规避物业管理责任边界问题发生。比如，法律法规系统全面、详细具体，对物业管理的指导性强；物业服务企业工作责任范围相对具体、清晰、可操作；对物业服务企业实施登记注册管理；对从业人员职业准入、岗位胜任能力的管理力度大；重视物业管理行业研究工作；修缮基金由业主委员会和物业服务企业共同管理，而不是政府管理等。

（三）美国经验分析

美国政府行政机构中不设立物业管理的行政管理部门，行业管理由行业协会承担。美国物业管理服务模式有两种，比较典型，即业主自我管理和委托物业服务企业管理。

业主自我管理。美国独栋别墅的房屋维护、修理、改造以及日常管理都需要屋主自行解决，包括前后庭院植被的修理、草坪的修剪及屋顶维护等，独栋别墅没有围墙和栅栏，没有社区管理。独栋别墅都是木质结构，维修养护的成本非常高，像屋顶瓦片要定期更换，雨沾 10 年左右就要更换 1 次，房屋外面的漆也要定期粉刷，目的是延长房屋的使用寿命，预防白蚁，独栋别墅的这些工作都需要业主自己解决。另据统计，在美国大约有20%的中小型公寓实行业主自我管理。

委托物业服务企业管理。封闭式的小区一般以联排别墅和公寓为主，小区的房屋维修由物业服务企业实行统一管理，需要每月交纳几百美元不等的社区管理费。比如，草坪维护、屋顶维修、外墙维护、更换窗户等工作均由物业服务企业负责，业主不需要再单独支出费用。该模式为美国物业管理惯常模式，即物业服务企业在实施物业管理时，通常委派1名房产经理负责小区的日常管理。而房产经理的主要职责是制订管理计划、编制预算、制订保养计划、负责租金收取和营销活动等，而具体物业服务工作则由物业服务企业委托给专业经营企业实施，房产经理承担作业服务监理职责。

在美国公共维修资金管理是完全市场化操作。业主交纳的住宅专项维修基金都是由基金公司负责管理。如果房屋需要维修，就由物业服务企业报到基金公司，基金公司到市场上寻找维修公司进行维修。而在基金闲置期，在留足15%的资金后，可以进行投资理财。而政府要做的只是对维修进行监管，制定相应的维修规范，并不直接参与维修。

在美国，买二手房或买房投资出租的房主都会购买房屋保修服务，因为这两种房屋更容易产生需要维修的问题。新房，开发商一般会赠送一年的房屋保修，而且新房前几年也很少发生故障，业主可以省去这笔开支。房屋保修是美国一种专门针对房产内易损耗设施维修更换的保障服务，由专业房屋保修公司提供不同种类的房屋保修套餐计划，房主可根据自身需要进行选择。保修范围一般包括厨卫电器、管道系统、中央空调、泳池、洗衣机、烘干机等。根据保修范围的不同，一般价格在每年300~900美元，购买了房屋保修服务后，一旦保修范围内物品发生故障，打电话有人上门服务，根据损坏的情况进行修缮、更换，每次上门需要支付上门服务费。需要注意的是，有些年久失修的设备不在保修范围之内，关于年久失修设备的界定，需要根据保修公司提供的保修物品的范围确定。

在美国，准许业主以法人或非法人的形态组成管理委员会，以法人形态组成的管委会具有法律上的法人资格，与住户相分离，类似一般公司与股东之间的关系；非法人的管委会也具备一些权利。比如允许开立专属银行账户、保险等。美国的管理委员会决定之事项。比如，经由权利声明书、管委会运作规则与规约之正当授权，除特殊事项外，原则上无须再经区分所有权人的同意，即具有完全的执行力。特殊事项包括：修改管委会与住户之间的权利声明书；修改管委会运作规则中增加召开区分所有权人会议的最低人数，改变管理委员会的人数及改变选举主委的方式为累积投票制；增加管理费用超过原费用的 20%，增收额外费用超过当年年度预算的 5%；无原因地撤换主委等。此规则制定后即赋予法律上的效力，其制定或修改只需通过管委会与住户间协商即可，无须向相关机关登记或报备。由此呈现，美国物业管理边界在法律上和物理外观上是十分清晰的，一般是通过合同和公约来界定。

美国物业管理实行职业经理人制度，对从业人员素质要求高，对物业服务企业资质和从业人员执业资格的管理比较严格，从业人员获取资格证书必须是大学毕业，必须接受过必要的课程教育，同时还有工作经验要求。全美国物业管理人员协会（IREM）对从事物业管理的专业人员颁发两种资格证书：居住物业管理经理（ARM）和注册物业管理经理（CPM）。

可借鉴内容。美国是市场化物业管理，诸多问题在市场运转过程中解决，形成的物业管理责任边界问题比较少，多为市场性问题。美国物业管理行业由行业协会负责管理，政府行政机构中不设立物业管理行政管理部门；准许业主以法人或非法人形态组成管理委员会，允许开立专属银行账户；房屋维修通过购买房屋保修服务实现，发生故障时上门维修，没有庞大的设施设备维修养护队伍；实行职业经理人制度，对从业人员素质要求高，对物业服务企业资质和从业人员执业资格的管理比较严格；公共维修资金由基金公司负责管理，政府只对维修进行监管，完全市场化操作等。

（四）英国经验分析

英国物业管理起源早，是成熟行业。除了传统意义上的物业管理内容外，已拓展到物业功能布局和划分、市场行情调研和预测、物业租售推广代理、目标客户群认定、工程咨询和监理、通信及旅行安排、智能系统化服务、专门性社会保障服务等全方位服务。

英国的房屋维修管理由业主自行选择物业服务企业负责，由于房屋互不相连，维修及管理服务都非常简单，社区邻里关系也非常简单，很少会产生邻里纠纷和共同事务的处理。英国住宅区的规模都比较小，对于物业公共部位的维修问题，该不该修，如何修等事宜由所有受益业主协商决定。全体业主达不成一致意见，则任何一个业主都可以向政府主管部门申请政府裁决，接到申请后，政府主管部门进行实地勘察。认为房屋存在安全隐患必须维修的，会责令全体业主限期达成一致意见，达不成一致意见的，政府部门会组织专业公司维修，维修费用由全体业主分摊，并在维修费用的基础上加收30%，作为政府的收入，此举有利于督促业主自行达成一致意见。政府在物业管理重要节点上发力解决问题，较好地发挥了政府的市场监管作用。

通过提高能源效率评级可获得国家给予的房屋改善补贴。英国房屋能效一共有 7 个等级，大多数人都比较注重房屋能效。国家对不同等级的房屋收取的取暖费的差别与房屋本身价值的关系是非常大的，所以，大部分住户愿意通过提高房屋的能效评级来提升房屋的价值，同时，政府会每家给予 5000 英镑的补助费来做改善，不管是公寓还是别墅都可以申请。政府把能源改善项目分成一级项目和二级项目，一级项目是房屋大框架的环保升级，二级项目是门窗等细节的改善，如果是享受补助的住户最高可享受到 10000 英镑的补助。

英国新房维修。英国新房保修期为 10 年，发现问题及时报告维修解决。比如，冬天室内暖气不热，业主可以通过物业服务企业给开发商打报告，开发商现场确定是供热公司的问题还是个人装修导致的问题，如果是供热公司的问题由供热公司负责解决，如果不是则会请专业人员到现场界定，如果是由个人装修导致的暖气片大小与房间的面积不匹配造成的，那么业主就要按规定换掉原有的暖气片。

在英国，每年都要预留一小部分金额作为房屋的维护费用。比如房间的电灯更换、墙面粉刷等。此外大部分人也会根据实际需要做相应的修缮工作。比如装修厨房、更换锅炉等。公寓物业费里一般只包含小型维修，大型维修需要房主自行支付。此外，法律规定，每位房主必须要有房屋内部的热水器、炉灶、暖气等设施的安装和使用安全证书，且每年要进行检查，确保安全。

英国物业管理，面向业主的保险有物业本身的保险、第三方保险（比如外墙上有物品掉下来伤人等）、家具保险（比如电器出现意外等）、业主组织运作保险（比如执行管理过程中产生的可能违反法律法规的事宜，通过保险承担因为对法律不精通而造成决策失误的风险等），这都是具有一定社会意义的积极做法，有利于物业管理责任边界问题的解决。

可借鉴内容。英国物业管理行业比较成熟，具有较好的管理经验可供参考，对规避和解决物业管理责任边界问题的研究具有一定价值。比如，新房保修期设为 10 年；房屋维修产生异议不果时由政府主管部门出面裁决，达不成一致意见时由政府主管部门组织专业公司维修，维修费用则由全体业主分摊；国家通过提高能源效率评级给予房屋改善补贴；通过各种类别保险承担物业管理相关风险等方面。

（五）德国经验分析

德国制定有《房地产管理法》，用以约束物业服务企业的行为规范。在对待物业管理制度方面，德国的管理非常严谨。房地产物业管理在德国主要通过专业的物业服务企业来进行；而在《房地产管理法》的框架下，一些房地产开发商也有责任管理自己的物业服务企业的运作。

与消费者权益保护协会相类似，德国在各州均成立了物业服务企业协会，并联合这些协会组成物业服务企业联合会。德国物业管理方面的法律法规非常详细、具体、全面，物业服务企业严格遵循相关规章制度运作。

比如德国的门前扫雪，每年 11 月 15 日到 3 月 15 日为"冬季时间"，市区居民需要准备雪铲、扫雪车以及沙土、锯屑、碎石子等材料，房主或租住房屋的人有义务清扫房屋附近的人行横道，否则将受到相应处罚。对人行横道清扫的时间和方式，法律有规定。上下班高峰期开始前，必须要将自家房门前的积雪和冰打扫干净并撒上沙子。在周日或节假日，可延后 2 个小时清扫。扫出的人行横道一般要有 1.2 米宽，但各个城市具体规定不同，有的是 1.5 米宽，有的仅 1 米宽。法律还规定，居民在清扫时只能使用扫雪工具，禁止使用融雪剂，以免对道路旁的青草和树木造成伤害。如果路面出现冰冻，还要撒上沙土或锯屑，使用更多的是融雪盐，由当地市政部门提供。如果自家房门前的道路在规定时间内没有及时清扫，将面临少则几十欧元、多则高达1万欧元的罚款。如果房主没有扫雪而致使他人在自家门口摔倒，该房主则要负法律责任并承担受害者的医疗费用。扫雪的义务归房屋拥有者，即业主。租房，业主可以把扫雪义务委托给房客，但必须在租房合同中写明。在法规层面较好地规避了物业管理责任边界问题。

德国拥有世界上最完善、最详细的环境保护法律体系，《循环经济法与垃圾法》对垃圾管理规定得非常详细具体。比如，日常垃圾一般分为4~5类，然后再细分，至少有62种之多；只是回收玻璃瓶就有几种不同的标明各种颜色的垃圾桶，而且这类垃圾桶仅仅收玻璃瓶，并不收其他玻璃垃圾和类玻璃垃圾。垃圾清运也有详细的规定，每周收一次日常垃圾，每月收一次废纸，每季度收一次旧家具、旧轮胎，具体日期都写在《垃圾清运时间表》上。德国政府制定了一套严格的处罚规定，并设有"环境警察"，一旦发现居民乱倒垃圾，环境警察就会发警告信，如发现居民不及时改正，会发罚单；再不改，收取垃圾的费用就会提升，从而加重整个小区住户的垃圾处理费用，不仅会招来邻居的谴责，甚至有可能被管理员赶出公寓。

此外，在物业管理从业人员培训、停车位管理、房屋装饰装修管理、广告牌设置、标志管理等方面都有详细具体的法律规定。

在德国，物业服务企业很少长期雇用工人，但这些人少而精，专业水平都非常高，服务意识强。同时，德国物业服务企业的物业费收取标准非常明确，一般基于工作的数量、质量与业主商定。物业服务企业通过业主大会接受业主的监督，需要在会上提交物业管理年度规划，组织和公开物业管理财政支出等。物业服务企业不仅须按规定负责雇主房产的定期使用与维护、清洁、周边区域的绿化及规划，还须负责出面替雇主履行德国相关房产法令中所规定的责任与义务。

可借鉴内容。德国物业管理非常注重细节，精细化程度高。相关物业管理法规规定比较严谨，非常详细具体，涉及的法律法规及标准比较多。物业服务企业除完成规定工作外，还须承担德国规定的雇主的相关责任与义务，从法律法规层面减少了双方的摩擦和矛盾。还设立物业服务企业联合会这个组织机构，其对物业管理行业的监督指导直接有效；物业费收取标准科目明确、定位准确，规避缴费纠纷；对业主需承担责任、义务及违规惩罚方面的相关规定清晰详细，方便具体执行等。

二 国外经验借鉴

从国外经验概况描述可见，欧美等先进物业管理国家，具有一定成熟的物业管理责任边界问题解决经验和先进做法，值得我们学习借鉴，总体显现于以下八个方面。

（一）明确业主的法人主体地位

日本《建筑物区分所有权法》修订中，区分所有人团体法人化已成为必然。美国各州的法律有所不同，但主要依据《统一共同不动产法》，各州再依其所需决定是否订立《集合式住宅法规》。一般而言，美国准许业主以法人或非法人形态成立物业管理委员会。非法人也享有开立专属银行账户、保险的权利。美国的管理委员会法人地位与住户是分离的。

（二）明确各相关方的主体责权利

日本物业管理的基本法律为《建筑物区分所有权法》，确定业主与业主的关系、业主大会和业主委员会的产生规定。德国的《循环经济法与垃圾法》对各相关方在垃圾管理中的责权利规定得非常详细具体。

（三）赋予《管理规约》法律效力

美国政府在社区管理上对必要的事项加以管理，其他细节由管委会自行制定，形成类似《管理规约》的文件，该文件一经通过即具有法律效力。新加坡的《住房公约》对搬进新居后的注意事项和相关知识，详尽地告诉业主。规定了公共住房室内外装修、室外设施保养等事宜，明确物业服务企业和业主之间的权利和义务关系。

（四）提高专项服务社会化程度和专业水平

欧美及日本、新加坡的专业服务社会化程度高，社会化分工明确，专业服务水平高，物业服务企业作为集成商，通过分包合同明确责任，主要扮演策划、监管的角色，避免了物业服务企业大而全所导致的责权不清晰、服务不专业等问题。在美国，管理团队中配备有资产管理经理，即将资产管理纳入物业管理实际运作中，体现了物业管理的核心本质。

（五）完善从业人员职业化培训体系

欧美及日本、新加坡对物业管理行业从业人员都有非常完备的培训和管理体制，使得从业人员，尤其是管理人员专业性和服务性水平都非常高，在服务机构中，配备人员少而精，提供服务标准高。日本的《推进公寓管理规范化相关法律》，规定了物业管理从业人员必须通过考试领取执业牌照，实行注册管理制度，针对高层商厦管理制定了大楼经营管理士制度，以认证高层商厦管理人员的专业资格。

（六）发挥行业协会作用

欧美及日本的行业协会，在物业管理行业发展过程中发挥着非常重要的作用，主要表现在执业资格认证、从业人员培训、企业自律监管、信息共享等方面。美国物业管理行业的管理由行业协会承担，比如其对物业服务企业资质实施认证和管理。日本行业协会参加联盟，对物业管理相关重要问题进行探讨研究。

（七）提升业主参与物业管理意识

欧美及日本、新加坡各国，业主接受物业管理服务、参与物业管理活动意识比较高，具有普遍性。新加坡物业管理志愿者具有较好互动效果。在日本，业主鲜有拖费、欠费现象发生。业主对物业管理的接受、理解、认同、支持和参与等是服务质量和行业发展的保障。

（八）思考政府监督管理形式与内涵

欧美及日本、新加坡各国，政府在物业管理发展过程中发挥作用的形式各不相同，总体可以分为三类，即政府不参与管理，任市场自行发展；政府制定政策、法律，监督指导行业发展；政府直接参与管理，既制定政策法律也实际操作运作。比如，美国政府没有物业管理行政管理部门，日本政府会同相关行业协会组成联盟，新加坡授权市镇理事会实施管理。

第二节　国内经验分析及借鉴

我国物业管理行业是由计划经济下的房屋管理转化而来，尚处于逐渐成熟、完善的过程，仍然具有很多计划经济管理的特点和痕迹。比如，没有专有部位和私有部位的具体明确区分，交纳的费用仅负责专有使用部位，共用部位、共用设施设备由国家负责，管理体制尚不成熟，管理服务提供者和享受者之间没有建立诚信机制等。由此基础上形成的现代物业管理行业，自然具有自身的物业管理责任边界特点和内涵，构成了行业特有的物业管理责任边界性问题。

本节就物业管理责任边界问题，对国内不同地域的解决措施和办法进行梳理；对其他行业的解决经验和策略进行分析提炼，探讨解决物业管理责任边界问题的思路和对策，使之具有一定的可行性、适用性和历史性，为切实解决问题奠定基础。

一　国内经验分析

选取香港、台湾、上海、浙江作为国内的地区代表，就其物业管理责任边界问题方面的经验，进行概括描述、精华提炼、归纳分析。

（一）香港经验分析

香港的公屋主要指由政府提供的公共住宅，分为供租住的屋村和供购买的屋苑。公屋管理由政府负责，私人楼宇和居屋则遵照由发展商制定、政府审批的大厦公共契约，以及政府制定的法例文件《建筑物管理条例》实施管理。

政府尽量鼓励和协助业主参与大厦管理工作，使业主可以根据《建筑物管理条例》成立业主立案法团，在共同参与的理念下，自行管理其物业。业主立案法团是独立法人组织，具有法人地位、资格及诉讼权，代表所有业主。业主立案法团的责任是，代表业主执行有关大厦走廊、楼梯、草地、运动场等公用部分的控制、管理及行政事宜。业主立案法团的职权由管委会执行。管委会职责内容包括：执行公共契约、遵办政府工程指令、雇用管理人员、大厦维修保养、财力管理、投购保险、防火安全、防盗及保安、保持环境卫生等。比如，向声誉良好的保险公司投保，如购买火灾险、公共责任保险与管理及保养人员雇主责任保险，代表业主缴付保险费以保持此保险生效。投保项目及投保额由管委会全权决定。投保上述大厦火险或其他保险所得所有赔偿款项，将用以修复该大厦，恢复原状。

香港有关物业管理的法例有《房屋条例》《建筑物管理条例》《业主与租客（综合）条例》。法例内容健全、详细、可操作性强，物业管理相关主体责权清晰，避免纠纷产生。做到了物业管理的一切相关事宜均有章可循并执行非常严格。比如，公共契约具有法律效力，业主和物业使用人同样受《消防安全建筑物条例》约束，水电费收取与物业服务企业无关，小额法庭可当庭判决业主欠费，接管物业前即安排物业上保险等。

《消防安全建筑物条例》对预防和制止火灾做出规定，是屋村管理的重要依据和法律保证。条例规定，任何没有消防装置或设备楼宇的业主，或业主不在场时，其住客需随时保持装置或设备操作效能良好，并需由注册该装置承办商对消防装置及设备每12个月至少检查1次。房屋署积极推广屋村防火教育，制作并发放宣传刊物，与香港房屋安全委员会联合成立屋村防火安全运动网站，组织开展消防安全课程，向居民分享防火知识。香港消防处成立的公众联络小组，由30位市民组成，小组定期开会，就本处的消防和紧急救护服务方面的表现提出意见，并建议如何改善服务。

构建全民灾害急救终身学习体系。"急救从娃娃抓起""全民学急救"是香港特区政府秉持的理念。急救基础知识与家庭急救常识如今已成为中小学课程内容，每位接受专业急救培训并通过考试的市民都可以得到政府认可的急救证书，有效期3年。此外，根据香港法例规定，部分工种的入行条件之一就是要持有急救证书，在每150名雇员当中，必须至少有1人是具备资格的急救员，同时必须配备相应的急救设备。某些特殊工种的比例更高，这也就意味着对某些职业和绝大多数企业来说，急救培训是必须接受的强制性入职培训项目。

香港专业服务社会化程度高，社会化分工明确，专业服务水平高，物业管理人员的主要工作是按合同进行协调与监督管理。

香港的培训制度对物业管理工作起到了积极的推进作用。比如，房屋署设立四级培训课程，即基层管理员、护卫员，初级管理阶层员工，中级管理阶层员工，高级及行政阶层管理职员。同时还设有"注册专业房屋经理"（RPHM）资格管理制度。大专院校开设有让毕业生获取专业资格的物业管理培训课程，大学毕业生加入物业管理行业是常态，企业也非常重视物业管理人员的培训。

可借鉴内容。香港物业管理法例体系比较完善，法例少但具体而详细，物业管理边界相对清晰，有很多好的做法。《建筑物管理条例》及业主立案法团成立有效预防了物业管理责任边界问题的形成，使物业管理责任边界问题的解决变得相对简单。由市民参与成立的消防公众联络小组，有效预防和解决了监管与执行的矛盾。香港的急救证书成为部分工种入行条件之一，是全民灾害急救理念的具体表现。香港相关物业管理培训制度成体系，并纳入大学课程，是物业管理人才持续保障的有效措施。

（二）台湾经验分析

台湾地区建筑物分为私产和公产两部分，主要采用业主自营式物业管理。所谓业主自营式物业管理就是由楼房业主自己打理，业主物业管理机构精干，管理费来源于对出租房屋收取的管理费用，不存在物业费收缴问题，实施住户公约制度。

台湾地区《公寓大厦管理条例》第三十八条明确规定"管理委员会有当事人能力"，第三十六条明确规定了"管理委员会之职务"。比如，区分所有权人会议决议事项之执行；共有及共享部分之清洁、维护、修缮及一般改良；公寓大厦及其周围之安全及环境维护事项；住户共同事务应兴革事项之建议；住户违规情事之制止及相关数据之提供；收益、公共基金及其他经费之收支、保管及运用；规约、会议记录、使用执照誊本、竣工图说、水电、消防、机械设施、管线图说、会计凭证、会计账簿、财务报表、公共安全检查及消防安全设备检修之申报文件、印鉴及有关文件之保管；管理服务人之委任、雇用及监督；会计报告、结算报告及其他管理事项之提出及公告；共享部分、约定共享部分及其附属设施设备之点收及保管；依规定应由管理委员会申报之公共安全检查与消防安全设备检修之申报及改善之执行等。

对以上职责不可授权和可授权管理服务人员也有明确规定。不可授权管理服务人员的事项包括：收益、公共基金及其他经费之收支、保管及运用；规约、会议记录、使用执照誊本、竣工图说、水电、消防、机械设施、管线图说、会计凭证、会计账簿、财务报表、公共安全检查及消防安全设备检修之申报文件、印鉴及有关文件之保管；管理服务人之委任、雇用及监督。授权管理服务人员的事项包括：区分所有权人会议决议事项之执行；住户违反于维护、修缮专有部分，约定专用部分或行使其权利时，不得妨害其他住户之安宁、安全及卫生规定之协调；公寓大厦及其周围之安全及环境维护事项；住户共同事务应兴革事项之建议；住户违规情事之制止及相关数据之提供；共有及共享部分之清洁、维护、修缮及一般改良；会计报告、结算报告及其他管理事项之提出及公告；共享部分、约定共享部分及其附属设施设备之点收及保管；依规定应由管理委员会申报之公共安全检查与消防安全设备检修之申报及改善之执行等。

台湾的《公寓大厦管理条例》从法规上明晰了业主和物业服务人之间的关系，是一种有意义的做法。

可借鉴内容。台湾地区物业管理具有自己的特点，有一些值得我们思考。比如，业主自营式物业管理模式，减少物业管理责任边界问题，规避了很多物业管理市场化运作的纠纷矛盾。《公寓大厦管理条例》规定比较全面、具体，基本能够保障物业管理实施。对物业管理不可授权和可授权管理服务人员的明确规定，可以在法规层面预防物业管理责任边界问题。

（三）上海经验分析

上海市政府在 2014 年底连续发布了两个与物业管理直接关联的文件，《关于加强本市住宅小区综合治理工作的意见》（沪府办发〔2015〕3 号）和《上海市加强住宅小区综合治理三年行动计划》（沪府办发〔2015〕13 号）。

两个文件中有如下内容值得思考。（1）加快实现物业服务收费全面市场调节，进一步培育社会化、专业化、规范化的服务市场。（2）建立"质价相符、按质论价"的物业服务收费协商和监督机制，推动物业服务市场社会化、专业化、规范化建设，物业服务水平和行业满意度明显提高。（3）按照法定程序修改完善相关法规、规章，进一步理清住宅小区内业主共有部分与专有部分设施的管理责任边界，形成责任清单，细化职责分工。（4）围绕本市住宅小区综合治理工作要求和物业管理工作内容，依托现有的人才培养基地和场地资源，加快物业服务从业人员及相关管理人员公共实训基地建设，经费由政府予以支持。加大从业人员岗位培训补贴力度，提高从业人员培训补贴标准。居委会、业委会、社会中介机构、房管部门和社区街道等相关人员的培训费用，由政府予以支持。加强培训工作的组织领导，不断完善培训大纲和培训教材，增强教育培训的针对性、操作性和实效性。（5）建立业主及物业使用人居住领域信用管理制度，将住宅小区内拒不续筹专项维修基金、违法建设和破坏房屋承重结构、"群租"、擅自改变房屋使用性质、拒交物业服务费等违法违规违约行为录入本市公共信用信息服务平台，并依法面向社会提供查询。

可借鉴内容。上海物业管理政策规章相对比较细化，具有一定市场领先意识，值得物业管理行业认真思考。明确住宅小区内业主共有部分与专有部分设施的管理责任边界，形成责任清单，细化职责分工；社区综合治理工作要求和物业管理工作内容相结合；业主及物业使用人居住领域信用管理制度建立等，都是目前物业管理行业的重要课题。

（四）浙江经验分析

浙江省人民政府办公厅2012年3月16日发布的《关于加快发展现代物业服务业的若干意见》，有如下内容可值得思考。（1）加快制定不同类型物业的服务标准和规范，促进物业服务业规范发展。鼓励行业协会和企业参与标准制定，引导物业服务企业开展标准化试点。依据服务标准推行市场准入和分等级管理，提高物业服务业管理水平。开展对物业服务企业的标准化培训，对列入国家和省服务业标准化计划的项目，给予一定的资金补助。（2）加快修订业主大会议事规则、物业管理规约等示范文本，加强指导和培训，健全业主大会、业主委员会的组织建设，充分发挥其在物业管理中的积极作用。完善物业服务合同，规范物业服务委托方和受托方的责权利关系和行为。注重组织引导业主大会和业主委员会对业主公共财产进行自主管理，不断提高业主委员会的管理水平。（3）加快建立物业服务企业诚信档案和信息平台，加强对物业服务企业的监管。加强对物业承接验收的监管，规范物业项目承接验收行为，维护业主和使用人的合法权益。加强对物业区域内供水、供电、供气、供热、通信、有线电视、环卫、市政等共有设施设备移交工作的监管，确保按时移交给相关专业单位。（4）加快制定和完善物业服务等级标准和收费标准，推广"菜单式服务、等级化收费"的物业服务费分级定价机制，积极推进酬金制收费方式。（5）凡由政府及相关职能部门承担的费用，不得转由业主或者物业服务企业承担。供水、供电、供气、供热等专业单位要向物业服务区域内实际使用的个人、单位等最终用户收取费用。（6）对老旧住宅小区、保障性住宅小区、农民工公寓、拆迁安置小区等实施专业化物业管理或准物业管理的，所在地政府应定期给予物业管理服务单位一定的资金补贴。

可借鉴内容。浙江物业管理整体发展水平比较好，市场化基础比较坚实，客户认可度较高。比较关注物业管理行业发展相对薄弱环节。比如，物业服务标准、业主行为管理、市场监管、物业费定价及物业服务相关收费等问题。政府对物业管理行业的认识比较清醒，没有政府切合实际的支持，完全依赖市场推动，物业管理行业很难有序发展。浙江物业服务企业能够享受到政府补贴，这在物业管理行业比较罕见。

二　国内经验借鉴

从国内经验概况描述可见，香港、台湾地区、浙江、上海等地在物业管理服务上的具体做法，有很好的经验可以借鉴，对于解决和避免物业管理责任边界问题具有一定积极意义，总体体现为以下八个方面。

（一）物业管理服务规定的事宜具体清晰详细

浙江规定的凡由政府及相关职能部门承担的费用，不得转由业主或者物业服务企业承担；加强共有设施设备移交工作的监管，确保按时移交给相关专业单位；对老旧住宅小区、保障性住宅小区、农民工公寓、拆迁安置小区给予物业管理资金补贴。

（二）公共契约具有法律效力

香港公共契约具有法律效力，它的制定、执行和修改，均须以有关法律、法令为依据，在法律上对签署各方，包括发展商、物业服务企业、业主和物业使用人都有约束力，各参与公共契约签署者均须遵守。

（三）业主法人主体地位明确

台湾地区的《公寓大厦管理条例》对公寓大厦管理委员会的当事人能力有明确的规定。香港地区《建筑物管理条例》明确了业主立案法团的法律地位。

（四）各相关方的主体责权利明确

上海推进理顺能源设施设备管理机制；理清住宅小区内业主共有部分与专有部分设施的管理责任边界，形成责任清单，细化职责分工。台湾地区《公寓大厦管理条例》中对管委会的职责有详细规定，对于这些职责可授权和不可授权给管理服务人员有明确规定，同时对于政府部门和能源供应单位的责权利也有明确约定。香港地区《建筑物管理条例》也对业主立案法团的责任以及相关方的责权利予以明确；《消防安全建筑物条例》规定，任何没有消防装置或设备楼宇的业主，或业主不在场时，其住客须随时保持装置或设备操作效能良好。

（五）从业人员职业培训体系健全

上海建设物业服务从业人员及相关管理人员公共实训基地，费用由政府予以支持；居委会、业委会、社会中介机构、房管部门和社区街道等相关人员的培训费用，由政府予以支持。香港的四级培训课程、"注册专业房屋经理"（RPHM）资格管理制度，以及大专院校开设物业管理培训课程等，对物业管理行业人才培养具有积极深远的意义。

（六）应急管理措施强制性

香港法例规定，持有急救证书是部分工种的入职的条件之一，每 150 名雇员当中，必须至少有 1 人是具备资格的急救员，同时必须配备相应的急救设备。对某些职业和绝大多数企业，急救培训是必须接受的强制性入职培训项目。

（七）业主参与物业管理活动的良好意识

香港的业主委员会、业主立案法团、消防公众联络小组，台湾地区的自管模式等，都具有较好的物业管理互动效果，因此业主参与物业管理活动意识比较强。

（八）社会化专业水平高

香港物业管理上下游产业链的专业水平比较高，物业管理工作更多的是专业性分包，管理人员工作主要是协调和监管专业性分包单位，更趋向于资产化管理模式。

第三节　其他行业经验借鉴

改革开放之后，各行各业蓬勃发展，在原有行业高速改革、创新发展的同时，新行业不断涌现，形成了行业自有的特点。关于物业管理责任边界问题，其他行业采取的管理措施和积累的管理经验，对于物业管理这个新兴行业，同样具有一定的现实参考价值。比如，医疗卫生、工程建筑、航空服务、餐饮服务、邮政快递等行业。

本节就物业管理责任边界问题，对其他行业的管理模式、管理内涵、管理特点以及相应政策法规规章等方面进行整理分析，吸取可以借鉴的解决策略、思路和经验。

一　医疗卫生行业经验借鉴

近年来，媒体关于医患纠纷的报道层出不穷，"医闹"已经严重影响了正常医疗秩序，也使得医患关系越发紧张。医疗行业 2002 年出台了《医疗事故技术鉴定暂行办法》，对导致医患矛盾最为主要的医疗事故技术鉴定进行规范。

该办法共分七章，分别对鉴定专家库、鉴定的提起、鉴定的受理、专家鉴定组的组成、医疗事故技术鉴定以及其他相关事宜进行规范。明确组织医疗事故技术鉴定工作为各地方医学会，医学会建立专家库，专家库依据学科专业组名录设立学科专业组；双方当事人应共同书面委托医疗机构所在地医学会进行医疗事故技术鉴定；委托鉴定应按规定缴纳鉴定费；医学会应当根据医疗事故争议所涉及的学科专业，确定专家鉴定组的构成和人数，专家鉴定组组成人数应为 3 人以上单数；医学会组织双方当事人在指定时间、指定地点，从专家库相关学科专业组中随机抽取专家鉴定组成员。明确事故鉴定程序。

虽然该办法在具体实施过程中，尚存在一些问题，比如：（1）行业利益关系影响鉴定人员的独立性问题；（2）医疗事故鉴定的两种启动方式存在启动难问题；（3）鉴定中证据材料的收集及真实性问题等。但是，其对物业管理行业明确行业责任边界、解决矛盾纠纷仍具有一定的借鉴作用。第一，明确事故鉴定负责主体；第二，建立专家库，充分发挥专家作用；第三，明确鉴定委托及执行程序。这些都有利于提高物业管理鉴定结论的科学性、客观性和公正性，增强权威性和可信度，提高解决物业管理责任边界问题的力度。

二　工程建筑行业经验借鉴

《建设工程工程量清单计价规范》是 2013 年 7 月 1 日中华人民共和国住房和城乡建设部编写颁发的文件，按照我国工程造价管理改革的总体目标，本着国家宏观调控、市场竞争形成价格的原则制定的。该规范适用于建设工程发承包及实施阶段的计价活动。建设工程发承包及实施阶段的工程造价应由分部分项工程费、措施项目费、其他项目费、规费和税金组成，明确了采用工程量清单计价如何编制工程量清单和招标控制价、投标报价、合同价款约定以及工程计量与价款支付、工程价款调整、索赔、竣工结算、工程计价争议处理等内容。规范 6 个附录文件作为编制工程量清单的依据，分别适用于工业与民用建筑物和构筑物工程、工业与民用建筑物和构筑物的装饰装修工程、工业与民用安装工程、城市市政建设工程、园林绿化工程、矿山工程。

在物业管理行业，物业费定价难。这直接影响管理服务质量的性价比评估，是物业管理责任边界划分的难题。虽然工程建筑行业对《建设工程工程量清单计价规范》尚存有争议，但是，其对于物业管理这个新兴行业而言，仍然可以借鉴其形式。确定物业管理费预算编制定额，无论是物业服务企业还是业主都对物业服务费预算编制有了共同的依据、规则和标准，可以最大限度避免管理岗位、专业岗位、材料用品等方面的费用差异，有利于保障物业服务企业和业主双方的共同利益，提高确定物业费标准的科学性、客观性和公正性。

综上所述，每个行业有每个行业的发展特点和相关问题。但是，在行业发展过程中，不同行业所遇到的问题又具有一定相似性，解决这些问题的思路、经验和方法等可以相互借鉴。医疗卫生行业"医闹"、医疗事故、医患关系等方面问题的解决，工程建筑行业工程报价、工程造价、工程结算方式等，均可为物业管理行业所借鉴使用。比如，物业管理事故鉴定和解决、定岗定编、物业费标准确定等问题。这些对物业管理责任边界问题的预防与解决均具有一定的积极意义。

第十一章　物业管理责任边界
问题解决对策

通过对物业管理责任边界问题现状、相关主体、经验借鉴、实证分析的探讨研究可以发现，物业管理责任边界问题覆盖面广，涉及物业管理各个专业、各个工作环节，涉及政府、企业和业主等各相关方；物业管理责任边界模糊不清主要表现在产权边界、管理界限、管理责任界限相对宏观、不具体、不详细，服务内容相互交织等方面；物业管理责任边界问题难以解决，是因为其形成原因复杂、问题多元化，相关法律法规及标准尚处于发展完善阶段。随着社会经济的快速发展，人民对美好生活的向往对物业管理服务提出越来越多元化、精细化、个性化的要求。但是，物业管理责任边界模糊不清已成为阻碍、困扰物业管理行业发展的主要症结之一。因此，对于该问题已经到了必须要触及、要思考、要解决的阶段。

本章主要是在对物业管理责任边界问题进行实证分析基础上，概括总结边界问题及其成因，拟定破解边界问题需要思考的策略，构思边界问题的解决方向、路径和方法，为物业管理责任边界划定做基础准备性工作。

第一节　物业管理责任边界问题的成因分析

前文从物业管理责任边界问题相关方、建筑物物业管理全生命周期、物业管理、物业经营管理、物业管理法律法规、物业管理标准、其他角度等方面，对物业管理责任边界问题进行了实证分析，从中可以识别和确定物业管理责任边界形成中的问题，思考和分析物业管理责任边界问题形成的原因。

一　物业管理责任边界问题的识别和确定方向

围绕物业管理责任边界问题，可以从政府、企业、业主三个方向进行思考。涉及的具体问题可以概括为六个方面，即政策及法律法规、物业管理标准化、物业管理发展、物业管理环境、物业管理特质、物业管理经营。

（一）政策及法律法规

政策及法律法规方面，对物业管理责任边界问题的识别与确定，主要可以从以下几个方面进行思考。

（1）法律法规的空白、缺失、滞后和不完善。

（2）法律法规之间、地方法规之间的不协调，存在矛盾和阻碍。

（3）法律法规的针对性、适用性和操作性。

（4）政策、法律法规的执行、指导和督查。

（5）政策的稳定性、针对性和操作性。

（二）物业管理标准化

物业管理标准化方面，对物业管理责任边界问题的识别与确定，主要可以从以下几个方面进行思考。

（1）标准化体系结构不健全。

（2）标准编制难度大、水平低、滞后和不均衡。

（3）标准化实施和执行阻力大。

（4）标准的适用性、针对性、覆盖性和操作性。

（5）各标准之间、标准与其他行业标准之间的相互干扰和阻碍。

（三）物业管理发展

物业管理发展方面，对物业管理责任边界问题的识别与确定，主要可以从以下几个方面进行思考。

（1）计划经济过渡至市场经济过程中的遗留性问题。

（2）物业管理行业发展速度快，相应规范性文件难以满足需求。

（3）因存在特定区域、环境和需求等因素，物业管理行业具一定地域性。

（4）物业管理行业定位与市场需求和发展需求之间存在错位。

（5）地域经济状况决定各地物业管理发展不均衡。

（四）物业管理环境

物业管理环境方面，对物业管理责任边界问题的识别与确定，主要可以从以下几个方面进行思考。

（1）业主及物业使用人对物业管理行业的认知、理解和支持。

（2）政府行政部门营造的物业管理行业生存发展环境和空间。

（3）政府购买物业管理服务规范性。

（4）物业服务企业相对专业经营企业的弱势地位。

（5）物业管理项目的政府多头监督管理属性。

（五）物业管理特质

物业管理特质方面，对物业管理责任边界问题的识别与确定，主要可以从以下几个方面进行思考。

（1）物业管理服务先购买、后验证的特性。

（2）物业管理服务生产与消费的同步性。

（3）业主及物业使用人对物业管理是否满意，多取决于其对服务过程与结果的感知度。

（4）只有先有费用支撑和保障，才能提供物业管理服务。

（5）物业费与服务效果性价比度量的复杂性。

（六）物业管理经营

物业管理经营方面，对物业管理责任边界问题的识别与确定，主要可以从以下几个方面进行思考。

（1）跨界经营管理的合法性。

（2）跨界经营管理与相关行业的衔接事宜。

（3）延伸服务与业主需求的匹配度。

（4）合同相关主体特性，内容宏观粗放，责任、权利和义务履行的监管与评价。

（5）经营管理业务的选择、外延及开展。

上述几个方面，可能成为识别和确定物业管理责任边界问题的思考方向。这些方向是在各专业角度下，对物业管理责任边界问题进行深入实证剖析汇总得出，基本涵盖了在物业管理活动中可能发生的各类物业管理责任边界问题。下一步，尚需在各相关方面，深入梳理具体的、详细的物业管理责任边界问题，比如共有部分与专有部分的相关边界、红线内各相关方的相关边界、政府额外附加性工作边界等。这些方面，将引领解决物业管理责任边界问题的研究探讨方向，并为物业管理责任边界划定圈定范围、奠定基础。

二 物业管理责任边界问题形成原因的思考分析方向

物业管理责任边界问题形成的原因复杂，相互交织，难以厘清。但是，要清晰、准确地划定物业管理责任边界，就必须清楚物业管理责任边界问题形成的原因。本文主要从政策、法律法规、标准，物业使用，物业管理，物业经营管理四个方面，对物业管理责任边界问题形成的原因进行分析。

（一）政策、法律法规、标准

政策、法律法规、标准方面，对物业管理责任边界问题形成的原因，主要可以从以下方向进行思考分析。

（1）物业管理法律法规不健全、不成体系、不详细、缺乏针对性和适用性、相对滞后。

（2）物业管理相关的政策繁杂，相互交织、相互矛盾、变化快、稳定性和操作性差。

（3）物业管理缺乏标准，针对性和适用性差，标准化起步晚、水平低、体系不健全。

（二）物业使用

物业使用方面，对物业管理责任边界问题形成的原因，主要可以从以下方向进行思考分析。

（1）业主对于购买物业管理服务尚未完全接纳。

（2）业主对物业管理行业的认知度、理解度和支持度比较低，尚在培养过程中。

（3）业主对物业管理需求越来越多样化，且不断变化。

（4）业主及物业使用人应该承担的义务和享有的权利，尚不够清晰明确、不够具体详细、缺少违约规定等问题。

（5）业主及物业使用人使用物业的监督管理方面的规定，存在不够具体、不够详细、不够全面等问题。

（三）物业管理

物业管理方面，对物业管理责任边界问题形成的原因，主要可以从以下方向进行思考分析。

（1）物业管理行业诞生于计划经济向市场经济过渡时期。

（2）物业管理行业高速发展。

（3）物业服务企业责权利风险意识淡漠、相关知识匮乏。

（4）物业服务企业运营管理水平低、经验不足。

（5）相对于物业管理相关方，物业管理行业起步晚，物业服务企业处于弱势地位。

（6）物业管理行业自律组织尚在建设、完善过程中。

（7）物业管理行业市场环境尚处于初级发展阶段。

（8）地域经济发展不均衡，物业管理各地域发展水平差别大。

（9）物业管理的监管形式、监管措施尚在适应物业管理行业市场发展状况中。

（四）物业经营管理

物业经营管理方面，对物业管理责任边界问题形成的原因，主要可以从以下方向进行思考分析。

（1）已有的物业管理要求和标准涉及面广，难以改变。

（2）相对于物业管理行业，其他相关方管理经验比较成熟。

（3）物业经营管理环境尚在营造过程中。

（4）物业经营管理政策及相应配套规范性文件尚在完善过程中。

（5）涉及其他行业相关政策、法律法规及标准。

上述四个方向的原因，是对涉及物业管理责任边界问题形成的各类因素进行归纳分析所得，是物业管理责任边界问题产生的主要原因。一个物业管理责任边界问题会涉及一个或多个原因，一个原因会引发一个或多个物业管理责任边界问题。抓住物业管理责任边界问题形成的主要原因，抓住物业管理责任边界问题形成的主要原因的主要方面，是分析解决物业管理责任边界问题的方向。

第二节　物业管理责任边界划定原则、思路和方法

前文通过物业管理责任边界现状分析、各相关方分析以及不同视角下的实证分析等，对物业管理责任边界问题及其成因初步形成宏观认知；对不同视角下形成的物业管理责任边界问题的了解更加深入；为物业管理责任边界问题的解决提供了思考和认识方向。在前文研究基础上，本节主要对物业管理责任边界具体划定原则、思路和方法，物业管理责任边界问题的筛选，以及物业管理责任边界划定的注意事项进行阐述。

一　物业管理责任边界划定原则

应针对物业管理特点，结合物业管理实际状况，遵循物业管理责任边界问题形成轨迹和原因，充分考虑物业管理责任边界共性问题，在此基础上拟定物业管理责任边界划定的原则。

（一）抓大放小

集中力量解决物业管理责任边界主要问题，是解决物业管理责任边界主要问题的核心要点，比如，与业主及物业使用人管理服务需求紧密相关的物业管理责任边界问题、与物业服务企业发展紧密相连的物业管理责任边界问题、与社会安全稳定发展紧密联系的物业管理责任边界问题，应被列为物业管理责任边界问题解决的重点。对其余问题，可视社会发展状况，视物业管理行业发展状况，考虑逐步或暂缓解决处置。

（二）治本抑末

充分深入思考物业管理责任边界问题形成的原因，从源头上预防和解决物业管理责任边界问题，预防和抑制物业管理矛盾纠纷发展转化成为物业管理责任边界问题，根治物业管理责任边界问题。同时，要充分考虑物业管理责任边界问题对行业发展、社会稳定和生活幸福感等所产生的本质性影响，急则治其标，缓则治其本。

（三）以点带面

抓住关键的、重要的、具体的一个或几个物业管理责任边界问题，进行深入研究，进行全面破解。以解决这些重点边界问题为中心，外延至其他相关联的问题，即以解决一个或几个重点物业管理责任边界问题，带动其他相关联问题的缓解或解决。

（四）先急后缓

按照物业管理责任边界问题的轻重缓急，优先划定迫切需要确定的边界和需要解决的边界问题，再视具体情况处理其他不急迫的问题。特别要注意，处理重要的边界问题时，要把紧急的物业管理责任边界问题放在首位，先处理解决，把不紧急的问题放在后面。

二　物业管理责任边界划定的思路

物业管理责任边界划定思路，是在政策、法律法规及标准基础之上，采用定性定量结合的方法，结合管理操作经验和现实做法，综合考量各相关方因素，对边界问题进行具体问题具体分析，遵循划定原则，沿着相应的破解路径，逐项梳理排查，最后划定物业管理责任边界。

划定物业管理责任边界时，有相关法律法规规定的，应遵循法律法规，没有法律法规或规定不清晰的，应结合各相关方、实际管理现状、相关行业经验等因素确定界限。标准是物业管理责任边界划定的主要依据，特别是技术标准，是对法律法规的有效补充。

管理经验以及约定俗成的管理操作惯例，对解决划定物业管理责任边界问题很实用，能够解决法律法规及标准所解决不了的问题，相对容易被各相关方所接受。但是，具体执行时，存在各相关方接受程度不同等问题，经常会产生矛盾纠纷，对此应该予以重视。目前，物业管理责任边界多依据惯例进行明确。

三 物业管理责任边界划定的方法

物业管理责任边界问题形成的原因多种多样，形成的问题也多种多样，边界划定的难度很大，没有一种办法能够全面满足物业管理责任边界划定的需求，需要综合考虑。边界划定办法可以包括法规规定、资料分析、经验判断、约定俗成、历史追溯、参考借鉴、要素确定和综合分析等。

（一）法规规定

根据物业管理相关法律法规及标准，明确边界划定依据，确定物业管理责任边界。

（二）资料分析

对相关法律法规及标准、相关理论研究成果、相关法院审判案例等资料进行充分深入归纳、分析、比较和处理，明确边界划定依据，确定物业管理责任边界。

（三）经验判断

经验判断是一种定性分析和定量分析相结合的划定方法，相关方可根据长期积累的物业管理相关知识和经验，明确边界划定依据，确定物业管理责任边界。

（四）约定俗成

对物业管理各相关方在物业管理实际管理操作过程中已经形成的物业管理责任边界，进行科学论断后，作为明确边界划定依据，予以确定物业管理责任边界。

（五）历史追溯

根据物业管理责任边界问题的形成背景、形成的客观环境、形成的原因等因素，针对具体事项追根溯源、全面考量，明确边界划定依据，确定物业管理责任边界。

（六）参考借鉴

参照其他行业的法律法规及标准、边界划定成果和经验等，结合物业管理行业特点进行分析总结，明确边界划定依据，确定物业管理责任边界。

（七）要素确定

以物业方便使用、物业服务企业易于管理为核心，选定相关边界问题确定要素，明确边界划定依据，确定物业管理责任边界。

（八）综合分析

对物业管理责任边界问题形成与产生的环境、产生的原因及各种相关因素等内容进行全面综合分析研究，平衡各相关方权责，明确边界划定依据，确定物业管理责任边界。

四　物业管理责任边界划定的前提条件

物业管理责任边界划定的前提条件是确定边界的具体问题，如哪些属于物业管理责任边界性问题、某一物业管理责任边界需要或不需要界定、哪些物业管理责任边界问题无法界定等。由于物业管理责任边界问题非常庞杂，物业管理责任边界问题的筛选也成为一件非常重要和艰难的工作。本文从实证分析切入，对物业管理责任边界问题进行收集归纳，能够最大限度地保证对物业管理责任边界问题收集的全面性和准确性，避免遗漏。首先，在一点、两纵、三横实证分析的内涵中，针对物业管理责任边界问题，进行收集、归类。其次，根据物业管理行业发展需求、问题聚焦性、问题影响力和问题影响范围等因素，筛选出主要物业管理责任边界问题。最后，针对筛选出的主要物业管理责任边界问题，确定解决物业管理责任边界划定的依据和路径。

五　物业管理责任边界划定需要思考的内容

物业管理责任边界问题成因复杂，问题多样化，涉及的相关方多，历史遗留问题多，每个边界问题均具自身特点，因此，在进行具体物业管理责任边界划定的需要考量的因素有很多方面。

（1）识别边界问题的形成原因。

（2）剖析边界问题产生时期的客观环境。

（3）梳理边界问题形成的先后顺序和脉络关系。

（4）辨析法律法规、标准与边界问题的关系。

（5）厘清划定边界涉及的具体相关方。

（6）厘清干扰因素。

（7）分析具体边界划定的地域性差异。

（8）确定具体边界划定的针对性措施和方法。

（9）判定采用管理经验、约定俗成等方式划定边界的效果和社会影响。

（10）预测具体边界划定与物业管理行业未来发展趋势的关系。

第三节　物业管理责任边界问题解决原则

实际管理中，物业管理责任边界问题多样，涉及专业多，涉及相关方多为两方或多方，因此物业管理责任边界问题解决的方针策略、措施方法也不尽相同。本节在物业管理责任边界问题实证分析基础上，概括总结出物业管理责任边界问题解决的原则，为物业管理行业解决物业管理责任边界问题提供可遵循的依据。

一　政策、法律法规及标准原则

政策、法律法规及标准是解决物业管理责任边界问题的准绳和保障，是解决具体边界问题时必须要遵守的。在管理边界、操作边界、专业边界、责任边界、使用边界等方面，政策、法律法规及标准在解决具体边界问题过程中所起的作用各异。总体而言，政策、法律法规更多涉及责任边界；标准更多涉及管理边界、操作边界、专业边界、使用边界等。

但是这里要注意，《民法典》第十条规定，法院裁决中不能引用物业管理相关政策并将其作为判决依据。

二　约定原则

物业管理相关方之间边界问题的解决，首先要遵循各相关方对具体事宜的相应约定。约定的内容在政策、法律法规及标准中可能有规定，也可能没有规定。对有规定的，要依据相关政策、法律法规及标准予以判定；对没有规定的，在不违背公序良俗等情况下，约定内容成立。这是物业管理实践中的常规做法，也是物业服务企业解决边界问题的思维逻辑。约定有口头约定和书面约定两种形式，物业管理约定方面的规范性文件主要有物业服务合同、供应商的合同、业主管理规约、劳动（劳务）合同、相关承诺等。

三　惯例与习惯原则

物业管理相关方之间的边界问题，在政策、法律法规及标准和约定中，经常没有相关具体内容。边界问题的实际解决，主要遵循既有的管理惯例或管理习惯。管理惯例可能是历史延续的，也可能是约定俗成的，可能被相关方接受认可，也可能不被接受认可；管理习惯是长时间形成的不易改变的管理行为或方式，可能被相关方接受认可，也可能不被接受认可。惯例与习惯多出现于物业管理各相关专业之中，涉及物业管理责任边界问题各相关方，是日常处理物业管理责任边界问题经常使用的原则。惯例与习惯有主动和被动之分，不一定公平、公正、正确、合理。用惯例与习惯处理解决问题会形成矛盾纠纷隐患。

《民法典》第十条规定，物业服务的交易习惯，在不违背公序良俗的情况下，可以在司法机关处理物业管理纠纷中适用。习惯也可以成为司法的判决依据。

四　过错责任原则

《民法典》第一千一百六十五条规定："行为人因过错侵害他人民事权益造成损害的，应当承担侵权责任。依照法律规定推定行为人有过错，其不能证明自己没有过错的，当承担侵权责任。"

过错责任是指造成损害并不必然承担侵权责任，要看行为人是否有过错。只要同时满足以下4方面条件，行为人就应承担侵权责任：一是行为人实施了某一行为；二是行为人行为时有过错；三是受害人的民事权益受到损害，即要求有损害后果；四是行为人的行为与受害人的损害之间有因果关系。

过错推定包含在过错责任原则中，但与一般过错责任有较大的不同。对行为人而言，过错推定是一种较重的责任，不宜被滥用，需要由法律对适用范围做严格限定，否则就有可能限制人们的行动自由。根据法律规定推定行为人有过错，其不能证明自己没有过错的，才应当承担侵权责任。法律没有规定过错推定的，仍应由受害一方承担过错的证明责任。

五 无过错责任原则

《民法典》第一千一百六十六条规定："行为人造成他人民事权益损害，不论行为人有无过错，法律规定应当承担侵权责任的，依照其规定。"

无过错责任不以行为人的过错为要件，只要其活动或者所管理人、物损害了他人的民事权益，除非有法定的免责事由，否则行为人就承担侵权责任。这种责任的承担，并不考虑行为人的主观意识状态，而只考虑损害结果和免责事由，故又被称为客观责任。与过错责任原则相比，这种责任在承担条件和责任后果上更为严格，故也被称为严格责任。所以，在法律规定适用无过错责任原则的案件中，法院判断是否应承担侵权责任时，不考虑被告有无过错，不要求原告证明被告有过错，也不允许被告主张自己无过错而请求免责。只要审理查明，被告的行为与原告受损害之间存在因果关系，即可判决被告承担侵权责任。

六 公平责任原则

《民法典》第一千一百八十六条规定："受害人和行为人对损害的发生都没有过错的，依照法律的规定由双方分担损失。"

公平分担责任适用于行为人和受害人对损害的发生均无过错的情况。例如，在不收保管费，服务方没承诺提供保管，并且消费者也知道服务方没有严密保管的情形下，在物业服务场所或经营场所发生消费者车辆或暂存物品丢失，同时又不能确定丢失原因或责任人的前提下，经常会出现让双方按公平原则承担责任的情形。

七　第三人过错原则

《民法典》第一千一百七十五条规定："损害是因第三人造成的，第三人应当承担侵权责任。"

第三人过错有两方面含义：一是第三人过错是造成损害的唯一原因；二是第三人过错是造成损害的部分原因。第三人过错是造成损害的唯一原因，应承担全部责任。在过错责任和过错推定责任范围内，被告能够证明损害完全是由于第三人的过错行为造成的，应免除被告的责任，由第三人对原告承担侵权责任。第三人过错是造成损害的部分原因，应承担部分责任。

第四节　物业管理责任边界问题破解要点

根据物业管理责任边界不清的实际状况和物业管理责任边界问题的形成原因，通过对边界问题梳理提炼和归纳整合可知，要解决责权利乱象，就必须要认真考虑将面对的困难复杂局面。本节聚焦社会关注问题、行业发展焦点问题、业主切身利益问题等，以物业管理为核心，对各相关方进行区分辨识，深入思考研究，对物业管理责任边界问题破解提出相应建议。主要包括建立健全法律法规、建立完善行业标准化体系、明确各相关主体责任、规范合同管理、建立信用管理体系、确定行业协会监管地位、规范物业服务企业行为、建立司法对接机制等十个方面。

一　建立健全法律法规

从物业管理责任边界问题梳理、调研、分析的结果可见，物业管理责任边界的政策、法律法规涉及专业面广、行业多、客户群体复杂、监管主体多；

部分法律法规及政策，条款规定之间交叉较多并有冲突，适用性差，选择难，制定与实施相对滞后，过于简单，不够具体，贯彻执行难；部分法律法规及政策效力较低，法律风险较大。本小节针对这些问题，从维护各相关主体合法权益和促进行业发展的角度，对完善相应法律法规及政策、制度和机制等方面，提出以下建议和设想。

（一）完善《物业管理条例》

物业管理行业发展至今，已发生很大变化，相关法律法规建设滞后，满足不了行业发展需要。物业管理资质、注册物业管理师等废除后，相应法律法规也需要重新修订。

2003年6月8日，国务院令第379号发布，根据2007年8月26日《国务院关于修改〈物业管理条例〉的决定》修订《物业管理条例》，自2007年10月1日起开始施行。《物业管理条例》共7章、70条。2016年3月1日国务院令第666号《国务院关于修改部分行政法规的决定》第三十五条提出删去《物业管理条例》第三十三条、第六十一条。《物业管理条例》虽然有修订和调整，但是，无论是适应市场而发生变化，还是为满足物业管理行业发展迫切需要，《物业管理条例》都已经到了再修订的关头。

《物业管理条例》第二条中所说的"对房屋及配套的设施设备和相关场地进行维修、养护、管理，维护物业管理区域内的环境卫生和相关秩序的活动"，确定了物业管理服务范围。但是，物业管理行业发展至今，业态已经涉及医院、学校、营房、工业园区、养老物业、体育演出场馆等；管理服务专业由传统业务扩展到会议服务、场务管理、票务服务、医疗导引、医疗配送、物流（辖区内）、餐饮等。另外，"维护物业管理区域内的……相关秩序的活动"中的"相关"，描述宏观，内涵、范围不清晰，实际运作中只能是由各相关主体自行协商决定，秩序维护的责任范围自然模糊或无限扩大。

（二）确定各相关方所承担的物业管理责任

《物业管理条例》第五条规定："国务院建设行政主管部门负责全国物业管理活动的监督管理工作。县级以上地方人民政府房地产行政主管部门负责本行政区域内物业管理活动的监督管理工作。"明确了物业管理的政府行政主管部门。但在实际物业管理服务中，以北京市为例，涉及其他监督管理部门有27个之多，《物业管理条例》对这些相关行政部门并未提及。在物业管理服务过程中，物业服务企业与专业经营企业一定会有合作，关于专业经营企业对物业管理服务责权，目前也缺乏相应的明确规定。在立法层面，对监管部门的作用、范围、责任权利等应有明确规定，对专业经营企业的物业管理服务责权利应有明确规定，这是破解物业管理责任边界问题的关键所在。

（三）明确各相关专业所涉及的物业管理责任

《物业管理条例》第四十五条规定："对物业管理区域内违反有关治安、环保、物业装饰装修和使用等方面法律、法规规定的行为，物业服务企业应当制止，并及时向有关行政管理部门报告。"第四十六条规定："物业服务企业应当协助做好物业管理区域内的安全防范工作。发生安全事故时，物业服务企业在采取应急措施的同时，应当及时向有关行政管理部门报告，协助做好救助工作。"第五十一条规定："供水、供电、供气、供热、通信、有线电视等单位，应当依法承担物业管理区域内相关管线和设施设备维修、养护的责任。"上述条款对专业管理服务和专业经营企业做出了相应规定。但是相应条款无论从合理性还是适用性来看，均需进一步调整、修订。

《物业管理条例》第四十五条规定中使用了"制止"一词，但作为没有执法权的物业服务企业，在不违法的情况下，如何去制止？所以应对"制止"等形式的要求规定予以修订。第四十六条规定"协助"做好物业服务区域内的安全防范工作，但物业服务企业如何协助？协助到什么程度？协助过程中应该承担什么责任？对此并没有相应描述，这是矛盾纠纷产生的原因之一。所以，应对物业服务企业协助性工作的范围、方式、责任等予以明确规定。第五十一条规定中使用"责任"一词，但对水、电、气、暖等专业经营企业承担物业管理区域内相关管线和设施设备维修、养护的责任范围是什么，与物业服务企业间的管理责任边界如何划分等，没有具体、详尽、明确的规定，发生矛盾纠纷难以解决，难以确定责任。所以，针对物业服务企业与专业经营企业对设施设备维修养护的责任边界，应设定具体维修项目清单。

（四）制定并完善政府对物业管理行业的支持政策

税收政策方面，目前，在物业管理行业实施的营改增税收政策对物业服务企业存在一定问题，物业服务企业的人员工资费用高，所占比例大，但不是抵扣项，所以行业的增值税抵扣比例相对较低。可以参考保安专业的税收管理办法，在现行操作过程税务采取增值税专票和普票两种形式，专票有定额分配管理规定，导致企业有收入进账但是没有足够的专票开具，直接影响企业运行。建议税务部门结合物业管理行业特点，制定相应的税务管理制度和办法。

扶持政策方面，住房制度改革和城市建设发展过程孕育了物业管理这一新兴行业。法律法规政策，政府监管，企业运行管理，业主对物业管理的认识、理解和支持等方面，都处于初级发展阶段，实际运行中困难重重。例如，物业服务费几年不涨，物业服务企业承担不该承担的责任、代人受过等现象比比皆是，政府层面对行业给予支持，对物业管理行业发展至关重要。可以比照小型微利企业的税务管理办法，设定物业管理行业的税务管理规定；扶持树立典型优秀企业，广泛宣传；对参与民心关注项目管理服务的企业，从市场发展、政策倾斜、资金帮助等方面予以支持。从政府或行业角度制定相应政策，并纳入法律法规体系。

补贴政策方面，极少数地方给予物业服务企业一定的资金补贴，大部分没有相关政策。一般补贴金额不大，更多体现的是社会、政府、市场对物业管理行业的关注和认可，对推动物业管理行业健康发展意义重大。

二 建立完善行业标准化体系

物业管理服务各专业，在实际管理中既相对独立又相互促进，但相互也存在一些干扰，标准化体系的建立和运用是将其融合、串联起来的最佳方案。标准化体系作为物业管理服务质量监控的基准线，规范着行业管理服务行为，是行业管理必须达到的标准。在物业管理活动中，物业管理责任边界问题无处不在。所以，将物业管理责任边界问题融入标准化体系建设中予以辨识和破解、使标准化体系成为物业管理责任边界问题规范化、程序化解决的基本保障非常必要。建立并实施标准化体系是实现物业管理行业自律的有效途径。

一般情况下，技术标准规定划分的是物业管理边界；政策及法律法规更多确定的是物业管理责任边界。目前已经颁布的标准远远不能满足物业管理行业、物业服务企业发展的实际需求。物业管理行业标准化体系建设尚处于初级发展阶段，存在缺乏系统性、覆盖率低、认识程度低、认可程度低、使用率低等问题，急需进一步健全、完善和提高，可以从以下几个角度展开提升。

（一）标准化体系设计角度

物业管理行业标准化体系建立需要全面、整体的顶层设计。地域差异性、专业覆盖性、专业系统性、行业重要问题等方面，均是标准化顶层设计需考虑的要素。国家标准、行业标准、地方标准、团体标准、企业标准是标准化顶层设计，应把科学体系构建作为重要原则。最终，在标准化体系建立原则指导下，拟定行业标准化体系构成因素，绘制行业标准化体系框架结构。

（二）标准化体系构成角度

物业管理行业的标准需要得到补充、完善和修订。比如，物业管理服务规范、各业态的物业管理服务规范、各专业管理服务规范等；物业管理行业责任边界管理规范、物业纠纷调解规范、物业管理行业诚信评估规范等。部分地区尚无物业管理规范，地方标准缺失，制定的企业标准更是寥寥无几。

（三）标准制定立项审批角度

对物业管理行业标准立项审批应当严格把关控制，依据标准化体系建立原则，将申报审批标准限定在标准化体系框架结构范围内；规定标准编撰对专业人员的基本要求和专业要求，并实施相应培训和评估。标准要遵循科学、严谨、客观的原则，围绕既有独立性又存在内在联系的物业管理行业特点进行编制。在标准编制过程中，要避免标准编制的重复、交叉和泛滥；避免标准在实际应用中的相互干扰、互相矛盾；避免标准落后，丧失对行业发展的指导性；避免编制"高大上"，丧失标准的适用性和可操作性等。

（四）标准化培训角度

在物业管理行业建立标准三级培训机制，一级培训由政府或中国物业管理协会负责，主要培养标准推广培训的师资力量；二级培训由政府或省市地方协会负责，主要培训对象为项目、专业及企业负责人；三级培训由物业服务企业负责，主要培训对象为具体管理操作人员。

（五）行业标准化体系运行管理的几个关键环节

标准化体系建立与运行管理在政府行政部门、标准化委员会、中国物业管理协会及地方协会领导下开展，主要包括标准化体系建立，标准实施指导、监管和评估等方面。

标准化体系建立是指拟定标准化体系建立要求，完成物业管理标准化整体设计，确定服务提供与保障涉及的相关标准，满足物业管理活动对标准的需求，包括各专业的管理规范、操作流程、技术规程等。

标准化指导是指结合标准具体内容，编制标准使用管理指南，使用对象为物业服务企业、评估机构、政府相关行政监管部门，内容包括标准解析、使用范围、注意事项等。成立物业管理行业协会标准编制指导小组，由行业专家、社会相关专家、标准编撰人员等组成，负责标准执行的答疑解惑。

标准化监管是指各级协会协助政府行政部门，对物业管理行业标准推广执行实施监督管理，是中国物业管理协会及地方协会对行业自律管理的主要责任之一。各省市地方行业协会在中国物协指导下负责本省市区域的监管职责。监管内容主要包含有标准掌握及执行落实、纠正错误、解决问题、收集信息等。

标准化评估是指中国物业管理协会及地方协会负责组织实施标准化考核评估活动，使优秀的企业变得更好，为积极向上的企业树立榜样。比如"达标企业"或"达标项目"评审，考评周期为一年，采用省市资格预审推荐制，中国物业管理协会及地方协会初评筛选，专家评审组终评确定组织形式。组建评审专家机构，由行业专家和社会专家组成，可以采用时限检查考评与动态抽查考评相结合评审方式，由中国物业管理协会统一组织领导。

三 明确各相关方责任

物业管理责任边界问题主要涉及所有权人的责任、政府监管方的责任、物业服务企业的责任、专业经营企业的责任。在各相关主体责任确定方面，现有的法律法规及政策相对宏观、概括，具体实施时难以把握，难以管理操作。

（一）所有权人责任

虽然《民法典》物权编对建筑物区分所有权做了较为清晰的界定，并有《最高人民法院关于审理建筑物区分所有权纠纷案件具体应用法律若干问题的解释》作为司法判案补充，但并不能满足实施运行管理需求，尚需进一步完善。

明确物业管理项目共有部分、专有部分的产权界定，完善物业管理法律体系，如同一墙面、同一屋顶户外部分的共用部分与户内部分的专有部分权属边界界定；消防设施、供电线路、供水管线等共用设备与专有设备的权属边界、分界点；会所、锅炉房、停车场的权属确定等，理顺物业管理领域的权属关系，减少业主与建设单位、物业服务企业之间的矛盾纠纷。

建立住宅小区有部分、专有部分权属注册登记管理制度，拟定房屋及设施设备权属清册，列出全部科目所有权归属，并将权属清单作为《房屋所有权证》附件，交付房屋所有权人。

（二）政府监管责任

政府行政部门在物业管理行业发展中主要负监督管理指导责任。所以，明晰政府监管责任边界，直接关系行业监管的成效和行业未来发展方向。

确定政府各相关行政部门在物业管理活动中的作用，明确政府各相关行政部门的角色定位，并将其纳入法律法规及政策体系，可以明确各相关方的权责。

应明晰政府各相关行政部门在物业管理活动中的责任权利范围、内容，针对物业管理涉及的政府行政监管部门多、各分管行政监管部门之间责权不清晰等方面问题，应制定相关的法律法规，明确物业管理各分管行政监管部门之间的责权利。当在某一监管领域，同时有数个监管主体进行监管时，要注意这些部门之间的协调。如果这些监管部门之间行使责权有主次之分，那么应该由主监管部门承担主要的监管职责，其他监管部门在职责范围之内配合主监管部门行使监管责权。如果法律法规并没有监管责权主次的划分，那么监管主体之间应该进行有效的磋商和协调，避免出现过度监管或者监管真空，避免部门间的责权之争。

建议制定《物业管理行业监督管理规范》，明确划定住建、质监、公安、街道等各行政监管主体的责任权利范围、内容和措施，归纳、整合、修订各相关行政监管部门对物业管理行业的规定要求，形成统一的物业管理行业监督检查管理规范，使物业管理服务的提供与政府各相关行政部门的监督检查在同一维度内实施开展，保障物业管理服务质量，提升监督管理检查实效。

（三）物业服务企业责任

物业管理服务涉及业务范围广、管理机构多、业主群体复杂，属于综合服务范畴，是我国经济高速发展的产物，自诞生之日起就在快速发展的各行业夹缝中生存成长，其他行业遇到的、没遇到的困难，在物业管理行业发展中都存在。所以，物业管理责任边界问题已成为物业管理行业发展的瓶颈，划分确定难度大，需要逐项、逐步克服解决。

建议在现有规定的物业管理服务范围权责基础之上，细化管理服务各专业科目并明确权责，制定物业管理服务责任细目清单，内容可以包括客户服务、房屋及设施设备维修养护、秩序维护、环境卫生清洁、绿化养护等，并将其纳入法律法规和政策体系。这样做有利于物业服务企业规范管理服务行为，使业主正确认识物业管理服务的性价比，有助于政府公平、公正评价物业管理行业的社会作用，减少各相关主体之间矛盾纠纷，为各相关主体提供矛盾纠纷解决依据。

建议确定物业管理服务、有偿服务和无偿服务的范围，分清哪些是物业管理本业、哪些是多种经营业务、哪些是公益性业务，物业管理服务活动是企业必须要履行合同做好的，有偿服务和无偿服务则要视能力而定，以纠正物业管理服务"上管天，下管地，中间管空气"的错误认知，使各相关方能够正确认识和对待物业管理服务。

（四）专业经营企业责任

专业经营企业包含有水、电、气、暖、特种设备等专业，与物业管理活动紧密相连，主要涉及房屋及设施设备维修养护管理，大部分末端设施设备维修养护由物业服务企业负责承担，即物业服务企业要面对不同专业、不同标准，甚至是相互矛盾的标准，同时，即使具有标准、责权清晰，处于弱势地位的物业服务企业也难执行落实。

从物业管理的角度，围绕房屋及设施设备维护管理需求特点和要求，归纳、整合、借鉴、修订、提炼各行业、各专业与物业管理有关的标准，制定《房屋及设施设备维修养护管理规范》，并将其纳入法律法规政策体系，可填补物业管理服务行业缺失房屋及设施设备维修养护管理标准的空白，从根本上明晰物业服务行业与专业经营企业间有关房屋及设施设备维护的责任范围，从而改变及提升物业管理行业的技术地位。

四　规范合同管理

物业服务企业运行中涉及的合同种类比较多，对外有与业主、专业经营企业、专项委托企业、物料供应商等签订合同，对内有与员工签订的劳动合同和劳务协议。在实际管理运作中，合同签订与管理存在一些问题，往往流于形式，构成风险隐患，不能满足合同规范管理的要求。例如，物业服务合同中，物业服务企业是乙方，在责权、权利、义务划分方面处于弱势地位，很难实现公平；劳动合同中，物业服务企业是甲方，员工处于弱势地位，承担的风险较大。

（一）合同示范文本

建设部印发《前期物业服务合同》（示范文本），对规范前期物业管理服务活动起到一定作用，但也存在不足，如物业管理责任边界问题相对宏观，执行落实难等。同时，其他诸多责任、权利和义务等事项由合同双方自行拟定，存在责任、权利和义务规定的合理性、时效性、约束力存在问题等法律风险，仅凭企业自身，大部分物业服务企业没有能力解决。建议在政府、行业层面编制各专业合同样本，规范合同内容、清晰双方责权利等，为企业提供合同拟定的参考依据，并将其纳入法律法规或标准体系。

（二）合同中的责任、权利和义务

合同中的责权利是关键内容，对界定物业管理责任边界尤为重要。将物业管理服务责任细目清单以附件形式纳入合同，纳入法律法规体系或标准化体系，可以使物业服务企业履行合同变为现实，使政府相关行政监管部门的监督检查有据可依，使业主能够公平、公正、客观地评价物业服务活动。

（三）合同履行监管

物业服务合同履行状况主要是由合同相关方实施监督管理。当合同履行发生争议纠纷时，政府、市场才会出面参与解决。在新兴的物业管理行业中，诸多客观因素导致合同纠纷较多，仅仅依靠"发现问题、解决问题"的方式不适合助力行业发展，需建立合同履行过程的监管机制，对合同履行过程实施动态监督管理。监管实施主体可为行业协会、第三方机构、政府相关机构等。

五　建立信用管理体系

目前，物业管理行业的服务质量和管理水平偏低，一直是制约行业公信力提升的主要瓶颈之一。同时，物业管理涉及政府部门、建设单位、业主、专业经营企业、物业服务企业等多方主体，权利义务关系十分复杂，责任交织，边界模糊，成为矛盾和纠纷的多发领域。诚信建设保障物业管理各相关方责任承担的均衡性和公平性，避免弱势群体利益受到侵害。信用管理体系是物业管理行业、专业经营企业、业主自律的体现，是物业管理行业优胜劣汰剔除信用不良企业、约束违规业主的有效措施，是政府规范市场、引导市场、监管市场的基础，是社会信用体系建设的重要组成部分。所以，加强物业管理各相关方信用体系建设与管理，才能实现物业管理行业规范化、高质量、可持续发展，对提升物业管理行业公信力具有重要意义。

（一）物业服务企业信用管理

一些省、市先后开展了物业服务企业信用评价、信用档案建设等工作。虽然存在形式与内容、执行落实与评估、持续改进与提高等方面的问题，但是对物业管理行业的信用体系建设起到了一定的积极推动作用。目前，在物业管理行业范围内，还没有统一、科学、规范、权威的信用管理体系，在法律法规体系中也没有相应完整内容。所以，在物业服务企业资质管理制度和注册物业管理师制度等废除的背景下，在国家立法层面建立物业管理信用管理体系是行业规范发展的必要条件，是物业管理行业自律的基础保障。

（二）业主及物业使用人信用管理

实际物业管理中，业主及物业使用人信用管理处于缺失状态。对无理由拒缴物业费、损坏公物、擅自使用物业、擅自改造物业、不承担使用物业义务和责任等业主及物业使用人违约违规行为，相关处理达不到警示作用，业主及物业使用人的违约、违规成本很低。应建立信用黑红名单管理机制，与高消费、购房、金融贷款及乘机、出行等方面挂钩，增加违约违规成本。

六　加强对业主的法律约束力

物业管理实践中，对业主及物业使用人的相关规定很少，更多集中于业主大会和业主委员会方面，对业主大会和业主委员会建立组织形式、条件、要求等方面内容的规定相对完善；对业主及物业使用人的具体责任、权利、义务等方面内容规定相对空泛。使业主及物业使用人尽其应尽的义务，承担其应承担的责任，合理地享受权利，直接关系物业管理的规范化发展。

（一）管理规约

管理规约对业主及物业使用人使用物业的权利义务具有最直接约束效力，是物业管理保障的基础和准则，是物业服务企业与业主矛盾纠纷解决的重要依据和有效的办法，包括共有部分使用规定、设施设备及附属设施使用规定、应急处理规定、室内装饰装修管理规定、迁入搬出管理规定等。但是，关于管理规约的法律地位并没有明确规定，在现实物业管理服务中，既得不到物业服务企业的重视，也得不到业主的严格遵守，难以发挥效力。

应明确规定管理规约是由业主共同承诺的、对全体业主都具有约束力的、规范相关业主在其物业服务区域内活动的共同行为守则，是全体业主自治规则。应将管理规约纳入物业管理法律法规体系之中，明确赋予其法律地位，增强其法律约束力。

（二）业主委员会监督管理

大部分地区通过相关法律法规，将对业主委员会的监督管理权赋予街道。对业主委员会实施监督管理，首先应该考虑的是建立业主委员会监督管理机制，随后需要在组织机构、专业能力、管理形式等方面着力改变，形成"街道+业主+物业服务企业"管理模式。政府行政主管部门既对街道负有工作指导责任，又是物业管理行业行政主管单位。当聚焦于业主委员会时，需厘清政府行政主管部门、街道、业主委员会和物业服务企业之间的关系，避免多头管理导致管理混乱和职责不清等问题。

七 加大政府行政部门监管力度

在"放管服"改革背景下，对物业管理行业而言，直接结果就是物业服务企业资质管理制度和注册物业管理师制度的废除，政府原来以事前监管为主的监管形式，转变为对物业管理服务过程的事中监管。政府各相关行政部门对物业管理行业的管理服务过程如何监管，直接关系行业的未来发展。

（一）建立主责管理机制

建立以主管行政监管部门为主体，其他行政监管部门协助对物业管理行业实施监督管理机制。房地产行政监管部门对物业管理行业相对了解、熟悉，与物业服务企业接触密切，能够从实际出发解决处理问题，对行业发展的积极作用毋庸置疑，自然是监管主体，而园林、质监、环保、卫生、公安、街道等部门提供协助。虽然部分地方政府的监管模式与此相似。但是在实际管理中受诸多客观因素影响，主管行政监管部门更多是在其他行政监管部门与物业管理行业之间充当缓冲、传达等作用，很难发挥其应有的作用。

鉴于此，应扩大主管行政监管部门对物业管理行业的监管范围，明确监管责权，合并部分相关机构，增强监管力量，赋予其更多的监管责权，直接面对物业管理行业实施监管，处理问题，解决矛盾。减少其他行政监管部门的监管范围，对涉及的专业提要求、定标准，具体执行通过主管行政监管部门实现。将主管和其他监管行政部门的责权等规定纳入法律法规体系，提高政府对物业管理行业的监管效率，解决物业管理行业面对多头管理，谁的要求都得服从，不管对不对，避免行政监管部门"谁都管，谁都不管""想管管不了，不管还得管，管不了还添乱"等乱象。

（二）采用联席会议制度

联席会议是由上级部门统筹领导、定期组织召开，以物业管理行业问题为会议主题，以房地产行政监管部门为主体，其他涉及物业管理的行政监管部门均可以参加，讨论解决物业管理行业发展过程中存在的问题。确定联席会议规程、会议议程、参加者权限范围等，通过联席会议相互通报物业管理情况，沟通信息，消除认识分歧，形成部门合力，解决突出问题。必要时应由行政执法机关、人民检察院、人民法院共同参加，逐步完善物业管理纠纷的处理机制。对个案和难题，各相关行政监管部门现场集中协调、处理、解决，谁的责任谁负责。针对具体案例，及时理顺、划清物业管理行业责任边界，最后形成规定并纳入法律法规体系。

八　确定行业协会监管地位

物业管理行业发展至今，特别是在政府对物业管理行业缺乏关注，法律法规不健全，业主不了解、不认可、不支持的状况下，中国物业管理协会以及地方行业协会发挥着巨大作用，物业管理行业的发展也越来越离不开行业协会。2020年12月25日，住建部发布《关于加强和改进住宅物业管理工作的通知》，在提升物业服务质量方面指出："发挥物业行业协会作用，编制物业服务标准，规范从业人员行为。支持物业服务企业兼并重组，推动物业服务规模化、品牌化经营，提升整体服务水平。""业必归会"对目前物业管理行业发展具有一定积极推动作用，有必要提倡；物业管理行业自律必然是中国物业管理协会的核心工作之一，对如何正面开展、如何持续有效实施，需认真思考和策划。

相对物业服务企业，中国物业管理协会及地方协会是行业代言人、监管人，在行业发展中起着重要作用，主要体现在引导行业发展方向、制定行业规范标准、协调解决行业矛盾纠纷、约束规范企业行为、培养行业专业人才、诚信自律监管、塑造行业形象、提升行业影响力、承担社会责任等方面。中国物业管理协会及地方协会是政府监管物业管理行业的左膀右臂，更了解物业管理行业发展过程中存在的症结，能够结合实际发现物业管理行业问题并从根本上解决问题，所发现问题具有行业代表性，解决处理问题具有专业权威性。所以，中国物业管理协会及地方协会是政府监管物业管理行业的有力助手，在物业管理行业监管中扮演着重要角色，具有不可替代的作用。

因此，在立法层面，确定中国物业管理协会及地方协会在协助政府监督管理物业管理行业方面的地位，明确协助监管范围、监管内容和监管责任，明确其有权利和义务参加政府联席会议等，对保障政府相关行政监管部门的监管成效尤为重要。

九　规范物业服务企业行为

物业服务企业运行管理水平差异很大，地域方面有南北之分，原物业管理资质方面有一、二、三级之分（原物业服务企业资质管理办法），运营管理方面有上市和没上市之分。但是，共性是在物业管理责任边界问题的认知、执行等方面都相对较弱，这是物业服务企业与业主间大部分矛盾纠纷产生的主要原因之一，需要整体综合提高。

（一）物业服务企业自身存在的问题

对物业管理责任边界认识模糊，对物业管理责任边界问题认识不清，是物业服务企业存在的普遍问题，该承担和不该承担的责任在实际管理中全部承担，比如，业主的亲情活动、入户维修、快递配送、代替或接受委托对专业经营企业应该负责的设施设备进行维修养护、受命开展实施的物业管理范畴外的相应工作等，相关风险随时伴随在物业服务企业身边。政府、行业协会、企业应采取多种方式宣传、普及风险管理防范意识，认清物业管理责任边界模糊等给物业服务企业运行管理和未来发展所带来的危害。

（二）物业管理经营范围无限扩大

为壮大企业规模、实现集团经营模式、成为上市企业，或迫于服务费低、收缴难等压力，诸多物业服务企业采用多种经营、跨界经营等方式谋求生存与发展。带来的直接问题就是管理风险、责任风险积累。无论是经营管理模式还是经营方向和种类，物业服务企业均应慎重抉择，对此，中国物业管理协会及地方协会应建立扶持帮助管理机制，定期地予以相应的引导和建议。

（三）物业服务企业惯性管理

在物业管理过程中，很多管理惯例或习惯给物业服务企业运行带来责任风险，影响物业管理行业形象和发展。比如，获取管理委托权或保证合同续签，无原则答应业主要求，以非法手段恶性竞争，以低价或超低价抢占市场；为谋求利润，牺牲员工的利益，侵占业主的利益；为提升业主的满意度，自我保护意识淡薄，不依法理，不会说"不"。政府、行业协会应采取各种方式表彰优秀企业，树立新风，杜绝缺失道德的运行管理惯例，并将相应约定纳入法律法规体系。

（四）物业服务企业规范化管理

服务意识差、服务质量不高、服务费偏低、技术手段落后、过度追求利润最大化等因素，使物业服务企业陷于恶性循环发展中，其中，管理服务质量往往成为引发矛盾的导火索。无论是为提高管理服务质量还是规避责任风险，均应从企业运行管理的规范化切入。管理操作手册是物业服务企业标准化体系的重要组成部分，包括设施设备维修养护、客户服务、秩序维护、保洁绿化等专业部分内容和人力资源、行政管理、财务管理等职能部分内容，又可以分为管理和操作两个方面。应结合委托管理合同及企业自身情况等，在管理手册中对管理服务范围、标准，流程予以详细规定，将责任风险细化分解并融入各专业管理操作环节中，转化成日常管理服务的规定性动作和惯例也十分必要，从而在管理、操作层面，从根本上解决问题。物业服务企业运行管理规范化能否实现，政府、协会是关键影响因素，涉及法律法规体系建设、政策规定及导向、监管形式及措施等方面内容。

十　建立司法对接机制

法律法规完善滞后于物业管理行业发展，这是普遍存在的现象。物业管理行业处于快速发展阶段，政府、业主、各行业对物业管理行业认知还不完善，在解决问题过程中不断遇到新问题是物业管理行业发展的常态。物业管理服务与社区的和谐建设紧密相关，目前，解决社区矛盾纠纷的渠道相对单一，基层人民法院不堪重负，由政府主导，物业管理行业与司法机关、人民调解、行政调解组织建立司法对接机制，将是缓解社区矛盾纠纷的一个新渠道。例如，邻里纠纷、物业费拖欠、共用部位占用、停车纠纷、室内装饰装修纠纷、租赁纠纷及物业服务合同履行等方面问题，都会因新机制建立而受益。

建立物业管理行业司法对接机制，可以促进司法机构直接收集物业管理行业信息，提高其物业管理专业知识水平，使其了解物业管理行业突出、疑难和民生问题，并能够向物业管理行业及时反馈和更新司法有关物业管理活动裁决的较为突出的问题。同时，此举可以促进物业管理行业及时了解相关法律法规、司法判决、司法关注等问题，普及司法知识，促进行业对物业管理行业遇到的新情况和新问题进行深入分析和研究。以北京市为例，北京物业管理行业协会成立了物业纠纷人民调解委员会，该委员会被北京市司法局定位为行业性人民调解组织，在物业管理矛盾纠纷解决中的作用逐渐凸显。在司法对接机制中，行业性人民调解组织将有机连接司法与物业管理行业，发挥桥梁性作用。

第十二章　物业管理责任边界的划定与物业管理的责任

依据物业管理责任边界划定原则、思路和方法，对于物业管理责任边界，应从物业管理界限和物业管理责任界限两个方面对进行划定。物业管理界限划定，主要与物业管理项目的实际管理状态、管理习惯、管理效率等因素相关；物业管理责任界限主要是在物业管理界限划定基础上予以划定，多涉及物业管理相关政策、法律法规及标准等内容。本章包括两部分内容一是拟定物业管理边界和物业管理责任边界，就物业管理责任边界划定问题抛砖引玉，以供物业管理各相关方参考借鉴；二是归纳已确定的物业服务企业需承担的责任，以供物业管理相关方了解和掌握现行的责任要求。

第一节　物业管理责任边界的划定

对物业管理范围，《民法典》《物业管理条例》中有宏观性描述。但在物业管理具体事项的管理操作界限方面，则缺少相关政策、法律法规及标准。本节将依据物业管理边界的具体划定原则、思路和方法，对单元建筑、单体建筑、建筑区划内、居住区、共有部分与专有部分、专业经营企业等方面涉及的物业管理责任边界相关具体事项进行分解，然后，对具体分解项的边界进行划定，最后，确定具体分解项各相关方之间的边界及各相关方应承担的管理责任。

一　单元建筑物业管理责任边界划定

单元建筑物业管理责任边界划定，参见表12-1。

表12-1　单元建筑物业管理责任边界划定清单

区域	权属关系	专业	权属边界及依据			管理边界及依据		
			专有权与共有权边界	权属分界说明	依据	责任边界	分界说明	依据
单元建筑	单元建筑内共有部分与专有部分	居用房屋	共用墙体水平投影的一半，非共用墙体水平投影的全部	专有部分周边共用墙体水平投影的中心线，非共用墙体水平投影的全部，包括室内隔墙、隔墙，结构室内专有部分，属于专有部分	1.《商品房销售面积计算及公用建筑面积分摊规则》（试行）第八条、第九条；2.《民法典》第二百七十一条；3.《北京市商品房销售面积计算及公用建筑面积计算暂行规定》第五、六、七、八条；4.《住宅专项维修资金管理办法》第三条；5.《最高人民法院关于审理建筑物区分所有权纠纷案件具体应用法律的解释》第二条、第三条	外墙内面（包括室内承重结构）	共有部分所有共用设施本体，所有建筑结构墙体，共有非结构墙，部分非其他使用区域及非共有部分或共有部分均为共有设施，业主管理或委托物业主管理	1.《最高人民法院关于审理建筑物区分所有权纠纷案件具体应用法律的解释》第三条；2.《民法典》第二百七十二条
		露台	专属于特定房屋的露台为专有	专属于特定房屋的露台，按其特定房屋专有，否则属于共有		外墙内面（包括露台防水）		
		专有门窗	专有部分门窗及附件本体	专有部分门窗及附件本体专有		专有户门窗及附件外表面		
		入口单元门及过道、楼梯及扶手、电梯前室	入口单元门外边线、过道及电梯前室两侧边共用墙水平投影的一半，过道内共用墙水平投影的全部	入口单元门本体，过道及电梯前室两侧边共用墙水平投影的一半，过道内共用墙全部，非共用墙水平投影属于本单元楼共有部分		结构墙体全部，区域内所有非结构墙全部		
		走道门窗	走道门窗及附件本体	走道门窗及附件专有，属于走道区域共有，为本楼共有设施		走道门窗及附件本体		
		防火门	防火门及其附件本体	防火门及其附件本体		防火门及其附件本体		

续表

区域内	权属关系	权属边界及依据				管理边界及依据		
		专业	专有权与共有权边界	权属分界说明	依据	责任边界	分界说明	依据
单元建筑	单元建筑内共有部分与专有部分	建筑　电梯井、电梯	共用墙体水平投影的一半、非共用墙体水平投影的全部	电梯井四周与其他共用墙体水平投影的中心线为界，电梯机房四周围墙体的外边线以内，电梯机房、电梯门属于本体专有。为本楼共有		共用墙体及非共用墙体的全部		
		管井	共用墙体水平投影的一半、非共用墙体水平投影的全部	管井四周与其他共用墙体水平投影的中心线为界，管井四周围墙体的外边线以内，管井门属于本体专有。		共用墙体及非共用墙体的全部		
		信报箱	信报箱本体	专有信报箱本体专用，共用信报箱本体楼本体共有		专有信报箱附着物，共用信报箱本体		
		给水　生活供水	一户一表、水表前阀门进水端	表前阀门接共用供水干管，每户水经供水经营企业投资，产权归供水经营企业，阀门及后设施按排他人使用设施专有	《最高人民法院关于审理建筑物区分所有权纠纷案件若干具体应用法律问题的解释》第二条	一户一表、水表前阀门进水端	表前阀门接共用供水干管，户水表供水经营企业投资，由供水经营企业维护管理，阀门及后设施按排他人使用的使用专有，由专有者维护管理	《最高人民法院关于审理建筑物区分所有权纠纷案件若干具体应用法律问题的解释》第二条

续表

区域内	权属关系	专业	权属边界及依据			管理边界及依据		
			专有权与共有权边界	权属分界说明	依据	责任边界	分界说明	依据
单元建筑	单元建筑内共有部分与专有部分	消火栓等灭火系统设施	消防栓及灭火系统设施	单元建筑内消火栓、灭火系统设施应全部业主共有	《住宅专项维修资金管理办法》第三条	全部消火栓等灭火系统设施	建筑物内对消火栓等消防设施，全体业主共有，应由全体业主主管理或委托管理	《北京市物业管理条例》第二十六条
		供电	层表箱内接户内供电配线接线端子	层表箱内接户内供电配线接线端子	《供电营业规则》第四十七条	户配电箱电闸上口压线端子	户配电箱电闸上口压线端子，其中缴费电表属供电经营企业	《供电营业规则》第十七条、第四十七条
		弱电 强电	楼道、走廊公共照明系统 消防烟感、报警系统 安全指示及疏散照明系统 共有部分监控系统设施	楼道及走廊公共照明、消防烟感、安全指示及疏散照明系统、报警设施、共有部分监控系统设施等本体	单元建筑内设施全部业主共有	1.《住宅专项维修资金管理办法》第三条；2.《最高人民法院关于审理建筑物区分所有权纠纷案件具体应用法律若干问题的解释》第三条	楼道及走廊公共照明、消防烟感、安全指示及疏散照明系统、报警设施及疏散、共有部分监控系统设施等全部	单元建筑内楼道及走廊公共照明、走廊烟感、防烟感、报警设施、安全指示及疏散照明系统、共有部分监控系统设施等全部为业主共有，应由全体业主主管理或委托管理	1.《北京市物业管理条例》第二十六条；2.《最高人民法院关于审理建筑物区分所有权纠纷案件具体应用法律若干问题的解释》第二条、第三条；3.《住宅专项维修资金管理办法》第三条
		门禁系统	室内对讲电话（可视）本体	室内对讲电话（可视），在不影响单元门禁系统正常运行的案件下，视为专有		室内对讲电话（可视）全部，在不影响单元门禁系统正常运行的案件下，视为专有部位；其他全部部位业主共有		

续表

区域	权属关系	专业	权属边界及依据			管理边界及依据		
			专有权与共有权边界	权属分界说明	依据	责任边界	分界说明	依据
单元建筑	单元建筑内共有部分与专有部分	强电弱电	专有部分监控系统设施	专有部分监控系统本体	专有部分监控系统设施、专有投资，利用上独立，为业主专有	《最高人民法院关于审理建筑物区分所有权纠纷案件具体应用法律若干问题的解释》第二条	专有部分监控系统本体	专有部分监控系统利用独立，业主专有，由业主自行管理或委托管理	最高人民法院关于审理建筑物区分所有权纠纷案件具体应用法律若干问题的解释》第二条
		燃气	室内燃气表下口（含）至室外设施；室内燃气表下口（不含）	室内用户燃气表下口（含）至室外设施业主共有，室内燃气表下口（不含）业主专有	《城镇燃气管理条例》第十九条	室内燃气表下口（含）至室外设施，为业主共有，室内燃气表下口（不含）业主专有	共有部分由燃气经营企业承担维护责任；专有部分由业主自行管理或委托管理维护管理	《城镇燃气管理条例》第十九条
		供热	入户计量表或入户供回水阀门用户端	竖井分户供热采暖计量表下口进户用户端，上口业主共有，下口至户内为业主专有	《最高人民法院关于审理建筑物区分所有权纠纷案件具体应用法律若干问题的解释》第二条	入户计量表或入户供回水阀门用户端	竖井分户供热采暖计量表下口供回水进户用户端，上口为业主有，由供热经营企业维护管理，下口至户内为业主专有，由业主自行维护管理或委托管理	
		排水	接立管的横管进户末端	室内排水管连接共用管道的连接处。（含）前为使用者共有，连接处至室内为用户内有	《最高人民法院关于审理建筑物区分所有权纠纷案件具体应用法律若干问题的解释》第二条	接立管的横管进户末端	共用管道连接使用者共有（含）前为使用者同管理或委托维护管理，连接处至室内为用户专有，由业主自行维护管理或委托维护管理	1.《最高人民法院关于审理建筑物区分所有权纠纷案件具体应用法律若干问题的解释》第二条；2.《物业服务收费管理办法》第十七条；3.行业约定

续表

区域内	权属关系	专业	权属边界及依据			管理边界及依据		
			专有权与共有权边界	权属分界说明	依据	责任边界	分界说明	依据
单元建筑	单元建筑内共有部分与专有部分	污水	接立管的横管进户末端	室内排水管连接共用管道的连接处（含）前为使用者共有，连接处至室内为用户专有。		接立管的横管进户末端		
		有线电视	户外有线电视分支器出线端	户外有线电视系统分支器出线端上口含分支器为业主共有，分支器下口至用户使用端业主专有		除电视户外所有设施	户外有线电视分支器上口为业主共有，由有线电视经营企业维护管理，下口至户内为业主专有，由业主自行维护管理	
		互联网	入户路由器WAN口	入户路由器WAN口，上口业主共有，下口至用户使用端业主专有	行业约定俗成、《民法典》专有部分	除电脑外所有设施	除电脑外所有设施由互联网经营企业维护管理	行业约定俗成、《民法典》专有部分
		保洁	单元共有部分、外墙外立面	共有部分包括单元内共有部分和外墙外立面	《最高人民法院关于审理建筑物区分所有权纠纷案件具体应用法律若干问题的解释》第二条	单元共有部分、外墙外立面	单元楼内共有部分卫生由本单元业主共同负责；外墙外立面由全体业主同负责	
		秩序维护	单元建筑内共有部分	单元建筑内共有部分秩序维护		单元建筑内共有部分	单元建筑内共有部分秩序维护，由全体业主共同管理或委托管理	《北京市商品房销售面积计算及公用建筑面积分摊暂行规定》第六条

二　单体建筑物业管理责任边界划定

单体建筑物业管理责任边界划定，参见表 12-2。

表 12-2　单体建筑物业管理责任边界划定清单

区域	权属关系	专业	物业边界及依据			管理边界及理论依据		
---	---	---	边界	边界说明	依据	责任边界	分界说明	依据
单体建筑	单体建筑内共有部分与专有部分	单元建筑	不可通过同一公用楼梯及同一安全出口疏散的套内住宅单元隔墙中心	单元隔墙为共有墙体，共有墙水平投影的中心线为单元分界	《住宅建筑规范》GB 50368-2005 术语 2.0.3	单元隔墙为共有墙体，共有墙水平投影的中心线为单元分界	单元隔墙为业主共有，业主共同维护管理或委托管理	《住宅建筑规范》GB 50368-2005 术语 2.0.3
		物业管理用房	专有部分周边共用墙体水平投影的中心线，非共用墙体水平投影的全部，包括室内隔墙、结构等部分，属于专有部分		《商品房销售面积计算及公用建筑面积分摊规则（试行）》第八条	墙体水平投影的一半，非共用墙体水平投影的全部	为业主共有，业主共同维护或委托管理	《北京市商品房销售面积计算及公用建筑面积分摊暂行规定》第五条、第六条
		文体活动用房						
	建筑	社区服务及社区居委会用房						
		水、电、消防等设备用房						
		非人防地下室						

续表

区域	权属关系	专业	物理边界及依据			责任边界	管理边界及理论依据	
			边界	边界说明	依据	责任边界	分界说明	依据
单体建筑	单体建筑内共有部分与专有部分	建筑 地下人防工程	人防工程的结构建筑及附属设施本体	属于人防工程的结构建筑整体，墙体结构外墙本体、人防密闭门、人防区域设施等。人防工程不属于业主共有	1.《商品房销售面积计算及公用建筑面积分摊规则》（试行）第九条；2.《北京市商品房销售面积计算及公用建筑面积分摊暂行规定》第五条、第七条	人防工程的结构建筑及附属设施、墙体结构外墙本体、人防密闭门、人防区域设施等	属于人防工程的结构建筑及附属设施、墙体、人防密闭门整体，人防区域设施本体、人防密闭门、人防区域设施等。人防工程维修责任主体为投资使用者，监督主体为区县人民防空主管部门	1.《北京人民防空条例》第十五条；2.《北京市人民防空工程和普通地下室安全使用管理规范》第十三条
		给水 生活用水	本建筑外墙皮1.5米	采暖、给排水管道：室内外均以建筑物外墙皮1.5米为界	《安装工程中给排水、采暖、燃气工程》第一部分	室外进入本建筑各单元的供水端	进入本建筑内各单元供水阀门出水端总为分界，业主共有，为本建筑业主同期协调管理	《最高人民法院关于审理建筑物区分所有权纠纷案件具体应用法律若干问题的解释》第二条
		消火栓等灭火器系统设施	消防设施及灭火系统本体	楼内建筑内消火栓、灭火系统设施业主共有	《住宅专项维修资金管理办法》第三条	建筑内全部消火栓等灭火系统设施	建筑物内的消火栓等消防设施业主共有，由业主共同管理委托管理	《北京市物业管理条例》第二十六条
		供电	进入楼内单元的供电开关接线端子	进入楼内单元的供电开关接线端子为界。楼外关属供电经营企业，楼内属本楼业主专有	《供电营业规则》第四十七条	进入楼内单元的供电开关出线端子	进入楼内单元的供电开关接线端子为界。楼外关属经营管理，楼内属本楼业主共有，业主共同维护管理或委托管理	《供电营业规则》第四十七条

续表

区域	权属关系	专业	物理边界及依据			管理边界及理论依据		
			边界	边界说明	依据	责任边界	分界说明	依据
单体建筑	单体建筑共有部分与专有部分	燃气	地下引入室内的管道以室内第一个阀门为界；地上引入室内的管道以建筑物外墙皮三通为界	采暖、给排水管道：室内外均以建筑物外墙皮1.5米为界。燃气管道：地下引入室内的管道以室内第一个阀门为界；地上引入室内的管道以建筑物室内的管道已墙外三通为界	《安装工程中给排水、采暖、燃气工程》第一部分	室外进入楼内单元的引入口阀门进户端	室外进入楼内单元门的引入口阀门进户端，燃气经营企业维护管理	《最高人民法院关于审理建筑物区分所有权纠纷案件具体应用法律若干问题的解释》第二条
		供热	采暖管道，室内外均以建筑物外墙皮1.5米为界			室外进入楼内单元的采暖井内引入口阀门接户端	室外进入楼内单元引入口的采暖井内引入口阀门接户端，供暖门接户端经营企业维护管理	
		排水	排水管道，室内外均以建筑物外墙皮1.5米为界			室外接排水井内引出口末端	室外给水井内引出口末端，业主负责维护管理或委托管理	
		污水	排水管道，室内外均以建筑物外墙皮1.6米为界			室外接污水井内引出口末端	室外截污水井内引出口末端，业主负责维护管理或委托管理	
	单体建筑室内共有部分与专有部分	房屋建筑 临街商铺	套内共用墙体水平投影的一半，非共用墙体水平投影的全部	专有部分周边共用墙体水平投影的中心线，非共用墙体水平投影的全部，包括室内隔墙、结构墙，属于专有部分	《商品房销售面积计算及公用建筑面积分摊规则》（试行）第七条	套内共用墙体及非共用墙体内表面	共有部分所有共用设施本体，所有共有建筑结构非结构墙体，共有部分非结构墙及非套内结他使用区域及非共用部分均为共有部分或委托管理	《民法典》第二百七十一条、第二百七十二条

续表

区域	权属关系	专业	物理边界及依据			管理边界及理论依据		
			边界	边界说明	依据	责任边界	分界说明	依据
单体建筑	单体建筑内共有部分与专有部分	临街房 室外环境卫生	临街一侧房基线（有护栏或者围墙的，从护栏或者围墙起算）至便道牙；无便道的，至便道中心线；无便道路中心线的，从本单位邻近四周房基线起算（有护栏或者围墙的，从护栏或者围墙起算）	临街一侧房基线至便道牙；无便道的，至便道中心线；无便道路中心线的地面、绿地	《最高人民法院关于审理建筑物区分所有权纠纷案件具体应用法律若干问题的解释》第二条	临街一侧房基线（有护栏或者围墙的，从护栏或者围墙起算）至便道牙；无便道的，至便道中心线；无便道路中心线的，从本单位邻近四周房基线起算（有护栏或者围墙的，从护栏或者围墙起算）	临街一侧房基线至便道牙；无便道的，至便道中心线的，至道路中心线，环卫经营企业维护管理	《按最高人民法院关于审理建筑物区分所有权纠纷案件具体应用法律若干问题的解释》第二条
		外立面 空调室外机	空调室外机及附属支架本体	空调室外机、空调室外机支架本体，为所有人专有	《最高人民法院关于审理建筑物区分所有权纠纷案件具体应用法律若干问题的解释》第二条、第四条	空调室外机及附属支架本体	空调室外机、空调室外机支架，所有人负责维护管理或委托管理	1.《民法典》第二百七十二条、第二百七十三条；2.《北京市户外广告设施管理办法》第十五条；3.《最高人民法院关于审理建筑物区分所有权纠纷案件具体应用法律若干问题的解释》第四条
		外立面 广告牌、霓虹灯	广告牌、霓虹灯及附属支架本体	室外广告牌、霓虹灯及其附属支架本体，为所有人独有		广告牌、霓虹灯附属支架本体	室外广告牌、霓虹灯及其外机支架，所有人负责委托管理或委托管理	
		底商排烟烟道	排烟烟道及附属设施本体	室外非共有排烟道及其附属设施本体，为所有人专有		排烟烟道及附属设施本体	室外共有排烟道及其附属设施，所有人负责维护管理或委托管理	

续表

区域	权属关系		专业	物理边界及依据			责任边界	管理边界及理论依据	
				边界	边界说明	依据		分界说明	依据
单体建筑	单体建筑共有部分与专有部分	外立面悬挂物	空调冷凝水集中排水管	排水管及附属设施本体	排水管及附属设施，所有人专有	《北京市住宅专项维修资金管理办法》第二十二条	排水管及附属设施本体	排水管及附属设施，所有人专有，业主共同维护管理或委托管理	《北京市住宅专项维修资金管理办法》第二十二条
			雨落管	雨落管及附属设施本体	雨落管及附属设施，所有人专有		雨落管及附属设施本体	雨落管及附属设施，所有人专有，业主共同维护管理或委托管理	
		屋面设施	屋面防水	屋面防水层本体	屋面防水层为所有人专有	1.《最高人民法院关于审理建筑物区分所有权纠纷案件具体应用法律若干问题的解释》第三条；2.《北京市住宅专项维修资金管理办法》第二十一条	屋面防水层全部	屋面防水层全部，所有人专有，业主负责维护管理或委托管理	1.《最高人民法院关于审理建筑物区分所有权纠纷案件具体应用法律若干问题的解释》第三条；2.《北京市住宅专项维修资金管理办法》第二十一条
			正压排烟等风机	正压排烟系统本体	风机、风阀、进风纱网本体及连接风道等附件，为业主共有		风机、风阀、进风纱网本体及连接风道等设施设备全部	风机、风阀、进风纱网本体及连接风道等，业主共有，业主同维护管理或委托管理	
			接闪器等防雷设施	屋面防雷系统本体	屋面接闪器本体及安装支架等附件，为业主共有	《建筑物防雷设计规范》GB 50057-2010 2.0.8	屋面接闪器本体及安装支架等附件	屋面接闪器本体及安装支架等，业主共有，业主负责维护管理或委托管理	《北京市住宅专项维修资金管理办法》第二十二条
			电视共用接收天线	电视共用接收天线系统本体	电视共用接收天线本体及安装支架等附件，为业主共有	《共用天线电视系统》GB/T 7615-1987 1.6	电视共用接收天线本体及安装支架等附件	电视共用接收天线本体及安装支架等附件，有线电视经营企业负责维护管理	第二条《有线电视实施细则》；2.《有线电视基本收视维护费管理暂行办法》第六条

续表

区域	权属关系	专业	物理边界及依据			管理边界及理论应用依据		
			边界	边界说明	依据	责任边界	分界说明	依据
单体建筑	单体建筑内共有部分与专有部分	屋面设施 — 太阳能热水系统	太阳能集热器、贮水箱、泵、连接管道、支架、控制系统和辅助加热器本体	太阳能集热器、贮水箱、泵、连接管道、支架、控制系统和辅助加热器本体共有，为业主共有	《民用建筑太阳能热水系统应用技术规范》GB 50364—2023 2.0.7	太阳能集热器、贮水箱、泵、连接管道、支架、控制系统和辅助加热器本体等全部设施	太阳能集热器、贮水箱、泵、连接管道、支架、控制系统和辅助加热器等，为业主共同负责维护管理或委托管理	《最高人民法院关于审理建筑物区分所有权纠纷案件具体应用法律若干问题的解释》第三条
		底商厨房净化设备及排风机	油烟净化设备及排风机本体	室外非共有排烟道及其外机支架本体，为所有人专有	《最高人民法院关于审理建筑物区分所有权纠纷案件具体应用法律若干问题的解释》第四条	室外非共有排烟道及其外机支架本体，为所有人自有	室外非共有排烟道及其外机支架本体，为所有人利用建筑物屋面、外墙所有人自有搁置物，所有人自行维护管理或委托管理	《民法典》第一千二百五十三条
		有线电视	连接单元有线电视电缆接口出线端	连接单元有线电视电缆接口出线端	《最高人民法院关于审理建筑物区分所有权纠纷案件具体应用法律若干问题的解释》第二条	连接单元有线电视电缆接口出线端	连接单元有线电视电缆接口处、有线电视经营企业负责维护管理	《最高人民法院关于审理建筑物区分所有权纠纷案件具体应用法律若干问题的解释》第二条
		互联网	连接单元互联网线接口出线端	连接单元互联网线接口出线端		连接单元互联网线接口出线端	连接单元互联网线接口处、电信业务经营企业负责维护管理	《最高人民法院关于审理建筑物区分所有权纠纷案件具体应用法律若干问题的解释》第二条

续表

区域	权属关系	专业	物理边界及依据			责任边界	管理边界及理论依据	
			边界	边界说明	依据		分界说明	依据
单体建筑	单体建筑内共有部分与专有部分	保洁	单体建筑内共有部分	共有部分包括单元内共有部分和外墙外立面	《最高人民法院关于审理建筑物区分所有权纠纷案件具体应用法律若干问题的解释》第二条	单元共有部分、外墙外立面	单体建筑内共有部分卫生由本单体建筑业主共同负责管理或委托管理；外墙外立面由本单体建筑业主共同负责管理或委托管理	《北京市商品房销售面积计算及公用建筑面积分摊暂行规定》第六条
		秩序维护	单体建筑内共有部分	单体建筑内共有部分分秩序维护		单体建筑内共有部分分秩序维护	单体建筑内共有部分分秩序维护，由全体业主共同负责管理或委托管理	

三 建筑区划内物业管理责任边界划定

建筑区划内物业管理责任边界划定，参见表12-3。

表12-3 建筑区划内物业管理责任边界划定清单

区域	权属关系	专业	物理边界及依据			责任边界	管理边界及依据	
			单体边界	边界说明	依据		分界说明	依据
建筑区划内	建筑区划内共有部分与专有部分	房屋建筑	建筑控制线	建筑基座的位置控制线	《城市居住区规划设计规范》GB 50180—2018 2.0.17	地面上独立建筑闭合的外轮廓线（散水边缘）	沿建筑外墙周边的地面，为避免建筑外墙根部积水而做保护面层。为本楼业主共同负责管理或委托管理	1.《民用建筑设计术语标准》GBT 50504—2009 2.6.29；2.《民法典》第二百七十一条
		区划警卫室						
		消防、监控室						
		区划独立变电室						
		围墙、围挡、挡土墙						
	建筑区划内	道路	道路红线、城市道路（含居住区级道路）用地的边界线	道路两边路牙（含）围成的区域	《民用建筑设计统一标准》GB 50352—2019 2.0.6	道路两边路牙（含）围成的区域	道路、道路路牙为业主共有，由业主共同负责维护管理或委托管理	1.《民用建筑设计统一标准》GB 50352—2019 2.0.6；2.《民法典》第二百七十四条

续表

区域	权属关系	专业	物理边界及依据			责任边界	管理边界及依据	
			单体边界	边界说明	依据	责任边界	分界说明	依据
建筑区划内	建筑区划内共有部分与专有部分	共有车位					属于全体业主共有的停车位，由全体业主共同负责维护管理或委托管理；属于个人车位的所有者自行维护管理或委托管理	《民法典》第二百七十五条
		地上车位						
		地下车位	车位本体	车位及附属设施	《民法典》第二百七十五条	车位及附属设施		
		立体机械车库停车位						
		地下人防设备间	人防工程的结构构建本体	属于人防工程的结构构建设施，墙体结构外墙本体，整体、人防密闭门本体，人防区域设施等，人防工程责任主体为人民防空主管部门。人防工程不属于业主共有	1.《商品房销售面积计算及公用面积分摊规则》（试行）第九条；2.《北京市商品房销售面积计算及公用建筑面积分摊暂行规定》第五条、第七条	人防工程的结构构建及附属设施	属于人防工程的结构构建设施，墙体结构外墙整体、人防密闭门本体、人防区域设施等，人防工程安全使用责任主体为人民防空主管部门	1.《中华人民共和国人民防空法》第十九条；2.《北京市人民防空工程和普通地下室安全使用管理规范》
		地下人防车位	人防及附属设施本体					
		地下人防出入口						
		生活用水	本建筑外墙皮1.5米	本建筑外墙皮1.5米为界	《安装工程中给排水、采暖、燃气工程》第一部分	室外进本建筑内各单元供水阀门出水的供水阀门出水端	进入本建筑门出水单元供水阀门出水总成，本建筑所有业主共有，为本建筑业主共有负责维护管理或委托管理	《最高人民法院关于审理建筑物区分所有权纠纷案件具体应用法律若干问题的解释》第二条
		消防供水系统						

续表

区域	权属关系	专业	物理边界及依据			管理边界及依据		
			单体边界	边界说明	依据	责任边界	分界说明	依据
建筑区划内	建筑区划内共有部分与专有部分	强弱电——供电	室外进入楼供电开关上电接线端子，或架空线路的进楼支撑物	楼内供电开关上口上接线端子，或架空线路的进楼支撑物	《供电营业规则》第四十七条	室外进入楼供电开关接线端子至架空线路的进楼支撑物	室外至楼内供电开关接线端子，或架空线路的进楼至支撑物供电经营企业维护管理。楼内其他属于非业主独有，由业主共同负责维护管理或委托管理	1.《供电营业规则》第十七条；2.《最高人民法院关于审理建筑物区分所有权纠纷案件具体应用法律若干问题的解释》第二条
		区划内园区照明；消防报警及监控系统设施	用于道路照明、消防报警及监控等系统及附属设施本体，属于全体业主共有	用于道路照明、消防报警及监控等系统及附属设施的全部，属于全体业主共有	1.《民法典》第二百七十四条；2.《住宅专项维修资金管理办法》第三条	用于道路照明、消防报警及监控等系统及附属设施全部	用于道路照明、消防报警及监控等系统及附属设施，属于全体业主共有，由业主共同负责维护管理或委托管理	《北京市物业管理条例》第二十六条
		燃气	地下引入室内的管道以室内第一个阀门为界；地上引入室内的管道以墙外三通为界	采暖、给排水管道：室内外均以建筑物外墙1.5米为界。燃气管道：地下引入室内的管道以室内第一个阀门为界；地上引入室内的管道以墙外三通为界	《安装工程中给排水、采暖、燃气工程》第一部分	室外进入楼内单元的引入口阀门门户端	燃气系由经营企业负责维护管理	《城镇燃气管理条例》第十九条

312

续表

区域	权属关系	专业	物理边界及依据			责任边界	管理边界及依据	
			单体边界	边界说明	依据		分界说明	依据
建筑区划内	建筑区划内共有部分与专有部分	供热	采暖、给排水管道：室内外均以建筑物外墙皮1.5米为界			室外进入楼内单元的采暖井内引入端阀门接户端	室外进入楼内单元的采暖井内引入口阀门接户端，为业主共有，主共同维护管理或委托管理	《住宅专项维修资金管理办法》第三条
		排水	排水管道，室内外均以建筑物外墙皮1.5米为界			室外接排水井内引出口末端	室外排水井内引出口末端，为本楼主共同负责管理或委托管理	
		污水	排水管道，室内外均以建筑物外墙皮1.5米为界			室外接污水井内引出口末端	室外接污水井内引出口末端，为本楼业主共有管理或委托管理	
		雨水	排水管道：室内外均以建筑物外墙皮1.5米为界			室外接雨水井内引出口末端	室外接雨水井内引出口末端，为本楼业主共同负责管理或委托管理	
		有线电视	连接本楼单元有线电视电缆接口出线端	连接本楼单元有线电视电缆接口出线端本体		连接本楼单元有线电视电缆接口出线端	有线电视网络经营企业负责维护管理	《有线电视基本收视维护费管理暂行办法》第四条、第六条

续表

区域	权属关系	专业	物理边界及依据			管理边界及依据		
			单体边界	边界说明	依据	责任边界	分界说明	依据
建筑区划内	建筑区划内共有部分与专有部分	互联网	用于区划内的区划网络分纤箱（盒）、区划内各级分纤箱（盒）之间的光纤、光缆，为区划内两箱（盒）之间的网络光纤	用于区划内的设在区划外的网络分纤箱（盒），区划内各级分纤箱（盒）之间的光纤、光缆，为区划内各级分纤箱（盒）至用户间终端网关（含）为用户专有	《最高人民法院关于审理建筑物区分所有权纠纷案件若干问题应用法律问题的解释》第二条	用于区划内的设在区划外的网络分纤箱（盒），区划内各级分纤箱（盒）之间的光纤、光缆，为区划内各级分纤箱（盒）至用户间终端网关（含）为用户专有	互联网业务经营企业负责维护管理	《中华人民共和国电信条例》第五条
		文物 —— 不可移动古文物	不可移动文物本体	不可移动文物及附属设施设备	1.《中华人民共和国文物保护法》第二十一条；2.《北京市实施〈中华人民共和国文物保护法〉办法》第九条	不可移动文物本体	国有不可移动文物由使用人负责管理、保养维修；非国有不可移动文物由所有人负责维修、保养管理	1.《中华人民共和国文物保护法》第二十一条；2.《北京市实施〈中华人民共和国文物保护法〉办法》第九条
		绿化 —— 树木	建筑区划内的绿地，属于业主共有，但是属于城镇公共绿地或者明示属于个人的除外。建筑区划内的其他公共场所、公用设施和物业服务用房，属于业主共有		1.《民法典》第二百七十四条；2.《北京市绿化条例》第三十条	居住区、居住小区内绿地	居住区、居住小区内的，依法属于业主所有的绿地，业主共有的绿地，依法委托管理。责任不清的由所在区域园林绿化行政主管部门确定责任	《北京市绿化条例》第三十九条
		绿地草坪						
		绿篱						

314

续表

区域	权属关系	专业		物理边界及依据			管理边界及依据		
				单体边界	边界说明	依据	责任边界	分界说明	依据
建筑区划内	建筑区划内共有部分与专有部分	绿化	古树名木	古树名木本体	古树名木不属于业主共有	《城市古树名木保护管理办法》第十一条	古树名木本体	古树名木由责任单位或者责任人负责养护管理，园林绿化行政主管部门监督。生长在居住区内或者城镇居民院内的古树名木，由业主共同负责养护管理或责任委托管理	1.《城市古树名木保护管理办法》第十条；2.《北京市古树名木管理条例》第九条
		保洁		建筑区划共有部分	建筑区划内共有部分的卫生	《北京市物业管理条例》第二条	建筑区划内共有部分卫生	建筑区划内共有部分卫生，由全物业主共同负责管理或委托管理	《北京市物业管理条例》第二条
		垃圾处理	室内装修（建筑）垃圾	装饰装修及工程施工产生的垃圾	装饰装修及工程施工产生的所有垃圾	《北京市建筑垃圾处置管理规定》第二条	装饰装修及工程施工产生的垃圾	室内装饰装修及工程施工产生的垃圾，由垃圾产生者负责管理或委托管理	《北京市物业管理条例》第三条
			生活垃圾分类	生活垃圾	居民日常生活中产生的垃圾	《北京市生活垃圾管理条例》第二条	生活垃圾	由生活垃圾产生者负责分类管理	《北京市生活垃圾管理条例》第三十三条、第三十九条
			生活垃圾清运	生活垃圾	居民日常生活中产生的垃圾	《北京市生活垃圾管理条例》第二条	生活垃圾	由生活垃圾清运管理或委托管理	
			大类排泄物	室外、大类排泄物本体	室外、大类排泄物	《北京市养犬管理规定》第十七条	室外、大类排泄物本体	室外、大类排泄物由携犬人负责清理	《北京市养犬管理规定》第十七条

续表

区域	权属关系	专业	物理边界及依据			管理边界及依据		
			单体边界	边界说明	依据	责任边界	分界说明	依据
		饲养动物	饲养动物本体	各种被饲养的动物，由饲养人所有	《民法典》第九章第一千二百四十五条、第一千二百四十六条、第一千二百四十九条、第一千二百五十条	饲养动物本体	各种被饲养的动物，由饲养人负责管理	《民法典》第九章第一千二百四十五条、第一千二百四十六条、第一千二百四十九条、第一千二百五十条
建筑区划内	建筑区划内共有部分与专有部分	野生动物	野生动物的整体（含卵、蛋）、部分及其衍生物	野生动物的整体（含卵、蛋）、部分及其衍生物	1.《中华人民共和国野生动物保护法》第三条；2.《北京市野生动物保护管理条例》第二条	野生动物的整体（含卵、蛋）、部分及其衍生物	各种野生动物，由林业草原、渔业主管部门负责管理	《中华人民共和国野生动物保护法》第七条
		休息、娱乐、健身设施	休息、娱乐、健身设施本体	休息、娱乐、健身设施本体所有或全体业主共有或业主专有	《民法典》第二百七十四条	休息、娱乐、健身设施本体所有或业主专有	休息、娱乐、健身设施，投资者所有的，投资者负责管理；业主共有的，业主共同委托管理；业主专有的，业主自行管理；所有业主共有的，所有业主共同委托管理	《住宅专项维修资金管理办法》第三十条
		秩序维护	建筑区划共有部分	建筑区划内共有部分的秩序维护	《民法典》第二百七十四条	建筑区划内共有部分的秩序维护	建筑区划内共有部分的秩序维护，由全体业主共同负责管理或委托管理	《住宅专项维修资金管理办法》第三十条

四　居住区物业管理责任边界划定

居住区物业管理责任边界划定，参见表12-4。

表12-4　居住区物业管理责任边界划定清单

区域	权属关系	专业	物理边界及依据			责任边界	管理边界及依据	
			边界	边界说明	依据	责任边界	边界说明	依据
居住区		建筑居住区	建筑控制线	规划用于居住建筑建设红线	《民用建筑设计通则》GB 50352-2017 2.0.9	围墙或围墙挡外边线或临街建筑外立面	建筑区划围墙或围挡外边线或临街建筑以内为共有部分，属于业主共同负责管理或委托管理	《最高人民法院关于审理建筑物区分所有权纠纷案件具体应用法律若干问题的解释》第三条
	居住区内共有部分与专有部分	给水	建筑区划给水总表井内阀门出水端	建筑区划给水总表井内阀门出水端以外由供水经营企业维护管理，其产权一并移交供水经营企业。总阀门出水端至建筑区划内供水系统设施属全体业主	1.《北京市城市公共供水管理办法》第十三条；2.《北京市高层住宅二次供水管理规定》第三条	建筑区划给水总表井内阀门出水端	建筑区划给水总表井内阀门出水端外由供水经营企业维护管理，其产权一并移交供水经营企业。总阀门出水端至建筑区划内供水系统属全体业主共有。由业主共同负责维护管理或委托管理	《北京市住宅专项维修资金管理办法》第二十二条

续表

区域	权属关系	专业	物理边界及依据			责任边界	管理边界及依据	
			边界	边界说明	依据		边界说明	依据
居住区	居住区内共有部分与专有部分	供电	建筑区划供电负荷开关出线端	建筑区划外10KV高压供电负荷开关出线端为界，出线端支撑物及前端端设施属供电经营企业。出线端至建筑区划内供用电设施属全体业主	《供电营业规则》第四十七条	建筑区划供电负荷开关出线端	建筑区划外10kV高压供电负荷开关出线端为界，出线端支撑物及前端端设施属供电经营企业，由供电经营企业负责维护管理。出线端至建筑区划内供用电设施属全体业主，由业主共同负责维护管理或委托管理	《供电营业规则》第四十七条
		燃气	室内燃气表下口（含）至室外设施；室内燃气表下口（不含）	室内用户燃气表下口（含）至室外设施业主共有；室内燃气表下口（不含）业主专有	《城镇燃气管理条例》第十九条	室内燃气表下口（含）至室外设施业主共有；室内燃气表下口（不含）业主专有	燃气系统由燃气经营企业负责维护管理	《城镇燃气管理条例》第十九条
		供热	入户计量表或入户供回水阀门户用端	竖井分户供热采暖计量表下口供回水进户阀门户用端，上口为业主共有，下口至户内用户专有	《北京市供热采暖管理办法》第十六条、第二十条	入户计量表或入户供回水阀门户用端	竖井分户供热采暖计量表下口供回水进户阀门户用端，上口为业主共有。共有部分由供热经营企业维护管理、专有部分由业主自行维护管理或委托管理	《北京市供热采暖管理办法》第十六条、第二十条

续表

区域	权属关系	专业	物用边界及依据			管理边界及依据		
			边界	边界说明	依据	责任边界	边界说明	依据
居住区	居住区内共有部分与专有部分	雨水	有序排水为建筑区划内连接市政的雨水干管末端；无序排水为建筑区界控制线	有序排水界限为建筑区划内连接市政雨水干管井（不含）内的雨水管末端；无序排水界限为建筑区界控制线	《安装工程中给排水、采暖、燃气工程》第一部分	有序排水为建筑区划内连接市政的雨水干管井末端；无序排水为建筑控制线	建筑区划内连接市政的排水干管井（不含）内的排水管末端，为业主共有，由业主共同负责维护管理或委托管理	《北京市排水和再生水管理办法》第十二条
		污水	建筑区划内连接市政污水干管井末端	建筑区划内连接市政污水干管井（不含）内的污水管末端为业主共有		建筑区划内连接市政污水干管井末端	建筑区划内连接市政的排水干管井末端	
		有线电视	连接建筑区划总线缆的分线器或分光器输出端	连接建筑区划总线缆的分线器或分光器输出端至用户为业主共有	《最高人民法院关于审理建筑物区分所有权纠纷案件具体应用法律若干问题的解释》第二条	连接建筑区划总线缆的分线器或分光器输出端至用户	有线电视网络经营企业负责维护管理	《有线电视基本收视维护费管理暂行办法》第四条、第六条
		互联网	连接建筑区划总线缆的分线器或分光器输出端	连接建筑区划总线缆的分线器或分光器输出端至用户户为业主共有		连接建筑区划总线缆的分光器输出端至用户	互联网经营企业负责维护管理	《中华人民共和国电信条例》第三十一条
		道路 绿地	居住区围墙或围挡外边线	居住区围墙或围挡以内业主共有	《民法典》第二百七十四条、第二百七十五条	居住区围墙或围挡外边线	居住区围墙或围挡外边线以内业主共有，由全体业主共同负责管理或委托管理	《最高人民法院关于审理建筑物区分所有权纠纷案件具体应用法律若干问题的解释》第三条

续表

区域	权属关系	专业	物理边界及依据			管理边界及依据		
			边界	边界说明	依据	责任边界	边界说明	依据
居住区	居住区内共有部分与专有部分	保洁	居住区围墙或围挡外边线以内共有部分	居住区内共有部分的卫生、秩序维护	《北京市物业管理条例》第二条	居住区内共有部分的卫生、秩序维护	居住区内共有部分的卫生、秩序维护，由全体业主共同负责管理或委托管理	《北京市物业管理条例》第二条
		秩序维护						

五　共有部分与专有部分物业管理责任边界划定

共有部分与专有部分物业管理责任边界划定，参见表12-5。

表12-5　共有部分与专有部分物业管理责任边界及依据

物业管理责任边界划定清单

区域	管理权	专业	物理边界	责任边界	边界说明	依据
物业服务区域内	共有部分与专有部分	房屋及设施设备 供水管线与设施设备	接立管的横管进户末端	从接立管的横管进户末端至专用户总阀门、水表及终端端部位，业主负责维护管理或委托管理	给水管道从接立管的横管进户末端开始至水表盆、作便、洗手盆、洗菜盆等部位	1.《最高人民法院关于审理建筑物区分所有权纠纷案件具体应用法律若干问题的解释》第二条；2.《物业服务收费管理办法》第十七条；3.行业约定
			水泵房输出总阀门	从水泵房输出总阀门至各单元供水管线、接立管的横管进户末端、业主共同负责维护管理或委托管理	水泵房输出总阀门至各单元供水管线、接立管的横管进户末端	

续表

区域	管理权	专业	物理边界	物业管理责任边界及依据		
				责任边界	边界说明	依据
物业服务区域内	共有部分与专有部分	供水管线与设施设备	供水主干线	从区划外供水主干线分支至水泵房（含水泵房内的水箱、水泵、计量器具、消毒设施及泵房配电等设施设备）、输出总阀门，供水经营企业负责维护管理	区划外供水主干线分支阀门，至区划内水泵房（含水泵房内的水箱、水泵、计量器具消毒设施及泵房配电等设施设备）泵房输出总阀门末端	
		排水管线与设施设备	接立管的横管进户末端	排水管道从接立管的横管进户末端至住宅小区排水管道（雨水排放管道）、管井、化粪池，业主共同负责维护管理或委托管理	排水管道从接立管进户的横管末端至住宅小区排水管道（雨水排放管道）、管井、化粪池	
			排水主干线	化粪池以外的排水管道和管井，供水经营企业负责维护管理	化粪池以外的排水管道和管井	
	房屋及设施设备	供电线路与设施设备	接单元层电表箱输出线进户末端	从接单元层电表箱输出线进户末端至业主家中，业主负责维护管理；电表经营企业负责维护管理	接单元层电表箱输出线进户末端至业主家中插座、照明、电器等部位	
			箱式变压器（变电所）输出端总开关（含开关）	从箱式变压器（变电所）至单元层配电柜、接单元层电表箱输出线进户末端，业主共同负责维护管理或委托管理	从箱式变压器（变电所）、输出端总开关、单元层配电柜、接电间上口、单元层电表箱输出进户末端	
			供电干线	高压从供电干线隔离开关下口端子至厢式变压器（变电所）输出端总开关。低压为变压器（变电所）输出开关下口至各楼开关上口或电缆支撑物作物，供电经营企业负责维护管理	从供电干线隔离开关下口接端子至区划内变电设施开关上口（变压器或变电所）/楼内第一供电开关接线端子，或支架空线路的进接线档物	

物业管理责任边界及依据

区域	管理权	专业		物理边界	责任边界	边界说明	依据
物业服务区域内	共有部分与专有部分	清洁		共有部分	物业服务区域内共有部分卫生清洁，业主共同负责管理或委托管理	共有部分内的卫生清洁	
		保洁	生活垃圾	垃圾分类	业主及物业使用人自行分类生活垃圾并投放到垃圾箱（桶）内	垃圾分类后投放至垃圾箱（桶）	
				垃圾清运	从生活垃圾箱（桶）内取出垃圾后，清运到垃圾中转站，由业主共同负责管理或委托管理	将分类垃圾清运到垃圾中转站	
				垃圾消纳	从垃圾中转站清运到垃圾处理场，由环卫经营企业负责管理	将分类垃圾从中转站清运到垃圾处理场并处理	
		除冰扫雪		共有部分	除冰扫雪，业主共同负责或委托管理	共有部分除冰扫雪	除冰扫雪是社会性责任，每个人都有除冰扫雪的义务
		绿化	树木、草坪 附属设施	树木、草坪及附属设施本体	树木、草坪及附属设施，业主共同负责管理或委托管理	对树木、草坪养护及附属设施维修养护	1.《最高人民法院关于审理建筑物区分所有权纠纷案件具体应用法律若干问题的解释》第二条；2.《物业服务收费管理办法》第十七条；3. 行业约定
		秩序维护	固定岗	固定岗区域	出入口秩序维持、值班室管理，业主共同负责管理或委托管理	维护管理固定岗区域的工作生活秩序、卫生	
			巡逻岗	共有部分	共有部分工作、生活秩序，业主共同负责管理或委托管理	维护管理共有部分的工作生活秩序	

续表

区域	管理权	专业	物业管理责任边界及依据			依据
			物理边界	责任边界	边界说明	
物业服务区域内	共有部分与专有部分	秩序维护 / 消防控制室	消防控制室本体	消防控制室值守、监控、维修养护管理，业主共同负责管理或委托管理	对消防控制室实施管理	1.《民法典》第九百四十五条；2.《物业管理条例》第五十二条
		停车位	停车位区域	车位所以者负责车位管理或委托管理	对停车位及附属设施进行管理	
	专有部分内	客户服务 / 室内装饰装修	室内装饰装修活动	室内装饰装修活动由装修人负责管理	对室内装饰装修活动过程进行管理	

六 专业经营物业管理责任边界划定

专业经营物业管理责任边界划定，参见表12-6。

表12-6 专业经营物业管理责任边界划定清单

区域	管理权	专业	物业管理责任边界及依据			依据
			物理边界	责任边界	边界说明	
专业经营范围	业主与专业经营企业	供暖设施设备	供暖系统本体	供暖经营企业负责对锅炉房设施设备、供暖干线、供暖终端设备（暖气片）的维修养护管理	供暖系统全部	

续表

区域	管理权	专业	物业管理责任边界及依据			
			物理边界	责任边界	边界说明	依据
专业经营范围	业主与专业经营企业	设施设备	消防设施设备 / 消防室内供水系统的供水管道（池）、消火栓、消防水泵、报警阀、喷洒头、以及其他包括消防控制系统包括消防电机等设施设备本体	消防室内供水系统包括供水管道、室内消防管网、消防栓、防水泵、报警阀、喷洒头等设施等，以及其供电系统包括消防控制柜、水泵电机等设施设备，业主共同负责维护管理或委托管理，公安消防部门负责监督检查	消防室内供水系统包括供水管道、室内消防水箱（池）、消防栓、防水泵、报警阀、喷洒头等设施等，以及其供电系统包括消防控制柜、水泵电机等设施设备全部	1.《最高人民法院关于审理建筑物区分所有权纠纷案件具体应用法律若干问题的解释》第二条；2.《物业服务收费管理办法》第十七条；3. 行业约定
		煤气管道 / 煤气管道本体		煤气经营企业负责一修一养护管理。业主自用部位损坏的，煤气经营企业负责的，共有部分损坏的，煤气经营企业负责维修	燃气系统全部	
		电梯 / 电梯系统本体		业主共同负责维护管理委托管理，电梯维保委托的，业主共同责监督管理或委托管理督管理 保修期内，电梯安装企业负责电梯维修养护	电梯系统全部	
		有线电视线路及设施设备 / 有线电视线路及设施本体		有线电视线路及设施设备和信号，有线电视经营企业负责修养护管理	有线电视线路及设施设备全部	

324

续表

区域	管理权	专业	物业管理责任边界及依据			
			物理边界	责任边界	边界说明	依据
专业经营范围	业主与专业经营企业	设施设备	卫星电视广播地面接收设施设备	卫星电视广播地面接收设施设备本体	卫星电视广播地面接收设施由所有者负责维修养护管理	卫星电视广播地面接收设施设备全部
			宽带网络	宽带网络本体	宽带网络所有者负责维修养护管理	宽带网络系统全部
			电信管线及设施设备	电信管线及设施设备本体	电信管线及设施设备，电信经营企业负责维修养护管理	电信管线及设施设备全部

第二节　物业管理的责任

对于中国物业管理行业，物业管理责任划分确定，主要依据是国务院及国家各部委颁布的法规。对于物业服务企业，物业管理责任划分确定的依据不仅只是国家相关部门，还包括地方行政机关颁布的法规以及相关合同约定。本文仅梳理国家部委颁布的法规。

物业管理相关法律法规对各相关方管理责任均有相应要求，对行业发展及企业运营管理具有重要意义。涉及物业管理责任方面的法律法规，颁布者比较多，除国务院外，主要为政府各行政部门。涉及物业管理责任的范围比较广，从承担管理责任主体角度，主要有建设单位、政府行政部门、业主、专业经营企业和物业服务企业；从管理责任内容构成角度，主要有安全管理、费用管理、房屋及设施设备管理、消防管理、绿化管理、秩序维护管理等，内容繁多，基本覆盖物业管理各个专业板块，覆盖物业管理各个运营管理环节。对物业管理责任具体承担状况的监督管理方面，监管者主要为政府各级行政机构及外派机构，监管对象涉及各相关方，监管过程中会遇到执法依据、责任定性、执法尺度、具体措施等各种问题。管理责任承担的结果和监管的结果，将会直接作用于各相关方。所以，物业管理责任体系是由多条纵横交错的管理责任主线共同构成，覆盖物业服务企业运营管理各环节，贯穿物业管理专业管理操作流程。

但是，管理责任的划分确定是否为业主应该承担的管理责任、是否为业主必须要承担的管理责任、是否为业主能够承担的管理责任、是否能有效地将管理责任落实到物业服务企业身上、能否由物业服务企业代其履行等，这些问题直接关系到业主美好生活的感受，直接影响着物业服务企业发展。要厘清物业管理责任边界问题，这些都是无法回避的问题。所以，为避免责任边界问题反复出现，为从根源上破解责任边界问题，为物业管理行业健康、有序发展奠定基础，尚需进一步对责任边界问题进行深入分析探讨。

本节以归纳、梳理与物业管理活动相关的现行法律法规为主，以厘清物业服务企业在物业管理活动过程中应该承担的管理责任。对政府行政部门、业主、建设单位和专业经营企业等相关主体在物业管理活动中应该承担的管理责任，本节不予全面统计，但是会结合研究思考内容和方向，对各相关方管理责任进行专项整理归纳，为分析研讨责任边界问题提供相应素材。

一　物业管理承担责任统计

物业管理承担责任统计是以物业管理活动为核心，应对与物业管理服务联系紧密的法律法规进行归纳、梳理，从而统计出物业服务企业应该承担的物业管理责任。在进行物业管理责任统计时，首先，需要明确与统计相关的影响因素的内涵，主要包含有统计方法、统计范围、相关内容、法律法规废止、统计时限等。其中，管理责任统计方法主要采用的是资料检索法；管理责任统计范围是针对国家及部委颁布的、与物业管理活动紧密相关的主要常见的管理责任；管理责任统计内容应该包含现行法律法规所规定的物业管理责任，同时也要考虑所规定内容与物业管理服务相关联的紧密程度；管理责任统计截止时间为 2022 年 12 月。其次，在与物业管理活动相关的法律法规要求中，应从物业管理各相关方所涉及管理责任中，有效区分剥离出属于物业服务企业的管理责任。最后，通过归纳收集、检索分类、分析确认、筛选复检等过程，确定物业服务企业需承担的管理责任。具体内容详见本章附表。

二　物业管理承担责任状况分析

物业服务企业需承担管理责任状况，从物业服务企业承担管理责任统计表的统计结果可以得出：第一，物业服务企业需承担的物业管理责任，共涉及 20 个方面的管理内容，即基本要求、客户服务、延伸服务、业主大会、管理标准、承接查验、物业交接、合同管理、物业费用、专项维修资金管理、邮政管理、无线电管理、装饰装修管理、安全生产管理、消防管理、设施设备管理、秩序维护管理、建筑垃圾管理、城市绿化管理、物业管理退出；第二，涉及物业服务企业需承担的物业管理责任共计 215 项；第三，法律法规颁布者涉及 10 余个部门，主要是最高人民法院、住建部、财政部、国家发改委、国家技术监督局、公安部、应急管理部、国管局等。由此可见，物业服务企业所承担的部分管理责任可以明确判定，明晰判定依据，是构成责任边界问题解决以及避免责任边界问题再形成的基础，具有积极重要意义。但是，也同时存在公平性、公正性、针对性、操作性、适用性、全面系统性等方面的问题，就此，将从物业管理内容和专业方面，对管理责任进行全面深入思考，供各相关方及从业者参考。

（一）物业管理责任确定角度

物业服务企业承担的管理责任，均由政府行政部门从市场行政监管角度划分确定，与业主及物业服务企业实际状况及需求的关联度尚有距离，实际执行落实管理中会遇到一定阻碍，甚至会影响物业服务企业发展，主要体现于行业各相关方管理责任的均衡性、行业运行管理发展规律认知及遵循、对行业是社会和谐稳定基本因素的认识和支持等。例如，业主和物业服务企业是物业服务合同相关方，双方是平等合同关系，但是在责任划分规定方面，法律法规要求则更偏重企业，业主违约成本代价可以忽略不计，导致物业管理服务责任权利失衡，这也是形成物业管理行业现状的原因之一，一个行业健康发展离不开该行业各相关方。

（二）物业管理责任覆盖面

涉及物业服务企业承担的管理责任虽有215项之多，但与物业管理活动相关的具体事项相比，仍相差很多，远不能满足物业管理活动正常运行所需。对此，尚需以物业管理活动为核心，对物业管理服务相关管理责任的具体事项进行系统性归纳梳理，全面确定物业管理活动涉及的各相关管理责任主体，或者拟定物业管理责任主体确定原则、方法及流程，特别是以物业服务企业为主体所应该承担的管理责任，以保障物业管理活动顺利开展。例如，入驻与撤场管理、投诉处理、住宅维修资金使用、协助相关方工作、消防管理、古树名木养护管理、有害生物实施与管理等方面事宜，尚缺乏具体、详细、明确的管理责任承担者，这也是业主与物业服务企业之间经常产生矛盾纠纷的原因之一。

（三）物业管理责任适用性

在物业管理相关的法律法规中，已经明确承担主体的管理责任，但尚存在适用性问题。这是一个普遍存在的问题，例如，《民法典》《住宅室内装饰装修管理办法》《物业管理条例》等法律法规，对室内装饰装修活动均有管理规定要求，其中，《民法典》第九百四十五条规定："遵守物业服务人提示的合理性注意事项，并配合其进行必要的现场检查"；《物业管理条例》第五十二条规定："物业服务企业应当将房屋装饰装修中的禁止行为和注意事项告知业主"。这里存在的问题是，第一，《民法典》规定的"提示的合理性注意事项"与《物业管理条例》规定的"禁止行为和注意事项告知"的内涵是有差异的；第二，如何理解《民法典》规定的"合理性注意事项"中的"合理性"、"必要的现场检查"中"必要"的内涵；第三，《民法典》与《物业管理条例》规定的"禁止行为、注意事项和现场检查"的相关具体内容虽然在《住宅室内装饰装修管理办法》中有所规定，但还不够全面、详细、具体，缺乏适用性；第四，对于物业服务企业运营管理而言，室内装饰装修管理属于外延服务。如果合同没有约定，《民法典》规定的"必要的现场检查"中的现场检查，物业服务企业应该如何执行？所以，对已经确定承担者的部分管理责任，尚需进行系统性规范化整理。

（四）物业管理责任执行监管

对现行确定的物业管理责任，有的地方政府结合本地特点，依据问题紧迫性，选择性制定相应规范性配套文件，出台一些管理细则，以满足地域临时性需求，一般在系统性、严谨性、正确性和规范性等方面存在问题。即便如此，仍不能满足对物业管理责任执行状况的监督管理，落实到物业服务企业，或以罚代管，或避重就轻、视而不见。对管理责任监管结果的干扰因素很多、很复杂，主客观因素都有，相对难以控制。更多涉及消防安全管理、安全生产管理、投诉处理等方面，包括：监管人员专业素质、综合能力不足；物业服务企业运营管理规范化程度、综合管理能力不够；管理责任范围划定相对宏观，难以落实执行等。所以，由政府相关部门或地方政府制定全面的、具体的管理责任实施细则，是监督管理实施的基础。

（五）物业管理责任划分的修订

随着物业管理行业快速发展，物业管理范围、内容、特性、环境等内容亦随之发生变化，直接影响着管理责任内涵，部分法律法规管理责任区分划定方案需要重新修订，管理责任边界需要再界定，如物业管理范围、物业费、秩序维护管理、装饰装修管理等方面的问题。但是，法律法规制定滞后于物业管理行业发展；法律法规颁布后，需一定的实践时间；法律法规修订需要一系列审批流程；物业管理属于新行业，尚处于法律法规体系完善、标准化体系建立、经验积累阶段，诸多因素均影响着管理责任调整工作。管理责任适用性、正确性、公平性等问题，短时间内难以解决。因此，需要政府相关部门建立相应管理机制，对重点、难点、焦点问题，建立快速修订通道，及时、有针对性地解决。

附表：物业管理承担责任统计表

序号	类别	项目	内容	依据
1		营业执照	任何单位和个人不得伪造、涂改、出租、出借、转让营业执照。营业执照遗失或者毁坏的，公司应当在公司登记机关指定的报刊上声明作废，申请补领。公司登记机关依法作出变更登记、注销登记、撤销变更登记决定，公司拒不缴回或者无法缴回营业执照的，由公司登记机关公告营业执照作废。	《公司登记管理条例》中华人民共和国国务院令第156号第五十九条
2		营业执照	明知属于无照经营而为经营者提供经营场所，或者提供运输、保管、仓储等条件的，由工商行政管理部门责令停止违法行为，没收违法所得，可以处5000元以下的罚款。	《无证无照经营查处办法》中华人民共和国国务院令第684号第十四条
3	基本要求	从事物业管理要求	从事物业管理活动的企业应当具有独立的法人资格。	《物业管理条例》中华人民共和国国务院令第698号第四章物业管理服务第三十二条
4		物业服务范围	物业服务人应当按照约定和物业的使用性质、妥善维修、养护、清洁、绿化和经营管理物业服务区域内的业主共有部分，维护物业服务区域内的基本秩序，采取合理措施保护业主的人身、财产安全。	《民法典》第三编合同第二分编典型合同第二十四章物业服务合同第九百四十二条
5		物业服务范围	本条例所称物业管理，是指业主通过选聘物业服务企业，由业主和物业服务企业按照物业服务合同约定，对房屋及配套的设施设备和相关场地进行维修、养护、管理，维护物业管理区域内的环境卫生和相关秩序的活动。	《物业管理条例》中华人民共和国国务院令第698号第一章总则第二条

续表

序号	类别	项目	内容	依据
6		物业服务范围	一个物业管理区域由一个物业服务企业实施物业管理。	《物业管理条例》中华人民共和国国务院令第698号第四章物业管理服务第三十三条
7		专项服务委托规定	物业服务人将物业服务区域内的部分专项服务事项委托给专业性服务组织或者其他第三人的，应当就该部分专项服务事项向业主负责。	《民法典》第三编合同第二分编典型合同第二十四章物业服务合同第九百四十一条
8		物业服务委托规定	物业服务企业可以将物业服务区域内的专项服务业务委托给专业性服务企业，但不得将该区域内的全部物业管理一并委托给他人。	《物业管理条例》中华人民共和国国务院令第698号第四章物业管理服务第三十九条
9		物业服务转委托	物业服务人不得将其应当提供的全部物业服务转委托给第三人，或者将全部物业服务支解后分别转委托给第三人。	《民法典》第三编合同第二分编典型合同第二十四章物业服务合同第九百四十一条
10	基本要求	服务承诺	物业服务人公开作出的有利于业主的服务承诺，为物业服务合同的组成部分。	《民法典》第三编合同第二分编典型合同第二十四章物业服务合同第九百三十八条
11		监督及询问要求	物业服务企业或者其他管理人根据业主的委托，依照本法第三编有关物业服务合同的规定管理建筑区划内的建筑物及其附属设施，接受业主的监督，并及时答复业主对物业服务情况的询问。	《民法典》第二编物权第一分编通则第六章业主的建筑物区分所有权第二百八十五条
12		执行及配合要求	物业服务企业或者其他管理人应当执行政府依法实施的应急处置措施和其他管理措施，积极配合开展相关工作。	《民法典》第二编物权第一分编通则第六章业主的建筑物区分所有权第二百八十五条
13		物业管理用房	物业管理用房的所有权依法属于业主。未经业主大会同意，物业服务企业不得改变物业管理用房的用途。	《物业管理条例》中华人民共和国国务院令第698号第四章物业管理服务第三十七条
14		违规处置	对物业服务区域内违反有关治安、环保、消防等法律法规的行为，物业服务人应当及时采取合理措施制止，向有关行政主管部门报告并协助处理。	《民法典》第三编合同第二分编典型合同第二十四章物业服务合同第九百四十二条

续表

序号	类别	项目	内容	依据
15	基本要求	违规处置	对物业管理区域内违反有关治安、环保、物业装饰装修和使用等方面法律、法规规定的行为，物业服务企业应当制止，并及时向有关行政管理部门报告。	《物业管理条例》中华人民共和国国务院令第698号第四章物业管理服务第四十五条
16		事故处置	物业服务企业应当协助做好物业管理区域内的安全防范工作。发生安全事故时，物业服务企业在采取应急措施的同时，应当及时向有关行政管理部门报告，协助做好救助工作。	《物业管理条例》中华人民共和国国务院令第698号第四章物业管理服务第四十六条
17		举报投诉	任何单位和个人对建设工程的质量事故、质量缺陷都有权检举、控告、投诉。	《建设工程质量管理条例》中华人民共和国国务院令第714号第七章监督管理第五十三条
18	客户服务	高空抛掷	禁止从建筑物中抛掷物品。从建筑物中抛掷物品或者从建筑物上坠落的物品造成他人损害的，由侵权人依法承担侵权责任；经调查难以确定具体侵权人的，除能够证明自己不是侵权人的外，由可能加害的建筑物使用人给予补偿。可能加害的建筑物使用人补偿后，有权向侵权人追偿。物业服务企业等建筑物管理人应当采取必要的安全保障措施防止前款规定情形的发生；未采取必要的安全保障措施的，应当依法承担未履行安全保障义务的侵权责任。	《民法典》第七编侵权责任第十章建筑物和物件损害责任第一千二百五十四条
19			依法确定物业服务企业的责任。物业服务企业不履行或者不完全履行物业服务合同约定或者法律法规、相关行业规范确定的维修、养护、管理和维护义务，造成建筑物及其搁置物、悬挂物发生脱落、坠落致使他人损害的，人民法院依法判决其承担侵权责任。有其他责任人的，物业服务企业承担责任后，向其他责任人行使追偿权的，人民法院应予支持。物业服务企业拒不向人民法院提供相应证据，导致案件事实难以认定的，应当承担相应的不利后果。	《最高人民法院关于依法妥善审理高空抛物、坠物案件的意见》法发〔2019〕25号第12条
20	信息管理		物业服务企业应当定期将服务的事项、负责人员、质量要求、收费项目、收费标准、履行情况，以及维修资金使用情况、业主共有部分的经营与收益情况等以合理方式向业主公开并向业主大会、业主委员会报告。	《民法典》第三编合同第二分编典型合同第二十四章物业服务合同第九百四十三条

续表

序号	类别	项目	内容	依据
21	客户服务	信息管理	国家机关或者金融、电信、交通、教育、医疗等单位的工作人员泄露在履行职责或者提供服务过程中获得的居民身份证记载的公民个人信息，构成犯罪的，依法追究刑事责任；尚不构成犯罪的，由公安机关处十日以上十五日以下拘留，并处五千元以下罚款，有违法所得的，没收违法所得。单位有前款行为，构成犯罪的，依法追究刑事责任；尚不构成犯罪的，由公安机关对其直接负责的主管人员和其他直接责任人员，处十日以上十五日以下拘留，并处十万元以上五十万元以下罚款，没收违法所得。有前两款行为，对他人造成损害的，依法承担民事责任。	《中华人民共和国居民身份证法》中华人民共和国主席令第51号第四章法律责任第十九条
22	外延性服务	合同外服务	物业服务企业可以根据业主的委托提供物业服务合同约定以外的服务项目，服务报酬由双方约定。	《物业管理条例》中华人民共和国国务院令第698号第四章物业管理服务第四十三条
23	业主大会	筹备组	筹备组中业主代表的产生，由街道办事处、乡镇人民政府或者居民委员会组织业主推荐。筹备组成员名单以书面形式在物业管理区域内公告。业主对筹备组成员有异议的，由街道办事处、乡镇人民政府协调解决。建设单位有异议的，应当配合协助筹备组开展工作。	《业主大会和业主委员会指导规则》建房（2009）274号第二章业主大会第十一条
24		联席会议	物业管理区域内，可以召开物业管理联席会议。物业管理联席会议由街道办事处、乡镇人民政府负责召集，由区、县房地产行政主管部门、公安派出所、居民委员会、业主委员会和物业服务企业等方面的代表参加，共同协调解决物业管理中遇到的问题。	《业主大会和业主委员会指导规则》建房（2009）274号第四章指导和监督第六十一条
25	标准化	标准	企业的标准化工作，应当纳入企业的发展规划和计划。	《企业标准化管理办法》国家技术监督局令第13号第一章总则第四条
26			企业标准由企业制定，由企业法人代表或法人代表授权的主管领导批准，发布，由企业法人代表授权的部门统一管理。	《企业标准化管理办法》国家技术监督局令第13号第二章企业标准的制定第五条

续表

序号	类别	项目	内容	依据
27	标准化		企业标准化人员对违反标准化法规定的行为，有权制止，并向企业负责人提出处理意见，或向上级部门报告。对不符合有关标准化法要求的技术文件，有权不予签字。	《企业标准化管理办法》国家技术监督局令第13号第五章企业标准化管理第二十二条
28	标准化	标准	企业标准属科技成果，企业或上级主管部门，对取得显著经济效果的企业标准，以及对企业标准化工作中做出成绩的单位和人员，应给予表扬或奖励；对贯彻标准不力，造成不良后果的，应给予批评教育；对违反标准规定，造成严重后果的，按有关法律、法规的规定，追究法律责任。	《企业标准化管理办法》国家技术监督局令第13号第五章企业标准化管理第二十三条
29	承接查验	承接查验范围	物业服务企业承接物业时，应当对物业共用部位、共用设施设备进行查验。	《物业管理条例》中华人民共和国国务院令第698号第三章前期物业管理第二十八条
30		承接查验要求	建设单位应当在物业交付使用15日前，与选聘的物业服务企业完成物业共用部位、共用设施设备的承接查验工作。	《物业承接查验办法》建房〔2010〕165号第十条
31		承接查验依据	实施物业承接查验，主要依据下列文件：物业买卖合同；前期物业服务合同；物业规划设计方案；建设单位移交的图纸资料；建设工程质量法规、政策、标准和规范。	《物业承接查验办法》建房〔2010〕165号第十二条
32		承接查验程序	物业承接查验按照下列程序进行：确定物业承接查验方案；移交有关图纸资料；查验共用部位、共用设施设备；解决查验发现的问题；确认现场查验结果；签订物业承接查验协议；办理物业交接手续。	《物业承接查验办法》建房〔2010〕165号第十三条
33		承接查验移交资料	物业服务企业应当对建设单位移交的资料进行清点和核查，重点核查共用设施设备出厂、安装、试验和运行的合格证明文件。	《物业承接查验办法》建房〔2010〕165号第十五条

续表

序号	类别	项目	内容	依据
34	承接查验	现场检查内容	物业服务企业应当对下列物业共用部位、共用设施设备进行现场检查和验收。共用部位，一般包括建筑物的基础、承重墙体、柱、梁、楼板、屋顶以及外墙、门厅、楼梯间、走廊、扶手、护栏、电梯井道、架空层及设备间等；共用设备，一般包括电梯、发电机、变配电设施、消防设备、楼道灯、电视共用天线、供暖及空调设备等；共用设施，一般包括道路、绿地、人造景观、电线、围墙、大门、垃圾箱、信报箱、宣传栏、路灯、排水沟、渠、池、污水井、化粪池、污水处理设施、安防监控设施、人防设施、垃圾转运设施以及物业服务用房等。	《物业承接查验办法》建房〔2010〕165号第十六条
35		现场查验	现场查验应当综合运用核对、观察、使用、检测和试验等方法，重点查验物业共用部位、共用设施设备的配置标准、外观质量和使用功能。	《物业承接查验办法》建房〔2010〕165号第十八条
36		现场查验记录要求	现场查验应当形成书面记录。查验记录应当包括查验时间、项目名称、查验范围、查验方法、存在问题、修复情况以及查验结论等内容，查验记录应当由建设单位和物业服务企业参加查验的人员签字确认。	《物业承接查验办法》建房〔2010〕165号第十九条
37		查验不合格项处理	现场查验中，物业服务企业应当将物业共用部位、共用设施设备的数量和质量不符合约定或者规定的情形，书面通知建设单位。建设单位应当及时解决并组织物业服务企业复验。	《物业承接查验办法》建房〔2010〕165号第二十条
38		签订承接查验协议	建设单位应当派专业人员参与现场查验，与物业服务企业共同确认现场查验的结果，签订物业承接查验协议。	《物业承接查验办法》建房〔2010〕165号第二十一条
39		承接查验协议要求	物业承接查验协议应当对物业承接查验基本情况、存在问题、解决方法及其时限，双方权利义务、违约责任等事项作出明确约定。	《物业承接查验办法》建房〔2010〕165号第二十二条

续表

序号	类别	项目	内容	依据
40		承接查验协议效力	物业承接查验协议作为前期物业服务合同的补充协议，与前期物业服务合同具有同等法律效力。	《物业承接查验办法》建房（2010）165号第二十三条
41		履行承接查验协议	物业承接查验协议生效后，当事人一方不履行协议约定的交接义务，导致前期物业服务合同无法履行的，应当承担违约责任。	《物业承接查验办法》建房（2010）165号第二十五条
42		承接查验交接记录	交接工作应当形成书面记录。交接记录应当包括移交资料明细、物业共用部位、共用设施设备明细、交接时间、交接方式等内容。交接记录应当由建设单位和物业服务企业共同签章确认。	《物业承接查验办法》建房（2010）165号第二十六条
43	承接查验	分期项目承接查验	分期开发建设的物业项目，可以根据开发进度，对符合交付使用条件的最后一期物业分期承接查验。建设单位与物业服务企业在承接最后一期物业时，办理物业项目整体交接手续。	《物业承接查验办法》建房（2010）165号第二十七条
44		承接查验费用规定	物业承接查验费用的承担，由建设单位与物业服务企业在合同中约定。没有约定或者约定不明确的，由建设单位承担。	《物业承接查验办法》建房（2010）165号第二十八条
45		承接查验备案告知	建设单位和物业服务企业应当将物业承接查验备案情况书面告知业主。	《物业承接查验办法》建房（2010）165号第三十条
46		承接查验档案资料管理	物业服务企业应当将承接查验档案有关的文件、资料和记录建立档案并妥善保管。物业承接查验档案属于全体业主所有。前期物业服务合同终止，业主大会选聘新的物业服务企业的，原物业服务企业应当在前期物业服务合同终止之日起10日内，向业主委员会移交物业承接查验档案。	《物业承接查验办法》建房（2010）165号第三十五条
47		承接未查验项目	物业服务企业擅自承接未经查验的物业，因物业共用部位、共用设施设备缺陷给业主造成损害的，物业服务企业应当承担相应的赔偿责任。	《物业承接查验办法》建房（2010）165号第三十九条

续表

序号	类别	项目	内容	依据
48	承接查验	查验侵害业主利益	建设单位与物业服务企业恶意串通、弄虚作假，在物业承接查验活动中共同侵害业主利益的，双方应当承担赔偿责任。	《物业承接查验办法》建房（2010）165号第四十条
49		承接查验发生争议	物业承接查验中发生的争议，可以申请物业所在地房地产行政主管部门调解，也可以委托有关行业协会调解。	《物业承接查验办法》建房（2010）165号第四十四条
50	物业交接	承接物业	物业服务企业承接物业时，应当与业主委员会办理物业验收手续。	《物业管理条例》中华人民共和国国务院令第698号第四章物业管理服务第三十六条
51		物业交接	物业服务合同终止时，业主大会选聘了新的物业服务企业的，物业服务企业之间应当做好交接工作。	《物业管理条例》中华人民共和国国务院令第698号第四章物业管理服务第三十八条
52		物业备案	物业服务企业应当自物业交接后30日内，持下列文件向物业所在地的区、县（市）房地产行政主管部门办理备案手续：前期物业服务合同；临时管理规约；物业承接查验协议；建设单位移交资料清单；查验记录；交接记录；其他承接查验有关的文件。	《物业承接查验办法》建房（2010）165号第二十九条
53	合同	前期物业服务合同期限	前期物业服务合同可以约定期限；但是，期限未满、业主委员会与物业服务企业签订的物业服务合同生效的，前期物业服务合同终止。	《物业管理条例》中华人民共和国国务院令第698号第三章前期物业管理第二十六条
54		前期物业服务合同内容	建设单位与物业服务企业签订的前期物业服务合同就物业承接查验有约定或者约定的内容，应当包含物业承接查验有约定的内容。前期物业服务企业可以协议补充。不能达成补充协议的，建设单位与物业服务企业按照国家标准、行业标准，没有国家标准、行业标准的，按照通常标准或者符合合同目的的特定标准履行。	《物业承接查验办法》建房（2010）165号第八条
55		前期物业服务合同履行	自物业交接之日起，物业服务企业应当全面履行前期物业服务合同约定的、法律法规规定的以及行业规范确定的维修、养护和管理义务，承担因物业管理服务不当导致使用设备毁损或者灭失的责任。	《物业承接查验办法》建房（2010）165号第三十四条

续表

序号	类别	项目	内容	依据
56		前期物业服务合同终止	前期物业服务合同终止后，业主委员会与业主大会选聘的物业服务企业之间的承接查验活动，可以参照执行本办法。	《物业承接查验办法》建房〔2010〕165号第四十五条
57		物业服务合同	物业服务合同是物业服务人在物业服务区域内，为业主提供建筑物及其附属设施的维修养护、环境卫生和相关秩序的管理维护等物业服务，业主支付物业费的合同。	《民法典》第三编合同第二分编典型合同第二十四章物业服务合同第九百三十七条
58	合同	物业服务合同形式	物业服务合同应当采用书面形式。	《民法典》第三编合同第二分编典型合同第二十四章物业服务合同第九百三十八条
59		物业服务合同内容	物业服务合同的内容一般包括服务事项、服务质量、服务费用的标准和收取办法、维修资金的使用、服务用房的管理和使用、服务期限、服务交接等条款。	《民法典》第三编合同第二分编典型合同第二十四章物业服务合同第九百三十八条
60		物业服务履行	物业服务企业应当按照物业服务合同的约定，提供相应的服务。	《物业管理条例》中华人民共和国国务院令第698号第四章物业管理服务第三十五条
61		物业服务合同履行	物业服务企业未能履行物业服务合同的约定，导致业主人身、财产安全受到损害的，应当依法承担相应的法律责任。	《物业管理条例》中华人民共和国国务院令第698号第四章物业管理服务第三十五条
62		物业服务合同终止	物业服务合同终止时，物业服务企业应当将物业管理用房和本条例第一十九条第一款规定的资料交还给业主委员会。	《物业管理条例》中华人民共和国国务院令第698号第四章物业管理服务第三十八条
63	物业费	物业费	本办法所称物业服务收费，是指物业管理企业按照物业服务合同的约定，对房屋及配套的设施设备和相关场地进行维修、养护、管理、维护相关区域内的环境卫生和相关秩序，向业主所收取的费用。	《物业服务收费管理办法》发改价格〔2003〕1864号第二条
64		物业费收缴原则及规定	物业服务收费应当遵循合理、公开以及费用与服务水平相适应的原则，区别不同物业的性质和特点，由业主和物业服务企业按照国务院价格主管部门会同国务院建设行政主管部门制定的物业服务收费办法，在物业服务合同中约定。	《物业管理条例》中华人民共和国国务院令第698号第四章物业管理服务第四十条

续表

序号	类别	项目	内容	依据
65	物业费	物业费定价	物业服务收费管理应当区分不同物业的性质和特点分别实行政府指导价和市场调节价。具体定价形式由省、自治区、直辖市人民政府价格主管部门会同房地产行政主管部门确定。	《物业服务收费管理办法》发改价格（2003）1864号第六条
66		物业费定价	物业服务收费实行政府指导价的，有定价权限的人民政府价格主管部门应当会同房地产行政主管部门根据物业管理服务等级标准，制定相应的基准价及其浮动幅度，并定期公布。具体收费标准由业主与物业管理企业根据规定的基准价和浮动幅度在物业服务合同中约定。实行市场调节价的物业服务收费，由业主与物业管理企业在物业服务合同中约定。	《物业服务收费管理办法》发改价格（2003）1864号第七条
67		物业费形式	业主与物业管理企业可以采取包干制或者酬金制等形式约定物业服务费用。	《物业服务收费管理办法》发改价格（2003）1864号第九条
68		包干制物业费	实行物业服务费用包干制的，物业服务费用的构成包括物业服务成本、法定税费和物业管理企业的利润。实行物业服务费用酬金制的，预收的物业服务资金包括物业服务支出和物业管理企业的酬金。物业服务成本或者物业服务支出构成一般包括以下部分：管理服务人员的工资、社会保险和按规定提取的福利费等；物业管理区域清洁卫生费用；物业管理区域绿化养护费用；物业管理区域秩序维护费用；办公费用；物业管理企业固定资产折旧；物业共用部位、共用设施设备及公众责任保险费用；经业主同意的其他费用。物业共用部位、共用设施设备的大修、中修和更新、改造费用，应当通过专项维修资金予以列支，不得计入物业服务支出或者物业服务成本。	《物业服务收费管理办法》发改价格（2003）1864号第十一条

续表

序号	类别	项目	内容	依据
69	物业费	酬金制物业费	实行物业服务费用酬金制的，预收的物业服务支出属于代管性质，为所交纳的业主所有，物业管理企业不得将其用于物业服务合同约定以外的支出。物业管理企业应当向业主并每年不少于一次公布物业服务资金的收支情况。业主或者业主大会对公布的物业服务资金年度预决算和物业服务资金的收支情况提出质询时，物业管理企业应当及时答复。	《物业服务收费管理办法》发改价格（2003）1864号第十二条
70			物业服务企业接受委托代收物业管理区域内，供水、供电、供气、供热、通信、有线电视等费用的，不得向业主收取手续费等额外费用。	《物业管理条例》中华人民共和国国务院令第698号第四章物业管理服务第四十四条
71		代收费用	物业管理区域内，供水、供电、供气、供热、通讯、有线电视等单位应当向最终用户收取有关费用。物业管理企业接受委托代收上述费用的，可向委托单位收取手续费，不得向业主收取手续费等额外费用。	《物业服务收费管理办法》发改价格（2003）1864号第十七条
72		利用物业共有资源经营收入	利用物业共用部位、共用设施设备进行经营的，应当在征得相关业主、业主大会，物业管理企业的同意后，按照规定办理有关手续。业主所得收益应当主要用于补充专项维修资金，也可以按照业主大会的决定使用。	《物业服务收费管理办法》发改价格（2003）1864号第十八条
73		物业服务定价成本构成	物业服务定价成本由人员费用、物业共用部位、物业共用设施设备日常运行和维护费用、绿化养护费用、清洁卫生费用、秩序维护费用、办公费用、管理费分摊、固定资产折旧以及经业主同意的其他费用组成。	《物业服务定价成本监审办法》（试行）发改价格（2007）2285号第七条
74		物业费的人员成本构成	人员费用是指物业管理服务人员工资、按规定提取的工会经费、职工教育经费，以及根据政府有关规定应当由物业服务企业缴纳的住房公积金和养老、医疗、失业、工伤、生育保险等社会保险费用。	《物业服务定价成本监审办法》（试行）发改价格（2007）2285号第八条

续表

序号	类别	项目	内容	依据
75	物业费	设施设备运行维护费	物业共用部位共用设备日常运行和维护费用是指为保障物业管理区域内共用部位共用设备的正常使用和运行、维护保养所需的费用。不包括保修期内应由建设单位履行保修责任而支出的维修费和住宅专项维修资金支出的维修和更新、改造费用。	《物业服务定价成本监审办法》（试行）发改价格（2007）2285号第九条
76		绿化养护费	绿化养护费是指管理、养护绿化所需的绿化工具购置费、绿化用水费、补苗费、农药化肥费等。不包括应由建设单位支付的种苗费和前期维护费。	《物业服务定价成本监审办法》（试行）发改价格（2007）2285号第十条
77		清洁卫生费	清洁卫生费是指保持物业管理区域内环境卫生所需的购置工具费、消杀防疫费、化粪池清理费、管道疏通费、清洁用料费、环卫所需费用等。	《物业服务定价成本监审办法》（试行）发改价格（2007）2285号第十一条
78		秩序维护费	秩序维护费是指维护物业管理区域秩序所需的器材装备费、安全防范人员的人身保险费及由物业服务企业支付的服装费等。其中器材装备不包括共用设备中已包括的监控设备。	《物业服务定价成本监审办法》（试行）发改价格（2007）2285号第十二条
79		保险费	物业共用部位共用设备及公众责任保险费是指物业管理企业购买物业共用部位共用设备及公众责任保险所支付的保险费，以物业服务企业与保险公司签订的保险合同所交纳的保险费为准。	《物业服务定价成本监审办法》（试行）发改价格（2007）2285号第十三条
80		办公费	办公费是指物业服务企业为维护管理区域正常管理活动所需的办公用品费、交通费、房租、水电费、取暖费、通讯费、书报费及其他费用。	《物业服务定价成本监审办法》（试行）发改价格（2007）2285号第十四条
81		管理费分摊	管理费分摊是指物业服务企业管理多个物DG4项目情况下，为保证相关的物业服务正常运转而由各物业服务小区承担的管理费用。	《物业服务定价成本监审办法》（试行）发改价格（2007）2285号第十五条
82		固定资产折旧费	固定资产折旧是指按规定折旧方法计提的物业服务固定资产的折旧金额。物业服务固定资产指在物业服务小区内由物业服务企业用有的、与物业服务直接相关的，使用年限在一年以上的资产。	《物业服务定价成本监审办法》（试行）发改价格（2007）2285号第十六条

续表

序号	类别	项目	内容	依据
83		其他费用	经业主同意的其他费用是指业主或者业主大会按规定同意由物业服务费开支的费用。	《物业服务定价成本监审办法》（试行）发改价格（2007）2285号第十七条
84		工会、职工教育经费、住房公积金及社会保险费计提	工会经费、职工教育经费、住房公积金、失业保险费、工伤保险费、生育保险费等社会保险费等按照核定的相应工资水平确定，住房公积金和社会保险费的计提比例按当地政府规定比例确定，超过规定计提比例的不得计入定价成本。医疗保险费用应在社会保险费中列支；其他应在工会经费和职工教育经费中列支的费用，也不得在相关费用项目中重复列支。	《物业服务定价成本监审办法》（试行）发改价格（2007）2285号第十九条
85	物业费	物业费明码标价	物业管理企业实行明码标价应当做到价目齐全，内容真实，标示醒目，字迹清晰。	《物业服务收费明码标价规定》发改价检（2004）1428号第五条
86		物业费明码标价内容	物业服务收费明码标价的内容包括：物业管理企业名称、收费对象、服务内容、服务标准、计费方式、计费起始时间、收费项目、收费标准、价格管理形式、收费依据、价格举报电话12358等。实行政府指导价的物业服务收费应当同时标明基准收费标准、浮动幅度、以及实际收费标准。	《物业服务收费明码标价规定》发改价检（2004）1428号第六条
87		物业费公示	物业管理企业在其服务区域内的显著位置或收费地点，可采取公示栏、公示牌、收费表、收费清单、收费手册、多媒体终端查询等方式实行明码标价。	《物业服务收费明码标价规定》发改价检（2004）1428号第七条
88		代收费用明码标价	物业管理企业接受委托代收供水、供电、供气、供热、通讯、有线电视等有关费用的，也应当依照本规定第六条、第七条的有关内容和方式实行明码标价。	《物业服务收费明码标价规定》发改价检（2004）1428号第八条
89		外延服务收费	物业管理企业根据业主委托提供的物业服务合同约定以外的服务项目，其收费标准在双方约定后应当以适当的方式向业主进行明示。	《物业服务收费明码标价规定》发改价检（2004）1428号第九条

续表

序号	类别	项目	内容	依据
90		物业费明码标价监管管理	实行明码标价的物业服务收费标准等发生变化时，物业管理企业应当在执行新标准前一个月，将所标示价的相关内容进行调整，并应示新标准开始执行的日期，实行一年一缴费预存制度。	《物业服务收费明码标价规定》发改价检〔2004〕1428号第十条
91		违规收费	物业管理企业不得利用虚假的或者使人误解的标价内容、标价方式进行价格欺诈。不得在标价之外，收取任何未予标明的费用。	《物业服务收费明码标价规定》发改价检〔2004〕1428号第十一条
92	物业费	物业费催交	业主违反约定逾期不支付物业费的，物业服务人可以催告其在合理期限内支付；合理期限届满仍不支付的，物业服务人可以提起诉讼或者申请仲裁。	《民法典》第三编合同第二分编典型合同第二十四章物业服务合同第九百四十四条
93			物业服务人不得采取停止供电、供水、供热、供燃气等方式催交物业费。	《民法典》第三编合同第二分编典型合同第二十四章物业服务合同第九百四十四条
94		物业费追缴	业主应当按照物业服务合同的约定按时足额交纳物业服务费用或者物业服务资金。业主违反物业服务合同约定逾期不交纳或者逾期不交纳物业服务费的，业主委员会应当督促其限期交纳。物业管理企业可以依法追缴。业主与物业使用人约定由物业使用人交纳物业服务费用或者物业服务资金的，从其约定，业主负连带交纳责任。业主发生物业服务费用或者物业服务产权转移时，业主或者物业使用人应当结清物业服务费用或者物业服务资金。	《物业服务收费管理办法》发改价格〔2003〕1864号第十五条
95	专项维修资金	住宅专项维修资金划转	住宅专项维修资金划转业主大会管理前，需要使用住宅专项维修资金的，按照以下程序办理：物业服务企业根据维修更新、改造项目提出使用建议；没有物业服务企业的，由相关业主提出使用建议；住宅专项维修资金划支范围内专有部分占面积总面积三分之二以上的业主且占总人数三分之二以上的业主通过使用建议。业主组织实施使用方案，物业服务企业或者相关业主持有相关材料，向所在地直辖市、市、县人民政府建设（房地产）主管部门申请列支；其中，	《住宅专项维修资金管理办法》中华人民共和国建设部、中华人民共和国财政部令第165号第三章使用第二十二条

续表

序号	类别	项目	内容	依据
95	专项维修资金		动用公有住房住宅专项维修资金的,向责任管理公有住房住宅专项维修资金的部门申请列支;直辖市、市、县人民政府建设(房地产)主管部门或者负责管理公有住房住宅专项维修资金的部门审核同意后,向专户管理银行发出划转住宅专项维修资金的通知;专户管理银行将所需住宅专项维修资金划转至维修单位。	《住宅专项维修资金管理办法》中华人民共和国建设部、中华人民共和国财政部令第165号第三章使用第二十二条
96		住宅专项维修资金划转	住宅专项维修资金划转业主大会管理后,需要使用住宅专项维修资金的,按照以下程序办理:物业服务企业提出使用方案,使用方案应当包括拟维修和更新、改造的项目,费用预算,列支范围,发生危及房屋安全等紧急情况以及其他需临时使用住宅专项维修资金的情况的处置办法等;业主大会依法通过使用方案;物业服务企业组织实施使用方案;物业服务企业持有关材料向业主委员会提出列支住宅专项维修资金;同第二十二条第四项;业主委员会依据使用方案审核同意,并报直辖市、市、县人民政府建设(房地产)主管部门备案;动用公有住宅住宅专项维修资金的,经负责管理公有住房住宅专项维修资金的部门审核同意;直辖市、市、县人民政府建设(房地产)主管部门发现不符合有关法律、法规、规章和使用方房住宅专项维修资金的,应当责令改正;业主委员会、负责管理公有住房住宅专项维修资金的部门向专户管理银行发出划转住宅专项维修资金的通知;专户管理银行将所需住宅专项维修资金划转至维修单位。	《住宅专项维修资金管理办法》中华人民共和国建设部、中华人民共和国财政部令第165号第三章使用第二十三条
97		住宅专项维修资金交存	业主住宅专项维修资金分户账面余额不足首期交存额30%的,或维修项目所需金额较大,住宅专项维修资金余额不敷使用的,须及时续交。续交后的住宅专项维修资金不得低于首期住宅专项维修资金应交存数额。未成立业主大会的,住宅专项维修资金续交方案由业主大会决定。成立业主大会的,住宅专项维修资金续交方案由售房单位或物业服务单位制定,经物业管理区域内专有部分占建筑物总面积三分之二以上的业主且占总人数三分之二以上的业主讨论同意后实施。	《中央国家机关住宅专项维修资金管理办法》国管房改〔2008〕346号第二章交存第十五条

续表

序号	类别	项目	内容	依据
98	专项维修资金	业主大会成立前住宅专项维修资金使用	业主大会成立前，需要使用住宅专项维修资金的，按照以下程序办理：相关业主、售房单位或物业服务单位提出维修和更新、改造项目的内容，范围、费用、时间等向涉及建筑物总面积三分之二以上的业主且占总人数三分之二以上的业主公告；住宅专项维修资金列支范围内专有部分占建筑物总面积三分之二以上的业主同意的，售房单位持有关材料，向主管部门申请列支；主管部门审核同意后，向有关专户管理银行发出划转住宅专项维修资金的通知；售房单位行将所需至售房单位或者相关业主组织实施。	《中央国家机关住宅专项维修资金管理办法》国管房改〔2008〕346号第三章使用第十九条
99		业主大会成立后住宅专项维修资金使用	业主大会成立后，需要使用住宅专项维修资金的，按照以下程序办理：业主委员会根据相关业主、售房单位或物业服务单位提出的意见制定使用方案。使用方案包括项目的内容、改造项目的内容、范围、费用、时间，发生危及房屋安全等情况以及其他需临时使用住宅专项维修资金的部分处置办法等；使用方案提交业主大会讨论，经业主且占总人数三分之二以上的业主专有部分占建筑物总面积三分之二以上的业主同意；经业主大会授权的相关业主持有关材料向业主委员会提出使用住宅专项维修资金，由售房单位向主管部门申请。其中，动用公有住宅专项维修资金的，须经主管部门备案；动用公有住房住宅专项维修资金的，业主委员会批准同意，并报主管部门审核同意。对不符合有关法律、法规、规章的，责令其改正；业主委员会、主管部门向有关专户管理银行发出划转住宅专项维修资金的通知；有关专户管理银行将所需的住宅专项维修资金划转至申请单位。	《中央国家机关住宅专项维修资金管理办法》国管房改〔2008〕346号第三章使用第二十条

续表

序号	类别	项目	内容	依据
100	专项维修资金	紧急情况时住宅专项维修资金使用	发生危及房屋安全等紧急情况，需要立即对住宅共用部位、共用设施设备进行维修和更新、改造的，按照以下规定支取住宅专项维修资金：住宅专项维修资金应当制定住宅专项维修资金划转业主大会管理前，物业服务单位应当制定住宅专项维修资金应急支取预案，预案经物业管理区域内专有部分占建筑物总面积三分之二以上的业主且占总人数三分之二以上的业主同意后，主管部门可以组织物业服务单位或售房单位代修，所需费用按照本办法第十七条确定的分摊办法从相关业主住宅专项维修资金中列支。出现紧急情况时，住宅专项维修资金划转业主大会管理后，按照本办法第二十条第四项、第五项、第六项的规定办理。发生前款情况后，未按规定实施维修和更新、改造的，主管部门可以组织物业服务单位或售房单位先行处置，再按照本办法第十九条第三项、第四项、第五项、第六项的规定实施。	《中央国家机关住宅专项维修资金管理办法》国管房改〔2008〕346号第三章使用第二十一条
101			下列费用不得从住宅专项维修资金中列支：依法应当由建设单位或者施工单位承担的住宅共用部位、共用设施设备维修、更新和改造费用；依法应当由相关单位承担的供水、供电、供气、供热、通讯、有线电视等管线和设施设备的维修、养护费用；应当由当事人承担的因人为损坏住宅共用部位、共用设施设备所需的修复费用；根据物业服务合同约定，应当由物业服务单位承担的住宅共用部位、共用设施设备的维修和养护费用。按照国家规定，应当由单位和个人承担的其他费用。	《中央国家机关住宅专项维修资金管理办法》国管房改〔2008〕346号第三章使用第二十二条
102		住宅专项维修资金使用	下列费用不得从住宅专项维修资金中列支：依法应当由建设单位或者施工单位承担的住宅共用部位、共用设施设备维修、更新和改造费用；依法应当由相关单位承担的供水、供电、供气、供热、通讯、有线电视等管线和设施设备的维修、养护费用；应当由当事人承担的因人为损坏住宅共用部位、共用设施设备所需的修复费用；根据物业服务合同约定，应当由物业服务企业承担的住宅共用部位、共用设施设备的维修和养护费用。	《住宅专项维修资金管理办法》中华人民共和国建设部、中华人民共和国财政部令第165号第三章使用第二十五条

347

续表

序号	类别	项目	内容	依据
103	专项维修资金	违规处理	业主、业主大会、开发建设单位、售房单位、物业服务单位以及相关人员违反住宅专项维修资金管理规定的，按照《住宅专项维修资金管理办法》的有关规定处理。	《中央国家机关住宅专项维修资金管理办法》国管房改〔2008〕346号等第六章附则第三十七条
104	邮政	通信自由和保密	公民的通信自由和通信秘密受法律保护。除因国家安全或者追查刑事犯罪的需要，由公安机关、国家安全机关或者检察机关依照法律规定的程序对通信进行检查外，任何组织或者个人不得以任何理由侵犯公民的通信自由和通信秘密。除法律另有规定外，任何组织或者个人不得检查、扣留邮件、汇款。	《中华人民共和国邮政法》中华人民共和国主席令第25号第一章总则第三条
105		投递协助	邮政企业采取按址投递、用户领取或者与用户协商的其他方式投递邮件。企业事业单位、机关、住宅小区管理单位等应当为邮政企业投递邮件提供便利。单位用户地址变更的，应当及时通知邮政企业。	《中华人民共和国邮政法》中华人民共和国主席令第25号第二章邮政设施第三十一条
106		邮件安全	任何单位和个人不得私自开拆、隐匿、毁弃他人邮件。	《中华人民共和国邮政法》中华人民共和国主席令第25号第二章邮政设施第三十五
107		禁止行为	任何单位和个人不得有下列行为：扰乱邮政营业场所正常秩序；阻碍邮政企业从业人员投递邮件；非法拦截、强登、扒乘带有邮政专用标志的车辆；冒用邮政企业名义或者倒卖邮政专用品或者伪造的邮政专用品。	《中华人民共和国邮政法》中华人民共和国主席令第25号第二章邮政设施第三十八条
108		违规处罚	有下列行为之一，尚不构成犯罪的，依法给予治安管理处罚：盗窃、损毁邮政设施或者影响邮政设施正常使用的。	《中华人民共和国邮政法》中华人民共和国主席令第25号第二章邮政设施第八十条
109	无线电	无线电频率使用	任何单位或者个人不得擅自使用无线电频率，不得对依法开展的无线电业务造成有害干扰，不得利用无线电台（站）进行违法犯罪活动。	《中华人民共和国无线电管理条例》中华人民共和国国务院、中华人民共和国中央军事委员会令第672号第一章总则第六条

续表

序号	类别	项目	内容	依据
109	无线电	无线电频率使用	任何单位或者个人不得擅自使用无线电频率，不得对依法开展的无线电业务造成有害干扰，不得利用无线电台（站）进行违法犯罪活动。	《中华人民共和国无线电管理条例》中华人民共和国国务院、中华人民共和国中央军事委员会令第672号第一章总则第六条
110		无线电频率使用许可	使用无线电频率应当取得许可，但下列频率除外：业余无线电台、公众对讲机，制式无线电台使用的频率。	《中华人民共和国无线电管理条例》中华人民共和国国务院、中华人民共和国中央军事委员会令第672号第三章频率管理第十四条
111		无线电频率使用期限	无线电频率使用许可的期限不得超过10年。无线电频率使用期限届满后需要继续使用的，应当在期限届满30个工作日前向作出许可决定的无线电管理机构提出延续申请。受理申请的无线电管理机构应当依照本条例第十五条、第十六条的规定进行审查并作出决定。无线电频率使用期限届满拟终止使用无线电频率的，应当及时向作出许可决定的无线电管理机构办理注销手续。	《中华人民共和国无线电管理条例》中华人民共和国国务院、中华人民共和国中央军事委员会令第672号第三章频率管理第十九条
112		无线电频率使用费	使用无线电频率应当按照国家有关规定缴纳无线电频率占用费。无线电频率占用费的项目、标准，由国务院财政部门、价格主管部门制定。	《中华人民共和国无线电管理条例》中华人民共和国国务院、中华人民共和国中央军事委员会令第672号第三章频率管理第二十一条
113	装饰装修	告知要求	业主装饰装修房屋的，应当事先告知物业服务人，遵守物业服务人提示的合理性注意事项，并配合其进行必要的现场检查。	《民法典》第三编合同第二分编典型合同第九百四十五条
114			物业服务企业应当将房屋装饰装修中的禁止行为和注意事项告知业主。	《物业管理条例》中华人民共和国国务院令第698号第五章物业的使用与维护第五十二条
115		禁止活动	禁止物业管理单位向装修人指派装饰装修企业或者强行推销装饰装修材料。	《住宅室内装饰装修管理办法》建设部令（2002）第110号第十九条
116		举报投诉	任何单位和个人对住宅室内装饰装修中出现的影响公众利益的质量事故、质量缺陷以及其他影响周围住户正常生活的行为，都有权检举、控告、投诉。	《住宅室内装饰装修管理办法》建设部令（2002）第110号第二十一条

续表

序号	类别	项目	内容	依据
117	安全生产	安全隐患处理	物业存在安全隐患，危及公共利益及他人合法权益时，责任人应当及时维修养护，有关业主应当给予配合。	《物业管理条例》中华人民共和国国务院令第698号第五章物业的使用与维护第五十条
118		安全隐患处理	责任人不履行维修养护义务的，经业主大会同意，可以由物业服务企业维修养护，费用由责任人承担。	《物业管理条例》中华人民共和国国务院令第698号第五章物业的使用与维护第五十条
119		生产安全事故	事故发生后，事故现场有关人员应当立即向本单位负责人报告；单位负责人接到报告后，应当于1小时内向事故发生地县级以上人民政府安全生产监督管理部门和负有安全生产监督管理职责的有关部门报告。情况紧急时，事故现场有关人员可以直接向事故发生地县级以上人民政府安全生产监督管理部门和负有安全生产监督管理职责的有关部门报告。	《生产安全事故报告和调查处理条例》中华人民共和国国务院令第493号第二章事故报告第九条
120	消防	消防安全管理	同一建筑物由两个以上单位管理或者使用的，应当明确各方的消防安全责任，并确定责任人对共用的疏散通道、安全出口、建筑消防设施和消防车通道进行统一管理。物业服务企业应当按照合同约定提供消防安全防范服务，对管理区域内的共用消防设施进行维护管理，及时劝阻制止占用、堵塞、封闭消防通道，安全出口、消防车通道等行为，劝阻和制止无效的，立即向公安机关等主管部门报告。定期开展防火检查巡查和消防宣传教育。	《消防安全责任制实施办法》国办发（2017）87号第十八条
121		消防安全职责	居民住宅区的物业管理单位应当在管理范围内履行下列消防安全职责：制定消防安全制度，落实消防安全责任，开展消防安全宣传教育；开展防火检查，消除火灾隐患；保障疏散通道、安全出口、消防车通道畅通；保障公共消防设施、器材以及消防安全标志完好有效。其他物业管理单位应当对受委托管理范围内的公共消防安全管理工作负责。	《机关、团体、企业、事业单位消防安全管理规定》中华人民共和国公安部令第61号第十条
122		消防安全培训	物业服务企业应当在物业服务工作范围内，根据实际情况积极开展经常性消防安全宣传教育，每年至少组织一次本单位员工和居民参加的灭火和应急疏散演练。	《社会消防安全教育培训规定》中华人民共和国公安部等九部门令第109号第二十条

续表

序号	类别	项目	内容	依据
123	消防	高层业主及使用单位消防安全管理职责	高层公共建筑的业主单位、使用单位应当履行下列消防安全职责：遵守消防法律法规，建立和落实消防安全管理制度；明确消防安全管理机构或者消防安全管理人员，组织开展防火巡查、检查，及时消除火灾隐患；确保疏散通道、安全出口、消防车通道畅通，维修、维护、保养消防设施、器材定期进行检验，确保完好有效；组织消防宣传教育培训，制定灭火和应急疏散预案，定期组织消防演练；法律、法规规定的其他消防安全职责。按照规定建立专职消防队、志愿消防队（微型消防站）等消防组织；委托物业服务企业或者其他统一管理人实施消防安全管理的，物业服务企业或者统一管理人应当按照约定履行消防安全管理职责，或者明确消防组织，使用单位应当督促并配合物业服务企业或者统一管理人做好消防安全工作。	《高层民用建筑消防安全管理规定》中华人民共和国应急管理部令第5号第七条
124		高层业主及使用单位消防安全管理职责	高层公共建筑的业主、使用人、物业服务企业或者统一管理人应当明确消防安全管理人，负责整栋建筑的消防安全管理工作，并在建筑显著位置公示其姓名、联系方式和消防安全管理人。高层公共建筑消防安全管理人应当履行下列消防安全管理职责：拟订年度消防工作计划，组织实施日常消防安全管理工作；组织开展防火检查、巡查和火灾隐患整改工作；组织建筑共用消防设施设备的维护保养；管理专职消防队、志愿消防队（微型消防站）等消防组织；组织开展消防宣传教育和培训，组织编制灭火和应急疏散综合预案并开展演练。高层公共建筑的消防安全管理人应当具备与其消防安全职责相适应的消防安全知识和管理能力。对建筑高度超过100米的高层公共建筑，鼓励有关单位聘用相应级别的注册消防工程师或者相关专业中级及以上专业技术职务的人员担任消防安全管理人。	《高层民用建筑消防安全管理规定》中华人民共和国应急管理部令第5号第八条

续表

序号	类别	项目	内容	依据
125	消防		接受委托的高层住宅建筑的物业服务企业应当依法履行下列消防安全职责：落实消防安全责任，制定消防安全制度，拟订年度消防安全管理工作计划和组织保障方案；明确具体部门或者人员负责消防安全管理工作，对管理区域内的共用消防设施、器材和消防标志定期进行检测、维护保养，确保完好有效；组织开展防火巡查、检查，及时消除火灾隐患；保障疏散通道、安全出口、消防车通道畅通，对占用、堵塞、封闭疏散通道、安全出口、消防车通道等违规行为予以制止；制止无效的，及时报告消防救援机构等有关行政管理部门依法处理；督促业主、使用人履行消防安全义务；定期向所在住宅小区业主委员会和业主、使用人通报消防安全情况，提示消防安全风险；组织开展经常性的消防宣传教育；制定灭火和应急疏散预案，并定期组织演练；法律、法规规定和合同约定的其他消防安全职责。	《高层民用建筑消防安全管理规定》中华人民共和国应急管理部令第5号第十条
126		高层明火作业消防安全管理	高层民用建筑的业主、使用者物业服务企业、统一管理人应当对动用明火作业实行严格的消防安全管理，不得在具有火灾、爆炸危险的场所使用明火；因施工等特殊情况需要进行电焊、气焊等明火作业的，应当按照规定办理动火审批手续，落实现场监护人，配备消防器材，并在建筑主人口处和作业现场显著位置公告。作业人员应当依法持证上岗，严格遵守消防安全规定，清除周围及下方的易燃、可燃物，采取防火隔离措施。作业完毕后，应当进行全面检查，消除遗留火种。高层公共建筑内的商场、公共娱乐场所不得在营业期间动火施工。高层公共建筑内应当确定禁火禁烟区域，并设置明显标志。	《高层民用建筑消防安全管理规定》中华人民共和国应急管理部令第5号第十五条
127		高层电器设备消防安全管理	高层民用建筑内电器设备的安装使用及其线路敷设应当符合消防技术标准和管理规定。高层民用建筑的业主、使用人或者消防服务单位，应当安排专业电工定期对管理区域内共用管理的电器设备及线路进行检查，对不符合安全要求的，应当及时维修、更换。	《高层民用建筑消防安全管理规定》中华人民共和国应急管理部令第5号第十六条

续表

序号	类别	项目	内容	依据
128	消防	消防车通道管理	禁止在消防车通道、消防车登高操作场地设置构筑物、停车泊位、固定隔离桩等障碍物。禁止在消防车通道上方、登高操作面设置妨碍消防车作业的架空管线、广告牌、装饰物等障碍物。	《高层民用建筑消防安全管理规定》中华人民共和国应急管理部令第5号第二十二条
129		高层建立消防组织	高层公共建筑内有关单位、高层住宅建筑所在社区居民委员会或者物业服务企业按照规定建立的专职消防队、志愿消防队（微型消防站）等消防组织，应当配备必要的人员、场所和器材、装备，定期进行消防技能培训和演练，开展防火巡查，及时处置、扑救初起火灾。	《高层民用建筑消防安全管理规定》中华人民共和国应急管理部令第5号第二十七条
130		高层库房消防安全管理	除为满足高层民用建筑的使用功能所设置的自用物品备存库房、档案室和资料室等附属库房外，禁止在高层民用建筑内设置其他库房。高层民用建筑的附属库房应当采取相应的防火分隔措施，严格遵守有关消防安全管理规定。	《高层民用建筑消防安全管理规定》中华人民共和国应急管理部令第5号第二十四条
131		高层机房消防安全管理	高层民用建筑内的锅炉房、变配电室、空调机房、自备发电机房、储油间、消防水泵房、消防水箱间、防排烟风机房等设备用房应当按照消防技术标准设置，确定为消防安全重点部位，设置明显的防火标志，实行严格管理，并不得占用和堆放杂物。	《高层民用建筑消防安全管理规定》中华人民共和国应急管理部令第5号第二十五条
132		高层消防控制室管理	高层民用建筑消防控制室应当由其管理单位实行24小时值班制度，每班不应少于2名值班人员。消防控制室值班操作人员应当依法取得相应等级的消防行业特有工种职业资格证书，按照职责要求，熟练掌握火警处置程序和要求，按照有关规定检查自动消防设施、联动控制设备运行情况，确保其处于正常工作状态。消防控制室内应当保存高层民用建筑总平面布局图、平面布置图和消防设施系统图及控制逻辑关系说明、建筑消防设施维修保养记录和检测报告等资料。	《高层民用建筑消防安全管理规定》中华人民共和国应急管理部令第5号第二十六条

续表

序号	类别	项目	内容	依据
133	消防	高层消防疏散通道管理	高层民用建筑的疏散通道、安全出口应当保持畅通，禁止堆放物品、锁闭出口，设置障碍物。平时需要控制人员出入或者设有门禁系统的疏散门，应当保证火灾时易于开启，并在现场显著位置设置醒目的提示和使用标识。高层民用建筑的常闭式防火门应当保持常闭，闭门器、顺序器等部件应当完好有效；禁止圈占、遮挡消火栓、禁止在消火栓箱内堆放杂物，闭井反馈信号。禁止在防火卷帘下堆放物品。	《高层民用建筑消防安全管理规定》中华人民共和国应急管理部令第5号第二十八条
134		高层消防安全标识管理	高层民用建筑内应当在显著位置设置标识，指示避难层（间）的位置。禁止占用高层民用建筑避难层（间）和避难走道或者堆放杂物，禁止锁闭避难层（间）和避难走道走道入口。	《高层民用建筑消防安全管理规定》中华人民共和国应急管理部令第5号第二十九条
135		高层消防安全标识管理	高层民用建筑的消防车道、消防车登高操作场地、灭火救援窗口、室外消火栓、消防水泵接合器、常闭式防火门等应当设置明显的提示性、警示性标识。防火卷帘下方还应当在地面标识出禁止占用的区域范围。消防车登高操作场地、灭火救援窗上应当张贴使用方法的标识。消火栓箱、灭火器箱下方消防配电柜电源开关、消防设备用房内管道阀门等应当标识开、关状态；对需要保持常开或者常闭状态的阀门，应当采取铅封等限位措施。	《高层民用建筑消防安全管理规定》中华人民共和国应急管理部令第5号第三十一条
136		高层消防设施停用管理	不具备自主维护保养检测能力的高层民用建筑业主、使用人或者物业服务企业应当聘请具备从业条件的消防技术服务机构或者消防设施施工安装企业对建筑消防设施进行维护保养和检测；存在故障、缺损的，应当立即组织维修、更换，确保完好有效。因维修等需要停用建筑消防设施的，高层民用建筑的管理单位应当严格履行内部审批手续，制定总方案、落实防范措施，并在建筑入口处等显著位置公告。	《高层民用建筑消防安全管理规定》中华人民共和国应急管理部令第5号第三十二条

续表

序号	类别	项目	内容	依据
137	消防	高层消防安全每日巡查	高层民用建筑应当进行每日防火巡查，并填写巡查记录。其中，高层公共建筑内公众聚集场所在营业期间应当每2小时进行一次防火巡查，高层住宅建筑和高层公共建筑的其他部位可以结合实际确定防火巡查的频次。防火巡查应当包括下列内容：用火、用电、用气有无违章情况；安全出口、疏散通道、消防车通道畅通情况；消防设施、器材完好情况，常闭式防火门关闭情况；消防安全重点部位人员在岗在位等情况。	《高层民用建筑消防安全管理规定》中华人民共和国应急管理部令第5号第三十四条
138		高层消防安全每月检查	高层住宅建筑应当每月至少开展一次防火检查，高层公共建筑应当每半个月至少开展一次防火检查，并填写检查记录。防火检查应当包括下列内容：安全出口和疏散设施情况；灭火器材配置及有效情况，消防车通道、消防车登高操作场地和消防水源情况；用火、用电、用气情况；消防控制室值班和消防设施运行情况；人员教育培训情况；重点部位管理情况；火灾隐患整改以及防范措施的落实情况。	《高层民用建筑消防安全管理规定》中华人民共和国应急管理部令第5号第三十五条
139		高层消防安全隐患整改	对防火巡查、检查发现的火灾隐患，高层民用建筑的业主、使用人、受委托的消防服务单位，应当立即采取措施予以整改。对不能当场改正的火灾隐患，应当明确整改责任、期限、落实整改措施，采取临时防范措施，确保消防安全；必要时，应当暂时停止使用危险部位。	《高层民用建筑消防安全管理规定》中华人民共和国应急管理部令第5号第三十六条
140		高层消防安全评估	高层民用建筑的业主、使用人或者消防服务单位，统一管理人应当每年至少组织开展一次建筑的消防安全评估。消防安全评估报告应当包括存在的消防安全问题、火灾隐患以及改进措施等内容。	《高层民用建筑消防安全管理规定》中华人民共和国应急管理部令第5号第三十九条

续表

序号	类别	项目	内容	依据
141	消防	高层消防安全培训	高层公共建筑内的单位应当每半年至少对员工开展一次消防安全教育培训。高层公共建筑安全管理人员应当对本单位员工开展上岗前消防安全培训，并对消防控制室值班人员和操作人员、电工、保安员等重点岗位人员组织专门培训。高层住宅建筑的物业服务企业应当每年至少对居住人员进行一次消防安全教育培训，进行一次疏散演练。	《高层民用建筑消防安全管理规定》中华人民共和国应急管理部令第5号第四十一条
142		高层消防安全警示提示及宣传	高层民用建筑应当在每层的显著位置张贴安全疏散示意图。公共区域电子显示屏应当播放消防安全提示和消防安全知识。高层公共建筑除遵守本条第一款规定外，还应当在首层显著位置提示公众注意火灾危险，以及安全出口、疏散通道和灭火器材的位置。高层住宅小区除遵守本条第一款规定外，还应当在显著位置设置消防安全宣传栏，在高层住宅建筑单元入口处提示安全用火、用电、用气，以及电动自行车存放、充电等消防安全常识。	《高层民用建筑消防安全管理规定》中华人民共和国应急管理部令第5号第四十二条
143		高层消防安全管理疏散预案	高层民用建筑结合场所特点，分级分类编制灭火和应急疏散预案。规模较大或者业态复杂，且有两个及以上业主、使用人或者多个职能部门的高层民用建筑，有关单位应当编制灭火和应急疏散总预案，各单位或者职能部门应当根据场所、功能分区、岗位实际编制灭火和应急疏散专项预案（以下称分预案）。灭火和应急疏散预案应当明确应急组织机构、确定承担通信联络、灭火、疏散和救护任务的人员及其职责，明确报警、联络、疏散等处置程序和措施。	《高层民用建筑消防安全管理规定》中华人民共和国应急管理部令第5号第四十三条
144		高层消防安全管理演练	高层民用建筑的业主、使用人、受委托的消防服务单位应当结合实际，按照灭火和应急疏散预案和分预案分别组织实施消防演练。高层民用建筑公共建筑应当每半年至少进行一次疏散演练，建筑高度超过100米的，有关单位和职能部门应当每季度至少进行一次综合演练或者专项演练。编制分预案的单位和职能部门应当在综合演练范围内对人员进行公告、疏散前、演练中、疏散结束后，有关单位应当告知演练范围内的人员及疏散标识，演练时，应当设置明显标识，演练结束后，应当进行总结评估，并及时对预案进行修订和完善。	《高层民用建筑消防安全管理规定》中华人民共和国应急管理部令第5号第四十四条

续表

序号	类别	项目	内容	依据
145	消防	高层火灾发生处置	火灾发生时，发现火灾的人员应当立即拨打119电话报警。火灾发生后，高层民用建筑使用单位应当迅速启动灭火和应急疏散预案，组织人员疏散，扑救初起火灾。火灾扑灭后，高层民用建筑的业主、使用人、消防服务单位应当组织保护火灾现场，协助火灾调查。	《高层民用建筑消防安全管理规定》中华人民共和国应急管理部令第5号第四十六条
146		高层消防责任主体、责任人及管理人	高层民用建筑的业主、使用人是高层民用建筑消防安全责任主体，对高层民用建筑的消防安全负责。	《高层民用建筑消防安全管理规定》中华人民共和国应急管理部令第5号第四条
147			高层民用建筑的业主、使用人是单位的，其法定代表人或者主要负责人是本单位的消防安全责任人。	《高层民用建筑消防安全管理规定》中华人民共和国应急管理部令第5号第四条
148			同一高层民用建筑有两个及以上业主、使用人的，各业主、使用人对其专有部分的消防安全负责，对共有部分的消防安全共同负责。	《高层民用建筑消防安全管理规定》中华人民共和国应急管理部令第5号第五条
149			同一高层民用建筑有两个及以上业主、使用人的，应当共同委托物业服务企业，或者明确一个业主、使用人作为统一管理人，对有部分的消防安全防安全实行统一管理，协调、指导业主、使用人共同做好整栋建筑的消防安全工作，并通过书面约定各方的消防安全责任。	《高层民用建筑消防安全管理规定》中华人民共和国应急管理部令第5号第五条
150		单位消防安全管理职责	机关、团体、企业、事业等单位应当履行下列消防安全职责：落实消防安全责任制，制定本单位的消防安全制度、消防安全操作规程，制定灭火和应急疏散预案；按照国家标准、行业标准配置消防设施、器材，设置消防安全标志，并定期组织检验、维修，确保完好有效；对建筑消防设施每年至少进行一次全面检测，确保完好有效，检测记录应当完整准确，存档备查；保障疏散通道、安全出口、消防车通道畅通，保证防火防烟分区、防火间距符合消防技术标准；组织防火检查，及时消除火灾隐患；组织进行有针对性的消防演练；法律、法规规定的其他消防安全职责。单位的主要负责人是本单位的消防安全责任人。	《中华人民共和国消防法》中华人民共和国主席令第6号第二章火灾预防第十六条

续表

序号	类别	项目	内容	依据
151	消防	消防安全管理严禁行为	任何单位、个人不得损坏、挪用或者擅自拆除、停用消防设施、器材，不得埋压、圈占、遮挡消火栓或者占用防火间距，不得占用、堵塞、封闭疏散通道、安全出口、消防车通道。人员密集场所的门窗不得设置影响逃生和灭火救援的障碍物。	《中华人民共和国消防法》中华人民共和国主席令第6号第二章火灾预防第二十八条
152		消防安全明火管理	禁止在具有火灾、爆炸危险的场所吸烟、使用明火。因施工等特殊情况需要使用明火作业的，应当按照规定事先办理审批手续。进行电焊、气焊等具有火灾危险作业的人员和自动消防系统的操作人员，必须持证上岗，并遵守消防安全操作规程。	《中华人民共和国消防法》中华人民共和国主席令第6号第二章火灾预防第二十一条
153		高层户外广告牌、装饰消防管理	高层民用建筑的户外广告牌、外装饰不得采用易燃、可燃材料，不得影响灭火救援，不得改变或者破坏建筑立面结构。建筑高度超过50米的高层民用建筑外窗应当采用不易破拆材料并易于破拆。	《高层民用建筑消防安全管理规定》中华人民共和国应急管理部令第5号第二十一条
154		高层外墙外保温防火管理	设有建筑外墙外保温系统的高层民用建筑，其管理单位应当在主入口及周边相关显著位置，设置提示性和警示性标识，标示外墙外保温材料的燃烧性能、防火要求。对高层民用建筑外墙外保温系统破损、开裂和脱落的，应当及时修复。高层民用建筑在进行外墙外保温系统施工时，建设单位应当采取必要的防火隔离以及限制住人和使用的措施，确保建筑内人员安全。	《高层民用建筑消防安全管理规定》中华人民共和国应急管理部令第5号第十九条
155		配合高层消防管理	高层居民住宅楼的房产管理部门、房屋产权单位和供电、燃气经营单位，应当指定有关机构和人员配合街道办事处、居民委员会进行消防管理工作，协助他们采取措施加强防火工作。	《高层居民住宅楼防火管理规则》中华人民共和国公安部令第11号第八条

续表

序号	类别	项目	内容	依据
156	消防	电动自行车管理	禁止在高层民用建筑公共门厅、疏散走道、楼梯间、安全出口等放置电动自行车或者为电动自行车充电。	《高层民用建筑消防安全管理规定》中华人民共和国应急管理部令第 5 号第三十七条
157		道路管理	在公共道路上堆放、倾倒、遗撒妨碍通行的物品造成他人损害的，由行为人承担侵权责任。公共道路管理人不能证明已经尽到清理、防护、警示等义务的，应当承担相应的责任。	《民法典》第七编侵权责任第十章建筑物和物件损害责任第一千二百五十六条
158			业主、物业服务企业不得擅自占用、挖掘物业管理区域内的道路、场地，损害业主的共同利益。	《物业管理条例》中华人民共和国国务院令第 698 号第五章物业的使用与维护第五十条
159			因维修物业或者公共利益，业主确需临时占用、挖掘道路、场地的，应当征得业主委员会和物业服务企业的同意；物业服务企业确需临时占用、挖掘道路、场地的，应当征得业主委员会的同意。	《物业管理条例》中华人民共和国国务院令第 698 号第五章物业的使用与维护第五十条
160			业主、物业服务企业应当将临时占用、挖掘的道路、场地，在约定期限内恢复原状。	《物业管理条例》中华人民共和国国务院令第 698 号第五章物业的使用与维护第五十条
161	房屋及设施设备	共用设施改变用途	业主依法确需改变公共建筑和共用设施用途的，应当在依法办理有关手续后告知物业服务企业；物业服务企业确需改变公共建筑和共用设施用途的，应当提请业主大会讨论决定同意后，由业主依法办理有关手续。	《物业管理条例》中华人民共和国国务院令第 698 号第五章物业的使用与维护第四十九条
162		地下设施管理	管井等地下设施造成他人损害，管理人不能证明尽到管理职责的，应当承担侵权责任。	《民法典》第七编侵权责任第十章建筑物和物件损害责任第一千二百五十八条
163		保修管理	因保修不及时造成新的人身、财产损害，由造成拖延的责任方承担赔偿责任。	《房屋建筑工程质量保修办法》中华人民共和国建设部令第 80 号第十五条
164		电梯养护	电梯应当至少每 15 日进行一次清洁、润滑、调整和检查。	《特种设备安全监察条例》中华人民共和国国务院令第 549 号第三十一条

续表

序号	类别	项目	内容	依据
165		特种设备	特种设备的生产（包括设计、制造、安装、改造、修理）、经营、使用、检测，是指对人身和财产安全有较大危险性的锅炉、压力容器（含气瓶）、压力管道、电梯、起重机械、客运索道、大型游乐设施、场（厂）内专用机动车辆，以及法律、行政法规规定适用本法的其他特种设备。国家对特种设备实行目录管理。特种设备目录由国务院负责特种设备安全监督管理的部门制定，报国务院批准后执行。	《中华人民共和国特种设备安全法》中华人民共和国主席令第 4 号第二条
166		特种设备安全和节能及监察	特种设备生产、经营、使用单位应当遵守本法和其他有关法律、法规，建立、健全特种设备安全和节能责任制度，加强特种设备安全和节能管理，确保特种设备生产、经营、使用安全，符合节能要求。	《中华人民共和国特种设备安全法》中华人民共和国主席令第 4 号第七条
167	房屋及设施设备		特种设备生产、使用单位应当建立健全特种设备安全、节能管理制度和岗位安全、节能责任制度。特种设备生产、使用单位的主要负责人对本单位特种设备的安全和节能全面负责。特种设备使用单位应当接受特种设备检验检测机构，依法进行的特种设备检验检测和特种设备安全监督管理部门依法进行的特种设备安全监察。	《特种设备安全监察条例》中华人民共和国国务院令第 549 号第五条
168			特种设备生产、经营、使用、检验、检测应当遵守有关特种设备安全技术规范及相关标准。特种设备安全技术规范由国务院负责特种设备安全监督管理的部门制定。	《中华人民共和国特种设备安全法》中华人民共和国主席令第 4 号第八条
169		特种设备规范	电梯的日常维护保养单位应当在维护保养中严格执行国家安全技术规范的要求，保证具维护保养的电梯的安全技术性能，并负责现场安全防护措施，保证施工安全。电梯的日常维护保养单位，应当对其维护保养的电梯的安全性能负责。接到故障通知后，应当立即赶赴现场，并采取必要的应急救援措施。	《特种设备安全监察条例》中华人民共和国国务院令第 549 号第三十二条

续表

序号	类别	项目	内容	依据
170		特种设备教育培训	特种设备生产、经营、使用单位及其主要负责人对其生产、经营、使用的特种设备安全负责。特种设备生产、经营、使用单位应当配备特种设备安全管理人员、检测人员和作业人员，并对其进行必要的安全教育和技能培训。	《中华人民共和国特种设备安全法》中华人民共和国主席令第4号第十三条
171		特种设备执业资格	特种设备安全管理人员、检测人员和作业人员应当按照国家有关规定取得相应资格，方可从事相关工作。特种设备生产、经营、使用单位应当严格执行安全技术规范和管理制度，保证特种设备安全。	《中华人民共和国特种设备安全法》中华人民共和国主席令第4号第十四条
172	房屋及设施设备		锅炉、压力容器、电梯、起重机械、客运索道、大型游乐设施、场（厂）内专用机动车辆的作业人员及其相关管理人员（以下统称特种设备作业人员），应当按照国家有关规定经特种设备安全监督管理部门考核合格，取得国家统一格式的特种设备作业人员证书，方可从事相应的作业或者管理工作。	《特种设备安全监察条例》中华人民共和国国务院令第549号第三十八条
173		特种设备检测维护保养	特种设备生产、经营、使用单位对其生产、经营、使用的特种设备应当进行自行检测和维护保养，对国家规定实行检验的特种设备应当及时申报并接受检验。	《中华人民共和国特种设备安全法》中华人民共和国主席令第4号第十五条
174		特种设备检验合格	特种设备使用单位应当使用取得许可生产并经检验合格的特种设备。禁止使用国家明令淘汰和已经报废的特种设备。	《中华人民共和国特种设备安全法》中华人民共和国主席令第4号第三十二条
175		特种设备登记管理	特种设备使用单位应当在特种设备投入使用前或者投入使用后三十日内，向负责特种设备安全监督管理的部门办理使用登记，取得使用登记证书。登记标志应当置于该特种设备的显著位置。	《中华人民共和国特种设备安全法》中华人民共和国主席令第4号第三十三条
176			特种设备在投入使用前或者投入使用后30日内，特种设备使用单位应当向直辖市或者设区的市的特种设备安全监督管理部门登记。登记标志应当置于或者附着于该特种设备的显著位置。	《特种设备安全监察条例》中华人民共和国国务院令第549号第二十五条

续表

序号	类别	项目	内容	依据
177		特种设备管理制度	特种设备使用单位应当建立岗位责任、隐患治理、应急救援等安全管理制度、制定操作规程，保证特种设备安全运行。	《中华人民共和国特种设备安全法》中华人民共和国主席令第4号第三十四条
178		特种设备档案管理	特种设备使用单位应当建立特种设备安全技术档案。安全技术档案应当包括以下内容：特种设备的设计文件、产品质量合格证明、安装及使用维护保养说明、监督检验证明等相关技术资料和文件；特种设备的定期检验和定期自行检查记录；特种设备的日常使用状况记录；特种设备及其附属仪器仪表的维护保养记录；特种设备的运行故障和事故记录。	《中华人民共和国特种设备安全法》中华人民共和国主席令第4号第三十五条
179	房屋及设施设备	特种设备档案管理	特种设备使用单位应当建立特种设备安全技术档案。安全技术档案应当包括以下内容：特种设备的设计文件、制造单位、产品质量合格证、安装技术文件和资料、使用维护说明等文件以及技术资料；特种设备及其安全附件、安全保护装置、测量调控装置及有关附属仪器仪表的日常维护保养记录；特种设备运行故障和事故记录；能耗状况记录以及节能改造技术资料。	《特种设备安全监察条例》中华人民共和国国务院令第549号第二十六条
180			电梯、客运索道、大型游乐设施等为公众提供服务的特种设备的运营使用单位，应当配备专职的特种设备安全管理人员；其他特种设备使用单位，应当根据情况设置特种设备安全管理机构或者配备专职、兼职的特种设备安全管理人员。	《中华人民共和国特种设备安全法》中华人民共和国主席令第4号第三十六条
181		特种设备使用管理	电梯、客运索道、大型游乐设施等为公众提供服务的特种设备运营使用单位，应当设置特种设备安全管理机构或者配备专职的特种设备安全管理人员；其他特种设备使用单位，应当根据使用特种设备的实际情况配备专职、兼职的安全管理人员。特种设备安全管理人员应当对特种设备使用状况进行经常性检查，发现问题的应当立即处理；情况紧急时，可以决定停止使用特种设备并及时报告本单位有关负责人。	《特种设备安全监察条例》中华人民共和国国务院令第549号第三十三条

续表

序号	类别	项目	内容	依据
182	房屋及设施设备	共有特种设备管理	特种设备属于共有的，共有人可以委托物业服务单位或者其他管理人管理特种设备，受托人履行本法规定的特种设备使用单位的义务，由共有人或者物业服务单位承担相应责任。承托人未委托的，由共有人履行管理义务，承担相应责任。	《中华人民共和国特种设备安全法》中华人民共和国主席令第4号第三十八条
183		特种设备使用单位管理要求	特种设备使用单位应当对其使用的特种设备进行经常性维护保养和定期自行检查，并作出记录。特种设备使用单位应当对其使用的特种设备的安全附件、安全保护装置进行定期校验、检修，并作出记录。	《中华人民共和国特种设备安全法》中华人民共和国主席令第4号第三十九条
184			特种设备使用单位应当按照安全技术规范的要求，在检验合格有效期届满前一个月向特种设备检验机构提出定期检验要求。特种设备检验机构接到定期检验要求后，应当按照安全技术规范的要求及时进行安全性能检验。特种设备使用单位应当将定期检验标志置于该特种设备的显著位置。未经定期检验或者检验不合格的特种设备，不得继续使用。	《中华人民共和国特种设备安全法》中华人民共和国主席令第4号第四十条
185			特种设备使用单位应当按照安全技术规范的定期检验的要求，在安全检验合格有效期届满前，应当按照安全技术规范的要求及时向特种设备检验机构提出定期检验要求。检验检测机构接到定期检验要求后，应当按照安全技术规范的要求进行安全性能检验和能效测试。未经定期检验或者检验不合格的特种设备，不得继续使用。	《特种设备安全监察条例》中华人民共和国国务院令第549号第二十八条
186		特种设备作业管理人员要求	特种设备安全管理人员应当对特种设备使用状况进行经常性检查，发现问题应当立即处理；情况紧急时，可以决定停止使用特种设备并及时报告本单位有关负责人。特种设备作业人员在作业过程中发现事故隐患或者其他不安全因素，应当立即向特种设备安全管理人员和单位有关负责人报告；特种设备运行不正常时，特种设备作业人员应当按照操作规程采取有效措施保证安全。	《中华人民共和国特种设备安全法》中华人民共和国主席令第4号第四十一条

续表

序号	类别	项目	内容	依据
187	房屋及设施设备	特种设备故障管理	特种设备出现故障或者发生异常情况，特种设备使用单位应当对其进行全面检查，消除事故隐患，方可继续使用。	《中华人民共和国特种设备安全法》中华人民共和国主席令第4号第四十二条
188		特种设备安全检查及使用说明	客运索道、大型游乐设施在每日投入使用前，其运营使用单位应当进行试运行和例行安全检查，并对安全保护装置进行检查确认。客运索道、大型游乐设施的运营使用单位应当将电梯、客运索道、大型游乐设施的安全使用说明、安全注意事项和警示标志置于易于为乘客或者操作电梯、客运索道、大型游乐设施的人员所注意的显著位置。公众乘坐或者操作电梯、客运索道、大型游乐设施，应当遵守安全使用说明和安全注意事项的要求，服从有关工作人员的管理和指挥；遇有运行不正常时，应当按照安全指引，有序撤离。	《中华人民共和国特种设备安全法》中华人民共和国主席令第4号第四十三条
189		特种设备安全检查及警示标志	客运索道、大型游乐设施的运营使用单位在客运索道、大型游乐设施每日投入使用前，应当进行试运行和例行安全检查，并对安全装置进行检查确认。电梯、客运索道、大型游乐设施的运营使用单位应当将电梯、客运索道、大型游乐设施的安全注意事项和警示标志置于易于乘客注意的显著位置。	《特种设备安全监察条例》中华人民共和国国务院令第549号第三十四条
190		特种设备营救急救物品	客运索道、大型游乐设施的运营使用单位的主要负责人应当熟悉客运索道、大型游乐设施的相关安全知识，并全面负责客运索道、大型游乐设施的安全使用。客运索道、大型游乐设施的运营使用单位的主要负责人至少应当每月召开一次会议，督促、检查客运索道、大型游乐设施安全使用工作。客运索道、大型游乐设施的运营使用单位，应当结合本单位的实际情况，配备相应数量的营救装备和急救物品。	《特种设备安全监察条例》中华人民共和国国务院令第549号第三十五条
191		特种设备使用锅炉使用	锅炉使用单位应当按照安全技术规范的要求进行锅炉水（介）质处理，并接受特种设备检验机构的定期检验。从事锅炉清洗，应当按照安全技术规范的要求进行，并接受特种设备检验机构的监督检验。	《中华人民共和国特种设备安全法》中华人民共和国主席令第4号第四十四条

续表

序号	类别	项目	内容	依据
192			电梯的维护保养应当由电梯制造单位或者依照本法取得许可的安装、改造、修理单位进行。电梯的维护保养应当在维护保养中严格执行安全技术规范的要求，保证其维护保养的电梯的安全性能，并负责落实现场安全防护措施，保证施工安全。电梯的维护保养单位应当对其维护保养的电梯的安全性能负责；接到故障通知后，应当立即赶赴现场，并采取必要的应急救援措施。	《中华人民共和国特种设备安全法》中华人民共和国主席令第 4 号第四十五条
193	房屋及设施设备	特种设备维护保养	特种设备使用单位应当对在用特种设备进行经常性日常维护保养，并定期自行检查。特种设备使用单位对在用特种设备应当至少每月进行一次自行检查，并作出记录。特种设备使用单位在对在用特种设备进行自行检查和日常维护保养时发现异常情况的，应当及时处理。特种设备使用单位对在用特种设备的安全附件、安全保护装置、测量调控装置及有关附属仪器仪表进行定期校验、检修，并作出记录。锅炉使用单位应当按照安全技术规范的要求进行锅炉水（介）质处理，并接受特种设备检验机构实施的水（介）质处理定期检验。从事锅炉清洗的单位，应当按照安全技术规范的要求进行锅炉清洗，并接受特种设备检验机构实施的锅炉清洗过程监督检验。	《特种设备安全监察条例》中华人民共和国国务院令第 549 号第二十七条
194		特种设备报废及继续使用	特种设备存在严重事故隐患，无改造、修理价值，或者达到安全技术规范规定的其他报废条件的，特种设备使用单位应当依法履行报废义务，采取必要措施消除该特种设备的使用功能，并向原登记的负责特种设备安全监督管理的部门办理使用登记证注销手续。达到设计使用年限可以继续使用的，应当按照安全技术规范的要求通过检验或者安全评估，并办理使用登记证变更，方可继续使用。允许继续使用的，应当采取加强检测、检修和维护保养措施，确保使用安全。	《中华人民共和国特种设备安全法》中华人民共和国主席令第 4 号第四十八条

续表

365

续表

序号	类别	项目	内容	依据
195	房屋及设施设备	水资源取用	直接从江河、湖泊或者地下取用水资源的单位和个人，应当按照国家取水许可制度和水资源有偿使用制度的规定，向水行政主管部门或者流域管理机构申请领取取水许可证，并缴纳水资源费，取得取水权。但是，家庭生活用水和零星散养、圈养畜禽饮用等少量取水的除外。	《中华人民共和国水法》中华人民共和国主席令第74号第五章水资源配置和节约使用第四十八条第一款
196		污水排放	从事工业、建筑、餐饮、医疗等活动的企业事业单位，（以下称排水户）向城镇排水设施排放污水的，应当向城镇排水主管部门申请领取污水排入排水管网许可证。城镇排水与污水处理设施运行安全的事项进行审查，重点对影响城镇排水与污水处理设施安全运行的要求排放污水。排水户应当按照污水排入排水管网许可证的要求排放污水。	《城镇排水与污水处理条例》中华人民共和国国务院令第641号第三章排水第二十一条
197		污水排放监督检查	城镇排水主管部门应当依照法律法规和本办法的规定，对排水户排放污水，实施监督检查。实施现场开展检查、监测；要求被检查的排水户出示排水许可证；查阅、复制有关文件和材料；要求被监督检查的单位和个人就有关排水设施排放污水等问题做出说明；依法采取制止排水户向城镇排水设施排放污水等措施，纠正违反本办法有关法律、法规和本办法规定的行为。被监督检查的单位和个人应当予以配合，不得妨碍和阻挠依法进行的监督检查活动。	《城镇污水排入排水管网许可管理办法》中华人民共和国住房和城乡建设部令第21号第三章管理和监督第十八条
198		排水许可证	排水户应当按照排水许可证确定的排水类别、总量、时限、排放口位置和数量，排放的污染物项目和浓度等要求排放污水。	《城镇污水排入排水管网许可管理办法》中华人民共和国住房和城乡建设部令第21号第三章管理和监督第十二条
199	秩序维护	保安人员管理	物业服务企业雇请保安人员的，应当遵守国家有关规定。保安人员在维护物业管理区域内的公共秩序时，应当履行职责，不得侵害公民的合法权益。	《物业管理条例》中华人民共和国国务院令第698号第四章物业管理服务第四十六条

续表

序号	类别	项目	内容	依据
200		物业服务区域内秩序安全	物业服务人应当按照约定和物业的使用性质，妥善维修、养护、清洁，维护物业服务区域内的业主共有部分，维护物业服务区域的基本秩序，采取合理措施保护业主的人身、财产安全。对物业服务区域内违反有关治安、环保、消防等法律法规的行为，物业服务人应当及时采取合理措施制止，向有关行政主管部门报告并协助处理。	《民法典》第三编合同第二分编典型合同第二十四章物业服务合同第九百四十二条
201		保安服装及标志	保安员上岗应当着保安员服装，佩戴全国统一的保安服务标志。保安员服装和保安服务标志应当与人民解放军、人民武装警察和人民警察、工商税务等行政执法机关以及人民检察院、人民法院的制式服装、标志服饰有明显区别。保安员服装由全国保安服务行业协会推荐式样，由保安服务从业单位在推荐式样范围内选用。保安服务标志式样由全国保安服务行业协会确定。	《保安服务管理条例》中华人民共和国国务院令第564号第二十七条
202	秩序维护	保安采取措施	在保安服务中，为履行保安服务职责，保安员可以采取下列措施：查验出入服务区域的人员的证件，登记出入的车辆和物品；在服务区域内进行巡逻、守护、安全检查；报警监控；在机场、车站、码头等公共场所，执行公共安全守护押运任务，可以根据所携带的物品进行安全检查，维护公共秩序。保安员应当及时制止服务区域内发生的违法犯罪行为，对制止无效的违法犯罪行为应当立即报警，同时采取措施保护现场。从事武装守护押运服务的保安执行武装守护押运任务使用枪支，依照《专职守护押运人员的枪支使用管理条例》的规定执行。	《保安服务管理条例》中华人民共和国国务院令第564号第二十九条
203		保安员禁止行为	保安员不得有下列行为：限制他人人身自由、搜查他人身体或者侮辱、殴打他人；扣押、没收他人证件、财物；阻碍依法执行公务；参与追索债务、采用暴力或者以暴力相威胁的手段处置纠纷；删改、隐匿或者扩散保安服务中形成的监控影像资料、报警记录；侵犯个人隐私或者泄露在执行保安服务中获知的国家秘密、商业秘密以及客户单位明确要求保密的信息；违反法律、行政法规的其他行为。	《保安服务管理条例》中华人民共和国国务院令第564号第三十条

续表

序号	类别	项目	内容	依据
204		林木折断损害他人	因林木折断、倾倒或者果实坠落等造成他人损害，林木的所有人或者管理人不能证明自己没有过错的，应当承担侵权责任。	《民法典》第七编侵权责任第十章建筑物和物件损害责任第一千二百五十七条
205		城市绿化负责范围	城市的公共绿地、风景林地、防护绿地、行道树干道绿化带的绿化，由城市人民政府城市绿化行政主管部门管理；各单位管界内的防护绿地的绿化，由该单位按照国家有关规定管理；单位自建的公园和城市附属绿地的绿化，由该单位管理；居住区绿地的绿化，由居住区绿化行政主管部门根据实际情况确定的绿化单位管理；城市苗圃、草圃和花圃等，由其经营单位管理。	《城市绿化条例》国务院令第100号第十七条
206		城市绿化用地	任何单位和个人都不得擅自改变城市绿化规划用地性质或者破坏环绿化规划用地的地形、地貌、水体和植被。	《城市绿化条例》国务院令第100号第十八条
207	城市绿化	城市绿化用地管理	任何单位和个人都不得擅自占用城市绿化用地；占用的城市绿化用地，应当限期归还。因建设或者其他特殊需要临时占用城市绿化用地，须经城市人民政府城市绿化行政主管部门同意，并按照有关规定办理临时用地手续。	《城市绿化条例》国务院令第100号第十九条
208		城市绿化砍伐树木	任何单位和个人都不得损坏城市树木花草和绿化设施。砍伐城市树木，必须经城市人民政府城市绿化行政主管部门批准，并按照国家有关规定补植树木或者采取其他补救措施。	《城市绿化条例》国务院令第100号第二十条
209		古树名木统一管理	百年以上树龄的树木，稀有、珍贵树木，具有历史价值或者重要纪念意义的树木，均属古树名木。对城市古树名木实行统一管理，分别养护。城市人民政府城市绿化行政主管部门，应当建立古树名木的档案和标志，划定保护范围，加强养护管理。在单位管界内或者私人庭院内的古树名木，由该单位或者居民负责养护，城市人民政府城市绿化行政主管部门负责监督和技术指导。	《城市绿化条例》国务院令第100号第二十四条

续表

序号	类别	项目	内容	依据
210	建筑垃圾	建筑垃圾管理	任何单位和个人不得将建筑垃圾混入生活垃圾，不得将危险废物混入建筑垃圾，不得擅自设立弃置场受纳建筑垃圾。	《城市建筑垃圾管理规定》中华人民共和国建设部令第139号第九条
211			任何单位和个人不得随意倾倒、抛撒或者堆放建筑垃圾。	《城市建筑垃圾管理规定》中华人民共和国建设部令第139号第十五条
212			任何单位和个人不得在街道两侧和公共场地堆放物料。因建设等特殊需要，确需临时占用街道两侧和公共场地堆放物料的，应当征得城市人民政府市容环境卫生主管部门同意后，按照有关规定办理审批手续。	《城市建筑垃圾管理规定》中华人民共和国建设部令第139号第十七条
213	物业管理退出	资料用房设施移交	物业服务合同终止的，原物业服务人应当在约定期限或者合理期限内退出物业服务区域，将物业服务用房、相关设施、物业服务所必需的相关资料等交还给业主委员会、决定自行管理的业主或者其指定的人，配合新物业服务人做好交接工作，并如实告知物业的使用和管理状况。原物业服务人违反前款规定的，不得请求业主支付物业服务合同终止后的物业费；造成业主损失的，应当赔偿损失。	《民法典》第三编合同第二分编典型合同第二十四章物业服务合同第九百四十九条
214		接管之前后续处理	物业服务合同终止后，在业主或者业主大会选聘的新物业服务人或者决定自行管理的业主接管之前，原物业服务人应当继续处理物业服务事项，并可以请求业主支付该期间的物业费。	《民法典》第三编合同第二分编典型合同第二十四章物业服务合同第九百五十条

统计时限截至2022年12月

369

参考文献

1. 赵永行、肖红：《公共管理主体角色：定位、冲突、价值目标》，《社会主义研究》2005 年第 6 期。

2. 谢家瑾：《对物业管理定位的再认识》，《中国物业管理》2007 年第 11 期。

3. 梁殿学：《探讨物业管理区域内各专业管理部门维修范围的界定》，《中国物业管理》2007 年第 8 期。

4. 毕建伟：《我国物业管理行业行政管理体系研究》，北京林业大学硕士学位论文，2010。

5. 孔祥参：《社区管理中的法律缺失及完善》，《沈阳干部学刊》2011 年第 1 期。

6. 蔡琰馨：《住宅物业管理中的多元治理与政府角色研究》，上海交通大学硕士学位论文，2012。

7. 汤艳红：《论我国城市社区居民自治的完善——以城市居民自治发展新要求为视角》，《政治与法律》2012 年第 12 期。

8. 刘媛：《政府介入社区物业管理路径的选择——以和谐社区治理中政府职能"正位"为视角》，《江西社会科学》2013 年第 11 期。

9. 周海芳：《有效发挥政府各相关职能部门在物业管理工作中的作用》，《科技创新导报》2014 年第 17 期。

10. 陈德豪、黄蕾：《物业经营管理》，中国建筑工业出版社，2020。

11. 中国物业管理协会：《物业管理综合能力》，中国市场出版社，2014。

12. 殷迪：《住宅小区物业管理中政府角色定位研究——以西安市长安区为

例》，长安大学硕士学位论文，2015。

13. 易曼：《物业管理体系中的政府问题分析及完善》，《中国不动产法研究》
    2016 年第 2 期。

14. 陈剑：《建设现代化经济体系提升整体创新水平》，《经济参考报》2017 年
    11 月 9 日。

15. 季如进：《物业管理理论与实务》，中国建筑工业出版社，2022。

后 记

2017年，我完成了中国物业管理协会年度重点课题"物业管理责任边界研究"。在结题过程中，我便萌生了将"责任边界问题"编撰成书的念头。由于年度课题的研究框架和时间限制，当时对物业管理责任边界问题的探讨尚未做到全面深入，而著书无疑是延续这一课题研究、进一步挖掘其深层逻辑的良好方式。

课题结题后，我满怀激情地构思了本书的框架和纲要，并将其命名为《物业管理责任边界问题研究》（后在编辑老师恽薇的建议下，书名最终调整为《物业管理责任边界问题：成因与防范化解》）。然而，研究责任边界问题的过程远比预期复杂，这是对综合知识与经验的巨大考验，包括对法律法规、行业政策、管理标准、社会治理、企业运营等多个领域的系统性理解；对物业管理本质和内涵的深刻把握；对行业历史和未来发展的洞察；以及对各相关方立场的全面认识。在意识到自身准备不足、信心不够后，我不得不暂时搁笔。

2018年，我在贵阳、呼和浩特和哈尔滨三地参加了中国物业管理协会组织的公益讲堂，向行业同仁分享了研究成果。交流过程中，我进一步深化了对责任边界问题的思考，逐渐明确以"物业管理实际运行管理"为研究主线。这一主线能够充分体现我的专业管理经验，既便于从业者阅读实践，又有助于相关方从运行角度理解责任边界问题。此外，我还形成了责任边界研究的具体路径，即"一个轴心、一个轨迹、两个维度、三个层面、三个主体、四个辅助和两个划定"。更重要的是，在分享过程中，我深刻感受到同行对这一问题的关注和研究成果的认可。这不仅增强了我继续研究的信心，也让我意识到，只要足够认真，责任边界问题的研究就能产生实用价值。

随后，我重新调整书稿的大纲，对内容进行分解归纳，梳理逻辑关系，剖析典型案例，归纳提炼相关资料，并启动市场调研工作。2022年北京冬奥会开幕之际，我的准备工作基本就绪。虽然当时正忙于保障国家体育馆的冬奥会赛事，但我还是决定动笔，用时三个多月完成了初稿。此后历经两年多、九次修订，终于在2024年9月将书稿交付社会科学文献出版社。

在书稿编写过程中，我受益于多次分享研究成果的机会，包括2023年中物协公益讲堂、高校后勤公益讲堂，以及2024年中国物博会论坛和《中国建设报》"好房子"大家谈等活动。这些交流让我更明确了本书的行业定位：对于物业管理从业者，本书是一本指导实务的参考书；对于高校和高职学生，它是一本专业教材；对于物业管理相关方，它是一本普及责任边界知识的科普读物；对于政府部门和司法机构，它则是解决物业管理争议和提供判决参考的工具书。这些定位，为书稿的最终定稿提供了积极指引。

书籍的顺利出版离不开许多前辈和友人的支持。杨燕敏老师（原北京市房屋土地管理局总工程师）在病重期间仍关心书稿进展，并给我提供了她多年积累的资料。她的宝贵见解为本书导论部分关于物业管理实施的基本条件奠定了坚实基础，谨以此书告慰杨老师的在天之灵。

广州大学陈德毫教授建议以"责任边界界定不清"为主线，并提供了专业建议和他正在撰写的书稿供我参考，为书稿的顺利推进指明了方向。清华大学季如进教授从测量学角度提供了独特见解，使我从行业历史和发展规律的角度更深入理解责任边界问题。对两位学者的无私相助深表感激！此外，对市场调研过程中提供帮助的物业服务企业、参与资料收集的同仁，以及中国物业管理协会和北京物业管理行业协会的各位领导和同仁，也一并致以感谢！

尽管我竭尽所能，但由于知识储备、研究深度和物业管理复杂性等限制，本书难免存在不足之处。例如，书中对责任边界研究对象的分析尚需更具体深入；对责任边界划定的实施方法仍需多方协作；对执行边界的探讨也较为薄弱。这些不足将成为我未来研究的方向，也希望能引发更多同行的关注和探讨。总而言之，愿本书能为推动物业管理行业健康发展尽绵薄之力！

艾白露

2024 年 12 月 1 日

图书在版编目（CIP）数据

物业管理责任边界问题：成因与防范化解／艾白露
著．--北京：社会科学文献出版社，2025.1
ISBN 978-7-5228-4473-2

Ⅰ. F299. 233. 3

中国国家版本馆 CIP 数据核字第 20249Q9Y80 号

物业管理责任边界问题：成因与防范化解

著　　者／艾白露

出 版 人／冀祥德
组稿编辑／恽　薇
责任编辑／李真巧　武广汉
责任印制／王京美

出　　版／社会科学文献出版社·经济与管理分社（010）59367226
　　　　　地址：北京市北三环中路甲 29 号院华龙大厦　邮编：100029
　　　　　网址：www. ssap. com. cn
发　　行／社会科学文献出版社（010）59367028
印　　装／唐山玺诚印务有限公司

规　　格／开　本：787mm×1092mm　1/16
　　　　　印　张：24. 25　字　数：370 千字
版　　次／2025 年 1 月第 1 版　2025 年 1 月第 1 次印刷
书　　号／ISBN 978-7-5228-4473-2
定　　价／158. 00 元

读者服务电话：4008918866